[제2판]

청소년활동론

[제2판]

청소년활동론

권일남 · 오해섭 · 이교봉

KNOWLEDGE COMMUNITY 공동체

머리말

1992년 청소년기본법이 제정·공포되면서 우리나라 청소년활동의 일대 혁신적 변화를 이루는 계기가 마련되었다. 이전까지는 청소년들을 위한 지원이나 관심 자체가 부재하였다는 점과 주로 문제 및 소외 청소년을 위한 최소한의 지원이 마치 청소년들의 사회적 관심인 양 정책적 후원에 불과하였던 점을 탈피하여 모든 청소년을 대상으로 국가가 청소년들을 위한 사회적 지원체계와 구체적 대안을 만들었다는 점은 청소년정책의 관점에서 본다면 엄청난 변화로 받아들일 수 있었던 시기이다. 당시의 청소년정책은 주로 청소년수련활동과 청소년활동을 제도적으로 보장하여 청소년들에게 입시중심의 신체적 불균형을 해소하려는 중요한 변화였었다.

청소년에게 학업 이외의 여가와 생활의 질적 요소를 경험할 수 있었던 시설이 전무하였던 상황에서 청소년에게 최소한의 체험인 청소년수련활동을 제도적으로 보장하고 지원하기 위한 노력은 그야말로 많은 사람들의 눈물겨운 노력이 있었기에 가능한 부분이었다.

청소년정책은 다른 정책과는 달리 청소년이라는 성장과정의 가장 역동적 시기에 변화를 보색하려는 이들에게 청소년들이 갖추어야 할 내적 자질을 함양하는 체험적 요소를 제도적으로 보장하기는 사실상 쉽지 않았음에도 불구하고 청소년활동이 왜 필요한지에 대한 굳건한 믿음으로 이를 관철시키고 완수해 낸 점은 높이 평가해도 전혀 부족하지 않을 것이다.

그럼에도 불구하고 청소년정책은 목표와 중요성을 상실한 채 청소년기본법이 제정된 이후의 약 20여 년 동안의 역사적 변천과정에서 청소년기본법의 개정과 청소년활동진흥법과 청소년복지지원법의 제정 등 법적인 변화가 이어져 왔지만 청소년정책은 가장 홀대를 받아왔던 것으로 여겨지고 있다는 평가를 받고 있다. '체육청소년부'로 출범하여 부서명에 '청소년'이 사라지고 문화체육부, 문화관광부, 국가청소년위원회, 보건복지가족부로 변경되다가 다시 2년여 만에 여성가족부로 이관되어지도록 자리매김을 하지 못하는 점에서 청소년에게 제공되어야 할 최소한의 서비스는 설정되지 못하였음을 보여주는 반증이기도 하다.

청소년활동이 복지의 틀 속에서 함몰되었을 때 미래형 인재 양성보다는 단편적이고 보호적인 1차형 서비스에 국한되고 미래역량을 갖추는 발전적 청소년정책의 추구는 불가능하게 되었다는 비판을 적극 수렴해야 한다.

오늘날의 우리 청소년들은 불안한 사회 속에서 가장 큰 피해를 받고 있다. 기성세대가 이미 사용해 버린 많은 자원과 기회 부족으로 엄청난 학업 스트레스와 진로에 대한 불안, 경쟁과 선택의 자신감 결여 등으로 정신적 혼돈을 경험하고 있다. 그래서 청소년들을 세밀하게 보필하고 관심을 가져 건강한 능력을 갖춘 사람으로 지원하는 데 필요한 청소년활동은 더욱 중요해지고 있다.

이전의 청소년활동이 청소년들이 여가와 남는 시간 속에서 즐기는 1차적 활동에 집중을 하였다면, 앞으로의 청소년활동은 21세기형 인재를 발굴해 나가는 데 있어서 이들이 반드시 갖추어야 할 능력을 배양하는 기회의 장으로 활용되도록 전문적이고 과학적이며 체계적인 방안을 제시해 주어야 한다.

더욱이 교육과학기술부는 미래형 교육과정을 제시하고 창의적 체험활동을 통하여 입학사정관제나 미래의 전인적 역량을 함양한 인재 발굴에 체험을 접목하려는 노력을 적극 강화하고 있다. 선진 외국에서 대학입시나 인재 발굴에 반드시 체험활동이나 비교과활동을 강조하고 있는 것을 유념하여 본다면 왜 청소년들에게 이 시기에 체험활동으로서의 청소년활동이 중요하고 필요한지를 개념적으로나마 알 수 있다.

즉, 청소년활동은 타인을 이해하고 자신의 존재감과 정체감을 회복하며 타인과 더불어 대화하고 의사소통을 통해 유능한 리더십을 발휘하는 인재상을 마련하는 데 필수적 요소이며 더 나아가서는 지덕체와 균형적 가치를 회복하는 시민적 역량을 갖춘 대상으로 성장시키는 데 필수적인 교육이기 때문이다.

지금까지 청소년활동을 단지 극기훈련과 모험훈련의 정도로만 여기고 있었다면 본 청소년활동론을 통해서 새롭게 그 가치를 발견하고 청소년의 잠재적 역량을 변화시키는 핵심 요소로 자리 잡을 수 있음을 지각하고 청소년활동을 학문적으로 분석하고 체계화하며 근간을 이루도록 하는 데 많은 고민이 있었으면 한다. 그래서 청소년활동론을 공부하는 학생들을 위해서 본 서는 크게 4개의 영역으로 나누어서 집필하였다.

첫째, 청소년활동의 이해 영역이다. 제1장에서부터 제4장까지는 청소년활동의 개념과 이론, 교육으로서의 가치 등을 다룸으로써 청소년활동에 입문하는 학생들이 청소년활동의 기본적 의미를 보다 쉽게 이해하도록 하는 데 초점을 두었다.

둘째, 청소년활동의 역사적 변천과정이다. 제5장은 우리나라 청소년활동이 제도적으로 보장되게 된 역사적 배경과 정책적 변천을 다루면서 왜 우리나라에서 청소년활동이 필요하게 되었으며 그 과정에서 논의된 내용은 무엇인지를 알도록 하였다.

셋째, 청소년활동의 세부 구성요소에 대한 설명이다. 제6장부터 제11장까지는 청소년활동의 핵심 구성요소라 할 수 있는 청소년시설, 프로그램, 지도자 그리고 시설안전 등의 요소를 이해하도록 하는 데 중점을 두었다.

넷째, 청소년활동의 발전방향을 모색하도록 하였다. 아무리 제도적으로 완벽하게 이루어졌다 하더라도 정책적 변화과정에서는 항상 개선책이 필요하게 마련인데 이러한 부분을 제12장과 제13장을 통해서 외국의 청소년활동을 비교하고 우리나라의 발전과제를 도출해 보도록 하였다.

본 청소년활동론의 집필진은 청소년활동연구 분야에서 탁월한 능력을 검증받았고 동시에 청소년활동현장에서 십여 년간 직접 청소년들을 지도하며 학문의 현장연계를 도모하였던 분들이 참여함으로써 단순히 청소년활동의 이론적 편향성을 제거하고 현장과 학문의 가교 역할을 충실히 수행하는 계기를 마련하였다고 자부한다.

바쁘고 부족한 시간에도 불구하고 본 교재를 발간하는 데 참여하여 우리나라 청소년활동의 발전에 초석을 쌓도록 허락해 주신 한국청소년정책연구원의 오해섭 박사님과 국립평창청소년수련원의 이교봉 박사님께 진심으로 감사드린다. 동시에 청소년활동 분야의 학문적 발전에 비해 학업성취를 위해 고민해야 할 자료가 매우 미비한 점을 인식하고 이를 개선하고자 선뜻 청소년활동론의 개발과 지원에 큰 도움을 주신 공동체 출판사의 김동훈 사장님과 공동체 가족 여러분들께 심심한 사의를 표명하며 앞으로도 청소년 분야에 지속적인 관심과 지원을 기울여 주실 것을 거듭 당부하는 바이다.

2016년 8월

대표저자 권일남 드림

Contents

Contents

Contents

Contents

CHAPTER 01

청소년활동의 이해

1. 청소년의 발달과업과 청소년활동의 개념
2. 법적인 측면에서의 청소년활동의 정의
3. 기타 체험적 가치에서의 청소년활동의 개념 정의

CHAPTER 01

청소년활동의 이해

개 요

청소년활동의 의미가 매우 다양하여 개념을 규정하기가 어렵지만 청소년활동은 청소년과 활동의 복합적 의미로서 청소년에게 활동의 다양성을 제공함으로써 개인의 잠재적 능력을 보완하고 발전시켜 주는 활동을 말한다. 청소년활동의 분류에 대한 범주는 여러 가지가 있지만 크게 나누어서 첫째, 청소년의 발달적 관점에서 인성과 정의적 역량을 보완하고 심리적 안정을 통한 성숙한 인간상의 구현에 우선적 목적을 두고 있다. 둘째, 법적인 관점에서 청소년기본법의 제공과 청소년활동진흥법 등 국가정책적 관점에서 이행되어 온 활동의 범주를 들 수 있다. 셋째, 기타 체험적 측면에서 청소년활동이 개인의 변화에 도움을 주는 다양성을 강조하는 정의로 나누어 볼 수 있다. 그러나 청소년활동의 규정에 대한 논의는 매우 다르기 때문에 청소년활동을 연구하고 학습하는 관점에서 위의 규정을 토대로 각자 자신의 관점에서 새로운 논리를 만들어 볼 필요가 있다.

학습목표

1. 청소년활동이 청소년의 발달에 미치는 영향을 알아본다.
2. 청소년관련법에서의 청소년활동의 정의를 알아본다.
3. 청소년활동의 효과를 분류하고 이를 청소년활동의 개념으로 분류해 본다.

주요 용어

청소년활동/ 청소년기본법/ 청소년활동진흥법/ 한국청소년육성기본계획/ 청소년활동 역량

청소년활동의 정의는 매우 다원적이어서 어느 특정의 개념으로만 규정을 하거나 한정을 짓기에는 매우 어려움이 많다. 하지만 청소년활동을 어원적인 측면에서 본다면 청소년(青少年)과 활동(活動)이 복합하여 하나의 개념을 형성한 것이기 때문에 청소년활동을 이해하기 위해서는 청소년과 활동의 구성요소를 함께 이해해야 한다.

청소년과 활동의 개념적 정의에서 본다면 크게 나누어서 세 가지 차원에서 규정해 볼 수 있다.

첫째는 청소년활동을 주요 대상과 행위를 중심으로 이루어진다는 관점에서 해석하는 시각이다. 이러한 개념에는 청소년활동은 청소년이라는 객체를 대상으로 자율적이든 타율적이든 행동을 경험하게 하는 것으로서, 여기에는 청소년이 행하는 활동이라는 의미가 합성된 점을 강조하게 된다. 즉, 청소년활동은 청소년이라는 특정 시기의 대상이 활동이라는 범주의 영역에 포함되어 자기주도적인 체험적 요소를 수행하는 것으로 규정해 볼 수 있다.

둘째는 청소년활동을 규정과 제도적 관점에서 바라보는 시각이다. 이는 주로 법적인 관점과 정부정책의 시행적 측면에서 청소년활동이 어떠한 기능을 하고 있는지를 보려는 시각인데, 지금까지 대부분의 청소년활동을 판단하는 준거로 보아왔다. 즉, 청소년기본법과 청소년활동진흥법 그리고 이러한 법적 개념을 현실적으로 적용하는 과정에서 나타난 정책목표로서 청소년활동의 지표(7대 영역 8대 지표[1]) 등의 구성으로 설명되었다. 하지만 앞으로는 이와 같은 측면에서의 청소년활동을 바라보는 시각은 청소년활동 자체를 매우 협소하고 제한적인 관점으로 규정하기 때문에 가급적 피해야 할 부분으로 여겨진다.

셋째로 청소년활동은 단순히 외형적인 측면의 요소만을 규정하는 수준을 넘어서 청소년이라는 발달시기의 대상에게 어떠한 변화를 수반하는 기능을 활동이 수행하고 있는가의 여부이다. 즉, 청소년기의 발달 특성 과정에서 넘쳐나는 에너지의 발현을 체계적이고 다원적인 활동의 기회를 통하여 자기의

1) 제2차 청소년육성5개년계획 이후부터 제시된 청소년활동의 영역은 다음의 8가지의 영역으로 구분하여 이를 정책적으로 추진하였다. ① 문화적 감성을 함양하기 위한 수련활동, ② 과학능력과 정보마인드를 함양하기 위한 수련활동, ③ 봉사와 협력 정신을 함양하기 위한 수련활동, ④ 모험심과 개척정신을 함양하기 위한 수련활동, ⑤ 전문적 직업능력을 함양하기 위한 수련활동, ⑥ 국제적 감각을 함양하기 위한 수련활동, ⑦ 환경의식을 함양하기 위한 수련활동, ⑧ 기타 청소년건전육성에 필요한 수련활동

수준과 능력에 맞는 성장의 조건으로 활용함을 의미한다. 여기에서의 청소년활동은 단순한 체험적 요소가 아닌 청소년활동의 교육적 효과와 개인의 내적 역량의 개발이라는 점으로 설명해 볼 수 있다.

청소년활동이라는 것은 청소년 시기[2]에 성장과 발달의 지속적 변화를 유발하는 대상이 사회적으로 긍정적 기대를 발현하고자 바람직한 행동변화에 도움이 되는 행위를 유발하는 동(動)적인 움직임을 의미한다.

청소년활동은 활동 그 자체만으로서가 아닌 청소년의 활동, 청소년에 의한 활동, 청소년을 위한 활동을 이해할 필요가 있다. 청소년활동은 정신적・육체적 변화를 겪고 있는 청소년들이 하는 활동이기에 그들의 자발적인 참여가 무엇보다 중요한 활동이며 궁극적으로는 청소년들의 바른 성장을 위한 활동인 것이다. 따라서 청소년활동은 단순한 활동이 아닌 학습과 교육 그리고 훈련으로 받아들여져야 한다(Bradbery, 2007).

활동을 한다는 것은 무엇인가 목표를 달성하고자 의도한 바를 준행하는 행동적 변화를 의미한다. 청소년활동이라는 것은 청소년기의 특정한 변화를 수반하는 시기에 가장 필요한 신체와 정신적 변화를 받아들이기 위해서 균형감과 수용의 태도를 위하여 자신의 의지와 지향하는 목표 구현을 위해 움직이는 행위로 규정해 볼 수 있다는 측면에서 청소년활동은 실로 다양하게 정의될 수 있음을 알아야 한다.

2) 청소년기에 대해서는 각 나라마다 또는 개인의 발달에 따른 차이나 성(gender)적 구분이 크기 때문에 청소년이라는 대상을 단적으로 명시하기는 매우 어렵다. 그리고 동일한 대상으로 명시하고 있다 하더라도 청소년에 대해서는 학령기의 발달 특성, 직업선택, 진로결정, 체험기회 참여 등 다양한 선택의 조건이 있기에 일괄적으로 단정할 수 없게 된다. 그렇기 때문에 청소년에 대한 분류를 학문적으로 제시하는 경우가 있는가 하면 다른 측면에서는 법적인 개념으로 분류하기도 하고 또는 행정적 측면에서 다르게 지시하게 된다. 이러한 구분은 청소년에 대한 지원대상과 영역을 분류하는 과정에서 영역다툼이나 한계가 나타나게 되기도 하며(아동과 청소년, 학생과 청소년, 근로와 무직, 군인 등) 서로 자기의 독자적 대상이라고 지칭하게 된다. 이러한 다양성에도 불구하고 우리의 청소년에 대한 구분은 명시적으로 볼 때 법률적 차원에서 가장 보편적으로 구분을 하고 있다는 점에서 현재는 청소년의 분류기준으로 9~24세의 대상(청소년기본법)을 청소년으로 범주화할 수 있다.

1. 청소년의 발달과업과 청소년활동의 개념

청소년활동이라는 것은 의도적이고 목적지향적이어야 한다는 점에서 필요한 조건이 있는데 청소년활동이란 "청소년들이 청소년기의 발달과업과 관련하여 성과를 거두기 위해 행하는 일련의 행동이나 작용"이라고 한다면 청소년기의 발달과업과 이를 실제 행동으로 이끌게 하는 행위적 요소가 무엇인가의 이해가 선행되어야 한다.

청소년활동은 청소년기의 발달과정에서 나타날 수 있는 개인의 인성적 측면이나 정서적 불안정 요소를 극복하고 이를 개인성장의 변화에 수용하도록 만들어 주는 것이라고 할 수 있다. 즉, 청소년기는 사춘기의 본능적 요소를 재확인하며 자아의 발견을 찾아가는 시기이기에 아동기에 잠재해 있던 무의식의 세계에서 형성된 본능적 요소(id)가 청소년기에 성장하면서 내면화된 자아(ego)를 일깨우게 되고 그 과정에서 넘치는 에너지의 분출이 사회적 용인과정을 통하여 긍정적 또는 부정적인 현상으로 표출된다는 것이다.

여기에서 가장 중요한 것은 본능적 에너지를 얼마나 잘 통제하고 승화시킬 수 있는가의 여부이다. 아직은 미성숙한 초자아(superego)로 인해 사회요소를 적절하게 판단하는 능력은 결여되어 있다는 점에서 이러한 능력을 긍정적으로 발달시키는 지원적 관계는 필수적인 것이다.

인간의 잠재된 본능적 가치가 출생 후부터 여러 가지 요소로 발현되다가 청소년기에 다다르게 되면 잠재되어 있던 본능 속의 행위를 표출하고자 하는 욕구가 불현듯 일어나게 된다. 동일시의 대상이 바뀌고 부모로부터의 지배와 관리를 벗어나 또래집단과 같은 동일성 집단의 생각과 가치를 추구하려는 성향이 압도적으로 커지게 된다. 즉, 청소년기의 자아정체감이라는 새로운 관념과 존재의식이 확대되면서 아동기에 가졌던 의식이나 사고와는 크게 다른 성향을 보이게 된다.

청소년의 발달과정은 개인의 인지적·정의적 변화를 수반하게 되며 그러한 변화는 민주시민사회 건설에 필요한 개인의 내적 기제 변화에 필수적인 행동요소로 자리 잡게 됨을 의미한다. 즉, 인지적이고 정의적 변화과정은 청소년활동체험을 통해서 얻어지는 과정으로서 개인의 사고와 인지적 변화를 수반하며 종국에서는 사회에서 필요로 하는 힘을 얻는 기제(mechanism)로 탈바꿈하게 되고 더 나아가서는 이러한 경험적 가치는 개인의 변화뿐만 아니라 사회를 변화시킬 수 있는 힘을 얻게 된다.

따라서 청소년활동이 강조하는 점은 단지 개인의 인지적·정의적 영역의 변화만을 의미하는 것이 아니라 인지의 부조화를 조화롭게 하면서 이를 실제 행동의 변화로 이끌도록 하는 최소한의 기회인 셈이다.

아무리 좋은 조건을 갖추었다 해도 청소년기는 근본적으로 해당 시기에 필요한 학습역량을 갖추도록 요청을 받는다. 학습역량은 지적 능력의 균형을 의미한다. 인지적 학습능력이 어느 정도로 발달되었는가에 따라 해당 학습의 이수 정도를 판정하게 된다. 인지능력은 학습의 양을 결정하게 되는데 인지 부조화가 주는 문제는 단순히 학습에 그치는 것이 아니라 생활영역에도 큰 영향을 주게 된다.

오늘날의 청소년들은 개인의 인지부조화로 인해서 학습을 유지하기 어렵게 되고 그 결과가 학습수행에 필수조건인 판단력과 이해력, 분석력 등을 개발하는 데 어려움을 겪게 된다. 인지능력의 미흡이 학습에 악영향을 주게 되고 궁극적으로는 문제행동을 하게 되는 결과를 초래하게 된다.

또한 인지부조화를 경험하게 되면 동시에 정서적 불안정을 수반하게 된다. 개인이 갖는 정서적 불안정과 불균형은 단순히 자신의 내적 감정의 불안에서도 나타나지만 더불어서 개인이 속한 가정과 사회, 조식 내부에서의 문제에 의해서도 유발되기도 한다.

정서는 개인이 생활하는 삶의 과정에 직접적인 영향을 미치는데, 현대는 감성의 시대(EQ : Emotion Quotient)니 하는 말들은 현대인의 생활에서 정서가 그만큼 중요해지고 있음을 지적하고 있다. 정서는 기쁨, 슬픔, 분노, 놀람, 공포, 혐오, 흥미, 수치심과 같은 요소를 말하며(Tomkins, 1962), 이러한 정서요소는 사고, 판단, 기억 그리고 행동에 큰 영향을 미치게 된다. 통상적으로 사람이 정서적으로 불안정한 상태가 되면 분노를 일으키고 이러한 분노조절에 실패하면 건강에 치명적 악영향을 준다. 분노－억제와 잠재적 적개심을 갖게 되면 관상동맥경화증과 유의한 정적 상관이 있다거나(한국심리학회 편, 2000 : 610 재인용), 정서적 불안정은 우울에도 심각한 영향을 준다는 많은 연구와 같이 심각한 스트레스를 경험하게 된다.

이처럼 정서적 불안정은 개인의 문제행동에 많은 영향을 줄 수밖에 없다는 점에서 불안을 극복하는 정서적 안정은 필수적인데, 통상적으로 보면 부모의 애착이나 정적 관계조절을 유지하는 관계의 틀 속에서 정서적 요소와는 많은 관련성을 미치게 된다. 결국 개인의 발달에 적응기제로 조율을 하는 정서적 안녕감을 추구하는 노력은 매우 중요함을 의미하게 된다.

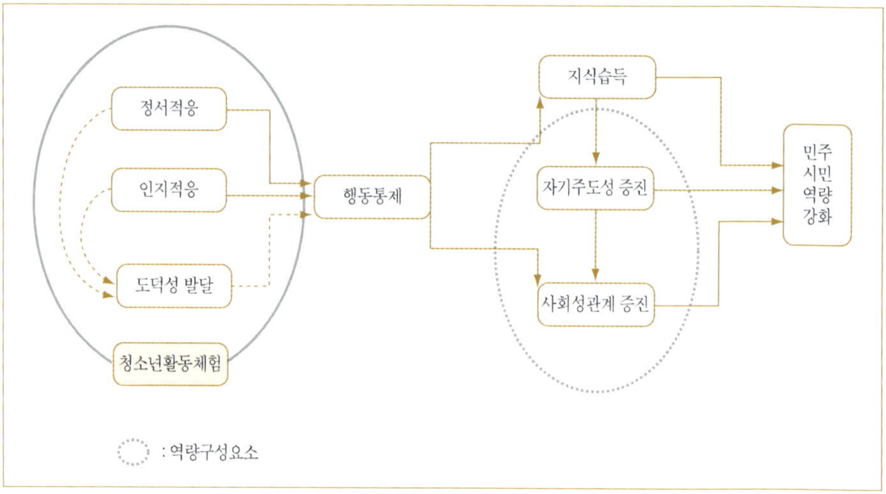

| 그림 1-1 | 청소년의 발달과정에서의 청소년활동체험의 기능

청소년발달은 생물학적 성숙을 완성한 이후까지 지체되고 있다. 청소년기는 성인기로의 발달과정의 일부분으로 가정되지만, 아동기에서 성인기로의 전환은 개인들이 다양한 사건들과 모든 연령에서 일어나는 성장과 발달의 기회를 경험하는 하나의 연속적 과정으로 이해하는 것이 가장 적절하다.

그렇기 때문에 성장과정에서 불가피하게 나타나는 인지적·정서적 불안정성을 극복해 주는 핵심 요소로서 청소년발달의 부정확성을 이해하고 이를 극복하도록 도와주는 노력이 매우 중요한 것이다.

일반적으로 청소년발달을 이해하기 위해서는 그들 개개인이 보여주는 내적 및 외적 변화를 파악해야 한다. 신체적으로 청소년기는 12~13세의 사춘기가 시작되는 시점에서 19~20세에 절정을 이르며 이후 성인기에 이르게 된다.

아동기와 성인기 사이의 성장기인 청소년은 12~19세 사이의 십대라는 용어로 포장된 편리한 시기로 육체적 성숙에 따른 급격한 신체 변화를 겪는다.

청소년들은 또래와 같은 비율로 성장하지 않기 때문에 서로에게 관심이 많다. 십대들은 특히 그들의 또래 가운데서도 발달이 더딘 사람보다는 발달이 빠른 또래를 선호한다. 또래들과 다른 발달적 단계의 돌입은 청소년기의 가장 큰 관심사인데 대부분의 청소년들은 자신들도 그렇게 되기를 바라기 때문이다.

남녀 간의 초기 성숙은 다르게 나타나는데 남자의 초기 성숙은 또래들에게서 더욱 대중적이며 지도력을 갖춘 위치에 가고자 할 때 필수적인 요소로 고려된다고 한다. 그렇지만 신체적 외관(몸집은 크게 성장하였음)에 비해 감정적 성숙이 일정한 궤도에 이르지 못해 다른 사람에 비해 많은 고민이나 정신적 압력, 음식에 대한 스트레스 등으로 크게 고민하게 되는 것이다.

청소년기의 중심과제는 형식적·조작적 사고와 도덕성의 발달, 신체적 성숙과 이성을 향한 관심, 부모로부터의 심리적 분리, 정체감의 형성이라는 요소가 거의 핵심적 기능을 하게 된다.

인간의 전생애적 발달과정에서 나타나는 청소년기의 발달적 변화를 보면 <표 1-1>에서와 같이 아동기의 외적 발달과 변화가 주로 정서적이고 감정적인 측면에서 청소년기의 변화로 이루어짐을 알 수 있다.

〈표 1-1〉 인간 발달단계의 이해

단 계	주요 발달내용
태내기(수태~출생)	• 기본적인 신체구조와 기관이 형성된다. • 신체의 성장이 일생 중 가장 빠른 속도로 이루어진다. • 태내환경으로부터 크게 영향을 받는다.
영아기(0~2세)	• 신생아는 의존적이기는 하지만 나름대로 다양한 능력을 가지고 있다. • 출생 시에 모든 감각기관이 작용한다. • 신체의 성장과 발달의 속도가 매우 빠르다. • 학습능력과 기억력이 신생아기에도 형성된다. • 생후 2년째가 되면 자아에 눈뜨기 시작한다. • 첫 돌 무렵에 부모에 대한 애착이 형성된다. • 다른 아동에 대한 관심이 증가한다.
유아기(2~6세)	• 운동기능과 체력이 신장된다. • 자기중심적이다. • 인지적 미성숙으로 인해 세상을 보는 눈이 비논리적이다. • 놀이, 창의력, 상상력이 풍부하다. • 자율성, 자기 통제력이 증가한다. • 친구의 중요성이 증가하지만 가족이 여전히 생활의 중심이 된다.
아동기(6~11세)	• 신체의 성장이 느려진다. • 체력과 운동기능이 더욱더 신장된다. • 유아기의 자기중심성이 사라진다. • 기억력과 언어기능이 증가한다. • 자아개념이 발달한다. • 친구가 생활의 중심이 된다.
청년기(11~20세)	• 신장과 체중이 급격히 성장하고 체형이 변화한다. • 성적 성숙이 이루어진다. • 추상적 사고가 가능하다. • 청년기의 자기중심성이 나타난다. • 자아정체감의 확립이 심각한 문제로 대두된다. • 또래집단이 형성되고 그 영향력이 커진다.
성년기(20~40세)	• 신체적 건강이 최고조에 달하다가 서서히 감퇴하기 시작한다. • 지적 능력이 더 복잡해진다. • 친밀한 관계가 이루어진다. • 대부분의 사람들이 결혼하여 부모가 된다. • 직업을 갖게 된다. • 자아정체감이 계속해서 발달한다.
중년기(40~60세)	• 신체적 건강과 정력이 감퇴하기 시작한다. • 여성들은 폐경을 경험한다.

중년기(40~60세)	• 지혜와 실제적 문제해결능력은 증가하지만 새로운 것에 대한 문제해결능력은 저하한다. • 자녀를 돌보고 부모를 봉양하는 이중의 책임감으로 인해 스트레스가 발생한다. • 자녀들이 집을 떠나고 빈집 증후군이 나타난다. • 삶의 의미를 찾는 것이 매우 중요한 일로 생각된다. • 중년기의 위기가 닥쳐 올 수 있다.
노년기(60세 이후)	• 신체적 능력이 다소 감퇴하지만 대부분의 노인들은 건강하고 여전히 활동적이다. • 반응시간이 더디어져 여러 가지 기능에 영향을 미친다. • 지적 능력과 기억력이 감퇴한다. • 은퇴로 인해 수입은 감소하지만 여가시간은 많아진다. • 다가오는 죽음에 대비하여 삶의 목적을 찾을 필요가 있다.

출처 : 정옥분(2004).

또한 에릭슨(Erikson)은 청소년기의 발달과정에서 나타난 변화를 주로 심리사회적 측면에서 고찰하였는데 그 특성을 보면 <표 1-2>에서와 같다.

〈표 1-2〉 에릭슨의 심리사회적 발달이론

발달단계	내 용
기본적 신뢰감 대 불신감 (2세 이하)	영아가 맺게 되는 사회적 관계인 어머니가 영아의 신체적·심리적 욕구와 필요를 적절히 충족시켜 주면서 일관성 있게 돌보아 주면 신뢰하게 된다.
자율성 대 수치감, 회의감 (2~3세)	여러 개의 상충된 충동 사이에서 스스로 선택을 하게 되며, 이러한 과정을 통해서 자신의 의지를 나타내고자 한다. 이는 곧 자율성을 갖고자 하는 것이다.
주도성 대 죄책감 (4~5세)	어떤 목표나 계획을 세우고 거기에서 성공하고자 노력하므로 자율성이 증가하며 왕성한 지적 호기심을 갖는다.
근면성 대 열등감 (6~11세)	기초적인 인지적 기술과 사회적 기술을 습득하게 되면 가족의 범주를 벗어나 보다 넓은 사회에서 통용되는 유용한 기술들을 열심히 배우고자 하는 자아가 형성되어 간다.
정체감 대 역할 혼미 (12~18세)	자기존재, 위치, 역할 및 책임, 능력 등에 대한 분명한 의식과 자신의 끊임없는 의문에 대해 해답을 찾으려고 애쓰고 고민하다.
친밀감 대 고립감 (19~24세)	직업을 선택하고 배우자 결정 등 자기 이외의 상대방을 통해 공유적 동일감을 찾으려 한다. 타인으로부터 공유된 정체감을 찾게 되고 이러한 관계를 통해서 서로 친밀감을 갖게 되는 것이다.
생산성 대 침체성 (25~54세)	자녀를 낳아 기르고 교육하게 되고, 사회적으로는 다음 세대를 양성하는 데 관심과 노력을 기울이게 된다.
통정성 대 절망감 (54세 이상)	자신의 삶을 후회 없이 가치 있게 살았다고 생각하는 사람이 지닌 특성이며 자신이 지내온 과거의 삶에 책임감이 있으며 죽음 또한 겸허하게 받아들인다.

출처 : 김희수(2003).

이 시기에는 부모의 통제를 거부하고 논리적으로 비판, 반항하며 친구관계에서의 가치관을 가족관계에서 적용하려는 욕구가 강하게 발현되면서 과거와 다른 새로운 욕구가 다양하게 제시되게 된다.

즉, 동년배 집단과 어울리고, 사회적 승인의 욕구와 소속의 욕구를 충족시키며 집단 소속의 감정이 강하고, 우리라는 의식이 강렬하다. 또한 친구와 어울려 행동하기를 좋아하고 이는 사회적인 통찰력을 발달시키는 데 중요한 영향을 미친다. 또 자아의식이 강해지며 주관적으로 생각하고 자기가 추구하는 학자나 사상가의 이론에 심취하며 자기의 능력, 흥미, 사상을 무시하는 사람과는 상대하지 않고 자기를 인정해 주는 교사나 선배를 깊이 신뢰하게 된다.

지금까지의 자기 자신을 돌아보고 자기는 누구인가를 의문하며 사회적 관계를 중요시하게 된다. 자아정체감을 확립하고자 하는 욕구가 강하다. 자신의 의문에 대한 해답을 찾으려고 애쓰지만 자아정체감을 획득하는 것이 쉽지 않기 때문에 때로는 고민하고 방황한다.

이러한 변화를 경험하게 되면 자연히 개인이 바라는 개인적 또는 사회적 욕구도 달라지게 된다. 어린이의 시기에 갖고자 원했던 생물학적 욕구, 안정과 사랑 및 소속감의 욕구로부터 한 단계 더 나아가 자아충족의 욕구를 발현하게 된다는 점이다.

여기에서 청소년활동은 자신의 능력수준에 맞는 기준을 설정하고 행동을 판단하는 준거를 마련해 준다. 개인의 민주시민으로서 최소한의 체험적 요소를 직접 느끼면서 인지적·정의적 능력의 개선을 통해서 성장과정의 힘의 균형을 만들게 되고 이를 통해 사회변화의 힘을 얻게 되는 것이다. 그렇기 때문에 청소년활동은 청소년의 발달과정에서 경험하는 개인의 신체적·정서적 불균형을 스스로 극복하게 하고 인지적·정의적 변화를 추구하는 힘을 제공해 주는 최소한의 기회로 정의해 볼 수 있다.

2. 법적인 측면에서의 청소년활동의 정의

청소년활동의 법적 개념을 정의함에 있어서 고려해야 할 요소는 단순히 청소년활동의 분류와 관계의 측면만이 고려되어야 할 것이 아니라 청소년에게 주어진 활동의 여건이 이루어지는 환경과 대상의 특성에 따라서 매우 다양하게 나누어 볼 수 있다.

1991년 청소년기본법이 제정된 당시의 법적인 측면에서의 청소년활동은 청소년활동을 청소년수련활동이라고 명명하면서 "청소년수련활동이라 함은 청소년이 생활권 또는 자연권에서 심신단련, 자질배양, 취미개발, 정서함양과 사회봉사로써 배움을 실천하는 체험활동을 말한다"고 규정하였다(청소년기본법, 1999).

초창기의 청소년활동을 정의하면서 수련활동(修練活動)이라는 개념을 명시하였던 점은 수련(修練)이라는 의미에서 그동안 관행적으로 제시하였던 지시적이고 의도적이었던 교육적 가치를 청소년활동에 그대로 접목하면서 자율적이고 적극적인 체험적 활동으로서가 아닌 교사중심 그리고 지도자 중심의 하향식 체험활동을 교육적 관점에서 전개하려는 의지의 표현이었다고 해석해 볼 수 있다.

여기에서 청소년수련활동을 정의하면서 단순한 활동의 차원을 넘어서려는 다양한 가치를 제공하려는 의미가 내포되어 있음을 알 수 있다.

첫째, 장소적 개념으로서의 생활권과 자연권이라는 특수한 장소의 도식적 개념을 설명하고 있다. 과거 청소년활동의 조직적 지원이 이루어지지 않았던 상태에서 법과 제도의 구현을 통해 청소년에게 활동을 지원하기 위하여 청소년들이 생활하던 장소를 공간적으로 구분하여 일상생활이 이루어지던 공간과 이를 벗어나는 외부적 공간의 개념으로서 자연권이라는 구분을 제시하였다. 과거 청소년활동을 제공하려던 1980년대 후반 당시만 하더라도 청소년들에게 사회적 억압이 강력하게 부과되면서 제한된 상태에서의 일탈이 사회적 파장을 일으킨 적이 많았다. 이러한 사회적 일탈의 원인이 놀 만한 장소, 쉴 만한 공간의 부족과 함께 여가문화의 미흡에서 나타난다는 문제점을 극복하고자 한 시각이 정책적 관점에서 부여된 것이다.

그래서 우리나라 청소년정책의 근간이 되는 법률인 청소년기본법에 따르면 청소년활동은 "청소년의 균형 있는 성장을 위하여 필요한 활동"(청소년기본법 제3조 제3호)으로 규정되어 있다. 이 규정에 따르면 청소년활동의 가장 기본적인 특징은 '목적지향성', 청소년의 균형 있는 성장으로서, 이와 같은 관점에서 청소년들이 여가시간을 활용하여 행하는 제반 활동을 의미하는 '청소년여가활동'과 1차적으로 구분된다. 청소년활동은 여가시간 이외에도 정규 교과과정의 일환으로 수행될 수 있고, 또한 여가활동은 명확한 목적 없이 단순한 소일거리로 행해지는 일상적인 활동들도 포함하고 있기 때문이다. 따라서 이 두 용어는 상호 중복되는 영역(예컨대 여가시간을 활동하여 행해지는 청소년활동)이 존재하기는 하지만, 엄밀한 의미에서 개념적으로 분리하여 사용할 필요가 있다.

이와 같은 청소년활동은 2004년 청소년활동진흥법의 개정을 통하여 "청소년의 균형 있는 성장을 위하여 필요한 활동과 이러한 활동을 소재로 하는 수련활동·교류활동·문화활동 등 다양한 형태의 활동"으로 정의하고 있다. 여기에서의 청소년수련활동의 의미는 "청소년이 청소년활동에 자발적으로 참여하여 청소년 시기에 필요한 기량과 품성을 함양하는 교육적 활동으로서 청소년지도자와 함께 청소년수련거리에 참여하여 배움을 실천하는 체험활동"이라고 정의하고 있다. 청소년교류활동은 "청소년이 지역 간·남북 간·국가 간 다양한 교류를 통하여 문화적 감성과 더불어 살아가는 능력을 함양하는 체험활동"을 말한다. 마지막으로 청소년문화활동은 "청소년이 예술활동·스포츠활동·동아리활동·봉사활동 등을 통하여 문화적 감성과 더불어 살아가는 능력을 함양하는 체험활동"을 말한다. 즉, 청소년기본법에서 규정하고 있는 청소년활동은 청소년의 균형 있는 성장을 목적으로 행하여지는 활동범위 안에서 청소년수련활동, 청소년교류활동, 청소년문화활동 등 다양한 활동을 포함하고 있다. 결과적으로 청소년활동의 범주에 대해 우리나라가 처해 있는 특수한 상황이 청소년들의 체험적 기회 부여에도 그대로 적용됨을 알 수 있는데 이러한 활동의 유형화된 범주 역시 청소년중심으로 분류되기보다는 정책지향적 관점 또는 프로그램의 집행을 도모하는 시설의 요건을 충족시키는 차원에서 분류가 이루어짐을 알 수 있다.

3. 기타 체험적 가치에서의 청소년활동의 개념 정의

청소년수련활동은 청소년의 자발적 참여를 바탕으로 심신을 단련하고 자질을 계발하며 배움을 실천하는 활동으로서 전국의 청소년단체와 청소년수련시설을 중심으로 청소년의 전인적 성장과 공동체의식 함양(청소년백서, 1996 : 204)에 기여하게 한 측면이 강하다.

1991년 수립된 한국청소년기본계획에서 '수련'이란 청소년의 자발적 참여를 바탕으로 심신을 단련하고 자질을 계발하며 배움을 실천하는 활동을 의미한다. 이러한 수련활동은 지식·기능과 같은 수단적 가치를 배양하는 데 그치고 있는 과정교육의 한계를 넘어서 전인적 인간이라는 종국적 가치를 체험하는 학습활동으로서 청소년여가생활의 적응능력을 효율적으로 함양할 수 있어 현대를 살아가는 청소년들에게 필수적으로 요구되는 활동이라 하겠다(박명윤 외, 1991 : 2).

또한 청소년의 균형 있는 성장을 위하여 필요한 예술활동·스포츠활동·동아리활동·봉사활동 등으로 문화적 감성과 더불어 살아가는 능력을 함양시키고자 하는 활동(보건복지가족부, 2008)으로 설명하기도 한다.

초창기의 청소년활동을 수련활동이라고 규정한 이유는 청소년에게 기성세대가 무엇인가 의도적이고 과제지향적인 과업을 이행하게 함으로써 자신의 내적 가치를 연마하도록 해야 하고 자신이 갖추고 있는 잠재적 의지를 외부로 발현시켜 주어야 한다는 교육적 발상의 집합이었기 때문으로 판단해 볼 수 있다. 즉, 수련활동은 반드시 교육적 가치가 수반되어야 하며 특정 지역과 공간이라는 측면을 강조해야 하고 숙박을 통해 신체단련과 같은 의미로서 청소년들은 수동적 존재로 따라주어야 한다는 피동적 의미가 강하게 내포되어 있는 것이다.

그러나 청소년활동을 수련활동, 교류활동, 문화활동으로 통칭하고 있음은 마치 청소년활동이 **ㅣ그림 1-2ㅣ**에서와 같이 세 가지 활동의 유형만을 의미하는 것은 아닌가 하는 혼돈을 불러일으킬 수도 있다.

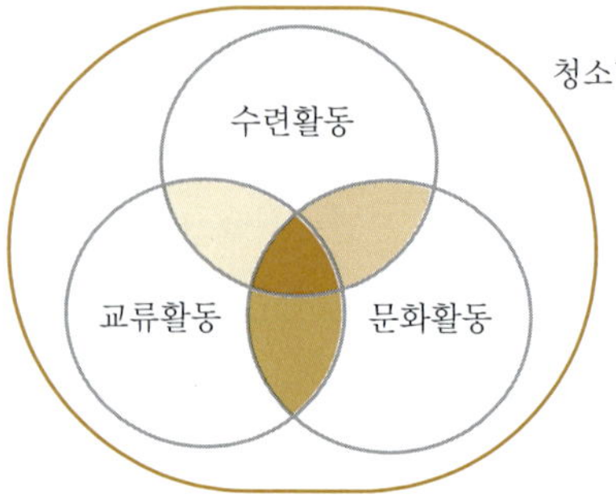

| 그림 1-2 | 청소년활동의 영역

그렇지만 이러한 분류는 과거 청소년활동을 수련활동이라는 관점에서 해석하고 장소를 기준으로 하여 생활권과 자연권에서 이루어지는 활동이 청소년활동이어야 한다는 생각을 탈바꿈하여야 한다는 점에서 만들어진 개념[3]이라고 할 수 있다.

점차 청소년활동에 대한 지식이 축적되고 청소년활동이 제공하는 가치가 확대됨에 따라 청소년활동은 청소년 모두를 유익하고 건전한 사회적 구성체로 성장시켜 국가자원으로 개발하려는 의도를 가진 모든 활동을 청소년활동의 범주에 포함시키고 있으며 청소년들이 스스로 행하는 자발적 활동에서부터 비조직적이고 비의도적인 행동영역까지 포함하는 것을 청소년활동이라고 규정하고 있다(권일남, 2003 : 51).

여기에 더하여서 청소년활동은 청소년 시기에 필요한 내적인 힘과 능력을 발현시켜 성인기에 유용한 사회적응과 진로 및 생활유지에 도움이 되는 학습조건을 갖추기 위함에 있다는 점에서 청소년활동을 제공하는 것은 청소년의 역량을 이끌어 내는 기회로 확대되고 있다. 즉, 청소년들이 역량 있는 대상이

3) 청소년활동에 대한 분류에서 초기 생활권과 자연권으로 분류하면서 통상적으로 생활권이라 함은 청소년들이 학교나 가정 또는 지역사회에서 일상적으로 생활을 하면서 주거하는 좁은 개념으로서의 공간을 의미하며 자연권이라 함은 적어도 집을 벗어나 친구나 동료들과 같이 항상 거주하는 공간을 벗어나 여행이나 특정 공간을 탈피하려는 개념으로서 이해되어졌다. 그래서 청소년수련활동은 생활권인 지역사회나 학교, 가정 등 일상적 공간에서 이루어지는 활동은 가급적 배제하려는 인식이 강하였고 농촌, 어촌, 산촌, 오지, 격리된 장소 등과 같은 지역적 개념으로 해석하였다. 초기의 청소년수련활동이 극기훈련이나 극단적 신체저항활동으로 오해를 불러일으키게 된 근본적 배경도 여기에서부터 출발하였다고 볼 수 있다. 즉, 청소년지도자의 발굴이나 훈련된 지도자의 확보가 어려운 상태에서 단기적이고 집체적 활동을 수행하려면 역시 군대적 교육이 효율적일 수밖에 없었기 때문에 청소년활동이 극기훈련으로 고착된 점은 매우 아쉽다.

된다는 것은 발달과정에서 끊임없는 성숙을 경험해 나가는 세대라는 점에서 이들에게 필요한 인지적이고 정의적인 역량을 갖추게 됨을 의미한다는 것인데(권일남, 2008 : 61), 청소년활동이 바로 청소년기에 필요한 필수요소인 관계개선의 요인을 확장하는 데 의도적이고 목적지향적인 큰 기능[4]을 한다는 점이다.

여기에서 의도적이고 목적지향적이라 함은 청소년들을 지도하는 방향이 교육의 목적과 같이 특수한 과제를 구현하고자 할 때 이를 구체적으로 실행하는 각종 구성요소가 정확하게 구비됨을 의미한다. 즉, 청소년활동 역시 교육의 목적과 같은 동질적 가치를 갖고 있다고 보고 이러한 가치구현의 쟁점을 위해 필요한 환경과 조건을 갖추고 있는가의 여부[5]를 판단하는 부분이 되어야 함을 의미한다.

청소년활동의 개념을 재정립함에 있어서는 그 활동이 의미하는 바와 관련하여 볼 때 개인의 심리적이고 사회적 관점에서 어떠한 가능성을 주는가에 따라서 다르게 나타날 수 있다. 사회심리적 차원에서의 청소년활동의 개념을 규정해 보면 청소년활동이라는 것은 개인이 지각하고 관찰을 수반하면서 시청각적 요소인 오감(시각, 청각, 촉각, 미각, 후각)을 활용하여 감각의 발달을 유발시키는 과정이라고 할 수 있다(Lewis, 1975). 청소년활동은 학제 간 또는 다학문간 특성을 보이는 것으로서 학생들이 수용하게 되는 교과과정을 풍성하게 하는 특성을 보이게 한다(Hammerman & Hammerman, 1985).

청소년활동은 청소년 개인의 역량을 강화하고, 다양한 능력을 보유할 수 있도록 하며, 청소년들이 자신들의 삶의 질을 개선시켜 자신의 변화 및 도움뿐만 아니라 더 나아가서는 가정과 사회 및 국가자원의 효율성에 적극적으로

4) 청소년들이 체험활동을 함으로써 자신도 모르게 집단 속에서 타인이해와 공감을 이루고 자신의 내적인 역량을 발견하게 됨으로써 목표의식과 학습지향적 가치관을 긍정적으로 개선하는 데 큰 도움을 주기 때문에 청소년활동은 역량개발의 근원적 요소로 볼 수 있다.

5) 청소년활동이 교육적이어야 함은 이론의 여지가 없다고 본다. 하지만 이러한 목적을 실현하는 방법은 매우 다르다고 할 수 있다. 청소년활동을 학습하는 학생들이 청소년활동의 개념을 어떻게 정의하고 있는가는 향후 어떠한 부분을 청소년활동으로 규정할 것인가의 여부를 결정짓는 중요한 관건이 된다. 사실 1991년 청소년기본법 제정 당시의 청소년활동과 지금의 청소년활동은 개념 측면에서 매우 다른 판단을 하고 있다. 이러한 분류는 청소년활동에 대해 많은 학자들이 청소년기에 성장과 발달을 도모하는 차원에서 자율적이고 자발적인 점을 강조하고 있다고는 하지만 그러면서도 제도적으로는 반드시 청소년지도자가 배치되어야 하고 일정한 공간과 시설의 안정성을 확보해야 한다는 영역 안에서만 행하는 활동으로 규정하려는 태도는 청소년활동에 대해 다소 이율배반적 행위를 보여주는 인식을 갖고 있음을 보여준다.

대처하는 힘을 키우는 것이라 할 수 있다. 이러한 개별적 요소를 통합하여 청소년활동의 개념을 요약해 보면 <표 1-3>에서와 같이 정리해 볼 수 있다.

〈표 1-3〉 청소년활동의 개념

영 역	개 념
일반적 개념	청소년들이 입시 위주의 교육으로 인하여 학습다양성의 체험에 대한 기회가 다소 제한되고 있다는 점과 올바른 여가 기회의 부족으로 문화적 감수성 체험의 기회 부족을 해소해야 한다는 점을 극복하기 위하여 제공되는 요소를 말함
법적 개념	청소년기본법과 청소년활동진흥법 등 청소년관련법을 통해서 청소년들에게 제공하는 활동의 유형으로서 수련활동, 교류활동, 문화활동 등의 영역을 말함
경험학습으로서의 개념	학습자로서의 청소년들이 다양한 체험활동을 통해서 오감의 경험을 이끌게 되고 인지적·정의적 영역에서 지각의 변화를 일으키고 행동의 변화까지 유도하는 활동체험의 기대
과정으로서의 개념	청소년활동은 체험의 특성상 도입단계에서부터 결과를 이끄는 단계까지 폭넓게 이해되는데 그동안 청소년활동은 성취결과에만 초점이 맞추어져 있었다는 점을 극복하고 활동의 과정을 중시해야 한다는 점을 설명하는 개념
개인의 발달에 영향을 미치는 역량으로의 개념	청소년기의 성장에 필요한 가치로서 활동체험을 통해서 개인의 발달과정에서 효과적인 요소를 역량증진의 측면에 두고 이러한 역량의 요소가 자아, 성취동기, 문제해결, 대인관계, 갈등해결, 리더십, 신체건강, 시민성 등의 성취를 이룬다는 활동의 개념

출처 : 조미영(2009) 수정·보완.

결국 이러한 개념을 종합해 본다면 청소년활동은 법적인 개념이나 제도적인 측면에서 시설과 체험의 요소를 설명하는 협소한 개념으로서의 규정이 아니라 청소년기에 청소년들이 건전하게 성장함에 있어서 반드시 갖추어야 할 핵심 요소를 청소년활동의 체험을 통해서 그들이 반드시 갖추도록 하는 필수 요소의 제공을 이행하게 만드는 체험적 요소라고 규정해 볼 수 있다. 동시에 이러한 활동의 특성을 범주화할 때 모든 체험적 요소를 가진 요소를 청소년활동이라고 할 때 |그림 1-3|에서와 같이 청소년활동은 포괄적으로 설명될 수 있다고 본다.

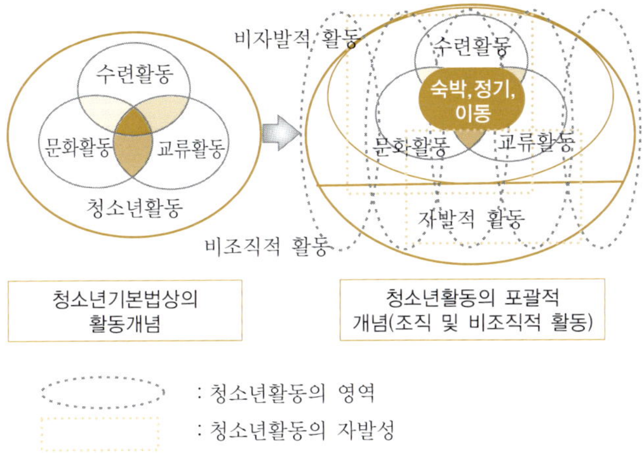

| 그림 1-3 | 청소년활동의 개념 규정

즉, 청소년활동은 청소년기에 이루어질 수 있는 모든 체험적 활동을 의미하며 법적인 활동을 포함하며 비자발적인 활동뿐만 아니라 자발적인 활동까지도 포함하는 것을 말하게 된다.

요 약

청소년활동의 특성을 청소년이라는 대상의 측면에서 고려된 청소년의 발달 특성의 관점에서 청소년기에 반드시 행해야 할 내용으로써 이해하고자 하였다. 더 나아가 청소년정책과 법적인 관점에서 규정된 청소년활동의 개념과 의미를 분석하고 파악하였다. 사실 지금까지의 청소년활동은 주로 청소년정책의 관점에서 이해된 측면이 강하여 실제 청소년들의 발달과 잠재적 능력을 발현시켜야 할 실질적 의미를 구현하는 데에는 정확하게 정의되지 못하였다. 이와 같은 관점에서 청소년활동의 의미를 청소년의 대상, 즉 초등학교, 중학교, 그리고 고등학교 등 발달과정의 차이에 따라서 어떻게 규정해야 하는가를 이해하고 연구해 나가야 할 것으로 보인다.

연구과제

1. 청소년활동의 개념을 규정해 보자.
2. 청소년의 발달 특성에서 청소년활동이 필요한 이유를 알아보자.
3. 청소년정책의 관점에서 청소년활동의 개념을 파악해 보자.
4. 청소년활동의 발전과정을 알아보자.

CHAPTER 02

청소년활동의 원리

1. 행동주의 원리
2. 현장학습의 원리
3. 문제해결의 원리

CHAPTER 02

청소년활동의 원리

개 요

청소년활동의 접근원리를 보다 논리적으로 설명하기 위해서는 먼저 인간의 행동과 관련된 이론들을 정리해 보는 것이 필요하다. 그 이유는 다양한 청소년활동을 통하여 얻게 된 지식이나 기능과 같은 인지적 요소는 태도 및 가치 등의 정의적 요소와 결합하여 구체적인 행동으로 표현되기 때문이다. 또한 청소년활동 프로그램을 효과적으로 진행하기 위해서는 활동의 중요성에 대한 인식이 미약한 상태에서 참가자들의 적극적인 태도 그 자체만으로 활동의 효율성 제고를 기대하기는 어렵기 때문이다.

이러한 측면에서 효율적인 활동전략에 적용할 수 있는 실천원리 세 가지인 행동주의 원리, 현장학습의 원리, 문제해결의 원리를 살펴보고자 한다.

학습목표

1. 청소년활동의 중요성을 이해한다.
2. 청소년활동지도자와 참가자의 행동주의 원리를 이해한다.
3. 현장학습의 원리와 전개과정을 이해한다.
4. 문제해결학습의 원리와 적용방법을 이해한다.

주요 용어

청소년활동/ 행동주의 원리/ 현장학습의 원리/ 문제해결의 원리

1. 행동주의 원리

1) 장이론

레윈(Lewin, 1942)은 장이론(field theory)의 모델형성과정에 대한 기초를 제공했다. 이 모델은 두 가지 구성요소를 전제로 이루어졌으며, 그 내용은 한 개인이 자신의 개인적 특성과 자신이 처한 특수한 환경이 주어진 시간 속에서 상호작용을 한다는 것이다. 장이론의 단순화된 정의는 어떤 주어진 시간 속에서 행동(B)은 개인적 요소(P)와 환경적 요소(E)의 상호작용이다. 레윈이 제시한 이론을 함수관계로 나타내면 B = f(P · E)로써 표시할 수 있다.

레윈은 인간의 행동을 생활의 공간 속에서 일어나는 어떤 변화 혹은 그 행동을 둘러싸고 있는 환경적 · 심리적 요소들로서 정의하였다. 그러므로 어떤 행동은 그 사람의 행위에 의해 야기된 환경적이며 심리적인 요소들 속에서의 어떠한 변화라고 말할 수 있다. 그중에서 인간의 사고작용, 행동 그리고 꿈을 꾸는 작용 등을 포함한 모든 심리적 기능들은 개인요소(P)로 분류된다.

알포트(Allport, 1948)에 따르면 개인구조는 개인의 역동적인 심리상태로 귀결된다고 하였다. 그러나 레윈은 개인요소(P)를 구성하는 일부로 유전적인 특징을 포함시켰다. 이를 근거로 개인요소(P)를 어떤 개인의 내적인 심리상태 요소로서 인지와 사고작용이 발생하는 순간의 모든 심리적인 상호작용을 포함하는 상태로 정의할 수가 있다. 환경요소(E)는 특정한 시간, 장소 및 다른 사람들과의 즉각적인 상호작용을 말한다. 환경요소는 물리적 환경과 사회적 환경 두 가지 상황으로 구분되며, 각각의 시간적인 개념이 존재하는 것으로 구분하였다(Shaw & Castanzo, 1970 : 26).

물리적 행동은 시간과 장소와 같이 인간의 행동에 구체적인 영향을 미치는 요소인 반면, 사회적 환경은 다른 사람들의 관계와 참여를 바탕으로 이루어지는 것들이다. 즉, 한 개인의 어떤 행동은 그 행동을 둘러싸고 있는 그 당시의 상황적 특수성과 밀접한 관계가 있다는 것이다. 따라서 개인적 요소와 개인이 처한 환경적인 특성을 배제한 상태에서 행동결정에 미치는 영향요소를 논하는 것은 무의미하다. 결론적으로 행동의 변화는 삶의 공간 속에서 다양하게 발생할 수 있으며, 단순히 행동과정에서 나타나는 몇몇 장애요소에 의해 전적으로 한정될 수 없다는 것이다.

장이론 관점에서 청소년활동을 살펴보면, 참가자들의 적극적인 행동을 위한 활동과정은 지도자와 프로그램 환경 간의 상호기능적 행위이다. 그 행위는 현장견학, 교재 이용, 프로그램 목적과 각 단위별 특성에 맞는 실천영역 또는 집단활동의 적극적인 참여 등으로 볼 수 있다. 이러한 활동과정에서 개인요소(P)들은 활동지도자들의 철학, 인격, 신념, 그날의 분위기, 참가자에 대한 태도 그 밖에 다른 내적인 요소들이 될 수 있다. 환경요소(E)들은 물리적인 요소들로서 참가자의 연령 및 숫자, 활동규모, 참가자 및 현장 분위기 등 다양한 요소들이 복합적으로 나타난다.

이상의 현실적인 문제들을 고려하여 청소년활동 현장에 장이론을 적용하기 위해서는 두 가지 요소를 고려해야 한다. 그 첫 번째가 시간에 대한 개념이다. 인간의 행동을 둘러싸고 있는 그 당시의 시간적 상황에서 과거의 경험적 사건은 현재의 개인적 행동결정에 최소의 역할을 수행할 뿐이라는 것이다. 비록 장이론이 청소년교육의 실천적 측면을 설명하기 위한 논리적인 출발점을 제공했다 하더라도 아직 해결되지 않은 중요한 과제를 남겨놓았다. 즉, 현재와 미래의 행동에 대한 역사적 사건들이 미치는 영향은 무엇이며, 어떤 변수들이 어느 정도의 설명력을 갖게 되는가? 또한 한 개인의 발달과정에서 형성된 이전의 경험들이 개인요소에 고려되는 상황과 정도의 관계를 어떻게 설명할 것인가? 하는 과제들이다. 두 번째는 개인요소(P)와 환경요소(E)를 측정하기 위한 조작적 정의의 명확성에 대한 논의이다. 따라서 인간의 행동을 규정하는 데 있어서는 절대적인 기준을 일방적으로 적용하는 것은 곤란하기에 인간의 행동을 가장 적절하게 설명할 수 있는 개인요소(P)와 환경요소(E)에 대한 사전적 정의가 반드시 필요하다.

2) 생애발달단계 이론

생애발달단계 이론(life-span developmental theory)의 관점은 "사람들이 인생의 전 기간 동안 발생하는 각종 사건들의 결과를 유추하여 한 인간의 행동과 반응의 변화를 예측하고 설명하기 위한 모델이다"(Brim & Ryff, 1980 : 28-29).

이 이론의 주된 가정은 인간의 발달이 ① 평생과정, ② 사회적, 심리적, 그리고 생물학적 차원을 포함한 다차원적 과정, ③ 행동과 기능을 내포하는 다지향성 과정, ④ 사회적, 심리적, 그리고 생물학적 의미의 복합적 작용과정이라는 것이다. 이러한 개념들과 함께 레윈의 개인요소(P)와 환경요소(E)는 인생의 과정 속에서 행동분석을 위한 설명력을 지닌 중요한 요소들로서 어느 순간 발생하는 사건에 영향을 미치는 것으로 간주되고 있다.

생애발달이론에서 삶의 과정에서 발생하는 사건들을 기술하기 위해 '어린 시절의 기억들 및 중대한 위기적 사건들'이 전형적으로 이용되어 왔다. 여기서 '중대한 위기적 사건'들의 의미는 한 개인에게 커다란 충격을 주었으며, 주위 사람들에게도 중요하게 여겨졌던 인생의 어느 시점에서 발생하는 사건들을 말한다. 또한 단순히 '어린 시절의 기억들'은 다른 사람에게는 중요하지 않은 것처럼 보일 수도 있는 어떤 사건에 대한 기억들로 해석될 수 있다.

생애발달단계적 이론과 이론의 구성요소인 '중대한 위기적 사건들'과 '어린 시절의 기억들'은 학교교육의 교수-학습 전략 수립과정에 적용함으로써 교사 및 학생들의 책임감 있는 행동의지를 발전시킬 수 있는 변인으로 작용할 수 있을 것이다. 이 구조들은 교사들과 학생들 사이에서 행동발달에 영향을 미칠 수 있는 광범위한 생의 사건들을 이용하기 위한 이론적 근거를 제공하며, 교수법 개발에 대한 수행방법을 잘 이해할 수 있도록 하는 과거의 환경요소(E) 유형에 대한 심화된 통찰력을 제공해 준다. 생의 중대한 사건들에 대해서는 인간의 행동발달과 직업선택과 연관된 요소로서 많은 생애발달이론가들에 의해 연구되고 입증되어 왔다(Lykes & Stewart, 1982).

한편 청소년의 환경활동과 관련하여 팔머(Palmer, 1993)와 탄너(Tanner, 1980)는 시민들 중에서 선발된 야생동물협회, 자연보호협회 그리고 연방조수협회 등에서 근무하는 관료 및 직원들을 대상으로 조사를 실사하였다. 조사내용은 이들이 자연보호와 관련된 직업을 선택하게 된 동기를 기술하도록 하였으며, 얻어진 결과를 다음과 같이 아홉 개의 범주로 구분하였다.

① 청소년 중심 프로그램에서의 야외활동 경험 및 부모들의 자연에 대한 애착심
② 자연, 시골 혹은 전통적인 습관과의 빈번한 접촉
③ 사냥, 낚시, 캠핑 그리고 가족산보 등을 포함한 부모들의 영향
④ 인생의 발달단계에서 교사들의 영향
⑤ 자연 관련 서적의 영향
⑥ 부모나 교사들 이외의 다른 성인들의 영향
⑦ 귀중한 자연경관이 사라지는 것을 목격
⑧ 비교적 원시적인 생활습관에 머무르고 싶은 개인적 성격
⑨ 그 밖의 복합적인 경험들

탄너는 이 연구에서 위에 제시한 내용에 응답한 대부분이 주로 어린 시절이나 청소년기에 발생하는 일들이라는 결론을 도출하였다. 또한 팔머는 영국에서 환경교육자들 232명으로부터 환경에 대한 실질적인 관심을 유도할 수 있는 생활의 경험들을 기술한 질문지를 수집하여 유형화하였다. 질문지의 내용은 환경에 대한 실질적인 관심항목들로서 실천적인 자연보호 행동들(나무를 심는 일, 야생동물 보호), 재활용 생활화, 환경문제와 관련된 단체의 조직, 환경교육의 교육과정 개발, 조류보호나 하이킹과 같은 야외활동, 환경친화적인 가정용품을 사거나 자연친화적인 생활방식 및 환경 관련 서적이나 잡지를 구독하도록 의식적 혹은 규칙적인 노력을 하는 것 등이다.

질문지를 분석한 결과 30개의 생활경험에 대한 진술영역이 다음과 같이 13개의 범주로 구분되었다. 그 구체적인 항목은 ① 야외활동, ② 교육/ 각종 프로그램, ③ 부모 및 가까운 친척들, ④ 조직체, ⑤ TV/ 대중매체, ⑥ 친구들 혹은 다른 사람들, ⑦ 외국여행, ⑧ 환경재난과 환경파괴적인 문제, ⑨ 관련 서적이나 잡지, ⑩ 부모가 되는 것, ⑪ 애완동물 기르기, ⑫ 종교, ⑬ 기타 등이다.

결론적으로 탄너와 팔머가 입증한 바와 같이, 중요한 생활의 경험들은 환경 분야에 관련된 개인들에게 영향력을 가져왔다는 것을 알 수 있다. 따라서 청소년의 환경활동 프로그램 전략을 수립하는 데 있어서 생활의 경험들이 직접적으로 관련되지 않을지라도 환경보전활동의 수행과 같은 환경 관련 분야의 직업선택 과정에는 생활의 경험들이 중요한 기폭제가 될 수 있다는 것이다.

2. 현장학습의 원리

청소년 현장학습은 기존의 교사중심의 교실수업으로부터 벗어나 현장 위주의 체험활동을 중시하는 수업방식이다. 이는 정보화 중심의 다변화되고 가속화된 사회구조 속에서 학습자들의 독특성과 창의성을 발휘할 수 있도록 학습환경을 조성하려는 시도에서 비롯되었다. 그러나 이러한 방법상의 유용성에도 불구하고 대부분의 현장학습이 학교 밖으로 나가야만 가능하다고 보는 관점이 지배적이어서 원활하게 실시되기에는 나름대로 어려움이 있는 것도 사실이다. 현장학습활동에서는 무엇보다도 교사가 학생들의 안전관리에 각별한 신경을 써야 하므로 지나친 통제 위주의 진행으로 현장학습이 지닌 본래의 의미를 구현하기 어려울 것임을 감안해야 한다.

현장학습은, 특히 청소년 환경활동과 같이 현장탐사 및 현장활동을 통한 교육목표 달성을 위한 가장 효과적인 방법으로 볼 수 있다. 환경과 직접 접촉하여 생생한 교감을 나눔으로써 교실에서 이루어지는 지식과 정보전달 위주의 단순한 교육보다 실질적인 실천방식을 습득하며 동시에 환경감수성을 높일 수 있다.

현장체험학습을 통하여 학생들에게 인위적이고 도시화된 환경에서 벗어나 자연환경과의 접촉기회를 자주 제공해 줌으로써 보다 넓은 자연의 세계에 대한 새로운 경험을 갖게 해준다. 자연에는 여러 가지 동물, 나무, 꽃, 풀, 새, 물고기 등을 포함하여 다양한 사물들을 직접 보고, 만지고, 듣는 과정에서 새로운 사실들을 하나씩 알아가면서 귀중한 발견의 기회를 갖게 된다. 이러한 경험을 통하여 학생들은 자연과 환경에 대한 새로운 인식과 이해를 높이게 될 것이며, 자연 속에서 획득된 지식과 기술은 청소년들의 일상생활에 그대로 반영된다(구창모 외, 1992).

지금까지 밝혀진 현장체험학습에 관한 연구들에서도 그 중요성이 강조되어 왔으며, 현장체험학습이 분명하게 인지적·정의적 측면에서 학습의 효과를 높일 수 있고 학습자의 일정한 특성과 현장체험학습의 장이 학생들의 태도나 행동, 나아가 실질적인 학습에 많은 영향을 미치는 것으로 조사되었다. 또한 자연권 수련시설에서의 자연체험학습 수련활동을 수료한 학생들은 자연보전에 대한 의식과 보전태도를 갖는 데 있어서 차이를 보여주고 있다(안동만, 1999).

1) 현장체험학습의 의의와 특징

우리 교육의 문제점에 관하여 이야기할 때 대표적으로 언급되는 문제 중의 하나가 과밀학습과 교사 위주의 주입식 강의와 암기 위주의 강의방식이다. 이 같은 문제는 오랫동안 지적되어 왔지만 쉽게 개선될 희망이 보이지 않은 상태에서 선진 외국의 학습방식을 그대로 도입하는 등의 다양한 시도가 아직까지 이루어지고 있는 실정이다. 이 같은 학습방식은 급변하는 사회현실을 제대로 반영하지 못할 뿐만 아니라, 이러한 교육체제에서 자라난 세대는 성인이 된 후에도 학습현장에서 배운 내용을 전혀 활용하지 못하게 됨으로써 끊임없는 시행착오를 겪게 되는 결과를 가져온다. 예전과는 달리 오늘날은 도시의 청소년들은 물론이고 농촌지역의 청소년들마저 자기 스스로 무엇인가를 보고, 듣고, 만지고, 맛보는 즐거움, 다시 말해 한 인간으로서 살아 있다는 감각을 제대로 느끼기 어려운 실정이 되어가고 있다는 것은 안타까운 현실이다.

하지만 교육이 학습자들에게 의미를 부여하기 위해서는 실질적인 현장체험과 결부된 교육, 살아 있는 체험학습이 되어야 한다. 여기서 의미하는 체험학습이란 실험, 관찰, 조사, 수집, 노작, 토론, 견학 등과 같은 특정한 학습유형을 포함하여 학습이 본질적으로 체험을 수반해야 한다는 것임을 밝혀둔다.

현장체험학습은 현장학습과 체험학습의 두 가지 의미를 모두 포함한다. 현장학습은 학습장소를 학습자료가 있는 현장으로 옮김으로써 학습의 목표를 효율적으로 달성하려는 학습방법으로, 여기서 현장이란 자연이나 현실과 직접 접촉할 수 있는 장소로 일반적으로는 학교의 울타리 밖을 의미한다. 이와 더불어, 체험학습이란 사람의 오감을 통하여 직접 경험하고 온몸으로 체득하는 학습활동으로 주입식 교육에 의한 단순 지식의 암기나 피동적인 내면화가 아닌, 학생 자신이 주체가 되어 참여하고, 느끼고, 실천하는 학습으로 독서나 교과를 통한 간접체험활동 및 탐사, 표현, 발표, 견학, 봉사 등을 포함하여 여러 가지 프로그램 참여활동에 의한 학습으로 볼 수 있다.

결국 현장체험학습이란 학교를 벗어나 온몸으로 직접 경험하고 체득하는 학습활동이라 할 수 있다. 따라서 현장체험학습은 교실이라는 전통적인 학습의 장에서 벗어나 학생들로 하여금 학습에 대한 흥미를 자극하고 의욕을 불러일으켜 학습효과를 높이고, 나아가 학생들로 하여금 생생한 현장경험을 통하여 논리적인 사실과 현상 간의 관계를 보다 잘 이해할 수 있도록 하는 데 그 목적이 있으며, 다음과 같은 특징을 갖는다.

첫째, 자연적·사회적 현상을 구체적이고 직접적으로 관찰할 수 있어 흥미와 관심을 높이고 자주적인 학습태도를 높일 수 있다.

둘째, 학습자들로 하여금 생생한 현장에서 폭넓은 경험을 함으로써 사회적 태도나 능력을 육성할 수 있고 사회인으로서의 행동양식도 길러줄 수 있다.

셋째, 교과와 관련된 문제들을 실제 체험을 통해 배우고, 배운 것을 실천할 수 있는 계기가 된다.

넷째, 자기의 주변 환경을 통찰하고 여기에서 새로운 의미를 발견하며 탐구력과 사고력을 기를 수 있다.

마지막으로 교사와 학습자가 공동으로 현장조사를 계획하고 실행하며 평가하는 등, 제반 활동을 함께 함으로써 보다 풍부한 교육환경을 접할 수 있고 지식을 심화시킨다. 특히 소집단을 구성하여 현장조사학습을 실행하는 경우에는 협동심을 기를 수 있다.

2) 현장학습 계획 수립

(1) 장소의 선정

적절한 장소를 몇 곳 선정하여 사전답사나 자료를 수집하여 학생, 학부모, 교사가 함께 참석하여 면밀히 검토한 후 결정하는 것이 바람직하나 고학년 이상의 학생들에게는 장소의 선정 시 고려해야 할 기준 설정에서부터 장소선정에 이르기까지 학생들이 협의하여 결정할 수 있도록 교사가 충분한 자료의 제공과 협의기회를 제공하는 것도 학생들의 문제해결력 신장에 도움이 될 것이다.

장소의 선정에 있어 고려해야 할 일반적인 사항은 다음과 같다.

① 현장학습의 목표달성을 위하여 적합한가?

② 학교, 학년 또는 과목의 교육목표에 적절한가?

③ 학생들의 안전상의 문제는 없는가?

④ 시기적으로 적절한 장소인가?

⑤ 학생들을 충분히 수용할 수 있는 공간인가?

(2) 계획 수립

계획 수립은 현장학습의 성패를 결정짓는 가장 중요한 단계이다. 우선 청소년들의 요구를 수렴하고, 이에 근거하여 이미 정해진 프로그램의 장·단기적인 목표를 달성하기 위한 구체적인 교수전략과 활동계획을 수립해야 한다. 일반적으로는 현장의 지리적인 특성, 활동기간, 학생들의 연령이나 성별 등을 고려하여 학교나 교사들이 프로그램을 작성하는 것이 보통이나, 기본적인 활동지침이나 내용은 학생들이 자발적으로 협의를 통해 계획을 수립할 수 있는 기회를 제공하는 것이 바람직하다. 계획 수립 시 고려해야 할 일반적인 사항은 다음과 같다.

① 협의회나 설문조사를 통해 학생, 학부모, 교사 또는 지역사회 인사의 요구, 흥미, 문제에 대한 사전분석을 실시한다.

② 이용 가능한 시설, 기자재, 학습자료, 지도자 등의 목록을 조사하여 작성한다.

③ 현장학습에 관련된 문헌을 조사한다(장소나 활동주제, 활동대상에 대한 문헌 자료집 등).

④ 활동집단을 조직한다.

⑤ 자기가 속한 조직에서 분담한 역할에 대한 사전분석 및 숙지를 한다.

⑥ 현장학습활동에 관한 담당자 전원 사전연수 및 협의회를 실시한다.

⑦ 행사 후 평가와 보고서 작성 및 협의회를 실시하여 다음 현장학습의 길잡이로 삼는다.

(3) 안전관리

현장학습에는 일반적으로 여러 가지 위험한 요소가 수반된다. 따라서 주도면밀한 준비와 예측할 수 있는 모든 위험에 대비하여 그 방지책을 구상하여야 한다.

① 실시 당일에 가까운 날에 사전답사를 실시하여 현장상태를 점검한다.

② 위험에 대한 사전지도를 철저히 하고, 위험한 장소의 출입을 금할 경우 사전에 로프를 치고 접근을 금지하는 표시를 한다.

③ 참가하는 청소년들에게는 사전에 적응훈련을 실시하고 안전사고에 관한 주의를 주고, 가정통신문을 발송한다.

④ 사용할 기자재를 점검하고 손질한다.

⑤ 긴급사태가 발생할 경우를 대비하여 충분한 준비를 한다.

⑥ 현장에 도착하여 현장 관리자와 협의하여 반드시 오리엔테이션을 실시하고 안전사고 예방에 대한 주의를 충분히 준다.

⑦ 청소년들이 있는 곳에는 반드시 지도사(교사)가 있어야 한다.

3) 현장학습의 전개과정

한국 사회에서 청소년의 인성과 창의성 함양을 위한 현장학습의 강화 노력은 청소년의 인격이나 사회성 발달을 위한 기반 조성이 직접체험을 통해 인간을 포함한 외계와의 상호작용을 인생의 이른 시기부터 풍부하게 축적하는 데 달려 있다는 새로운 교육적 신념에 바탕을 두고 있다. 즉, 정보화 시대의 진행과 함께 아동기부터 간접체험 중심의 생활을 강요받고 스스로의 행동을 통한 타인과 외부 및 자연과 교감을 나눌 기회가 점차 줄어들고 있다는 지적이다. 간접적인 체험 위주의 인성발달은 단순한 개념적인 지식의 확대를 가져올 수는 있을지라도 청소년의 실증주의적인 감수성 발달을 저해할 수 있다는 반성에 기초한 것이다. 정보화 사회가 확대되면서 청소년들뿐만 아니라 모든 사람들의 직접적인 체험 위주의 활동이 극도로 위축되고 있는 실정이다. 이 같은 현상은 청소년들의 마음과 성장에 심각하게 부정적인 영향을 미치게 된다(이광호 외, 1999).

현장학습은 종류에 따라 여러 가지 유형으로 구분할 수 있다. 또한 학습대상별로는 봉사, 역사·유적, 자연환경, 전통문화, 산업·경제, 심신수련기관, 기관·단체 등으로 구분할 수 있으며, 청소년들이 교실 위주의 교육에서 벗어나 지역사회기관이나 자연관찰 및 야외활동을 통한 현장학습의 전개과정을 살펴볼 필요가 있다. 이 같은 의도에서 지금부터는 김용신(2000)의 『사회과 현장학습』 교재에서 이미 제시된 내용을 바탕으로 실질적인 현장학습의 전개과정을 재구성하고자 하였다.

(1) 도입

청소년들에게 현장학습의 목적 및 필요성을 주지시킴과 동시에 그에 대한 기대감을 불러일으키고, 이미 실시되었던 사진 및 기록들을 참고하여 자신들 스스로 가장 흥미 있는 학습문제를 발견할 수 있도록 한다.

(2) 현장학습 준비

준비활동에서는 우선 현장학습에 대한 목표를 설정한 다음 구체적인 실행계획에 이르기까지 교사 혹은 지도자와 학습자들이 공동으로 참여하는 것을 가장 중요한 원칙으로 할 필요가 있다. 여기서 주의할 점은 학습자들의 시선을 학습현장에 집중시키는 것이다. 즉, 학습자들로 하여금 현장학습을 통하여 그들이 필요로 하는 무엇인가를 얻을 수 있다는 확신을 심어줌으로써 학습과정 전반에 걸쳐 학습내용에 대한 관심과 적극적인 참여를 유도할 수 있다.

(3) 현장학습활동

이 단계에서는 현장학습 진행과정에서 실제 현장에서 발생할 수 있는 다양한 문제들을 발견하고, 각각의 문제상황에 대한 해결방안을 찾아보거나 실제로 활동을 해보는 것이다. 또한 여기서는 현장에서 학습자들 모두가 사전에 계획된 절차에 따라 구체적인 활동을 수행하는 단계이기도 하다. 실제로 현장학습에서는 이 단계가 가장 중요하며, 면접, 관찰, 조사 등의 활동이 직접 이루어진다.

(4) 결과보고활동

현장학습활동을 끝마친 후 학습내용을 검토하고 정리하는 단계이다. 그리고 현장학습과정에서 나타난 결과에 대한 반성적 고찰(reflection)을 바탕으로 그에 대한 미비점을 보충하고 새로운 대안들을 제시함으로써 좀 더 발전적인 학습과정을 마련하는 데 중요한 역할을 할 수 있다. 가능하면 소규모 단위의 모둠을 형성하여 참가자 모두가 자신이 체험했던 상황을 다른 사람들에게 발표하는 기회를 갖도록 하고, 또한 그 발표내용에 관하여 의견을 주고받는 상호학습은 현장학습의 매우 핵심적인 과정으로 받아들여져야 한다.

(5) 적용 및 평가

다양한 상황에서 이루어지는 현장학습활동을 통하여 청소년들이 체득한 새로운 사실, 정보 및 지식들을 간단한 메모에서부터 사진이나 영상자료 등과 같은 기록으로 남기고, 여기에 참가자 상호 간의 대화과정에서 발견된 내용과 관련 자료들을 참고하여 정리하고 리포트를 작성함으로써 다음 현장학습활동의 기초자료로 사용한다.

학교탐구 현장학습 수업안(예)

▸ 주제명

우리 지역사회 탐구

▸ 학습목표

가. 우리 지역사회의 역사를 조사하여 발표할 수 있다.
나. 우리 지역사회의 주민조직 및 지역사회기관의 역할을 정리할 수 있다.
다. 우리 지역사회의 주민자치활동이 이루어지는 모습을 파악할 수 있다.

▸ 수업의 기본 방향

우리 지역탐구의 의미는 지역사회 구성원들의 살아 있는 생활현장의 모습을 학습자가 현장학습활동을 통하여 그려냄으로써 올바른 사회인식능력을 제고하는 것에 있다.

본 주제에서 사용할 수 있는 수업기법들은 과제조사학습, 협동학습을 통한 면접활동, 설문조사학습 등이 있으며, 보충활동으로 학습자들이 자신들의 지역사회를 상징하는 것들의 의미를 '만화로 그려보기' 등이 있고, 심화활동으로서는 우리 지역사회의 주민자치활동이나 학교, 우체국, 파출소, 은행, 보건소, 그리고 행정기관의 역할을 취재하는 '지역사회 기자 리포트 활동'과 현장학습보고서를 '시청각 매체를 활용하여 발표하기' 등이 있다.

본 제재에서 할 수 있는 실제적 평가는 우리 지역사회에 대한 현장학습의 준비, 실행, 결과발표과정에서 나타나는 현장학습 이전과 이후의 변화 모습을 기록하여 서술하고 비교하는 방법과, 현장학습이나 모의놀이학습에서 학습자가 구성해 내는 포트폴리오를 평가하는 방법을 활용할 수 있다.

3. 문제해결의 원리

인간은 자신이 항상 경험하거나 혹은 특수한 상황에서 부딪히는 대부분의 문제들을 주로 무의식적으로 받아들이며, 그 순간을 모면하기 위하여 본능적인 감성에 의해 의사결정을 하게 된다. 반면 자신에게 닥친 문제를 신중하게 해결하는 사람들도 있는데, 이들 대부분은 특정 분야에서 자신의 역량을 꾸준히 발전시킴으로써 합리적으로 문제를 해결하고자 하는 사람들이다. 개인에 따라서는 반드시 정규 학교교육을 받지 않았다 할지라도 자신 스스로의 노력과 풍부한 실전경험을 통해 효과적인 문제해결능력을 갖추게 되는 사람들도 있다. 최근 들어 지식정보화 사회의 급속한 진전과 함께 개인 및 조직들 간의 생존경쟁이 점차 심화되면서 이들 집단에 대한 사회적 관심은 더욱 높아지고 있다.

이와 같이 합리적인 의사결정과정을 통하여 효율적으로 문제를 해결하려는 노력은 가정, 학교, 사회를 막론하고 누구에게나 필수적으로 발전시켜야 할 생활기술(life skill)임에는 의심의 여지가 없다. 특히 우리에게 다가올 미래에 대한 정확한 예측이 갈수록 어려워지는 다변화된 사회에서 매순간 올바른 판단능력과 의사결정능력은 개인의 성공과 조직의 운명을 좌우할 정도로 중요한 요소가 될 것임은 분명하다. 또한 평생학습 사회의 도래와 함께 배움을 추구하는 인간이라면 당연히 문제해결에 필요한 지식, 정보, 기술, 태도 등과 같은 기능적인 요소뿐 아니라 문제를 정확하게 인지하고 효과적으로 해결하기 위한 기본적인 마인드 형성이 동시에 필요하다.

이 장은 청소년들이 현재 또는 앞으로 경험하게 될 다양한 문제상황에서 합리적인 문제해결의 접근원리와 유형을 설명하고자 한다. 또한 자신의 문제를 해결하는 방법과 의사결정을 하는 스타일을 인식함으로써 스스로 자신에게 적합한 문제해결기술을 개발하기 위한 단계적인 전략을 제시하고자 한다.

1) 문제해결법의 의미

개인적으로 혹은 가족이나 일터에서 사람은 매일 무엇인가에 대한 의사결정을 할 수밖에 없으며, 크고 작은 문제들을 해결해 나가야 한다. 인간은 스스로 시행하는 많은 의사결정과 문제해결을 인식하지도 못한 상태로 하루를 지내고 있는지도 모른다. 가장 일상적으로 부딪히는 일들로서 아침에 몇 시에 일어날 것인지, 무엇을 입을 것인지, 어디에 갈 것인지, 무엇을 타고 그곳에 갈 것인지, 그리고 언제 집에 돌아올 것인지를 결정해야 한다. 이런 종류의 문제해결과 의사결정은 비교적 쉬운 편이다. 하지만 다른 것은 생각이 많이 요구되는 중요한 것도 있다. 대학진학을 어디로 할 것인가, 누구와 결혼할 것인가, 어떤 직업을 선택할 것인가, 어떤 집을 살 것인가 등과 같은 결정은 여러 해 동안 혹은 어쩌면 전 삶을 통해 고민해야 할지도 모르는 문제들이다. 나아가 인간은 스스로 내리는 올바른 결정 혹은 잘못된 결정, 그리고 심지어 자신이 관여하지 않은 결정까지도 껴안고 살아야 할 것이다.

최근 들어 합리적인 의사결정능력과 문제해결능력이 뛰어난 사람을 유능한 리더십의 소유자로 간주하는 이유도 이와 같은 시대적인 맥락이다.

우리들 대부분은 인간관계에 대한 문제를 가지고 살아가는데, 그것 역시 매우 어렵게 느껴질 것이다. 문제(problem)는 개인 혹은 집단이 원하는 것과 실제로 일어나는 것 사이에 차이가 있을 때 발생한다. 예를 들어, 자동차 판매원이 일주일에 20대를 팔고자 하는 목표를 가지고 있는데, 단지 10대만을 팔았다면 목표달성에 문제가 발생했다고 간주할 수 있으며, 그 자동차 판매원은 문제를 해결하기 위해 어떤 대책을 세워야 한다. 이러한 차원에서의 문제해결은 '정해진 목표를 달성하기 위한 일련의 행위과정'으로 볼 수 있다.

문제해결과정에서 새롭거나 달라진 행위과정은 문제를 해결하기 위한 것이어야만 하며, 새롭거나 달라진 행위의 과정을 의사결정(decision making)이라고 한다. 때때로 당신은 심사숙고한 후에 그 문제가 쉽게 해결될 수 없기 때문에 아무것도 하지 않는 것이 가장 좋은 결정이라고 생각할지도 모른다. 가끔 그 문제를 없애기 위해 당신의 목표를 바꿀지도 모른다. 위의 예에서, 자동차 판매 수를 단순히 일주일에 20대에서 10대로 목표를 바꾼다면 그 문제는 더 이상 존재하지 않는다. 하지만 대리점의 재정적인 성공이 일주일에 20대를 파는 것에 달려 있다면 판매량을 줄이는 것은 더 많은 문제를 발생시킨다. 그러므로 올바른 결정은 그 상황을 바람직하게 해결하기 위한 차원에서 접근되어야 한다.

문제해결학습(problem solving learning)이란 문제를 매개로 하여 문제를 바르게 해결할 수 있는 능력을 기르기 위한 학습형태이다. 즉, 반성적 사고에 의하여 의혹이나 곤란을 제거하고 현실과 가능 사이에 대립을 없애며 조화로운 통일을 얻는 것을 말한다.

문제해결 학습방법은 진보주의 교육철학의 교수방법으로서 제시된 것이며 이는 학습자가 일상생활에서 부딪히는 문제를 스스로 해결해 나가는 능력이 길러짐으로써 사회에서 살아갈 수 있는 힘을 함양할 수 있게 된다는 것이다. 문제해결 학습법은 다른 말로 문제법이라고도 한다. 이것은 아동들에게 어떤 문제를 주고 그 해결과정을 통하여 지적·태도적·기술적 학습을 시키는 방법을 말한다. 문제해결 학습법의 주안점은 문제해결능력을 함양시키는 데 있다.

2) 문제해결법을 위한 접근방법

어떻게 하면 이런 기술을 개발할 수 있는가? 다음 부분은 이 질문에 대한 도움을 줄 것이다. 여러분의 문제해결과 의사결정기술을 개발하기 위한 다른 방법과 그것들을 사용하는 데 다음과 같은 두 가지 접근법이 있다.

(1) 최소한의 접근법

최소한의 접근을 이용하여 의사결정을 하는 사람은 문제상황에서 단순히 눈에 보이는 일차적인 문제만을 해결하기 위하여 손쉬운 해결법을 선택한다. 그러나 그 해결책이 문제해결에 도움이 되거나 혹은 최상의 해결법이 아닐 수도 있다. 만약 이 처음 해결책이 제대로 통하지 않을 경우 그는 또 다른 해결책을 찾게 되며, 반복적인 시행착오는 만족할 만한 해결책이 발견될 때까지 지속된다. 이 같은 최소한의 접근법은 상황이 위급하거나 문제해결을 위해 기다릴 시간이 충분하지 못할 경우 매우 유용하다.

예를 들어, 많은 비가 내려 지금 당장 당신 지붕의 물이 새는 경우에 당신은 최소한의 접근법으로 문제를 해결할 것이다. 당신은 즉시 새는 곳을 막을 것이고, 그 결과 당신의 재산은 손상되지 않고 보호할 수 있을 것이다. 왜냐하면 지붕을 영구적으로 사용하기 위해서 정성들여 수리할 수 있는 계획을 세울 시간이 없기 때문이다.

(2) 최대한의 접근

최대한의 접근은 여러분이 문제해결을 위하여 어떤 결정을 내리기 전에 다른 해결책들을 검토할 시간을 필요로 한다. 이 접근법은 최소한의 접근보다 더 구체적인 계획과 생각하는 과정이 요구되는 반면에, 더욱 신뢰할 수 있는 결과를 가져오는 경향이 있다. 최대한의 접근은 당신이 결정을 내리는 데 넉넉한 시간을 갖고 있을 때, 내려진 결정이 쉽게 바뀌지 않을 때, 최소한의 접근법을 요구할 만한 긴급한 상황이 지나가고 당신이 더 영구적인 해결책을 찾아낼 만한 시간을 발견할 때에 효과적으로 사용된다.

(3) 문제해결체계 7단계

문제해결과 의사결정의 7단계는 <표 2-1>에 제시된 내용을 바탕으로 그 과정을 설명하고자 한다. 문제해결과 의사결정의 단계는 나름대로의 합리적 체계를 가지고 있으며, 이 단계를 활용하여 우리는 더 나은 선택을 할 수 있을 것이다.

〈표 2-1〉 문제해결체계 7단계

문제해결체계 7단계
⑦ 결과를 평가하기
⑥ 해결책을 실행하기
⑤ 실행 가능한 해결책을 선택하기
④ 대안을 평가하기
③ 정보를 수집하기
② 대안을 결정하기
① 문제를 인식하기

① 단계 : 문제 인식하기

만약 여러분이 어떤 분야에서 성공하기를 원한다면, 여러분에게 다가온 문제들을 무시하지 말고 필연적으로 해결해야만 한다는 적극적인 자세를 가져라. 이를테면 문제해결과 의사결정을 위한 첫 번째 단계는 자신이 결정해야만 하는 문제가 눈앞에 있음을 현실로 받아들이는 것이다. 우선 문제의 본질을 이해하기 위해 스스로에게 질문해 보라. 내가 해결하려고 시도하는 문제는 무엇인가? 내가 이루고자 하는 목표는 무엇인가? 내가 그 문제를 충분히 이해하고 있는가? 나에게 필요한 행동은 무엇인가? 나아가 이러한 과정을 간단하게 메모하거나 기록하는 것은 문제를 정확하게 인식하는 데 매우 도움이 될 것이다.

여러분이 명심해야 할 또 한 가지는 모든 문제가 다 부정적 측면만 있는 것이 아니라는 사실이며, 어떤 경우라도 당신은 두 가지 혹은 그 이상의 것들 사이에서 선택해야 할 처지에 놓일 것이다.

② 단계 : 대안 결정하기

여러분이 문제가 무엇인지를 정확하게 확인했다면, 그 다음은 스스로 문제해결을 위한 대안을 결정할 필요가 있다. 대안은 여러분의 문제상황을 해결하기 위해 할 수 있는 행동과정이다. 반드시 그 문제에는 많은 가능한 대안들이 있을 것이다. 그러므로 마지막 결정을 내리기 전에 심사숙고할 필요가 있다. 대안을 결정하는 데 있어서 당신의 처지와 관련이 있거나 비슷한 경우를 경험한 적이 있는 사람들의 의견을 듣는 것도 도움이 될 수 있다. 어떤 대안은 개인적인 문제일 때 당신에게 직접적으로 영향을 줄 수도 있고, 혹은 집단의 문제일 때 많은 사람들에게 충격을 줄 수도 있음을 감안하라. 명확한 문제해결 의지를 가지고 메모지에 가능한 대안들의 목록을 작성하는 것은 도움이 될 것이다.

③ 단계 : 정보 수집하기

여러분이 가능한 대안들의 목록을 작성했다면, 다음 단계로 그것과 관련 있는 정보수집이 필요하다. 실질적인 정보를 찾도록 최대한 노력하라. 단지 견해, 감정, 느낌에 의지하여 바쁘게 결정을 이끌어 내면 나중에 후회할 수 있는 결정을 내릴지도 모른다. 실제적이고 객관적인 정보를 수집하는 데 있어서, 다음과 같은 질문에 적합한지 대답할 수 있어야 한다. 내가 각각의 대안에 대해 무엇을 알아야 하는가? 어떤 재료나 정보가 대안의 도구로 필요할 것인가? 얼마의 가격이 소요될 것인가? 먼저 활용 가능한 대안인가? 이러한 질문에 적절한 답변을 찾아내기 위하여 과학적이며 체계적인 연구 보고서를 검토하는 것도 한 가지 방법이 될 수 있다.

④ 단계 : 대안 평가하기

여러분이 대안을 위한 다양한 정보를 수집했다면, 그 다음으로 문제해결에 있어서 장점과 단점 혹은 이익과 손해를 평가해 볼 필요성이 있다. 또한 각각의 대안을 채택해서 발생할지도 모르는 새로운 문제점들을 감안해 볼 필요가 있다.

⑤ 단계 : 실행 가능한 해결책 선택하기

선택된 대안들에 대한 평가를 바탕으로, 대안들에 대한 우선순위를 정하고, 그중에서 가장 실용적이면서 효과적으로 문제를 해결할 수 있는 대안을 선택해야 한다.

⑥ 단계 : 선택사항 실행하기

한편 여러분은 일단 행동의 방향 혹은 원칙을 결정하게 되면, 그 다음은 그 결정에 따르면 된다. 여러분은 이미 결정한 해결책을 실행하지 못한다면, 이것을 위해서 사용되었던 시간과 에너지를 낭비하게 되는 셈이다. 말할 필요 없이 해결방법을 위해 협조하거나 본인과 함께 일할 수 있는 동료를 적극적으로 찾아야 한다.

⑦ 단계 : 결과 평가하기

문제해결 혹은 의사결정과정은 제시된 문제가 해결되기 전까지는 완전히 끝난 것이 아니다. 그것은 문제가 해결되거나, 동일한 문제가 연속적으로 발생하거나, 새로운 문제가 발생할 때만이 비로소 그 전의 문제가 해결되었다고 할 수 있다. 평가는 해결방법이 좋은 결정이었는지 혹은 더 나은 해결방법을 만들 수 있었는지에 대한 성찰과정이다. 또한 여러분의 결정을 취소하고 새롭게 시작해야 하는지에 대한 판단의 기준을 제시할 수도 있다. 전체적으로 문제해결 및 의사결정을 하는 과정을 배우고 연습하는 단계는 여러분이 더 좋은 문제해결사 혹은 의사결정자가 되는 데 도움이 될 것이다. 그와 더불어 자연스럽게 더 훌륭한 리더가 될 수 있을 것이다. 이상에서 제시된 문제해결단계가 전적으로 모든 상황을 해결하기는 무리가 따를 것이다. 그렇지만 여러분이 이 같은 단계를 조심스럽게 따라가게 되면, 여러분은 주어진 시간 내에 할 수 있는 가장 좋은 선택과 결정을 내린 것을 확신할 수 있다. 첫 번째 결정이 잘 되지 않았다면 다시 그 과정을 시작하는 것을 두려워하지 마라. 여러분이 한 실수로부터 배울 것이다. 토마스 에디슨은 백열등을 발명하기 위해 많은 실수를 했고, 많은 시간을 발명하는 데 투자하였다. 그는 실망하기보다는 수많은 실패와 시행착오의 과정을 통해 지식을 더 많이 축적하는 데 초점을 맞췄다. 그는 어떤 것이 발명될 때까지 끊임없이 노력해야 한다는 진리를 알게 된 것이다.

3) 문제해결 학습과정

우리가 생활하고 있는 공간은 어떤 의미에서 보면 수많은 문제상황에 둘러싸여 있으며, 항상 문제를 해결하는 연속적 과정에서 하루하루를 살아가는 것으로도 볼 수 있다. 이러한 문제들은 사회가 단순하고 변화가 적은 시기에는 앞선 지성인들이 축적한 지식에 의존하여 어느 정도 해결할 수 있었다. 하지만 현재와 같이 격심한 사회변화 속에서 매 순간 새로운 문제에 부딪쳐야 하는 상황에서는 또 다른 접근이 필요하다. 사회 구성원 각자는 자신에게 일어난 모든 문제를 가장 현명하게 해결할 수 있는 기본적인 역량을 지녀야 한다. 이러한 역량을 가진 사람은 사회에 보다 원만하게 적응할 수 있게 된다. 이러한 능력을 배양시킬 수 있는 학습방법이 곧 문제해결 학습법이다. 그리고 이 방법에 의한 전개과정은 전체가 통합되고 연속된 활동이나 대략적 개념 및 그 과정을 다음과 같이 5단계로 나눈다.

제1단계 : 문제의 선정
이 단계에서는 학습자 자신이 그 문제를 충분히 의식하고 있어야 한다. 학습자 자신이 문제를 발견하기도 하고 또 지도자 혹은 교사가 제시할 때는 충분히 설명하여 학습자가 충분히 그 문제를 파악하도록 해야 한다.

제2단계 : 해결방법의 계획
결정된 문제를 해결하기 위해서 그 문제의 성질에 따라서 그 해결방법이나 과정 그리고 분담 등으로 수집한다.

제3단계 : 자료모집
계획에 따라 문제에 관련된 자료를 조사도 하고 문헌을 통하거나 실험, 실측 등으로 수집한다.

제4단계 : 활동의 전개
이 단계는 실제로 활동하는 단계로서 모집한 자료를 가지고 관측, 실험, 조사연구를 하여 고난이나 의혹을 해결하는 실제 활동을 한다. 이때 중요한 점은 학습자가 중심이 되어 자주적인 활동을 해야 하며, 지도자나 교사는 학습자의 활동을 뒤에서 보조해 주는 것이다.

제5단계 : 결과의 검토
활동한 결과를 정리한 것을 검증하는 단계로서 그 결과를 다시 재검토하면서 응용도 해보고 나아가 재인식한다. 그리고 확인된 결과가 성공됐을 경우에는 발표를 하게 되고 더욱 고차적인 다음의 발전을 예상하게 되는 것이다.

그리고 문제해결학습은 문제의 성질과 내용 또한 해결하고자 하는 학습자에 따라 귀납적 방법과 연역적 방법의 두 가지 방법 중에서 어느 한 방법을 사용케 된다.

귀납적 방법에 의한 문제해결학습은 이미 이루어진 결론이나 어떤 내용의 원리를 특수한 사실에 적용하는 방법을 말한다. 다시 말해서, 귀납법의 과정은 특수에서 일반으로 제 사실에서 결론을, 관찰한 실제나 사실에서 원리를 이끌어 내는 방법이다. 따라서 이 방법은 다음과 같은 여섯 단계로 이루어진다.

1단계 : 문제의 인식

2단계 : 문제의 사태 검토와 그 문제가 필요로 하는 문제에 관한 자료 수집

3단계 : 정보의 수집과 조직

4단계 : 문제에 대한 가능한 해결 또는 가설의 설정

5단계 : 가장 가능한 해결을 발견할 때까지 명백한 결점을 갖는 가설의 제거
6단계 : 해결책을 그 문제에 적용시키고 결과를 검증하는 과정

연역적 방법에 의한 문제해결학습은 일반적 원리적인 것을 전제로 하고 이 것을 특수한 사례에 적응하여 거기서 결론을 얻으려는 방법으로 이것은 다음과 같은 단계의 과정을 거친다.

1단계 : 문제의 인식
2단계 : 그 문제나 사실에 적합한 자료수집
3단계 : 사태에 적용하는 제 원리의 재검토
4단계 : 결론이나 추론을 이끌어 냄
5단계 : 원리를 그 문제해결에 적용함으로써 추론을 실증

이와 같은 문제해결학습에서의 귀납법과 연역법을 비교하면 학습의 출발에서는 양자가 모두 어떠한 문제에서 시작하고, 그 문제를 확실히 인식해야 한다는 점에서 같은 입장이 된다. 그런데 그 다음 단계부터는 활동의 형식은 같은데 활동의 관점이 다르다. 예를 들면, 문제해결학습을 위한 자료수집에서 귀납법은 자료를 모아서 습득하고자 하는 지식의 개괄로 조직하려고 하는 데 반해, 연역법은 이미 알고 있는 지식의 원리나 사실을 모아 그 원리에 맞추려는 것이 된다. 그리고 개괄단계에서도 매한가지이다. 귀납적 입장에서는 가능한 해결의 가설 또는 합리적인 추측인데 연역적인 개괄은 이미 알고 있는 기성 지식의 원리에서 선정된다. 이와 같이 두 방법에는 각각의 동등한 점과 차이점이 있으나 실제로 문제해결에서는 그 문제나 과제의 성질에 따라 두 방법을 적절히 활용하면 학습을 효과적으로 시행할 수 있다고 본다. 그리고 문제해결학습을 통하여 실제로 아동들에게 문제발견의 능력을 위시하여 자료수집 및 분석 그리고 비판의 능력과 자료의 조합, 정확한 결론, 잘못된 결론의 교정, 결론의 응용 등 여러 가지 능력이 육성되는 것이다. 그러나 이 문제해결학습의 실시에서 교사 자신이 유의할 것이 몇 가지 있다.

첫째, 아동의 능력, 흥미, 경험 등을 고려하여 문제를 선택해야 한다.

둘째, 문제는 학습의 일관된 목적으로서 명확히 파악해야 한다.

셋째, 문제해결을 위해서 자유로운 분위기를 갖도록 한다.

넷째, 자신이 사고하는 시간과 기회를 충분하게 부여한다.

문제해결·의사결정자로서 여러분의 기술을 개발하기 위한 또 다른 방법은 여러분이 직면한 상황에서 체계적인 접근을 하는 것이다. 보통 그 단계는 지식을 얻기 위해 체계적인 접근법을 개발하였던 뉴턴과 갈릴레오와 그들의 후계자들처럼 과학자들의 일에 그 기초를 두고 있다. 이런 개인과 다른 사람들의 일은 과학적인 체계의 구성을 이끌어 낸다.

과학적인 체계는 ① 문제상황, ② 상황으로부터 문제를 정의하기, ③ 문제에 대한 가설을 만들기, ④ 가설을 평가하기 위한 자료를 수집하기, ⑤ 가설을 수정하고 새로 만들어진 가설을 평가하기, ⑥ 결론을 내림의 단계로 구성되어 있다.

문제해결과 의사결정과정은 과학적인 체계와 매우 비슷하다. 만약 우리가 문제해결과 의사결정을 위해 논리적이고 체계적인 접근을 시도한다면, 지식을 얻기 위해 과학자들과 같이 한다면 우리는 더 나은 선택을 할 수 있을 것이다. 문제해결과 의사결정능력이 배우고 연습하고 개선될 수 있는 기술이라는 사실은 입증되었다.

4) 문제해결법의 장단점

(1) 장점

학습자의 자발적인 활동에 의한 스스로의 힘으로 학습을 해결하는 것은 자발성과 능동적 능력을 기를 수 있다.

- 직접 부딪히는 생활문제를 학습의 소재로 하기 때문에 구체적이고 행동과 직접경험에 의해서 진행된다. 그러므로 실생활과 유리되지 않는다.
- 교재의 논리적 체계에 얽매이지 않고 학습자의 심리적 계통에 따라 학습되기 때문에 흥미에 맞고 이해하기 쉽고 실생활과 맞는 학습이 된다.

- 전인교육의 실천적 바탕이 되었다.
- 협동적인 학습활동에 의한 민주적인 생활태도가 배양된다.

(2) 단점

문제해결학습은 학습자가 학교 내외에서 그들 자신들이 문제에 당면하게 하여 스스로 해결하도록 하는 것이 필요하며 학습자들은 자기들의 문제를 발견하는 방법을 가르쳐야 한다. 교사는 학습자가 스스로 문제를 인식하고 정의하고 계획하고 자료수집 그리고 조사연구를 하고 또 그것을 평가하고 검증・해석하여 결론을 도출하게 하는 적절한 지도를 해야 한다.

- 문제해결학습은 충실한 계통적 기초학력을 기르기 어렵다.
- 현장을 혼란케 하여 학습방향의 일관성이 약화될 수 있다.
- 학습의 노력에 비하여 성숙하는 능률이 낮다.

5) 집단활동을 통한 문제해결

(1) 문제해결 집단활동의 장단점

우리는 일반적으로 개인과 집단 모두 적용되는 문제해결과 의사결정을 검토해야 한다. 여기서는 특별히 집단에 초점을 두고 문제해결과 의사결정과정에서 작용하는 다양한 접근유형을 알아보고자 한다. 우선 집단활동과정에서 문제해결방식을 적용할 때 예상되는 이점과 장애요인들을 고려해 보자. 먼저 이 과정에서 예상되는 이점은 다음과 같다.

- 결정을 내린 집단성원들이 주인의식을 가지고 책임감을 나눈다.
- 집단성원들 사이에 협동, 화합 그리고 사기가 증가할 것이다.
- 성원의 아이디어와 가능한 해결방안이 증가할 것이다.
- 결정된 사항을 이행하는 사람들이 증가할 것이다.

반면 집단활동과정에서 예상되는 장애요인은 다음과 같다.

- 더 많은 시간이 요구된다.
- 대립이 집단성원들 사이에 일어날 것이다.
- 리더는 집단에서 자신의 힘을 나누기를 꺼려할지도 모른다.
- 집단을 이끌어 가는 것은 주어진 업무에서 사람들이 일을 협동하게 하는 대단한 기술을 요구한다.
- 많은 사람들이 이 과정에 포함되어 있지만 해결 결과 혹은 결정된 내용에 대해 책임의식이 약해질 수 있다.

(2) 집단활동 문제해결의 접근방법

① 전통적인 방법

전통적인 방법은 그룹토론이다. 몇 사람들의 개인적인 의견으로부터 전통적으로 좌우된다. 가능한 해결은 토론으로부터 온다. 그리고 단지 한 개의 해결방안의 투표를 한다. 제안한 의견을 위해서 집단투표는 다수결이며, 이 장소에서 한다. 이 방법의 잠재적인 문제는 매우 많은 집단일원들이 그 의견에 반대를 하게 되면 폐회할 수 있다(예를 들어, 51 대 49%). 이것은 집단의 응집력이 없거나 전통적 해결 방법의 정당성에 의심이 없는 것에 영향이 있다.

② 브레인스토밍 방법

브레인스토밍은 문제해결에 평가 없이 많은 대안을 제안하는 과정이다. 브레인스토밍은 문제에 많은 가능한 해결책의 결성에 가장 많은 영향을 준다. 집단의 많은 일원들은 평등한 의견을 제안하고 주어진 문제에 어떤 비현실적이거나 불합리적인 무관심한 어떤 평가도 없다. 집단의 일원에게 여러 가지 아이디어를 성립하는 데 격려가 된다. 평가는 모든 제안이 만들어지기 전까지 판단되지 않는다.

③ 델파이 기법

델파이 기법은 어떤 문제를 예측, 진단, 그리고 결정함에 있어 의견의 일치를 볼 때까지 전문가 집단으로부터 반응을 체계적으로 도출하여 분석하고 종합하는 하나의 조사방법이다. 설문을 통해 수집된 의견을 계속적으로 피드백시켜 줌으로써 전문가 집단의 의견을 근접시켜 신뢰할 만한 결론을 도출하고자 한 것이다.

델파이 기법의 특징은 회의 등 전통적인 의사결정방법이 갖는 문제점들을 해소 내지는 극소화하기 위하여 각 전문가들에게 개별적으로 설문지와 그 종합된 결과를 전달하고 회수하는 과정을 거듭함으로써 독립적이고 동등한 입장에서 의견에 접근해 나갈 수 있도록 한다.

④ 여론형성 방법

여론형성 방법은 심사숙고한 결정을 내릴 시간이 없거나 그룹의 화합이 최우선적인 관련이 있을 때 특별히 효과적이다. 여론형성 방법은 그룹 내에서 자신의 생각을 자유롭게 할 수 있다. 그룹의 모든 아이디어를 제고해서 토론의 초점을 맞추며 가장 중요한 것과 덜 중요한 것이 있다. 토론에서 이런 생각들 중에서 중요한 것을 정한다. 정식투표나 아이디어를 등급으로 나누는 것이다. 토론의 기본은 그룹에서 실제적으로 받아들일 수 있는 이런 아이디어를 주는 동기이다. 결론이 만장일치로 여론이 조사되는 것은 아니지만 그룹의 많은 부분을 받아들이기 때문에 실현 가능하다는 것이 중요하다.

요 약

청소년활동과정에서 활동지도자들의 적극적 의지와 청소년들의 참여의도, 그리고 구체적인 활동전략 사이에 몇 가지 불일치 요소가 존재한다. 이를 해결하기 위해서는 먼저 지도자들이 이러한 어려움을 극복할 능력을 소유하고 있는지 여부가 매우 중요하다. 다음으로 참가자들의 활동참여에 대한 본래 의도와 실천과정에서 발생하는 여러 장애요소들을 어떻게 적극적으로 극복해 가느냐가 문제해결의 열쇠가 될 수 있다.

이와 같은 장애요소에도 불구하고 청소년활동지도자들의 청소년활동에 대한 중요성 인식과 긍정적인 태도가 전제되어야 한다. 또한 행동주의 원리, 현장학습의 원리, 문제해결의 원리와 같은 실천원리를 정확하게 파악하고 활동과정에 효과적으로 적용하는 노력이 매우 중요하다. 이는 활동 프로그램에 참가하는 청소년들의 실천의지를 강화시킬 수 있는 필수적인 동인이 되기 때문이다.

연구과제

1. 청소년활동의 중요성을 설명해 보자.
2. 장이론과 생애발달단계의 핵심 개념을 설명해 보자.
3. 현장학습의 전개과정에 대해 설명해 보자.
4. 문제해결학습의 원리와 적용방법을 설명해 보자.

CHAPTER 03

청소년활동의 관련 이론

CHAPTER 03

청소년활동의 관련 이론

개 요

최근 들어, 청소년활동 분야에 필요한 학문적 토대에 관한 학자들의 관심이 높아지고 있다. 청소년학 자체가 매우 다양한 학문분야의 이론과 모델들이 혼재된 현실을 감안할 때, 이제부터라도 각 영역에서 논리적 기반에 대한 정체성을 확보해 가는 노력이 필요하다.

한편 다양한 현장중심 활동분야에서 참가자의 학습방식 및 지식의 본질에 부합될 수 있는 경험학습과 구성주의에 대하여 논의되고 있다. 따라서 각각에 대하여 새로운 개념 정의와 함께 활동을 통한 효과성 검증과의 관련성을 고려할 필요가 있다.

또한 이 시점에서 정보수용과정에 있어서는 청소년들이 실제로 정보를 탐색하는 행위에 있어 사회적인 요소들과의 상호작용과정을 살펴볼 필요가 있다.

이 장에서는 청소년활동의 효과성 증진을 위한 경험학습이론, 구성주의 이론, 정보수용이론을 살펴보고자 한다.

학습목표

1. 경험학습의 개념과 실천원리를 이해한다.
2. 구성주의 이론의 개념과 적용방안을 이해한다.
3. 정보수용모델의 기본 구조를 이해한다.

주요 용어

경험학습(체험학습)/ 구성주의 이론/ 정보수용모델

1. 경험학습이론

1) 경험학습의 기원

(1) 진보주의 교육운동

경험학습의 기원은 미국에서 1930년대 초 학생들의 흥미와 관심에 기초한 야외학습 상황을 구성하기 시작한 때부터이다. 이미 전에도 자연과 사회를 배우기 위한 현장견학, 수학여행 등은 실시되어 왔다. 그러나 자연학습, 캠핑, 혹은 캠핑훈련 등과 같은 새로운 용어들이 생겨났으며, 이와 더불어 야외학습과 경험학습의 전개는 진보주의 교육운동의 확산을 동반하게 되었다.

교육분야에서 진보주의 시대의 전성기는 대략 1910~1955년이다. 진보주의는 어떤 상징(label)으로부터 도출되었으며, 실천주의자들은 교육심리학 분야에서부터 논리학에 이르기까지 진보주의 학습과정의 구성을 주장하였다(Cawelti, 1993).

진보주의 교육은 청소년들의 지적 발달에 대한 요구뿐만 아니라 그들의 사회적 그리고 심리적인 요구에 부응하기 위한 시도였다. 1900년대 초부터 약 40년 동안 교육개혁 추진의 핵심은 대학입시를 위한 순수 학문분야가 강조되었으며, 이를 위해 그들의 신체적 그리고 지적 성장, 인격발달과 같은 아동들의 사전 발달과업이 중심적인 운동이었다. 듀이는 경험과 교육(Experience & Education, 1938)에서 전통적인 교육의 구성요소들과 대조하는 방식으로 진보주의 교육의 이론과 실천의 특성들을 다음과 같이 설명하였다.

① 변화하는 사회 속에서 당면한 문제해결을 위하여, 학습자의 충동과 관심을 지속적으로 강화시킨다.
② 경험학습을 통하여 개인적 특성과 자유로운 활동역량을 표현하고 배양시킨다.
③ 현실적이며 실용성이 강한 목적 달성을 위한 수단으로서 기술과 기능을 획득한다.
④ 현재 생활의 기회들을 최선으로 이용한다.

⑤ 일련의 실험주의 혹은 경험주의 철학에 집중한다.
⑥ 각각의 경험들은 질적으로 우수한 차원의 경험으로 발전될 수 있음을 믿는다.
⑦ 학생들과 교사들은 다양한 교육자원 활용을 위하여 지역사회 상황에 익숙해야 한다.
⑧ 한 가지 주제를 격리된 상태로 학습하지 않는다.
⑨ 활동(activities)에 중점을 둔 학습과정에서 학습자들의 참여를 강조한다.
⑩ 목적으로서의 활동보다는 지적인 사고과정과 의미탐색에 초점을 둔다.
⑪ 개인적 추진력(impulse)의 중요성과 동기유발(motivation)에 가치를 둔다.
⑫ 일상적인 생활의 경험으로부터 학습주제를 이끌어 낸다.
⑬ 학습자가 이미 가지고 있는 경험을 가지고 도입단계를 시작한다.
⑭ 사고를 자극하기 위해 문제점들을 활용하고 문제해결의 근원으로서 경험을 제시한다.

이와 더불어 1900년대 초 진보주의 학교의 학습은 사회적 활동과 협동활동을 강조한 것이 특징이며, 주로 학생들의 흥미와 관심이 학습출발점에서 제시되었다. 또한 박물관과 역사적인 현장을 중심으로 지방과 도시를 포함하여 광범위한 지역에 대한 현장견학(field trips)이 자주 이루어졌다. 이 과정에서 청소년지도자와 교사들은 문제해결과정에서 다양한 분야의 지식들 간의 상호연관성을 예증(illustrate)하는 과제를 도입하였다.

앞서 언급한 바와 같이, 기존의 학습에 비해 진보주의 학습은 학습자의 관심과 흥미를 포함한 경험에 바탕을 두었다. 따라서 학습내용의 실용성과 학습과정의 역동성 등 다양한 장점들 때문에 당시 대중적인 호응을 얻게 되었다. 그러나 다른 한편으로, 진보주의 학습이론과 실천원리에 대한 명확성이 부족하다는 논의와 기존 학습방식에 대한 무책임한 비판주의라는 비난도 있었다. 동시에 학교수업에 대한 사회적 혹은 제도적으로 급격한 개혁을 요구하거나 수업방식을 한꺼번에 바꾸려는 시도, 그리고 교사들의 권위 약화에 대한 대처방안 미흡 등으로 인하여 교사집단의 반발을 가져오기도 하였다.

(2) 20세기 경험학습에 대한 논의

지난 20세기 중반까지, 복원주의자들의 시각이 인간행동에 관한 논의를 지배하였다. 20세기 중반까지 자극-반응(S-R) 이론은 매우 강력하여 교육, 언어학, 사회학 등과 같은 인문학의 다른 영역에서도 지배적이었다. 그러나 이 같은 단순화된 견해는 개선의 여지가 많았다. 왜냐하면 고전적인 조건이론만으로는 인간이 외부의 자극과 상관없이 일정한 발달단계를 거치게 된다고 관찰했던 피아제(Piaget)의 주장을 설명할 수 없기 때문이다. 1980년 후반까지도 경험은 단지 자극의 원천으로서 취급되었으며, 학습은 자극의 결과로서 도출되는 반응으로서 상대적이며 영구적인 변화로서 정의되었다(Travers, 1977).

그러나 인지적 그리고 인문학 연구들은 점점 더 경험의 중요성에 초점을 맞추기 시작했다. 한 예로 살조(Saljo, 1979)는 학습에 대한 학생의 입장을 반영하여 경험이론의 기초 원리를 다음과 같이 제시하였다.

① 학습은 지식의 증가를 가져와야 한다.

② 학습은 암기하고 저장하는 것이다.

③ 학습은 구체적인 기술과 방법을 배우고 지속적으로 발전시켜야 하며, 필수적으로 활용될 수 있는 요소(facts)들을 습득해야 한다.

④ 학습은 정보를 이해시키고 일상생활에 정보를 활용하며, 그로부터 의미를 도출하는 일상적인 활동이다.

⑤ 학습은 지식과 정보를 재해석하는 과정을 통하여 세상을 이해하고, 이를 바탕으로 상황적 변수를 고려하여 끊임없이 재구성하려는 시도가 요구된다.

한편 1980년대 초, 메지로우(Mezirow)와 프레이리(Freire)를 비롯한 몇몇 학자들은 모든 학습의 핵심은 인간이 경험하는 과정 속에 놓여 있으며, 특히 경험한 것에 대한 인간의 비판적 반성(critical reflection)에 있음을 강조하였다. 그들은 학습은 경험을 바탕으로 시작하고 지속적인 반성적 사고과정을 통하여 나중에 행동으로 유도하는 것이며, 나아가 행동 그 자체가 반성적 사고에 대한 구체적인 경험이 된다고 하였다(Rogers, 1996). 이는 다소의 상황적인 차이는 있지만 고대 동양의 학문적인 기반이었던 유교사상에서 자신의 행동에 대하여 하루 세 번을 반성해야만 진정한 학문에 접근할 수 있다고 주장했던 부분들과도 매우 일치하는 주장이다.

2) 경험학습(Experiential Education)의 정의

청소년들은 자신과 다른 사람의 삶과 자신이 속한 지역사회의 복지와 발전을 위하여 귀중한 자원으로 간주된다. 비록 학습사회(learning community)의 공식적인 지도자 및 교사들 대부분이 나이 든 계층일지라도, 학생들이 가르치는 과정을 공유(share)하고 지도자와 교사들은 적극적으로 그룹 내에서 그들의 경험으로부터 배우려는 노력을 계속하는 것이다. 능력 있는 지도자는 집단 구성원들이 개인적 혹은 사회적인 책임의식, 자신감, 자립심, 그리고 개인적인 만족을 달성하기 위한 과제를 수행하는 과정에서 서로의 경험을 의미 있게 활용하는 구체적인 방안을 찾으려는 창의적 노력이 절실히 요구된다.

경험학습은 참가자들의 경험을 학습과정(curriculum)에 통합하고, 또한 그들의 경험을 의식적으로 적용을 시도하는 학습과정이다. 학생들을 자발적 참여자로 유도하며, 학습자가 자신의 생각, 느낌, 신체적, 감성적, 정신적, 그리고 사회적인 존재로서 표출할 수 있는 감각을 총체적으로 사용하는 것이다. 다시 말하면, 경험학습은 학습자가 가진 모든 물리적 혹은 심리적인 에너지를 자신이 의도하는 학습대상에 집중하는 것이며, 다음과 같은 기본 원리들이 지켜져야 한다.

① 경험학습은 신중하게 선택된 경험들이 반성적 사고(reflection), 비판적인 분석(critical analysis), 종합적 사고(synthesis), 그리고 적극적인 실천(active experiment) 등이 순차적으로 이루어질 때 그 의미를 갖는다.
② 경험들은 주도적으로 접근해야 하고, 적극적인 의사결정, 그리고 결과에 대한 책임이 요구되는 구조이다.
③ 경험학습의 전 과정을 통하여, 학습자는 의문을 제기, 조사, 실험, 호기

심 발휘, 문제해결, 책임감 감수, 창의성 발휘, 그리고 의미를 구축하는데 몰두해야 한다.

④ 학습자들은 지적, 정서적, 사회적, 심리적, 그리고 신체적인 모든 측면이 서로 균형 있게 작용해야 한다. 이 같은 적극적인 관여를 통하여 학습과정이 신뢰할 수 있다는 인식을 갖는다.

⑤ 학습자와 교사들이 자신의 가치를 탐사하고 결정하도록 기회가 제공되어야 한다.

⑥ 적절한 경험을 구성하는 것을 포함하여, 교사들의 일차적인 역할은 문제를 제기하고, 범주를 결정하고, 학습자들을 지원하고, 신체적 혹은 정서적인 안정을 보장하고, 그리고 학습과정을 지원한다.

⑦ 교사들은 학습자들에게 자발적인 학습기회들을 인식시키고 격려한다.

⑧ 교사들은 학습자들에 대한 자신들의 편견, 판단, 그리고 선입견을 감지하고, 또한 어떻게 그것들이 학습자에게 영향을 미치는지를 인식하기 위해 무척 애써야 한다.

⑨ 학습경험에 대한 고안(design)은 자연스러운 결과, 실수, 그리고 성공으로부터 배울 수 있는 가능성들이 포함되어야 한다.

3) 경험학습의 교육학적 원리

(1) 진정한 활용가치

학습활동과 학습결과들이 그들의 생활에 적절한 관련성을 지닌 것으로 이해되어야 한다. 다양한 보상들이 자연스럽게 나타나야 하며, 개인적인 만족과 같이 직접적으로 학생들 삶의 경험에 영향을 줌으로써, 학생들이 학습활동에 참여하는 이유와 필요성에 대하여 확신을 가져야 한다. 평가구조는 체계적이어야 하며, 프로그램들은 학생들의 인생관을 반영하여 의미 있는 경험을 제공해야 한다.

(2) 적극적인 학습

학습자들은 신체적 혹은 정신적인 측면에서 적극적으로 학습과정에 참여해야 한다. 이러한 활동들은 인지적인 발달뿐만 아니라 사회적, 신체적, 그리고 정서적인 발달을 도모할 목적으로 활용되어야 한다. 정신적으로 적극적인 학습태도와 수동적인 학습태도 간의 차이점은 전자가 학생들로 하여금 문제해결에 필수적인 사고과정, 즉 설명할 수 있는 근거에 대한 탐색, 내용을 파악하는 방법에 관한 이해, 상상력 활용, 그리고 창의적인 사고력 등을 학습자 자신이 주도적으로 내면화시킬 것을 요구하는 반면, 후자는 이미 다른 사람에 의해 제시된 내용을 비판 없이 수용하거나 암기하는 정도로 학습에 관여하여, 나중에 반복될 수 있도록 하는 것이다.

(3) 학습자의 경험 도출

학습자들은 그들이 경험했던 내용들(예 무슨 일이 있었는지, 어떠한 느낌을 가졌으며, 어떻게 반응했고, 어떤 결과를 가져왔으며, 무엇을 관찰하고 알게 되었나 등등)에 관하여 반성적으로 사고함으로써 현상, 사건, 그리고 인간의 본질에 대한 이해를 구축하도록 유도되어야 한다. 교사들은 어떤 구체적인 상황과 관련하여 학생들이 대처하고 또한 많은 것을 경험할 수 있는 기회 제공을 위하여 다양한 활동들(activities)을 고안해야 한다. 교사들은 학생들이 한 가지 프로그램을 통하여 그들의 경험을 발표하는 동시에 프로그램에 참가하는 참가자들이 서로의 경험을 공유할 수 있도록 유도해야 한다.

(4) 경험과 미래의 기회를 연결시킬 수 있는 구조

학생들은 미래 그들에게 유용할 수 있는 습관, 기억력, 기능, 그리고 지식 등을 개발해야 한다. 학습활동에 학생들의 참여를 상기시키거나 혹은 지역사회 일원으로서 그들의 잠재적인 역할을 상기시키는 공식적인 과정은 이러한 경험들이 그들의 미래를 위한 노력과의 적절한 관련성에 의미를 부여하는 것이다.

(5) 학생들의 경험

경험학습은 적극적인 학습, 학생들의 경험 도출, 진정한 활용가치, 그리고 미래와 관련된 학습을 고려한 다양한 학습자원과 고안된 행위를 통하여 학생들의 활동능력, 소속감, 그리고 재능개발을 촉진시키는 과정이다. 일반적으로 학습환경에서는 자신 및 타인에 대한 보살핌과 동정심, 개인적 혹은 사회적 책임감 및 의무감, 개인적 특성, 창의성, 그리고 비판적 사고(critical thinking) 등을 중요시한다.

책임감은 학생들이 어떤 상황에 대처하고 처리할 수 있는 능력을 비롯하여 상호 간 혹은 그들 스스로 책임지는 문화를 만들어 가는 것을 포함한다. 자신 및 타인에 대한 보살핌과 동정심은 자신이 처한 주변 환경의 다양한 측면에 주의를 기울일 뿐만 아니라 자신과 타인들의 감성적, 정신적 혹은 육체적인 측면의 복지(행복)에 관심을 갖는 것이다.

한편 경험학습 프로그램의 세부목표들은 대략 세 가지 활동능력(Agency), 소속감(Belonging), 그리고 재능(Competence) 영역으로 구분한다. 이 같은 세 가지 영역(ABC)에 대하여 학생들의 사고 및 행동의 변화와 발전이 학습 프로그램이 진행되는 동안 학생들이 어느 정도 경험하고, 학생들에게 어떻게 영향을 미치는지에 초점을 두어야 한다.

주도력, 촉진능력(Agency) 개발은 학생들이 자신들의 생활 및 지역사회에서 좀 더 강력한 변화 촉진자(change agent)가 될 수 있도록 학습하는 것이다. 이것은 학생들이 자신들에게 내재되어 있는 삶의 조절능력에 대한 평가와 인식을 높임으로써, 자신들의 활동을 창출하기 위한 힘의 원동력으로 활용할 수 있도록 한다.

소속감(Belonging)은 자신이 속한 단체나 혹은 지역사회를 유지하고 개발하기 위하여 자신들 스스로 구성원으로서 권리와 책임감, 영향력 행사와 피해의식(vulnerability) 등을 갖는 것이다. 또한 책임 있게 행동하는 방법을 배우고, 그들 자신, 다른 구성원들, 그리고 그룹 전체를 위한 최선의 이익을 고려한다.

재능(Competence)개발은 학생들의 광범위하고 다양한 영역(예 인지적, 신체적, 음악적, 사회적 영역 등)의 능력을 개발하는 과정이며, 공부하는 기법, 지식을 획득하고 학습한 내용을 적용할 수 있는 능력 개발 등이 포함된다.

4) 지도자의 역할

지도자는 학생들이 지식과 정보를 구축(building)하는 데 참여할 수 있는 다양한 경로를 마련해야 한다. 가끔씩 지도자는 그들의 전문성을 학생들과 공유하기도 한다. 그러나 경험학습 프로그램에서의 학생들은 지식에 대한 수동적인 수혜자로서의 교육모델이 아닌 그들 자신의 학습상황에 적극적인 참가자로서 취급되어야 한다. 학생들로 하여금 그들 주위의 전문가들로부터 전문성을 구하고 배우기 위하여 주도적으로 행동하도록 격려해야 한다.

학생들의 경험은 학생들과 그들이 처한 환경과의 상호작용으로부터 도출되므로(Dewey, 1938), 교사의 역할은 학생들이 주도력(Agency), 소속감(Belonging), 그리고 재능(Competence)을 개발시킬 수 있는 환경을 조성하는 것이다. 환경을 조성하는 것은 물리적 혹은 사회적인 학습상황을 구성하고 교육하는 데 적극적으로 관여하는 것이다.

청소년활동에서 지도자는 학생들의 역할모델이다. 어떤 주어진 상황에서 지도자의 매 순간의 대응방식 및 학생들에게 비춰지는 그들의 전체적으로 조화된 행위와 반응들은 학생들의 경험에 직접 혹은 간접적으로 영향을 준다. 이 같은 모델행위와 너불어, 학생들의 행동에 대한 그들의 대응도 학생들의 감수성과 경험에 영향을 미친다.

결론적으로, 경험학습의 효과를 높이고 학습과정에 전념할 수 있는 구조 확립을 위해서는 학생들과 더불어 지도자도 중요한 기능을 담당해야 한다.

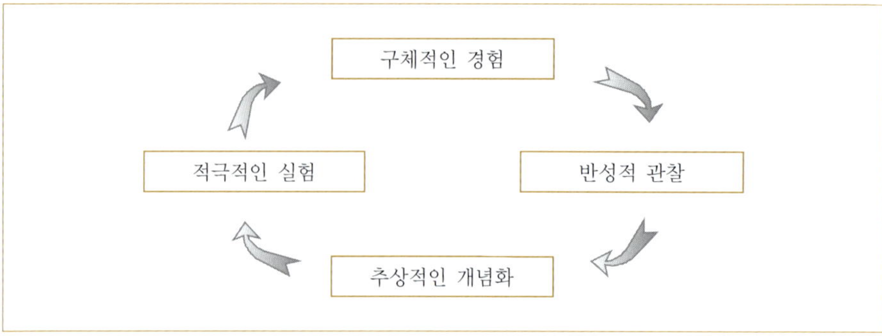

|그림 3-1| 경험활동 사이클

콜브(Kolb, 1984)는 경험활동 사이클을 다음과 같은 네 가지 차원으로 제시하였다.

- **구체적인 경험**(concrete experience) : 특정한 경험들, 사람들과의 직·간접적인 활동, 그리고 느낌 및 사람들에 대한 민감성으로부터의 학습
- **반성적인 관찰**(reflective observation) : 판단 이전에 주의 깊은 관찰, 다른 관점에서 사물을 보는 시각, 그리고 어떤 사물로부터 의미를 찾는 행위
- **추상적인 개념화**(abstract conceptualization) : 아이디어에 대한 논리적 분석, 체계적인 계획, 어떤 상황을 이해하기 위한 지적 활동
- **적극적인 실험**(active Experimentation) : 어떤 일을 직접 완성할 수 있는 능력, 위험감수활동을 통하여 사람들이나 사건들에 영향력 발휘

이 모델에 의하면, 학습자는 자신이 선호하는 학습방식에 따라 순환과정의 어느 위치에서도 시작할 수가 있다. 그러나 의미 있는 학습을 수행하기 위해서는 네 단계 모두를 거쳐야 하는 것은 필수적이다. 예를 들면, 학생들이 현장견학(구체적인 경험)을 실시할 경우, 견학에 대한 여행일지 혹은 일기 작성(반성적인 고찰)이 요구된다. 일단 학교로 돌아온 후, 학생들은 결론을 도출하기 전에 추가적인 독서내용과 이미 발견한 내용의 의미들을 서로 토의한다(추상적인 개념화). 마지막으로, 그들은 새로이 설정된 가설을 검증하기 위하여 다른 장소로의 현장견학을 착수한다(적극적인 실험). 그럼으로써 학습 사이클(learning cycle)을 다시 시작한다.

이 모델은 학습과정에 대한 반성적 사고(reflection)를 효과적으로 강조하였으며, 반성적 사고(reflection)를 학습의 기초로 보았다. 단지 구체적인 경험(concrete experience) 혹은 학습활동(activity) 그 자체만으로는 크게 유용하지 않다는 것이다. 현장견학(field trip)은 일지 작성이 동반되어야 하고 모의실험과정에서 다시 한번 요약·정리하는 과정이 이루어져야 한다. 적극적인 교수-학습 전략은(teaching and learning strategies) 사전에 경험한 내용과의 관련 학습기회가 주어져야 한다. 그러나 지도자의 역할은 반성적 사고가 발생할 수 있도록 분위기를 조성하는 데 있어 신중해야 한다.

5) 콜브의 경험학습 측정기준 및 유형 구분

학습방식 유형 구분과 측정에 대해서는 콜브 스스로 커다란 한계가 있음을 지적하였다. 특히 측정은 단순히 학습자 자신을 평가하는 데 근거하고 있을 뿐이며, 다른 개인적인 생활유형 측정도구와 마찬가지로 어떤 기준이나 행위를 바탕으로 학습방식의 선호도를 측정하는 것은 아니다. 그리고 그것은 단지 개인 학습자에 한정하여 상대적인 장점과 단점에 대한 정보를 제공할 뿐이며, 다른 사람들과는 관계가 없다(Kolb, 1993).

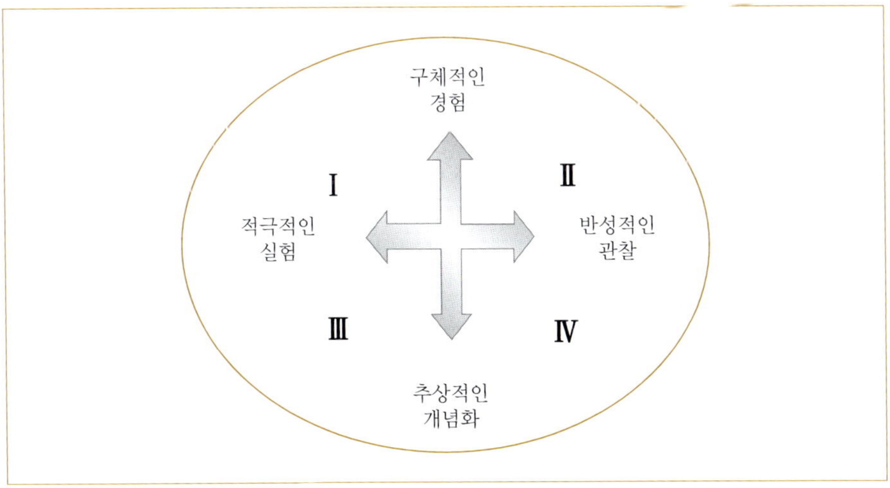

그림 3-2 경험학습 유형영역 구분

기본적으로, 학습방식(learning styles)이론은 사람들이 각자 자신만의 독특한 학습방식을 가지고 있으며, 또한 서로가 다른 학습방식을 추구하고 있다는 전제하에, 그들이 자신들이 다양한 학습과정 속에서 개인적인 학습방식의 선호도를 이해하는 데 도움이 될 수 있도록 고안된 것이다. 개인적인 학습방식은 자신이 어떻게 새로운 프로젝트에 접근하고, 어떻게 자신의 역량을 향상시키며, 그리고 자신이 어떻게 집단의 생산성에 공헌하는가를 판단하는 근거가 된다.

인간이 새로운 무엇인가를 배워야만 할 때, 인간의 행동은 아마도 매번 비슷한 방법으로 접근하게 된다. 그것은 새로운 학습에 대하여 자신이 반복적으로 발전시켜 온 행동유형(a pattern of behavior)을 사용하는 것이다. 이러한 행동유형을 우리는 학습방식이라 부른다.

개인의 현재 혹은 미래의 학습방식을 규정하는 요소들은 그 사람의 인격과 성향, 학문적 훈련과정, 그동안의 경력, 현재의 직업, 그리고 현재의 업무 등이다. 학습방식은 고정된 것이 아니며, 현재의 심리적 혹은 기능적 상태이다. 사람들은 주어진 상황에 따라 약간 다르게 자신이 선호하는 학습방식을 활용한다. 그러나 동시에 학습자에 따라 장기적으로 안정된 학습방식도 존재한다(Kolb, 1984).

Ⅰ. 영역 학습자

이 영역에 속하는 학습방식은 우선적으로 실천적이며 스스로 다양한 활동에 적극적으로 참여하는 학습자(hands-on learner)이다. 이들은 논리보다는 직관에 의존하는 경향이 있으며, 자기 자신보다는 다른 사람들의 분석에 의존하기를 좋아한다. 또한 자신의 학습내용을 실질적인 생활과정에 적용하기를 즐긴다.

Ⅱ. 영역 학습자

이 영역은 다양한 견해로부터 사물을 관찰하기를 좋아하며, 직접 행동(take action)으로 옮기기보다는 관망(watch)하기를 좋아한다. 또한 어떤 목적을 위하여 정보를 수집하고 많은 범주를 만들어 내며, 문제해결에 상상력을 적극적으로 활용하고, 학습과정에서 자신의 느낌(feelings)을 매우 중요시한다.

Ⅲ. 영역 학습자

이 영역에 속하는 사람들은 문제해결을 즐기고 자신의 학습을 위하여 실용적인 해결책과 활용 가능성을 찾기를 좋아한다. 기술적인 업무를 선호하는 반면, 사회적 혹은 대인관계상의 현안과제들을 다소 회피하는 경향이 있다.

Ⅳ. 영역 학습자

이 영역에 해당되는 사람들은 간결하며 논리적이다. 이들에게는 사람들 혹은 일상생활에 대한 논의보다 추상적인 아이디어 및 개념들에 대하여 대화하거나 혹은 서술하기를 더욱 선호하며, 실용성보다는 매우 논리적인 설명을 중요시한다.

2. 구성주의 학습이론

1) 구성주의의 개념

구성주의가 의미하는 것은 무엇인가? 이것은 아마도 학습자가 그들 스스로 지식을 구성하는 것을 전제로 하여, 학습자가 개인적으로 그리고 사회적으로 자신이 배운 내용의 의미를 자기 나름대로 구조화하는 것을 말한다. 다시 말하면, 의미를 구성하는 것 자체가 학습과정이며, 이 같은 견해를 바탕으로 다음과 같은 두 가지 가정을 제시할 수 있다.

① 학습에 관하여 학습자의 사고과정에 초점을 두어야 한다.

② 학습자에 의해 구성된 경험 혹은 학습자가 속한 지역사회에서 일어나는 상황과 전혀 별개의 의미를 지닌 지식은 존재하지 않는다.

우리는 학습자와 완전히 독립적인 외부세계에 존재하는 지식은 없으며, 단지 우리가 배운 것을 우리 스스로 구성할 뿐이다. 학습은 어떤 사물에 대한 진정한(true) 본질을 이해하는 것은 아니며, 희미하게 인식되면서 이미 누군가에 의해 완성된 아이디어를 암기하는 것도 결코 아니다. 오히려 어떤 순서 혹은 구조를 갖지 않은 일련의 애매한 상황들로부터 개인적이며 사회적인 의미를 구성하고 여기에 다양한 설명을 부가시킴으로써 그것들을 직조(fabricate)하는 것이다.

만약 지식이 외부의 현실세계에 관한 학습으로 구성됨을 믿는다면, 학습자는 무엇보다도 현실세계에 대한 이해를 위해 노력하고, 그것을 가장 합리적인 방법으로 조직화하며, 그리고 교사로서 학습자들이 이 같은 과정을 객관적으로 접하고 배울 수 있도록 구성하고 가르쳐야 한다. 이러한 견해는 학습자들의 다양한 활동, 직접적인 실습 및 체험학습, 사물에 대한 조작 및 실험 등에 전념할 수 있도록 기회를 제공하는 것을 의미한다. 그러나 접근상의 근본적인 의도는 항상 학습자가 자신의 독자적인 세계를 구성하는 데 있다는 것을 분명히 해야 한다. 우리는 학습자가 세상을 이해하도록 노력할 뿐이며, 그가 자신의 세계를 구성하도록 요구하지 말아야 한다. 만약 구성주의자들의 입장을 수용한다면, 우리는 불가피하게 ① 모든 감각기관을 통한 정보 및 자료들과의 상호교류, ② 학습자 자신 나름대로의 학습세계 구성과 같은 교육학적인 두 가지 전제를 바탕으로 해야 한다.

2) 피아제의 구성주의 이론

구성주의란, 지식은 수동적으로 받는 것이 아니라 학습자가 주체적이며 능동적으로 주어진 상황을 새롭게 구성해 간다는 이론이다. 아동교육관에 대한 피아제의 주장을 살펴보면, 아동들은 자기를 중심축으로 사물을 판단하고 거꾸로 되돌려 생각하는 사고능력이 부족하여 논리적이지 못하지만 자발성과 창조성은 가지고 태어난다. 그러므로 자기중심성에서 탈피하게 하고 여러 능력에 공통으로 응용되는 기초적인 사고능력을 길러주면, 자발성과 창조성이 결합되어 차원 높은 사고구조로 발달하며, 나아가 하나를 터득하여 열을 아는 응용능력 및 지식의 구성능력이 길러진다는 것이다.

그가 주장하는 아동발달의 핵심 기조는 다음과 같다.

첫째, 아동의 사고발달은 단계를 거쳐서 진행하는 것으로서, 어른의 사고와 어린이들의 사고 간에는 질적인 상이점이 있다. 아동은 작은 어른이 아니고, 각 발달단계에서 그 특유의 방법으로 느끼거나 생각을 하는 독자의 존재이다. 따라서 각 어린이의 발달에 걸맞은 활동이야말로 풍부한 발달이 기대되는 것이다.

둘째, 인간의 모든 사고는 감각운동적 활동에 기초한다. 즉, 인간의 감각운동적 활동이 내면화하여 구조화함으로써 이론적 사고가 생기지만 아동기는 사고의 내면화와 구조화가 시작된 시기이므로 어른의 사고와는 매우 다르다. 다시 말하면, 아동은 머리만으로 생각하는 것이 아니고 신체도 사용해서 생각하므로, 그 사고는 논리적이기보다는 직관적이며, 반면에 상상력이 풍부하게 활동한다.

셋째, 아동기의 사고기 발달하기 위해서는 자기중심성에서의 탈피가 불가결하므로 그러기 위해서 친구들과의 관계를 갖는 것이 매우 중요하다. 아동들은 친구들과 같이 관계를 가지면서 노는 것을 아주 좋아한다. 그리고 그런 친구들과의 관계 속에서 사물을 자기 입장에서만 보던 자기중심적인 견해에서 탈피하여, 상대방 입장에서도 생각하는 견해가 생겨서, 자기의 입장과 상대방의 입장을 잘 협조시켜 가게 된다. 이렇게 해서 어린이한테 논리적 사고만이 아니고, 사회적 능력이 길러져, 남을 배려하는 마음과 자율성이 몸에 배어가게 된다.

넷째, 아동의 사고력은 바른 지식이 누적되어 발달해 가는 것이 아니고 어린이가 자기 생각의 잘못에 대하여 깨닫고, 스스로 수정해 가는 활동을 통해서 발달한다. 성인이 주는 지식을 어린이가 아무리 많이 외워도, 그것은 결코 사고발달로 이어지지 않는다. 어린이가 스스로 탐색해서 얻은 지식을 따라가며, 그 속에 포함되어 있는 과오를 깨닫고, 스스로 그것을 정정해 가는 노력에 의해서만 자신들의 사고발달이 가능해지는 것이다.

다섯째, 아동의 발달은 개인과 환경의 상호작용을 통해서 진행한다. 아동기의 발달과정에는 유전이나 성숙론 같은 개인의 소질적인 것만으로 가능한 것도 아니며, 훈련과 같은 환경으로부터의 활동만으로도 가능하게 되는 것도 아니다. 어린이가 스스로 환경과 관계를 가지며 그 반응으로서 환경으로부터 반작용이나 응답에 따라서 어린이가 새로운 방법으로 관계를 맺어가는 상호작용이, 발달에는 불가결한 것이다. 이 상호작용에 있어서 특히 중요한 것은 환경에 관계하려는 어린이의 지적 호기심과 탐구심, 그리고 자기 생각에 따라서 환경을 변화시켰다는 실감에 의한 달성감과 유능감이다.

여섯째, 아동의 사고가 활동함에 있어서는 항상 감정이나 의욕의 움직임이 불가결하다. 피아제 이론은 사고발달을 중핵으로 하여 체계화되어 있다고 하지만, 결코 주지주의적 입장을 강조한 것이 아니다. 오히려 감정이나 의욕을 사고활동의 에너지로서 간주하면서 정의적인 측면을 대단히 중시하고 있다. 실제로 흥미, 관심, 활동의 즐거움, 성공의 기쁨과 감동, 자신감 등은 사고활동에 빠뜨릴 수 없다. 지(知)·정(情)·의(意)는 일체로서 움직이는 것이다.

이러한 관점에서 본다면, 아동발달에 있어서 가장 중요한 것은 어린이의 주체적 활동이라고 결론지을 수 있다.

3) 구성주의 학습의 원리

(1) 학습은 학습자가 감각기관을 활용하여 학습을 시작하고, 그로부터 의미를 구성하는 적극적인 과정이다

적극적인 학습자의 의미와 관련된 전통적인 사고방식은 학습자가 무엇인가 해야 할 필요성을 강조하고 있으며, 학습은 외부의 존재하는 지식을 수동적으로 받아들이는 것이 아니라, 학습자와 세상의 적극적인 상호작용과 관련된 것이다.

(2) 학습은 의미를 구성하고 또한 의미의 체계들을 구성하는 것으로 이루어진다

예를 들어, 우리가 역사적인 사건들의 연대기를 배운다면, 동시에 연대기의 의미를 학습하게 된다. 학습자가 구성한 각각의 의미들은 학습자 자신의 능력을 향상시킴으로써 유사한 유형의 다른 감각기관들에도 의미를 부여할 수 있도록 한다.

(3) 의미를 구성하는 뚜렷한 행위는 마음에서 진행되는 정신작용이다

육체적인 활동을 통한 실제적인 경험은, 특히 아이들의 경우에 있어 학습에 필수적일 수도 있다. 그러나 그것만으로 충분치 않으며, 우리는 신체적인 활동뿐만 아니라 정신적인 몰입을 할 수 있는 활동들을 세공할 필요가 있다(듀이는 이를 reflective activity라고 하였다).

(4) 학습은 언어와 밀접한 관련이 있으며, 우리가 사용하는 언어는 학습에 영향을 준다

실험적인 연구 차원에서, 연구자들은 사람들이 학습할 때 자신들과 대화하는 것에 주목해 왔다. 그러나 언어와 학습이 분리될 수 없을 정도로 밀접한 관계라는 주장에 대하여 몇몇 상반된 논의가 제기되고 있다. 한 예로, 미주대륙의 다양한 원주민들은 단지 그들 자신들의 언어 속에 물질과 행사의식을 표현하려는 열망이 가장 중요한 요구라는 것이다.

(5) 학습은 사회적인 활동이다

학습활동은 가족, 친구, 교사 등을 포함하여 우리가 단순히 알고 지내거나 혹은 전혀 모르는 사람들과도 밀접하게 관련되어 있다. 학습자들이 이러한 원리를 좀 더 잘 인식한다면, 교육을 위한 서로 간의 노력이 훨씬 더 성공적일 수 있다. 듀이(Dewey)가 지적했듯이 많은 전통적인 교육은 모든 사회적인 활동으로부터 학습자가 고립되거나 혹은 교육을 단순히 학습자와 학습내용 간의 단순 대응관계로 의도되었다. 이와 대조적으로, 진보주의 교육은 학습의 사회적인 측면을 인식하고 대화를 사용하며, 다른 사람들과의 상호작용, 그리고 학습과 통합적인 차원에서 지식을 적용시키려는 시도들이 이루어졌다.

(6) 학습은 상황적이다

우리는 우리 삶의 나머지 부분들 혹은 마음의 추상적인 형상들과 완전히 분리된 사실들이나 이론들을 학습하지는 않는다. 우리는 우리가 알고 있으며, 또한 우리가 가진 믿음과 편견 혹은 두려움과의 관련성 속에서 학습한다. 반성적 사고에 있어서, 학습은 실질적으로 적극적이며 사회적인 활동임이 분명해진다. 우리는 우리의 삶과 학습을 분리시킬 수 있다.

(7) 사람은 학습을 위한 기본적인 지식이 필요하다

학습을 위해서 사전에 구축된 지식으로부터 몇몇 구조화된 지식의 프레임이 없다면 새로운 지식과의 연결성이 불가능하다. 더 많이 알수록 더 많이 배운다. 그러므로 가르치기 위한 모든 노력들은 학습자의 상태와 밀접한 연관성을 가져야 하며, 학습자의 사전적인 지식(출발점 행동)에 기초하여 학습과정이 제공되어야 한다.

(8) 학습은 다소 시간이 필요하며, 즉각적인 현상이 아니다

의미 있는 학습을 위하여 아이디어들을 재점검하고, 그것들로부터 해답을 찾기 위하여 골몰하며, 그것들을 가지고 생활하고, 그리고 활용해야 한다. 이러한 일련의 과정은 전시장에서 그림을 감상하듯이 순간적으로 발생하지 않는다. 만약 당신이 학습했던 내용에 대한 반성적인 사고를 한다면, 당신은 곧 반복적인 접촉과 사고의 산물임을 깨닫게 될 것이다. 특히 심오한 통찰력의 순간들이 좀 더 긴 준비기간에 대한 회고가 필요하다.

(9) 학습동기는 학습에 가장 중요한 요소이다

학습동기는 학습활동을 촉진시킬 뿐만 아니라, 학습의 전 과정에 있어서도 필수적이다. 여기서 언급된 학습동기에 대한 아이디어들은 활용 가능한 지식을 이해하는 방법을 포함시키고 있다. 학습자는 자기가 접하는 지식의 구조와 활용방법에 대한 이유를 찾기 위한 지속적인 노력이 필요하다.

3. 정보수용이론

1) 청소년 정보의 영역

청소년의 사회적 정보는 아홉 개의 영역으로 구분할 수 있으며, 이 분류는 전반적으로 청소년들의 생활유형과 밀접한 것처럼 보인다. 또한 청소년들은 적절하게 활동할 수 있는 역량을 기르고, 주어진 상황에 효과적으루 대처하고 스스로를 지탱하기 위하여 이러한 영역들에 관한 이해가 필요하다. 실질적인 청소년 정보분야의 영역과 예시를 살펴보면 다음과 같다.

① 교육/ 훈련(education/ training) : 학교과목 선택, 장래교육에 관한 결정, 학교행사에 참여 등

② 주택/ 거주지 지정(housing/ living on your own) : 집으로부터 독립, 하숙집 찾기, 전월세 정보 등

③ 직장 및 노동조건(labour, jobs and profession) : 여가시간 이용 일자리, 지원서 양식 및 작성안내, 노동조건, 견습생 훈련, 해고, 실직 등

④ 비용 및 수입(money and income) : 임금, 장학금/ 학자금, 용돈, 별도 수입, 세

금, 사회보장 혜택 등

⑤ 애정관계 및 성 문제(affective relations and sexual matters) : 이성적 구애, 우정, 피임, 첫 경험, AIDS, 결혼/ 동거, 낙태 등

⑥ 여가시간 활동(leisure time activities) : 스포츠, 음악감상/ 작곡, 취미생활, 야외행사, 클럽활동, 주말/ 휴일, 여행, 자연, 권태극복 등

⑦ 법률지식(legal affairs, contact with the law) : 청소년 범죄, 위법행위, 노동과 수입문제, 권리, 군대문제/ 징병제도, 대안적인 제재조치, 거주허용 등

⑧ 건강 및 병원 이용(medical care and health) : 질병, 의약, 마약, 음식 및 음료, 외모, 유전, 성지식 등

⑨ 사회적 적응(societal orientation) : 환경오염, 정치, 국제관계, 소수민족/ 인종차별, 종교, 해방 등

이상에서의 구분은 청소년 정보의 본질적인 측면을 제시하였으며, 전체적인 영역의 다양성을 보여주고 있다.

2) 정보수용모델

이 모델의 가장 두드러진 특징은 세 가지의 구성요소로 이루어졌으며, 세 가지의 기본적인 하위과정들이 청소년들이 그들의 발달과 사회화를 위하여 적당한 정보들을 얻고자 할 때 연속적으로 제시되는 것이다.

(1) 필요조건(The Condition Component)

청소년정보과정의 초기단계로, 한 가지 혹은 그 이상의 실제적인 주제(이미 구분된 9개의 정보영역 중에 적합한 주제)들에 관련된 몇 가지 정보에 대하여 청소년이 느끼는 요구들이 포함되어 있다. 이는 논리상으로 첫째 단계이며 누구든지 실질적으로 정보를 수집하는 다음 단계(두 번째 요소) 이전에 취해져야 한다.

(2) 실행단계(The Action Component)

정보수요과정의 일부로서 청소년이 자신의 정보탐색행위를 실현하는 단계이다. 이 단계에서 각자의 청소년은 자신이 알고자 하는 어떤 것에 관한 의문점들을 공식화하기 위해 주도적으로 판단할 것인지 또는 중요한 타인 혹은 전문가에게서 답을 구할 것인지, 아니면 필요한 정보를 찾기 위해 노력할 것인지를 결정해야 한다. 이러한 하위행위들이 완성되었을 때만이 다음 단계(세 번째 요소)로 이동할 수 있다.

(3) 평가단계(The Evaluation Component)

모델의 마지막 구성요소로서, 청소년 개인이 수집한 정보를 가지고 어떻게 처리할 것인지를 결정하는 연결과정(hinge joint)이므로 매우 중요하다 : 수집한 정보를 적용하고 활용하든지 아니면 무시하든지. 세 번째 단계의 필수적인 의미는 개인적으로 정보를 얻기 위하여 자신이 기울였던 노력의 결과에 대한 만족 정도를 평가해 보는 것이다. 이 같은 개인적인 평가는 두 가지 다른 측면의 경험과 관련이 있다.

① **정보의 종류** : 만일 획득한 정보의 가치가 유익하고 유용한 것이라면, 청소년은 자신이 취급한 새로운 지식과 이해를 위하여 수집한 정보의 적용을 시도할 것으로 여겨진다. 그런 다음 정보들은 개인의 선택과 결정을 명확하게 하는 역할을 할 것이다.

② 개인에 대한 정보제공방식에 관한 평가로서, 청소년들이 참고했던 정보원의 질적인 측면, 혹은 정보제공자들에 의해 취급된 방법 및 자료들의 본질과 유용성에 관련된 것이다. 이 두 가지 경우에 있어, 평가결과는 긍정적 아니면 부정적, 그리고 역시 수집된 정보가 전체적인 과정에 어떻게 그리고 어느 정도까지 영향을 미치게 되었는지에 관한 것이다.

청소년의 정보요구에 관한 좀 더 구체적인 연구가 필요하다. 청소년정보요구의 실질적인 내용과 관련하여 앞에서 제시된 방식은 너무 모호하고 일반적으로 기술되어 있다. 그러므로 좀 더 세밀하고 정확한 분석이 진행되어야 한다.

첫 번째 단계에서 구성요소들의 역할은 상황대처이론과 명확하게 연계되어 있다. 이 이론은 청소년의 지위전환(status transitions)의 중요성을 강조하였다. 청소년들이 그와 같은 지위전환 상황에 직면할 때, 두 가지 종류를 경험한다. 첫째는 젊은이들은 새로운 혹은 잘 알지 못하는 사건들이나 상황에 의해 매료되거나 도전을 받는다. 둘째는 개인적으로 역시 낯선 상황에 대하여 불안감을 느끼거나 아니면 문제를 최소화하고 나아가 문제를 해결하기 위한 방법을 모색해야 하는 필연성을 느낄 정도로 문제의식을 갖게 될 가능성이 있다.

두 가지 경우 모두 청소년 각자가 문제상황들에 효과적으로 대처할 역량에 호소하는 과제해결 차원의 생활경험의 문제이다. 상황대처방식의 첫 번째 경우(도전적 경험)는 청소년 개인의 흥미(interests)에 기초한 정보요구로 유도된다. 의문점을 갖게 된 사건 혹은 상황이 자신의 흥미를 자극시키고, 개인적으로 그것에 대한 해답을 찾고자 하는 흥미를 느끼게 된다. 그러므로 그것에 관하여 좀 더 자세히 알기를 원한다. 결과적으로 그는 새로운 지식에 접근하여 찾아내기 위한 긍정적인 감정(positive emotions)에 의해 동기부여를 받게 된다.

두 번째 경우(유쾌하지 못한, 위협적인 혹은 어려운 경험) 정보에 대한 요구는 주관적으로 느껴지는 문제들로부터 기인한다. 청소년은 부정적인 감정을 야기시키는 억압적이며 문제의식적인 상태에 처하게 된다. 만약 관련된 개인이 이러한 상황 극복에 대한 가능성을 갖지 못한다면, 문제의 심각성을 감소시키거나 해결하는 데 필요로 하는 결여된 지식과 이해를 구하려는 동기로 유도될 수 있다. 그러나 청소년들은 이러한 유형의 경험에 대한 실행을 회피하려 하며, 그러한 경우 정보를 찾기 위한 두 번째 단계를 적극적으로 추구하지 않으려 할 것이다. 이러한 측면의 정보획득 회피는 '좀 더 기다려 보자(wait and see)' 하는 태도를 견지할 가능성이 내포되어 있다. 결론적으로, 두 가지 주요한 동기는 청소년 개인의 흥미실현 혹은 문제해결과 같은 정보요구 개념의 사전적 차이로부터 야기된 것이다. 세 가지 구성요소모델을 이해하는 데 필요한 몇 가지를 살펴보면, 청소년정보에 관한 연구는 역시 사회생태학적인 입장이 고려되어야 한다. 이 의미는, 특히 정보요구와 정보탐색의 두 가지 구성요소가 환경적인 요소(인간관계, 주어진 상황, 사회적 장치, 체제 및 구조 등)와 밀접하게 관련되어 있다. 좀 더 구체적으로, 청소년들이 일상생활에서 매일매일 참여하는 공식적 혹은 비공식적 네트워크는 이 같은 전체적인 범위 내에서 이루어지고 있다. 또한 우리는 청소년정보 공급자들을 고려할 수 있는데, 이들은 다른 말로 청소년들에게 유익함을 주기를 원하는 메신저들이다. 이러한 차원에서 청소년정보의 공급은 중요한 타인, 지원체계 등에 의해서 실행되고 있으며, 정보획득의 복잡한 과정과 관련된 사회-문화적 혹은 물리적 환경, 그리고 청소년 개인 사이의 상호교류(interactions)가 끊임없이 이루어져야 함이 고려되어야 한다.

(4) 모델에 대한 설명

모델에 대한 다양하고 주요한 특징들은 ❙그림 3-3❙에서 도식적으로 가시화되었다. 비록 모델에 대한 전체적인 윤곽이 명확할지라도, 각 부분에 대한 관점을 분명히 제시하고 몇몇 구체적인 부분들의 위치와 의미를 강조하는 것은 매우 유용할 것이다.

우선, 세 가지 구성요소의 영역[전제조건(conditions) → 실행(actions) → 평가(evaluation)]이 모델의 중심적인 위치에 명시되어 있으며, 구성요소들 사이의 연결 화살표는 그들의 연관성과 정보수요과정이 발생하는 방향을 나타내고 있다.

다음으로, 첫 번째 단계인 전제조건에 대하여 좀 더 자세히 살펴보면, 여기에 제시된 하위과정들은 순수심리저 기능의 내적 측면들이며, 개인의 인격구조와 일차적으로 연관되어 있다. 이러한 내적 심리상황은 두 가지 분리된 동기로 나누어진 정보요구로서 정보탐색행위를 위한 가장 중요한 조건으로 간주된다. 그러나 이 같은 요구와 동기는 정보탐색과의 다음 단계가 어떻게 이루어지는지를 배타적으로 결정하는 인격 특성들과 분리된 것은 아니다. 합리적으로 가정해 보면, 정보요구와 동기는 청소년들이 정보를 원하고 그것을 얻기 위한 시도를 인식할 때 영향을 주는 다양한 다른 인격요소들과 직·간접적으로 상호 연관성을 갖고 있다. 이 모델에서는 다음에 제시된 청소년정보요구와 연관성을 갖는 6개의 구체적인 인격변수가 매우 중요하다 : ① 자아개념, ② 내적·외적 통제위치, ③ 태도와 신념, ④ 열망, ⑤ 가치 및 가치지향, 그리고 ⑥ 복지 등이다. 그러나 이러한 특성들이 정보탐색 실행과정에 영향을 주는 유일한 요소들은 아니므로, 이 상황에서 중요한 역할을 하는 인지(cognition)와 감성(emotions) 등과 같은 기본적인 영역들이 고려되어야 한다.

세 번째 단계에서는 전제조건 및 실행요소와 관련하여 정보수요과정이 발생하는 환경변인들에 더 많은 관심이 집중되어야 한다. 이 모델에서 생태학적 요소들이 위와 아래 부분에 각각 제시되어 있다. 공식 그리고 비공식 영역으로 구분되며, 전체적인 사회적 환경에는 청소년과 관련된 정서, 생각, 그리고 공공연한 행위들이 포함되어 있다. 더불어 매우 미묘한 영역인 개인과 주변 상황과의 상호작용이 다소 단순화된 방식으로 묘사되어 있다.

모델에서 표시된 화살표들은 구성요소들과 주변 여건들 간의 연계성을 나타내고 있으며, 좀 더 명확하고 구체화할 필요가 있다. 조건요소와 환경요소의 연결이 한쪽 방향의 화살표로만 되어 있는데, 이는 논란의 여지가 충분하다. 왜냐하면 사회적 요소들에 의해 영향을 받을 수 있는 청소년들의 의견이나 태도 등과 같은 개인적인 요소들이 그 반대로 사회적 여건의 변화가 발생했을 때 어떻게 환경에 영향을 미치는가에 대해서는 명확하게 설명할 수 없기 때문이다.

네 번째 단계에서는 정보수요과정의 동적인 부분에 관해서도 몇 가지가 언급되어야 한다. 이 부분은 모델에 명시되지는 않았지만 우리가 청소년정보를 취급할 방법을 알고자 한다면 매우 중요하다. 이것은 정보탐색의 전체적인 순환체계에 관한 것으로, 한 개인이 정보를 획득하고 평가하는 과정에서, 그는 얻어진 정보의 유용성이 충분치 못하다는 결론을 내릴 수 있다. 이러한 결론은 새로운 정보를 필요로 하게 하여 정보탐색행위를 계속하게 될 것이다. 만약 이 경우라면, 세 가지 구성요소의 실천 결과 얻어진 정보를 적용하지 않고 다시 어떤 한 요소로 되돌아가야 한다. 이 같은 가정은 정보수집과정의 순환체계에서 실질적으로 종종 발생하며, 다른 한편으로 이미 획득한 정보로 인하여 더 많은 혹은 다른 정보를 필요로 하는 경우도 있다.

마지막 단계는 역시 이 모델에 명시하지 않은 과정 중의 일면에 관한 언급이 필요하다. 이것은 기본적인 인격변인과 개인의 배경변인 간에 존재하는 관계유형에 관한 것으로, 예를 들면, 성별, 나이, 계층, 교육 정도, 도시화 정도, 민족성, 그리고 정보요구과성에서 발생하는 본래적인 변수 등이다. 비록 이 모델에서는 첫 번째 변인들 영역에 포함되지 않았지만 의심할 여지 없이 청소년정보를 위한 실험적인 조사연구를 계획하는 데 있어서는 반드시 고려되어야 할 사항이다.

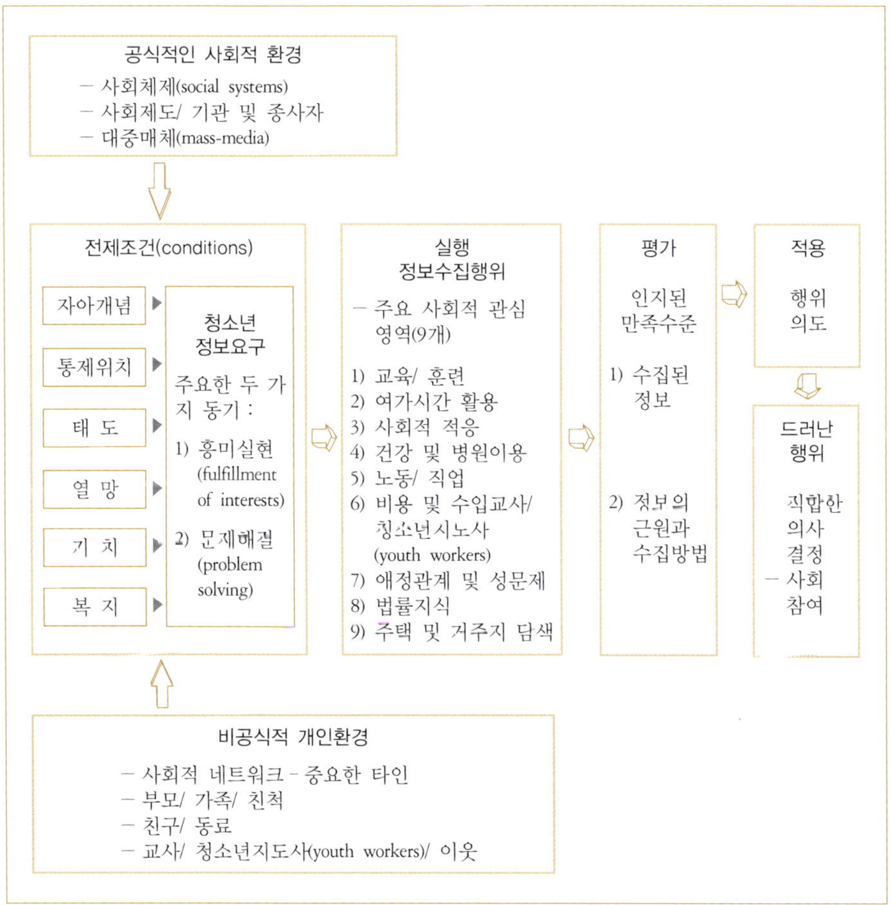

| 그림 3-3 | **청소년정보 수요과정에서의 세 가지 구성요소모델**

요 약

다양한 현장중심 활동과정에서 지도자는 참가자의 참여동기와 성취도를 극대화하기 위하여 경험학습이론을 근거로 프로그램을 구성하고 운영해야 한다. 동시에 흥미 위주에서 벗어나 탐구적 사고와 구조화된 학습효과를 거두기 위해서는 구성주의적 시각이 체계적으로 적용되어야 한다. 또한 활동의 목적과 특성에 따라 프로그램 각각에 대한 새로운 개념 정의와 함께 활동을 통한 효과성 검증지표를 고려할 필요가 있다.

또한 이 시점에서 정보수용과정에 있어서는 청소년들이 실제로 정보를 탐색하는 행위는 사회적인 요소들과의 상호작용과정의 중요성을 인식하고 대비할 필요가 있다.

연구과제

1. 경험학습의 개념과 핵심이 되는 실천원리를 설명해 보자.
2. 구성주의 이론의 적용방안을 논의해 보자.
3. 정보수용모델의 적용방안을 설명해 보자.

CHAPTER 04

청소년활동의 교육적 효과

1. 청소년의 성장과 자연환경의 영향
2. 청소년활동의 학습적 가치

CHAPTER 04

청소년활동의 교육적 효과

개 요

청소년은 자신이 성장하는 지역사회의 환경에서 생활하면서 삶의 학습과 사회성의 습득이 이루어지기 때문에 환경의 영향은 절대적이라고 할 수 있다. 그러나 오늘날의 청소년들이 환경에서의 폐쇄성을 경험하면서 자연과 격리된 삶을 살아가면서 겪는 인성의 피폐로 인한 문제점은 더욱 심화되고 있다. 이러한 측면에서 지역사회환경에서 이루어지는 청소년활동의 효과성을 파악해 보고 청소년활동이 교육적으로는 학습몰입과 대인 간의 관계증진, 문제해결과 사회적응력의 강화 등에 미치는 각종 영향력을 파악해 보도록 하는 데 있다.

학습목표

1. 지역사회의 환경적 효과가 청소년의 성장에 미치는 영향을 알아본다.
2. 청소년활동과 몰입의 관계를 알아본다.
3. 청소년활동이 개인의 성장에 미치는 사회적 가치를 알아본다.

주요 용어

지역사회환경/ 학습몰입/ 활동효과

1. 청소년의 성장과 자연환경의 영향

사람이 성장하는 데에 가장 적합한 것은 원래 형성된 그대로의 조건에 자연스럽게 노출되는 것이라 할 수 있다. 이것은 아무런 조건을 겸비하지 않고 주어진 그대로의 모습을 느끼고 수용하게 할 수 있을 때 가장 행복한 가치를 가질 수 있다고 보인다. 그럼에도 불구하고 우리나라 청소년의 행복지수[1]는 건강하거나 높은 수준에 있다고 보기는 어려운 것이 현실이다.

이러한 문제의 원인은 성장과 발달의 원초적 조건을 수용하지 못하는 인위적이고 타인지향적이며 의존적인 상황에서의 삶을 영위해야 하는 문제 속에서 자신의 긍정적 삶을 이어가지 못하고 있다는 점을 간접적으로 설명해 주는 결과라 여겨진다.

결국 자연의 조건에 노출됨으로써 건강한 신체를 바탕으로 정신을 강화하게 되어질 때 정신건강을 바탕으로 건강한 신체와 의식을 함양하게 되는 점을 강조하고 있다[2].

그렇다면 여기에서 가장 중요한 인간의 성장에 필요한 조건은 무엇이며 그 내용이 어떻게 논의되어져야 하는가의 인식이 필요하다고 보여진다. 과거 인류역사상 전쟁과 문화창조 등 수많은 변화를 이어 온 동양과 서양 역사 모두에서 가장 중심적으로 강조하였던 것이 교육이라는 점을 든다면 인간의 성장을 자연적 성장이 아닌 의도적 목표를 지향하는 과제의 실현이라는 점에서 교육의 중요성은 인간성장의 한 축이라고도 보여진다.

그런데 교육을 받는다는 것은 특정의 교육서비스를 제공하는 공간의 필요성이 더욱 강조되어지게 되고 동시에 가정과 학교와 사회라는 공간의 상호적 연관성이 더욱 강하게 연계되어지는 점을 의미하게 된다.

---

1) 한국청소년의 행복지수 값은 100점 만점에서 53.08점으로 2006년 조사결과의 최종 행복지수 값이 약 52점이었음을 감안할 때 2007년 조사결과 역시 상당히 낮은 수치를 보였다. 세부영역별로 구성된 행복지수를 100점 만점으로 환산한 각 영역별 점수는 사회적 관계가 65.56으로 가장 높게 나타났으며 다음으로 안전(65.42), 정서(57.86), 자신에 대한 만족(53.09), 경제적 안녕(51.08)의 순으로 나타났고, 성적에 대한 만족이 25.44로 가장 낮은 수준의 만족도를 보였다(한국청소년정책연구원 · 국가청소년위원회, 2007 : 29).

2) 장 자크 루소는 『에밀』에서 사람의 몸이 정신에 복종하려면 건강해야 한다고 하였다. 무절제가 정념을 부추기기 때문에 육체를 쇠약하게 만든다. 육체가 약하면 약할수록 명령을 해대지만 강하면 복종을 하게 된다. 나약한 신체는 정신을 나약하게 만드는데 인간이 자신의 자연적 조건에 가까이 머물러 있을수록 욕망과 능력의 차이가 작아지며 그 결과 행복한 상태에서 더 멀어지게 된다고 하였다(장 자크 루소, 이용철 · 문경자 역, 에밀, 2008 : 137).

즉, 환경이 청소년에게 큰 영향을 미치게 되면서 청소년들에게 영향을 미칠 수 있는 공간으로 ❙그림 4-1❙과 같이 가정, 학교, 사회가 있었던 공간 모두가 이제는 청소년들에게 나름의 사회적 영향력이 매우 크게 나타나게 되었다.

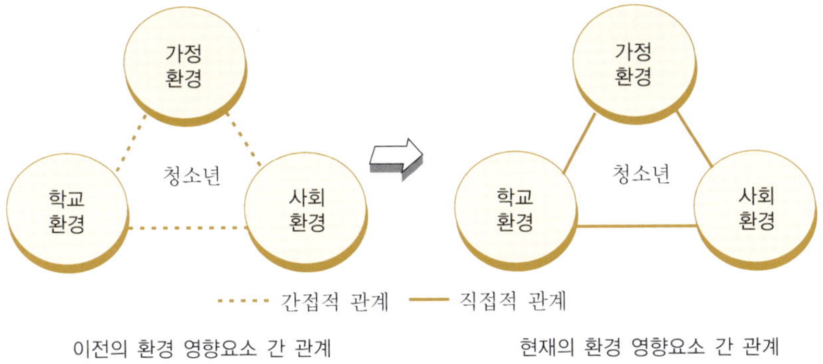

❙그림 4-1❙ 청소년의 성장과 환경의 영향요소

청소년의 사회적 적응에는 여러 유형이 있으나 크게 신체적 자원(건강, 에너지 등), 심리적 자원(자기와 타인에 대한 긍정적 신념, 귀인, 통제의 소재 등), 환경적 자원(사회적 지지)으로 나누어 볼 수 있다. 이 중 심리사회적 자원인 긍정적 자아존중감과 환경적 자원인 사회적 지지는 개인의 사회적 적응능력을 키우는 데 매우 유용한 요소로 밝혀지고 있다. 이러한 사회적 지지기능을 표출시킬 수 있는 공간으로서 ❙그림 4-1❙과 같이 환경은 매우 중요한 기능을 하게 된다.

환경은 인간이 생활하는 모든 영역에서 음으로 양으로 영향을 미치는 물적·비물적 요소이기 때문에 접근하는 방식과 해석의 유형에 따라 다르게 개념을 규정할 수 있다.

그래서 환경은 ❙그림 4-2❙와 같이 인간신체의 비상징적인 측면들, 즉 해부학적이고 생리학적인 측면을 포함하는 데 가장 높은 수준인 궁극적인 실재(ultimate reality)는 '형이상학적인 느낌'을 주지만 오히려 인간존재의 불확실성들, 걱정거리들, 비극들을 스스로 해결하는 기능을 담당하게 한다(G. Ritzer, 2004).

고급정보(통제)	
	1. 행위의 환경 : 궁극적 실재
↑	2. 문화체계
조건이 되는 요인들의	3. 사회체계
위계질서	4. 인성체계
↓	5. 행동유기체
	6. 행위의 환경 : 물리적-유기체적 환경
고에너지(조건들)	

▎그림 4-2▎ 파슨스의 환경과 행위도식

출처 : Parsons(1937).

이처럼 환경은 거의 모든 영역에서 개인의 발달에 영향을 미치게 된다.

야타로 고바야시(Yataro Kobayashi, 1994)에 따르면 인간을 중심으로 한 생활영역은 공공기업체의 활동, 사적 기업체의 활동 그리고 사회활동 영역으로 나눌 수 있으며, 이러한 사회활동의 바탕이 되는 하드웨어, 소프트웨어 그리고 하드웨어의 관계는 ▎그림 4-3▎과 같이 나타낼 수 있다고 하였다. 여기서 하드웨어는 인간의 사회활동 영역, 즉 교육, 산업, 스포츠, 병원 등의 현실활동으로 구체화되는 다양한 정신, 신체활동의 유지, 치료 등이 관련되며, 소프트웨어는 다시 하드웨어의 기초가 되는 준거 틀을 나타내는 부분으로서 인간의 안전, 건강, 쾌적, 능률 그리고 생명과 생활의 질 확보, 자연생물 및 자연환경의 보호 등이 이에 해당한다. 한편 이들 하드웨어와 소프트웨어를 합리적으로 운영하기 위해서는 하드웨어, 즉 종교에 기인한 세계관 혹은 가치체계가 필요하게 된다(손기철 외, 2003).

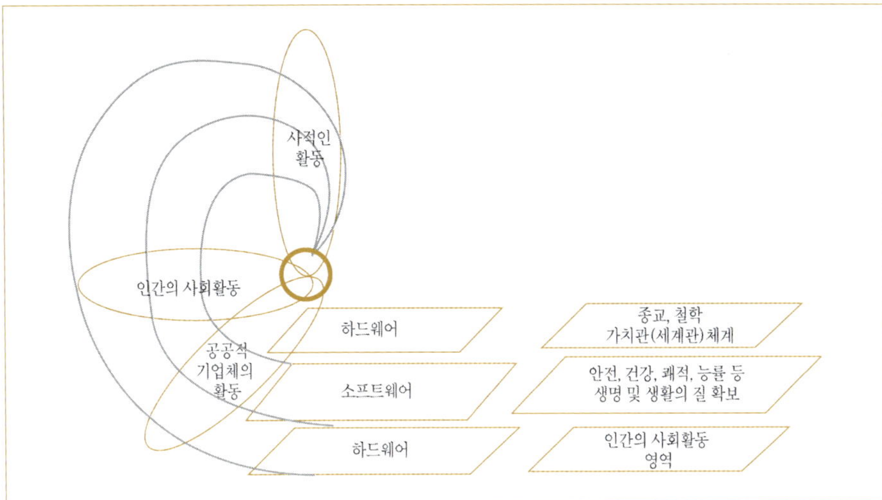

| 그림 4-3 | 인간의 사회활동과 주변 상황의 관계

출처 : 손기철(2003).

특히 환경과의 관련성이 점증하는 차원에서 환경은 인간에 대하여 직접, 간접적으로 영향을 미치는 물질과 정신세계를 총칭하는 것으로서, 현실적으로 영향을 준 경험적 세계뿐만 아니라 영향을 줄 수 있는 외부적 사정도 포함된다(정영석, 1998 : 77).

일반적으로 환경은 인간이 거주하는 준거기준이며 삶의 질을 판정하는 데 긍정적 또는 부정적 요소로 작용하기도 한다. 그렇기 때문에 환경이 인간에 미치는 영향은 개인의 판단준거와 함께 사회인이 인식하는 경험과 사회가 구성하는 윤리적 기준 등이 매우 중요한 판단준거가 된다.

청소년이 환경에 직접적으로 영향을 받을 것인가 그렇지 않을 것인가에 대한 명확한 진단은 사실 매우 어렵다. 하지만 많은 실험 결과 어린 시절 격리되어 정상적인 사회적 놀이를 하지 못한 암컷 원숭이들은 후에 새끼원숭이를 양육하는 아주 기본적인 것조차도 배우지 못한다고 밝혀졌다. 새끼를 양육하는 것을 하등동물이나 조류는 선천적으로 타고날지 모르나, 영장류는 양육에 대한 어떤 행동도 거의 타고나지 않는다. 따라서 인간에게는 놀이가 효율적으로 사는 데 필요한 많은 것을 배우는 방법이 된다. 대부분의 동물들 심지어

영장류도 성인이 되면 놀이를 그만둔다. 왜냐하면 대부분의 동물들은 욕구가 단순하며 욕구들 간에 갈등이 거의 없고, 성인이 되기 전에 그들이 사는 데 필요한 모든 것들을 거의 다 배우기 때문이다. 그러나 인간이란 항상 어느 정도의 갈등상태에서 복잡한 심리적인 욕구들에 의해 이끌리는 까닭에 일생 동안 배워야 하므로 노령에 들어서도 지속적으로 놀이를 계속하고 즐거움을 추구한다. 즉, 인간이란 학습에 대한 중요성을 아주 절대시해서 형식적인 학교를 설립한 유일한 피조물이다(김인자 역, 2007 : 35).

그렇기 때문에 개인이 처한 환경의 특성에 따라서 그들의 인성은 사회체계에 의해 더 많은 영향을 받게 된다는 점을 인지하게 되고 행위자는 사회에서 차지하고 있는 위치에 알맞은 방식으로 자기 자신을 볼 수 있는 학습이 이루어짐을 알 수 있다.

이와 같은 점에서 청소년이라는 대상이 처한 환경과 그 자신이 갖는 내적 요소에 따라서 환경에 대한 긍정적·부정적 영향을 받게 될 것이라는 점을 다양한 이론에서 제시하고 있음을 알 수 있다. 특히 환경이 주는 특성이 더욱 크게 부각될 수밖에 없다고 하는 점은 자신이 자라고 성장하면서 받게 되는 외적 요소가 습관의 수준을 넘어서 삶의 가치를 지배하게 된다는 수준까지 설명을 하고 있는 것이다. 그래서 부르디외는 아비투스[3]라는 개념으로 설명하고 있다.

아비투스란 문화자본과 관련하여 가장 핵심적인 용어로서 '교육 같은 것에 의해 영향받을 수 있는 심리적 성향'을 가리키는 것이었으나, 부르디외는 이를 일정 방식의 행동과 인지, 판단의 성향체계로서 개인의 역사 속에서 개인들에 의해서 내면화되는 기제로 규정하고 있다. 즉, '실천감각'을 구조화시키는 요소를 말하는 것으로서 ① 구조화된 구조로서의 아비투스(교육이나 가족 등의 영향으로 인해 개인에게 육화되는 의미), ② 구조화하는 구조로서의 아비투스(계급 재생산의 기제), ③ 무의식적 행위 틀로서의 아비투스(은연중에 계급을 구분지어 주도

3) 개인이 습관적으로 갖고 있는 내재화된 것은 자칫 유전적 요소로 인해 물려받았다고 생각할 수 있으나 그렇지 않고 자신이 거주하는 환경이나 생활모습에 의하여 직·간접적으로 영향을 받고 있다고 보는 견해를 말한다. 즉, 된장국에 삼겹살을 좋아하는 모습이나 삼겹살에 와인을 곁들여야 하는 습관은 자신이 생활하는 과정에서 자신도 모르게 형상화된 감각이라고 규정한 것으로서 생활환경의 영향을 직·간접적으로 설명하고 있는 점을 말한다.

록 하는 기제)로 정의하기도 한다.

그렇다면 아비투스의 형성에 큰 영향을 미치는 것은 교육을 들 수 있다. 학교는 지배계급이 소유하고 있는 특정한 문화와 가치를 대중에게 주입, 부과한다. 교육체계는 실제로 이러저러한 선호도를 얼핏 체계적으로 보이는 담론의 수준으로까지 끌어올리고, 취향의 실제적인 원리에 대한 상징적 지배를 가능하게 해준다.

또한 가족을 통하여 생성되는 '문화'를 들 수 있다. 교육에 의해 길러지는 성향은 문화획득을 위한 충분조건이 아니라 필요조건에 지나지 않으며, 긍정적이든 부정적이든 모든 집단은 각 개인에게 위계상의 특정한 계급을 지정하게 된다.

결국 개인이 생활하고 사회에 적응하는 주요한 요인으로서 가족과 사회적 환경 또는 교육조건 등은 큰 영향을 미치게 된다고 볼 때 교육이나 문화자본이 강화될수록 제도적 틀에 묶이는 현상을 경험하게 된다. 그렇기 때문에 교육을 많이 받을수록 나타나는 제도적 고착화를 해결하는 방안으로서 다양한 학습체험은 매우 중요한 의미를 갖는다. 즉, 환경이 주는 학습가치를 몇 가지 이론에서 찾아볼 수 있다.

① 청소년의 사회학습이론

일반적으로 성격심리학에서는 인간의 본연적 특성이 행동에 대한 방향을 설명하고 있다는, 즉 기질적 요인(dispositional factor)을 강조하는 경우에는 인간이라는 존재는 성격적으로 악하고 충동적인 성향을 보이기 때문에 악하고 충동적 행위가 인간이 본연적으로 지니고 있는 내부의 힘, 즉 무의식이라는 에너지가 촉발되면서부터 자신의 역량을 제어하지 못한다는 점을 강조하여 왔다.

그렇기 때문에 인간은 끊임없는 교육의 과정을 통해 학습을 하게 되고 언어와 지식을 습득하며 통찰력을 기르고 가치관을 형성하도록 해주어야 한다는 점을 강조하였다. 즉, 인간 내부의 힘을 다스리도록 하기 위해서는 적절한 제어력과 능력을 소유하는 것이 가장 필요하다는 보편성을 매우 중시한 경향이 있다.

하지만 단순히 청소년의 행동원인을 개인의 기질적 요소로만 설명하기에 현재의 사회적 여건은 그다지 만족스러운 상황이 아니다. 따라서 사회학습이론은 개인적 특성의 원인도 존재하지만 행동의 환경적 또는 상황적 결정요인들의 중요성을 이해해야만 한다고 보는 견해이다.

사회학습이론은 직접경험에 의한 학습에 전적으로 관심을 둔 행동주의와는 달리 자극과 반응을 연결하는 인간의 인지적 기능을 강조하는 것으로 지역사회의 요소와 환경을 끊임없이 보고관찰함으로써 환경의 학습이 이루어지게 됨을 말한다.

특히 반두라(Bandura & Walters, 1963; Bandura, 1967)는 다른 행동뿐만 아니라 공격성의 사회화도 부분적으로는 조작적 조건형성의 문제라고 믿는다(송길연·유봉연 공역, 2005 : 251). 한 소년이 폭력영화를 본 다음 타인에게 거칠게 행동하였다면 실제 학습하였다고 규정하기는 어렵지만 자신이 스스로 이전에 학습한 유형의 행동이 괜찮다고 생각하게 되는데 이러한 행동을 탈억제(disinhabited)되었다고 하는 것이다.

결과적으로 학습이론에서는 <표 4-1>에서와 같이 각각의 발달단계에서 나타나는 기제나 변화가 급격하거나 단계별로 명확한 관계의 해명이 이루어지기보다는 성장이 점진적이고 계속적이기 때문에 개인이 처한 환경이나 발달과정의 요소에 큰 영향을 받게 된다는 점이다.

〈표 4-1〉 **인간발달이론의 범주**

	환경적	점성적
사고 강조	정보처리이론	인지발달이론
인성이나 사회적 역할 강조	사회학습이론	정신분석이론

출처 : 조복희 외(1989 : 39).

그러므로 사회학습이론(social learning theory)에서는 자극을 주면 반응을 한다(강화에 따라 바람직한 행동을 한다거나 벌에 의해 부정적인 행동을 적게 하게 된다)는 이론과는 달리 관찰대상자의 행동의 결과를 관찰함으로써 학습하는 것이 아니라 모델(model)의 모방, 그리고 동일시를 통한 학습까지도 포함한다고 하였다(Bandura & Walters, 1963).

인간은 모델의 행동강화를 봄으로써 간접적이고 대리적 강화를 유발시키는데 사회학습이론을 주창하는 사람들은 자극-반응의 이론가들과 같이 개인의 행위는 외부의 자극에 의해 영향을 받는다고 여기지만 인간은 그들의 환경을 스스로 통제할 뿐만 아니라 구성해 나간다고 보는 것이 차이점이다. 즉, 환경과의 관계 속에서 자기강화 및 대리학습을 이루게 된다고 보는 시각을 제시하고 있는 것이다.

특히 청소년기는 인지적 미성숙의 단계로 인해 환경요소에 의해서 차별적 접촉, 차별적 강화, 정의 및 모방행동을 하게 된다고 제시하고 있다(Akers, 1985).

② 사회유대와 청소년성장

사회유대이론은 청소년행동의 원인을 개인 내부에서 찾는 생물학적이고 심리적 이론과는 달리 환경이나 사회조직 등 외부적 요인에 초점을 둔 현상을 말한다.

특히 인간생태학적 관점에서 사회해체, 산업화, 인구이동, 거주지역의 변화와 같이 도시지역의 빠른 발달과 변화가 공동사회의 유대와 관계가 약화되고 이익사회로 변화되면서 개인과 집단 간의 연결고리가 존재하지 않게 되면서 나타나는 문제를 말한다.

이 이론에 의하면 모든 사람이 잠재적인 범죄자인데 사회유대가 법과 질서를 유지할 수 있게 한다고 말한다. 즉, 허쉬(Hirschi, 1969)는 비행을 개인이 사회와 가지고 있는 유대와 연관시켜 개인이 사회와 가지고 있는 유대감이 약해지거나 깨어질 때 비행이 발생한다고 본다. 사회유대는 애착(attachment), 전념(commitment), 참여(involvement), 그리고 신념(belief)의 네 가지 요소로 구성된다.

지역사회환경의 악화는 청소년들의 생활환경을 위협하는 요소로 자리 잡고 있다는 측면에서 학교나 지역사회의 모든 공간이 청소년들의 정신 및 육체건강을 책임지는 모습으로 자리 잡아야 한다.
이러한 요소를 실천하고자 과거의 학교나 지역사회의 단선적 활동을 개선하되 사회, 자연환경 등 모든 요소가 통합적으로 연결되어 청소년의 건강한 사회생활을 도와주기 위한 시스템으로 구축되어야 한다.

2. 청소년활동의 학습적 가치

청소년활동이 주는 가장 중요한 가치는 청소년기에 오감을 통해 획득하고자 하는 지식과 정보의 실제적 전달을 가장 효율적으로 해줄 수 있는 적극적 기회라는 점이다. 실제적인 경험을 통해 지각의 변화를 일으키고 지각의 변화가 행동의 변화를 초래할 수 있는 학습과정(조미영, 2009 : 8)이라고 설명하고 있음은 청소년활동을 설명하는 데 매우 의미 있는 계기를 마련하고 있다. 또한 청소년들의 능력 및 역량을 개발할 수 있는 교육과정이며 신체 및 정신을 강화할 수 있는 훈련의 과정이라는 점이다. 그렇기 때문에 동일한 활동을 체험한 대상에 따라서 활동경험의 수준이 다르게 나타나지만 동시에 그 가치에 대해서도 일정한 기준이 아닌 자발적이고 역동적인 변화의 기회를 부여해 주는 생생한 경험이 되는 것이다.

그래서 예로부터 청소년활동에 대해 듀이(Dewey)는 경험학습의 가치를 드높이면서 경험을 통한 학습의 효율성을 강조한 바 있다. 사람이 새로운 환경에서 감각기관의 통로를 이용하여 경험을 하는 것은 심미적 · 지속적 · 재구성적 특질을 갖기 때문에 매우 효과적인 학습을 제공한다. 즉, 청소년활동은 수행을 통한 습득의 과정이 있으며, 경험을 통한 정신적 · 심적 변화가 있고, 훈련을 통한 내적 · 외적 품성의 도야가 있다. 따라서 청소년활동은 학습, 교육 그리고 훈련을 진행하는 하나의 과정으로서 인식되어야 한다. 청소년활동은 실제적인 경험을 통해 지각(perception)의 변화를 일으키고 지각의 변화가 행동의 변화를 초래할 수 있는 학습과정이라는 점에서 경험학습적 가치를 중시해야 할 필요가 크다.

청소년활동은 청소년기의 성장과 발달의 균형을 맞추어 주는 조력자 역할을 하고 있음에서 마치 사회구성주의적 관점에서 보는 잠재발달 영역을 확장하는 효과를 지니고 있다. 통상적으로 청소년활동과 관련된 학문적 근거는 피아제나 손다이크, 프로이트 등 심리학과 교육학에서 이루어지고 있는 통상적인 이론의 접목이 가능하지만 그중에서도 경험학습적 이론과 사회구성주의적 관점에서 청소년활동의 효용성이 더욱 가치 있다고 여겨진다. 그리고 경험학습의 이론적 토대에 대해서는 체험의 학습적 효과가 크다는 점에서 매우 의미 있는 이론으로 여겨진다.

청소년활동에서 유의미한 학습가치가 있음을 비고스키(Vygotsky)는 근접발달지대에서 상호작용하는 아동이나 청소년들은 의미의 공유(shared meaning) 혹은 간주관성(inter-subjectivity)이 이루어지고 보다 고차적인 정신기능으로 나아가게 된다고 하였다. 즉, 의미 있는 문화적 활동을 통해서 다른 사람들과 협동하면서 내면적인 정신과정을 만들어 간다(송선희, 2000 : 31)는 점이 청소년활동의 체험과 매우 유사하기 때문이다. 발달과정에서 인지의 내면화를 이루기 위해서는 보조자의 역할을 담당하는 교사나 지도자의 관(觀)이 매우 중요한데, 교사나 지도자는 학습자의 내면을 이루기 위한 교육적 상황을 조직하고 계획하는 사람들이기 때문이다.

교사나 지도자는 교육적 환경을 조성하고 새로운 기술을 학습하려고 노력하는 학습자에게 비계(scaffolding)[4] 설정을 함으로써 상호협력적 관계를 유지하는 것(김규수 외, 2001 : 248)이라고 할 때 청소년들이 성장하는 데 필요한 필수적 요소인 청소년활동은 청소년들이 성인으로 성장하여 그 시기에 필요한 능력을 갖추도록 하는 데 필요한 과정을 제공하는 것이다.

4) 비계(scaffolding)는 건물을 지을 때 건물에 앞서 지지대를 설치하는 지지대를 말한다. 건물을 지을 때 지지대를 설치하고 안에서 작업을 이룬 후 지지대를 철거하면 아름다운 건축물이 만들어지는 것처럼 청소년기에 필요한 지지대로서의 기능을 하는 청소년활동을 비계와 견주어 보았다.

통상적으로 보면 교사는 학습자의 과제가 새로운 것일 때에는 보다 많은 도움을 주지만 학습자가 점차적으로 과제를 스스로 하도록 책임을 늘려가면서 학습자의 자율성, 독립성, 책임감 등을 길러주게 된다면 새로운 영역의 범위를 구축하는 비계설정이 이루어진다는 점이다.

결국 전인적 인간이라 함은 도덕적 인간상의 구현을 이룰 수 있는 대상이지만 그보다 사고의 발달을 통해서 사회문화적으로 동화와 조절을 통해 적응력을 키워나가는 존재가 되어야 함이다. 이러한 적응력에는 교육이 선험적 가치가 있지만 그 과정에서 선발달자, 선경험자의 도움이 필수적이라 할 수 있다. 이러한 점에서 형식적 교육에서는 교사가, 비형식적 교육에서는 청소년지도사가 교육의 주체자로서 중요한 기능을 해나갈 수 있다는 것이다.

교육의 경험적 기회를 제공한다는 것은 마치 비고스키(Vygotsky)의 사고발달이론에서 우리가 예상을 해볼 수 있다. 즉, 그는 학습에서의 사회적 요인을 강조하여 학습을 개인의 개별성, 개인의 인지적 작용과 사회·문화적 요인을 서로 분리시켜 생각할 수 없다고 하였다.

그래서 근접발달영역(Zone of Proximal Development)이라는 개념을 통해서 "지식은 사회적 참여를 통해서 구성된다"는 원칙을 설명하고 있는 것이다. 즉, 학습할 영역에 대한 지식을 가지고 있는 사람이 도와줄 경우 학습자는 스스로 도달할 수 있는 인지적 발달수준보다 더 나은 수준에 이를 수 있다고 하면서 **그림 4-4**와 같은 상호작용에 대한 필요성을 매우 중시하였다.

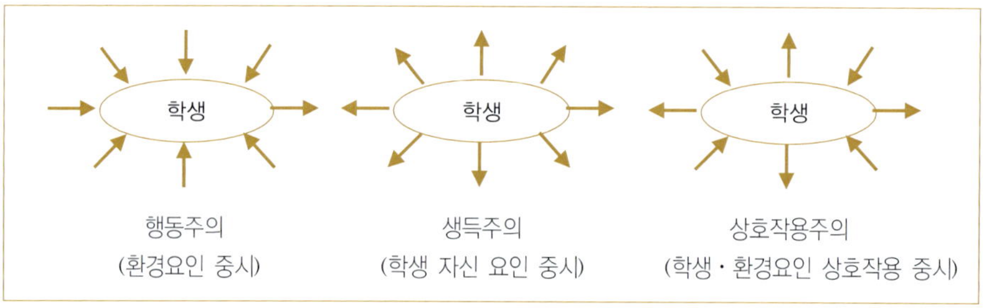

그림 4-4 학습자발달이론의 세 가지 접근방향

출처 : 신재한(2006 : 127).

결국 학습의 조건화에서 가장 중요한 것은 자신의 자발적 노력에 의한 기초학습의 유지를 필요로 하지만 이에 더불어 학습자의 동화와 조절을 유지하며 평형화에 이끌도록 하는 사회·문화적 지원체계의 역할은 더욱 중시되어야 한다는 점이다.

따라서 근접발달영역을 지원하는 비계(scaffolding)의 기능은 매우 중시되는데 청소년활동은 바로 이러한 지지적 기능의 중요한 바탕이 된다. 특히 청소년기에 활동을 통한 학습경험은 학습자 스스로가 자기주도적 행동을 하게 만들고 궁극적으로는 반성적 사고과정을 통한 내적 행동의 일치를 유발하는 매우 유효한 기회라는 것을 제시하기도 하였다.

청소년 스스로가 자신이 원하는 체험기회에 참여함으로써 경험의 내적 강화를 이루게 되고 궁극적으로는 자신이 집단 속에서 해야 할 역할과 참여의 위치 등을 스스로 정함으로써 내적 동기화를 유발하는 데 매우 효과적임을 다음과 같이 설명하고 있다.

첫째, 청소년이 여러 가지의 집단활동에 대한 체험기회에 처음 참여하면서 이전보다 새롭게 느끼는 경험적 장의 선택적 효과를 느끼게 된다.

둘째, 자신이 경험하는 환경에 맞추어 자신에게 맞는 의사소통이나 정보의 전달, 자료의 축적 등 이에 맞는 대응방안을 구축하게 되고 정보의 적합성에 대한 판단을 하게 된다. 즉, 모든 정보의 수용에는 이러한 판단적 과정이 반드시 수반되기 마련이라면 경험적 기회의 다양한 장의 제공은 이와 같은 측면에서 매우 중요함을 느끼게 된다.

셋째, 더 나아가서는 자신이 이전에 체험한 내용과 앞으로 체험하게 될 내용을 종합하여 스스로 판단을 하게 된다. 즉, 옳은 상황인지 아니면 어떠한 내용을 수용해야 하는지에 대한 판단을 하게 된다.

넷째, 지금까지 경험한 내용을 기반으로 하여 이전보다 새로운 학습을 이루게 된다는 것을 의미한다.

학습자가 체험하는 새로운 세계는 이전보다 새롭게 느끼는 확고한 경험의 장이 될 것이며 이러한 단계는 곧바로 반성적 사고과정을 거치게 된다. 경험학습과정에서 매우 주요한 영역인데 자신이 지금 경험하고 있는 현장이나 상황이 바람직한 것인지 아니면 거부해야 할 상황인지를 느끼는 과정인 것이다. 그러므로 자신이 스스로 원해서 참여한 활동이라면 이러한 반성적 경험의 과정은 반드시 긍정적인 효과를 제시하게 됨을 의미한다.

다음으로 청소년기의 특성이라고 할 수 있는 추상적 개념화 작업을 거치게 된다. 즉, 자신이 경험한 새로운 세계를 통하여 지금보다 더 양질의 정보를 선택할 것인가 그리고 그러한 능력이 있는지를 스스로 점검함으로써 자신의 문제해결력, 사회적응기술, 의사소통, 대화 및 지도기법 등 청소년발달과정에서 필요한 다양한 체험적 기술을 수용하게 된다.

이러한 모든 과정이 마무리되면 자신이 체험한 활동이 옳다는 판단을 내리고 더 나아가서는 활동과정에 보다 적극적으로 체험하게 되는 일련의 과정이 순간적 또는 보다 장기적으로 이루어지게 된다.

보다 구체적으로 보면 각각의 경험과정은 나름의 분석적 역량을 필요로 한다. 즉, ① 확고한 경험 = 실천행동, ② 비판적 사고 = 반성적 사고, ③ 추상적 개념화단계 = 이론행동의 형상화, ④ 확고한 경험 = 실천적 활동 등으로 분류해 볼 수 있다. 이러한 일련의 과정을 설명해 보면 청소년들이 집단활동을 통해서 체험하는 과정은 자신도 모르는 사이에 반성적 과정을 거치면서 체계적이고 분석적 사고가 가능하게 되면서 실천적 역량을 획득하게 됨을 의미한다. 또한 추상적 개념화를 통해 이론으로 정립하는 역량을 키움으로써 논리적이고 비판적인 사고가 가능하게 만들어주며 마지막으로 현실적 과정에서 자신이 경험하는 것이 얼마나 타당한 것인지를 자신의 눈높이에서 검증해 볼 수 있다는 점에서 매우 유익한 활동이 된다.

또 다른 측면에서 본다면 경험의 과정이 이루어지는 단계가 반드시 순환적 과정으로만 이루어지는 것은 아니다. 참가자가 참여한 활동기회에서 경험이 이루어지는 과정에서 종적 및 횡적 연계가 이루어지면서 동시에 다양한 학습경험이 이루어지는 것을 알 수 있다. 즉, 확고한 경험을 통해서 이루어지는 이해력과 이러한 이해력을 바탕으로 새로운 사실을 발견하는 포괄적 이해력이 순간적으로 이루어지는 모양도 형성되게 된다.

이러한 경험적 활동가치는 궁극적으로 청소년활동 과정참여 속에서 청소년들이 자신도 모르는 사이에 새로운 지식과 활동의 실행역량을 제고하는 데 도움을 주게 된다.

즉, 청소년활동에 참여하게 됨으로써 얻어지는 경험적 가치를 재구성해 보면 다음의 5가지 단계를 획득하고 이 과정에서 자신이 바라는 욕구나 발달의 성숙이 이루어지게 됨을 알 수 있다.

① 경험과정 : 청소년활동에 참여하는 그 자체가 학습의 경험과정이며 체험과정이 된다.

② 나눔과정 : 활동체험 속에는 눈으로 보는 활동의 과정이 습득되어지고, 결과를 예상하며 그 과정이 무엇을 의미하는가를 판단하게 되면서 활동의 가치를 구분하고 분배하게 된다.

③ 과정의 인지 : 경험의 과정은 단순한 체험의 수동적 과정이 아니라 스스로 과정을 분석하고 또 깊이 생각하게 하는 순환적 과정이 숨어 있다. 그러면서 주제를 발견하고 테마를 정하면서 문제를 추구하게 함으로써 경험의 새로운 세계를 발견하게 된다.

④ 일반화의 추구 : 경험을 통해서 자신이 느끼지 못했던 새로운 세계의 이해를 얻게 되며 청소년들 모두가 원하는 트렌드나 과정을 이해하고 공통의 진실을 획득하게 함으로써 주변 청소년이나 기성세대와의 적응을 할 수 있는 룰을 만들어 가게 된다.

⑤ 적용 : 모든 경험의 과정을 미치게 되면 새롭고 다른 과정이나 상황을 배우게 되었다는 확신이 서게 되고 그 결과 다음에는 경험을 어떠한 방법으로 활용하게 될 것인가를 이해하게 된다.

1) 청소년활동과 학습몰입효과

효과성(effectiveness)은 흔히 사용하는 사람에 따라 다양한 의미로 규정하여 왔으며, 종종 효과(effect), 효율성(efficiency) 등과 같은 의미로 또는 다르게 사용되어졌다.

효과성이란 한 조직이나 프로그램이 목표들을 성취하는 정도와 관련이 있는 것으로 프로그램에 의해 의도된 결과가 목적대로 성취되었는가를 판단하는 준거라고 할 수 있다. 효과성은 투입으로 인한 산출과 결과의 관계로서 정의되며 더 정확히 정책목적이 성취된 정도로 정의된다. 즉, 효과성은 목표달성의 정도를 의미하며 개인이나 지역사회에서 요구하는 내용이나 수준에 대응한 정도로서 정의된다.

효과성에 대한 연구는 경영학이나 심리학, 교육학 등 다양한 학문에서 연구되어 왔지만 청소년활동의 영역에서는 그 연구의 폭이 매우 제한적이어서 주로 만족도를 효과성의 영역에서 판단하는 기준으로 제시하였다. 하지만 만족도만으로 청소년활동의 효과성을 측정하는 것은 프로그램의 의도와 목적 그리고 내용의 타당성을 정확하게 파악하는 데에는 많은 어려움이 나타났었다.

다른 한편에서 효과성은 개인이 경험하거나 학습한 내용이 자신에게 최적의 경험상태(optimal experience)에 들어섰을 때라고 규정해 볼 수 있다. 최적경험이란 의식이 질서 있게 구성되고 또한 자아를 방어해야 하는 외적 위협이 없기 때문에 우리의 주의가 목표만을 위해서 자유롭게 사용될 때를 말하는 것이며 이를 몰입(flow)경험이라고 할 수 있다(칙센트미하이, 최인수 역, 2007 : 87).

몰입경험을 하고 나면 이전과 비교하여 사람은 더욱 복합적인 자아로 발전하게 되고 복합적인 자아가 됨으로써 성장할 수 있는데 이 과정에서는 두 가지 심리적 과정을 거친다. 즉, 분화(differentiation)와 통합(integration)을 말한다. 분화는 자신이 유일하고 고유한 존재라는 생각으로 나아가려는 움직임이고, 또한 본인을 다른 사람으로부터 분리하려는 방향으로 나가려는 경향을 말한다. 통합이라는 것은 그 반대의 경우이다. 즉, 다른 사람들이나 아이디어들과 합하려는 경향을 말한다. 이처럼 몰입은 자아를 통합하도록 도와주는데, 깊게 몰입하는 이 상태가 의식의 질서를 잘 잡아주기 때문이다. 사고・의도・감정 그리고 모든 다른 감각들이 하나의 목적에 집중되는 것인데(칙센트미하이, 최인수 역, 2007 : 88-89), 이를 몰입된 상태, 즉 개인이 경험하는 학습의 효과로 볼 수 있다는 점이다.

청소년활동은 개인에게 발견의 느낌, 새로운 세계를 접하는 깨달음을 주기 때문에 한층 더 높은 수준의 수행을 할 수 있도록 도움을 주고 이전에 경험해 본 적이 없는 인식의 상태를 만들게 함으로써 **|그림 4-5|**와 같은 몰입의 단계를 경험하게 된다.

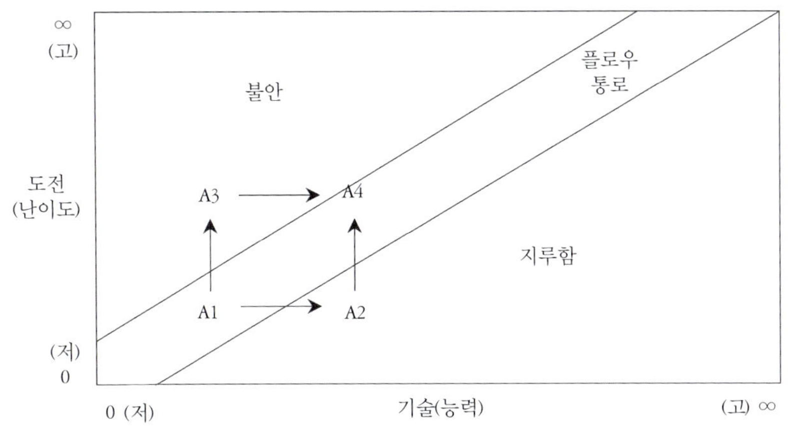

|그림 4-5| 몰입[5]의 개념

출처 : 칙센트미하이(2007 : 146).

모든 것을 경험하며 습득해 나가는 시기인 청소년기에 또래집단이나 기타 관련 대상과의 집단경험이나 활동은 향후 얻게 될 다양한 문제나 역기능적 상황들을 잘 해결하고 적응하는 데 필수적인 요소가 된다는 점에서 가족 및 학교, 지역사회의 유해한 자극으로부터 도전을 받고 있는 청소년들에게 이러한 자극을 극복할 수 있는 적응능력을 체계적으로 배양할 수 있도록 도와주는 방법이 절실히 필요하며 그 최선의 방법은 건전한 집단활동경험이라고 규정해 볼 수 있다.

5) 첫째, 기술(skill)은 주어진 과제를 해결할 수 있는 정신적 · 신체적 기술이나 능력을 의미한다. 기술이라는 말은 주로 구체적인 사물을 다루는 솜씨를 의미하는데 여기서 기술은 심리적인 솜씨까지도 포함한다. 즉, 실제로 해낼 수 있는 능력만을 의미하는 것이 아니라 본인이 스스로 생각하는 자신의 능력도 포함되기 때문이다. 둘째, 도전감(challenge)은 우리로 하여금 한 번 더 해볼까 하는 마음이 드는 행위 또는 과제의 난이도이거나 이를 수행하기 위하여 필요한 요구조건 등으로 이해하면 된다.

그러면서 칙센트미하이(2007)는 몰입이 일어나는 과정에서 고려되는 각종 변수를 자신이 경험하는 도전감과 기술의 수준에 따라서 차이가 있음을 **|그림 4-6|**에서와 같이 제시하였다.

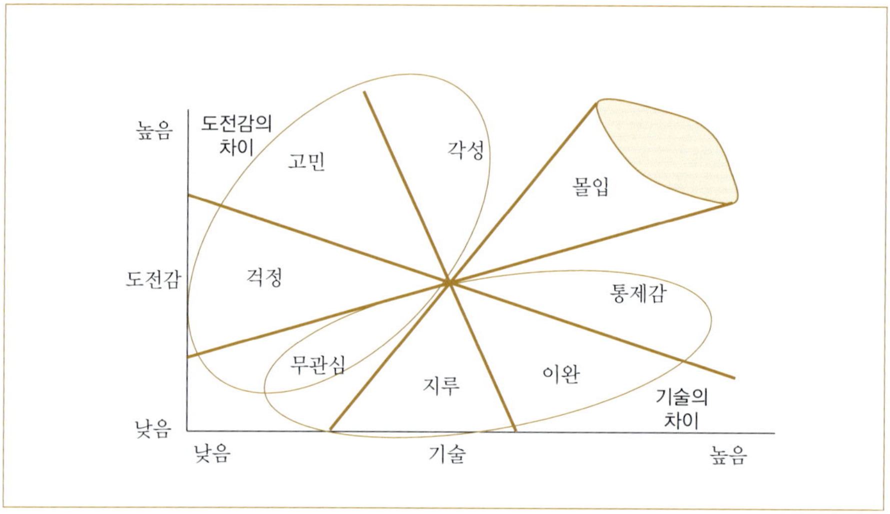

|그림 4-6| 몰입에 영향을 미치는 요인과 단계

출처 : 칙센트미하이(2007).

몰입을 위해서는 자신의 능력에 맞는 도전감이나 기술이 적절하게 용인되어야 함을 설명하고 있는데 이러한 수준보다 낮을 경우(자신의 능력에 비추어 더 높은 도전과제의 적용 혹은 자신의 기술수준보다 낮은 도전과제 적용)에는 몰입이 일어나지 못하고 결국 학습자인 청소년이 받아들이는 효과성에는 커다란 차이를 발견하게 되어 궁극적으로는 흥미를 발견하지 못하고 거부하게 되는 결과를 보인다.

그렇기 때문에 효과성에는 몰입의 경험이라는 요소와 매우 밀접한 관계를 가질 수밖에 없으며 이러한 몰입이 이루어질 때 청소년에게 다양한 변수의 효용성이 나타나게 된다.

여러 가지 활동에 참여한 개개인이 자신의 의지나 역량에 도움이 될 것이라는 가정의 흐름은 몰입과 같은 최적의 경험이 만들어져야 함을 의미하며

이러한 흐름은 자신의 능력과 역량에 맞는 인식을 갖춤으로써 **|그림 4-7|** 과 같은 도전감을 극대화할 때 이루어질 수 있음을 의미한다.

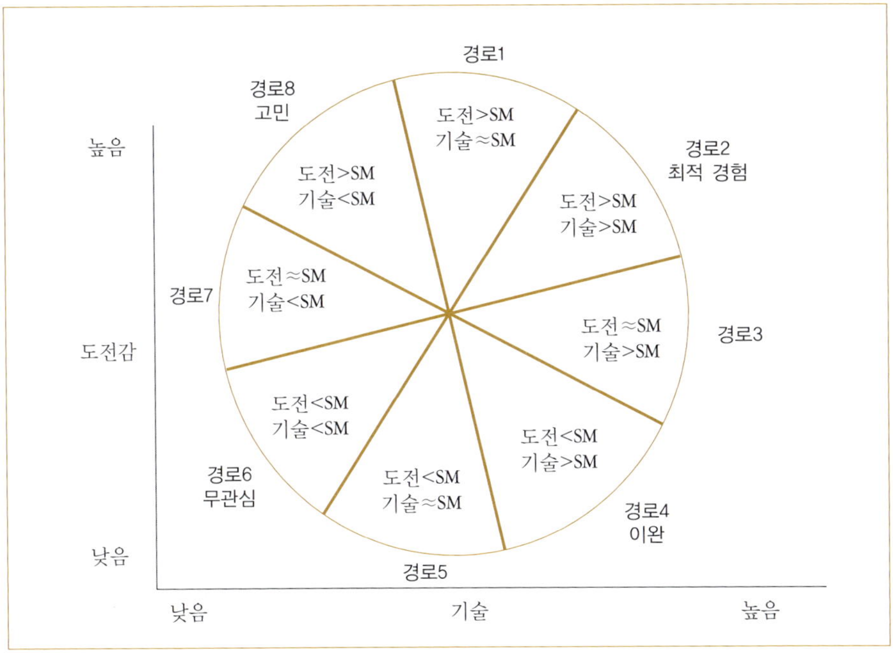

|그림 4-7| 경험의 파동모형(SM=부수적 의미)

출처 : Andrea, G.(2005 : 40).

칙센트미하이(2007)는 이러한 몰입을 유노하는 활동에 대해서 작곡, 암벽등반, 춤, 요트 타기, 체스 등과 같은 활동을 예로 들면서 이러한 활동이 최적경험에 더 쉽게 도날할 수 있도록 고안되었기 때문이라고 하였다.

2) 청소년활동과 청소년의 관계증진 효과

전형적으로 청소년활동의 효과에 대해서는 증명론적 지원, 입담을 통한 논증, 열정적인 수사학 등의 방법으로 설명하기도 하였다. 그러나 이러한 방법들은 학문적으로 입증된 것이 아닌 지도자의 경험적 관점에서 본 효과라든지, 활동을 전개하는 조직체적 관점에서 바라본 효과 등으로 언급되어진 점들이라는 것이 대부분이었다.

경험학습으로서의 야외활동 체험은 각종 이벤트를 통한 생활경험을 함으로써 개인의 적합한 기술을 개발하고 그들의 판단력, 감각력, 그리고 지식을 수용하는 데 큰 도움을 주는 활동으로 규정하기도 하였다(A. Chickering, 1976).

더욱이 수천 개의 캠프를 통해서 참가자들이 얻는 효과에 대해서는 회복, 치료, 교육, 리더십, 성장, 조직체의 발달 등의 기능을 부여한다고 하였으며, 모험활동에 참여하였을 때 개인의 성장이라든지 레크리에이션을 통한 즐거움 등의 다양한 효과가 있음을 제시하였다(Friese, G., Pittman, J., & J. Hendee, 1995).

보다 구체적으로 야외나 모험활동 프로그램에 참여함으로써 개인이 지각하지 못하는 사이 치료적 효과를 주는 경우가 많다고 하기도 하였는데 이를 통해 모험치료(Stitch & Senior, 1984), 도전치료(Castle & Eastman, 1985), 캠핑치료(Collingwood, 1972; Polez & Rubitz, 1977), 야생치료(Kimball, 1983; Bernstein, 1972), 야외치료(Smith, 1980; Smith, 1982), 경험치료(Stitch, 1983) 등과 같은 활동의 폭넓은 의미로 전개되면서 활동을 통해 건강의 문제나 학교부적응, 개인의 심리적 부적응을 보인 특정한 대상에게 적용되었다고 하였다(C. C. Roland, T. K. Michael, & D. J. Lentini, 1997).

특히 청소년활동이 치료적 효과가 있음을 제시한 롤란드(Roland, 1997) 등은 청소년활동이 주는 효과에 대해 ┃그림 4-8┃과 같이 목표성취, 인식력 증진, 신뢰감, 집단문제해결, 자신의 문제해결 등의 목표를 연속적으로 해결하게 된다는 연속적 모형을 제시하였다.

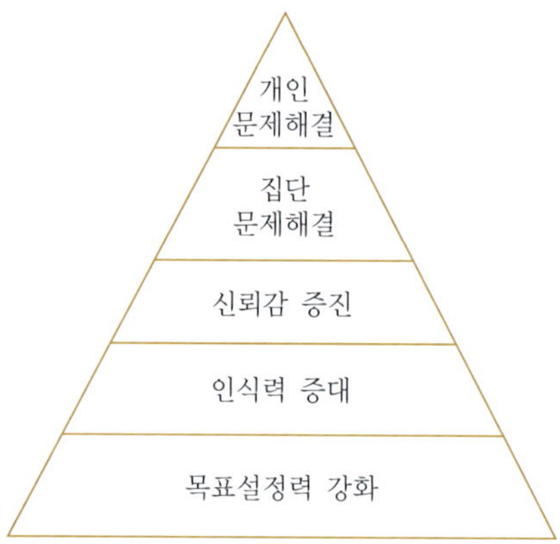

┃그림 4-8┃ 야외활동의 단계별 효과

출처 : C. C. Roland, Michael, T. K., & Lentini, D. J.(1997 : 67).

이처럼 청소년들은 집단활동을 통해 다양한 경험을 하게 되고 성장·발달을 해나가는 경향을 띠는데, 청소년활동은 가족, 친구집단, 여가집단 등 다양한 유형의 집단들과 관계를 형성함으로써 사회화를 이루어 나가게 되고 바람직한 대인관계기술을 습득하며, 타인의 지지를 얻는 효과를 얻게 된다고 할 수 있다.

한편 어떠한 활동이든 참여자가 지각하는 의미가 매우 중요하게 되는데 자신이 참가한 활동을 통해 어떠한 기술을 수용할 것인가 그리고 가능한 목표를 달성하여 즉각적인 피드백이 획득될 수 있는 것인가에 정확하게 지각해야 한다는 점이다. 이것은 활동에 대한 참여의 집중을 함으로써 의식에 질서를 제공하여 즐거운 마음상태를 만들 수 있게 되어야 함을 의미한다.

청소년활동은 청소년들이 집단활동을 통해서 사회화과정을 습득해 나가면서 새로운 인간관계를 맺는 등 가족, 학교, 사회적응에 있어서 중대한 변화가 일어나는 정서적 격동기이자 미래를 준비하는 청소년들을 다양한 집단활동을 통해서 건강한 인성개발과 정신건강을 도모함으로써 발달과업으로 인한 위기나 문제에 빠질 가능성이 줄어들게 한다.

일반적으로 청소년기의 활동은 자아존중감이나 사회성, 대처능력 등 청소년 개개인이 가지고 있는 여러 가지 긍정적 특성들과 지지적인 가족환경, 지지적인 친구관계 등은 청소년들로 하여금 환경에 보다 잘 적응하도록 도와주는 보호요인으로 작용할 수 있을 것이다.

그렇지만 이러한 효과성의 지각에도 불구하고 청소년활동이 명확하게 어떠한 부분에 효과가 있는지에 대해서는 다소의 견해차이가 존재하고 있음을 알 수 있다.

서구에서 청소년활동의 프로그램 효과에 대해 여러 가지의 통찰력을 동원한 계속적인 연구를 수행하였지만 가장 큰 문제는 측정을 하고자 하는 변화를 명확하게 규정하기 위한 도구의 명료성에 대한 한계가 매우 컸다는 점을 들 수 있었다. 여기에는 프로그램의 목적에 간접적으로 부합됨으로써 참가자의 심리적이고 역동적인 개념의 동일시를 추구하기가 매우 어렵다는 점에서의 한계를 제시하였었다.

우선 크롬톤과 셀러(J. L. Crompton & C. Sellar, 1981)는 청소년활동의 효과를 정의적 영역에서 긍정적 발달에 어떠한 영향을 미치는지를 분석한 결과 크게 세 가지 차원에서 의미 있는 효과가 있음을 제시하였다. 즉, 자아개념 증진, 사회화, 학교환경에서 학습의 효율성을 제고시키는 긍정적 태도 등의 영역에서 매우 의미 있는 효과가 있음을 제시하였다.

즉, 야외교육을 통해서 얻어지는 자아개념의 확대는 활동참여를 통한 자신의 적극적인 의지의 발현이 이루어지는 데 초점을 두게 됨을 의미한다고 하였다.

첫째로 자아개념이 효과적인 이유로는 청소년기의 긍정적 가치형성에 도움이 되는 요소로서 여러 가지 환경에 처했을 경우 그러한 상황의 문제해결에 매우 유익한 가치를 부여해 줄 수 있다는 점에서 필수적인 요소로 판단되었다. 특히 이러한 연구결과를 뒷받침하는 많은 연구결과가 제시되었는데, 크리거(Kriger, 1970)는 아동을 위한 립싯 자아개념 척도(Lipsitt self-concept scale)를 통해 여름방학 기간 동안 4주의 캠프활동에 참여한 청소년들이 자아개념에서 매우 긍정적인 결과를 보여주었다고 제시하였다.

둘째로 청소년활동의 참여가 청소년의 사회화에 매우 유익한 결과를 보인 점에 대해서는 집단활동을 통해 또래집단의 사회적 능력을 강화시키고 동시에 또래의 인지능력을 향상시킴으로써 집단 내에서의 부정적인 요소를 제거해 주는 데 매우 유익한 활동이라고 하였다. 특히 활동을 통해서 교사와 학생 간의 상호관계를 증진하고 개선하는 데 매우 효과적이라고 제시하였는데 이러한 점에서 보면 청소년활동이 청소년의 사회성을 증진하는 데 매우 좋은 활동이라고 규정하고 있음을 알 수 있다.

셋째로 학업수행에 도움이 되는 태도의 개선에 대해서는 자아개념과 사회성의 증진이 궁극적으로는 학생으로서 부여되는 역할과 위치에 상승효과로 작용하여 학업성적과 학교적응의 개연성을 높이는 것으로 확인되었다.

한편 미국캠핑협회(ACA)에서는 캠프활동이 청소년에 제공하는 효과가 무엇인가를 부모, 지도자 그리고 청소년들을 대상으로 그 유효성을 분석한 결과 자아존중감, 독립심, 리더십, 우정기술, 사회적 편안감, 또래관계 개선, 모험심과 탐험심, 환경에 대한 인지능력 증대, 가치와 의사결정, 정신력 등에 유효한 의미가 있다고 하였다. 특히 캠프활동이 청소년의 발달에 매우 긍정적인 효과를 주고 있다고 하였다. 또한 그 주요 변인으로 긍정적 자아정체성, 사회적 기술, 신체강화와 사고력 기술, 적극적 가치와 정신적 안정성 등의 영역에서 매우 중요한 기능을 하고 있다고 하였으며 보다 구체적으로는 다음의 다섯 가지를 제시하였다(Mark Burkhardt et al., 2005).

① 청소년의 자아존중감을 증대시키고 자기확신을 제고하는 가치 부여
② 청소년의 사회적 능력을 강화하여 새로운 친구를 사귀는 데 도움을 줌
③ 청소년을 스스로 자립하게 만들고 자신을 중심으로 이끄는 지도력 기술을 갖게 함
④ 청소년들이 새로운 것을 시도하고자 하는 모험심과 도전감을 갖게 함
⑤ 청소년의 정신적 성장을 도모하여 적응력을 강화하게 함

그러면서 청소년의 긍정적 발달을 유도하는 데 도움이 되는 변수로서 <표 4-2>에서와 같은 내용을 증진하는 데 효과적이라고 하기도 하였다.

〈표 4-2〉 ACA 캠프의 효과

영 역	세부 변인
긍정적 자아정체성	• 자아존중감 • 독립심
사회적 기술	• 리더십 • 우정기술 • 사회적 위안 • 또래관계
신체적 & 사고력	• 모험과 탐험심 • 환경에 대한 지각력
긍정적 가치와 정신적 성숙	• 가치와 의사결정 • 정신적 성숙

출처 : Mark Burkhardt et al.(2005).

한편 뉴햄프셔 대학의 메이어와 예일 대학의 살로비(John Mayer & Peter Salovey, 1994)는 이것을 보다 구체적으로 6개의 영역(감정적 자아인지, 주창성, 감정이입, 대인관계, 스트레스의 관대성, 자극통제성)으로 세분하였으며, 청소년기에 감성이 더욱 중요한 것은 청소년에게 이러한 특성이 있기 때문이라고 하였다. 즉, 청소년들의 인지적 구조는 발달과정상 매우 포괄적 영역을 수용하기 위한 조건을 필요로 하게 되는데 이러한 능력은 <표 4−3>과 같이 청소년의 인지능력에 영향을 미치는 약 15가지의 구성요소로 이루어지고 있으며 청소년활동이 각각의 요소에 매우 중요한 영향을 미친다고 하였다.

〈표 4-3〉 청소년활동의 영향요소

구 분		내 용
대면적 능력	감정적 자아인지	감정적 자아인지는 한 개인이 소유한 감정을 인식하는 능력으로 감정이나 느낌의 지각력을 의미할 뿐만 아니라 이들 사이의 차이, 즉 무엇을 느끼고 왜 느끼며 느낌의 원인이 무엇인가를 구별해 내는 능력
	주창성	주창성은 자신의 느낌, 신념, 사고의 표현능력이며 해롭지 않은 태도로서 타인에 영향을 주는 능력. 주창성은 첫째, 감각, 즉 화, 온정, 성적 감각 등의 수용과 표현능력을 말하며, 둘째, 개방된 믿음과 사고, 즉 수용과 거부 그리고 어떤 일을 수행하면서 잃게 되거나 감정적으로 어려움에 처할지라도 부정하지 않는 능력을 말하며, 셋째, 개인의 권리를 위하여 정정당당히 대처하는 능력을 의미
	자아존중	자아존중은 기본적으로 선하다고 자신을 수용하며 존경하는 능력. 자신의 존중은 한 사람으로 성장하는 데 필수적인 것으로 자기수용은 자신의 제한과 가능성뿐만 아니라 적극성과 부정적 측면을 수용하고 받아들이는 능력. 안전, 내적 강화, 자기확신 그리고 자기적합성의 감각 등과 관련되어 있음. 자신에 대한 감각은 자기존중과 자아존중감을 갖게 되며 정체감을 개발하는 데 매우 중요한 기초가 됨
	자아실현	자아실현은 개인의 잠재적 능력을 지각하는 능력. 의미 있고 즐거운 생활을 개선하여 한 개인의 잠재성을 실현하도록 애쓰는 것은 일생의 목표와 평생을 위해 의미 있는 열정과 몰입이 됨. 자아실현은 계속되어지고 자신의 능력을 최대한으로 개발하는 역동적인 과정이며 이 요인은 시종일관 자신이 최선을 다해 애쓰는 노력이며 자신의 능력을 개발하려는 시도임
	독립성	독립성은 자신이 스스로 생각하고 행동하며 감정적 의존성에서 자유로워진다는 자기통제와 자기주도의 능력을 말함. 독립적 인간은 계획에서 자립적이고 중요한 의사결정도 자신이 함

대인 간 능력	감정이입	감정이입은 타인의 감정을 수용하고 느끼고 이해하는 능력. 그것은 무엇을 어떻게 그리고 왜 사람들이 그렇게 느끼는지를 감각적으로 전환하는 시도. 감정이입이 된다는 것은 감정적으로 타인의 입장이 되어본다는 점임. 그들은 타인이 느끼는 내면의 숨어 있는 것에 관심을 갖고 그 주제에 대하여 반응을 하며 이해하는 능력을 가지게 됨
	대인 간 관계	대인관계기술은 상호 간의 만족스러운 관계를 유지하고 확립하려는 능력으로 친밀성과 주고받는 수용적 태도를 의미. 상호 간 만족도라는 것은 의미 있는 사회적 상호관계를 형성하는 것으로서 잠재적인 보상과 수용을 의미. 적극적인 대인관계기술은 타인 간의 관계에서 친밀성을 돕고 따스하며 정적인 관계를 수용하고 주고받는 능력을 갖게 함
	사회적 책임성	사회적 책임성은 협동과 기여 그리고 건설적인 태도로 사회를 형성하도록 만들고 제시해 주는 능력. 이 능력은 책임지는 매너를 갖게 만들고 비록 자신에게 이익이 없더라도 그렇게 만듦
수용성	문제 해결력	문제해결태도는 문제를 구체화하고 정의하는 능력뿐만 아니라 이를 효과적으로 해결하고 수행하는 능력까지도 포함. 문제해결이라는 것은 문제에 대한 접근과 탐색을 체계적이고 방법론적이며 학제적이고 의식적으로 하는 것으로 이 기법은 직면한 문제를 회피하기보다는 적극적으로 대처하여 가장 효과적인 방안을 찾게 해줌
	현실점검	현실점검은 무엇을 경험했고 무슨 목적이 존재하는지를 잘 따져보는 능력. 현실점검이라는 것은 직면한 상황에 대해 몽상적이거나 환상적인 생각 없이 바로 보는 것을 의미함. 즉, 분명한 증거를 제시함으로써 그 상황에 대처할 수 있는 방법을 찾게 됨
	유연성	유연성은 개인의 감정, 사고 그리고 상황을 변화시키는 행동 그리고 조건에 적응하는 능력. 어떠한 잘못이 있다고 느꼈을 때 그 변화를 신속히 가져올 수 있는 사람들로서 아이디어, 지향성, 방법 그리고 실제에서 변화가 있고 관대한 성향을 갖게 함
스트레스 관리	스트레스의 관대	관대한 스트레스는 스트레스에 적극적이고 행동적으로 회피하지 않고 그 사건이나 상황에 대처하는 능력. 이 능력은 첫째 스트레스 대처를 위한 행동의 과정을 선택하는 능력이며, 둘째 어떠한 문제에 처했을 때 성공적으로 이를 해결하는 능력으로 새로운 경험을 추종하는 적정한 기질이고, 셋째 스트레스 상황에 영향을 미치거나 통제할 수 있는 감각을 의미함
	충동통제	충동통제는 충동, 동인, 유혹 등을 연장시키거나 저항하는 능력. 충동통제의 문제점은 낮은 좌절 개선, 충동성, 분노통제 문제, 자아통제 미흡, 예측이 불가능한 행동을 한다는 점
일반적 분위기	행복감	행복감은 자신의 생활에 만족감을 느끼는 능력으로 자신과 타인의 즐거움, 그리고 재미를 느끼는 것. 행복은 자기만족, 즐거운 생활능력 등으로 구성됨
	낙천성	낙천성은 생활을 밝게 보는 능력이며 긍정적 태도를 가지는 것. 생활의 긍정적 태도와 희망을 가지고 일상생활의 적극적 의지를 보여주는 것이며 반대는 소극성임

출처 : John Mayer & Peter Salovey(1994 : 34).

드라이버(B. L. Driver)와 몇몇 동료들은 야외교육의 효과를 측정하기 위하여 수많은 변인을 추출하여 이를 요인화한 결과 <표 4-4>에서와 같은 다양한 변인들을 야외교육에서 제시할 수 있는 세부적 지표로 구성하였다.

〈표 4-4〉 **야외교육 효과측정에 필요한 지표의 구성**

대영역	중영역	세부내용
성취수준/ 자극	자아이미지의 강화능력	• 자기 확신감의 증대 • 자신감 능력의 개발 • 자아가치의 증진 • 스스로 할 수 있는 능력의 정도 • 타인보다 나은 사람이라는 점에 대한 인식 • 자아 중요성을 느끼는 요인 • 내가 할 수 있는 역량의 증대
	사회적 인지능력	• 타인이 나의 하는 일에 대해 찬양하고 인식 • 타인이 나에 대해 선한 일을 하고 있음을 아는 정도 • 타인에 인상적인 일을 제공하는 정도 • 타인을 위해 인상 깊은 일을 하는 요인 • 나의 능력과 기술을 복합적으로 인지하는 능력
	기술개발능력	• 자신이 해야 할 일을 보다 잘 수행하는 요인 • 자신의 능력과 기술의 개발능력 • 기술의 개선능력 • 도전감의 능력 • 어떤 일의 성취능력과 선호도 • 수행하는 일에 대한 회상능력 • 높은 성취수준 • 수행하고자 하는 일의 이해능력
	시험능력 제고	• 자신의 능력을 시험하는 요인 • 무엇을 할 수 있는지를 배우는 요인
	흥분성 증대	• 짜릿한 기쁨 • 흥분의 경험 정도 • 백치미의 경험 정도 • 흥분경험과 자극의 정도 • 열정의 느낌 • 발생한 행위에 대한 원인의 이해

성취수준/자극	노력성	• 자신의 노력에 대한 시험 • 기술과 유머성 • 업무수행능력
	타인과의 화술능력	• 특정 목적에 대해 타인에게 말하는 정도 • 지금 하는 일에 대해 아는 요인
자율성/리더십	독립성	• 나의 독립성 지각 • 나의 소유능력 알기
	자율성	• 내가 선택한 사항에 대한 신뢰 • 나에 대한 타인의 신뢰성 • 내가 택한 일의 추종 정도 • 나 자신에 대한 생각
	통제력	• 통제력 수준 • 어떤 일에 대한 결정 정도 • 더 많은 통제를 필요로 할 때의 역량 • 상황에 대한 명령도달 정도 • 어떤 일의 조작수준
자질, 소양	위험조율 정도	• 위험의 이해수준 • 위험한 상황에의 대처능력 • 어떤 일이 일어날 것인지를 예측하지 못한 상태에서의 경험대처 • 위험에 속한 경험수준
	자질이나 소양	• 나의 소질 • 나의 소질에 대한 타인의 이해 • 나의 소질에 대한 검증과 사용 • 내 소질을 타인과 비교
가족친밀도	가족시향성	• 가족과 어떤 일을 수행할 수 있는 정도 • 타인에게 나의 가족을 소개할 수 있을 정도의 친밀감 • 전적으로 가족이 좋아하는 일을 할 수 있는 정도 • 많은 시간을 가족과 함께 보낼 수 있는 정도 • 배우자나 도움을 주는 사람을 위해 할 수 있는 정도
또래집단 형성	우정관계	• 집단 구성원과 함께할 수 있는 정도 • 친구가 될 수 있는 정도 • 교제를 잘 하는 능력 • 같은 목적을 가진 사람과 함께할 수 있는 정도 • 유사한 관심을 가진 사람과 함께할 수 있는 정도 • 함께 즐거움을 나눌 수 있는 정도

사회적 학습	새로운 관계 형성	• 모르는 사람과의 관계 맺기 • 집단 내에서 새로운 사람을 만났을 때의 대응수준 • 새로운 사람 사귀기 • 타인을 잘 관찰하기
학 습	일반학습	• 지식의 향상 정도 • 새로운 것의 발견 정도
	탐 사	• 탐사능력 • 새로운 것을 보고 차이를 발견하는 능력 • 미지의 경험 정도
	자연학습	• 자연의 아름다움 이해하기 • 자연의 아름다움 관찰하기
	일반적 자연경험	• 자연과 친해지기 • 자연의 소리 듣고 냄새 맡기 • 자연환경을 경험하기 • 자연에서 어떠한 일이 일어나는지 이해하기 • 자연과 조화로운 느낌 얻기
자기반성	자기반성	• 개인의 가치에 대해 생각하기 • 나에 대해 생각하기 • 보다 나은 나의 생활에 대해 이해하기 • 나 자신에 대해 배우기 • 내가 좋아하는 세계에 대해 생각하기 • 새로운 사고를 만들기
	창조성	• 창조적임 • 생각이나 아이디어를 얻음 • 새롭고 차이 있는 어떤 것을 만듦 • 생활에 대한 새로운 조망을 만듦
	향 수	• 과거에 자신이 했던 일을 생각 • 즐거운 회상 • 과거의 추억에 대한 반성
신체적 역량	운 동	• 신체적 능력 유지 • 신체적 건강의 개선 • 건강한 몸을 유지하기 위해 노력 • 신체적 활동을 한 후의 건강을 느낌
	신체적 휴식	• 신체적으로 유연함

사회적 압력 탈피	긴장해소	• 긴장의 해소능력 • 정신적 휴식능력 • 좌절감의 감소 • 고뇌의 축소 • 압박감에서 해소
	스트레스 해소	• 정신적 안정을 갖는 능력 • 잠시 동안 천천히 유지하는 마음가짐 • 정신적인 결정을 천천히 유지

출처 : B. L. Driver, et al.(2002).

링거와 질리스(Ringer & Gillis, 1995)가 모험활동이 심리적 변화에 어떠한 특성을 보이는지를 분석한 자료에서도 각 프로그램의 유형별로 다양한 효과가 나타나고 있음을 <표 4-5>에서와 같이 제시하였다.

〈표 4-5〉 모험경험의 목표

	레크리에이션 프로그램	교육/ 훈련 프로그램	발달 프로그램	심리치료 프로그램
1차적 목표	즐거움, 웃음, 도전, 흥분, 주도성 등	정체감이나 자아개념의 감각변화	협동성, 의사소통, 신뢰 등의 주제를 수용하려는 학습	참가자가 타인과의 대인관계 개선에 초점을 둠
구분하려는 특성	치료적 목표를 가지나 우선적으로 즐거움에 목표를 둠	직업, 진로 등과 같은 특정 목표의 수행에 중점을 둠	참가자의 관계개선이나 행동수정에 목표를 둠	부적응행태의 개선과 치료에 목적을 둠

카슨과 질리스(Cason & Gillis, 1994)도 청소년활동 프로그램의 효과를 측정하면서 어떠한 요소가 영향을 미치는지를 분석한 결과 <표 4-6>에서와 같이 6개의 영역에서 유의미한 영향을 미친다는 결과를 제시하였다.

〈표 4-6〉 청소년활동의 효과 관련 변인

범 주	프로그램 효과(n)
타인으로부터 나의 행동 평가	.40(23)
자아개념 증진	.34(23)
학업성취 지원	.61(10)
태도 개선	.46(19)
통제감 강화	.30(13)
학교출석 도움	.47(9)

청소년활동이 효과적인 이유로서 야외활동이 참가자에게 주는 효과의 영역을 자아인지, 끈기, 팀워크, 잠재력의 개발, 책무성의 부과, 기능, 신체적 도움, 리더십 등 크게 8가지로 구분하여 제시하기도 하였다.

한편으로 권일남(2007)은 청소년활동의 효과성에 대해서 유형에 따른 효과성 측정을 위한 변수를 종합해 본 결과 ❙그림 4-9❙에서와 같이 9개로 나누어서 제시하였다.

❙그림 4-9❙ 청소년활동의 효과요소

사실 청소년활동의 구성요소가 워낙 다양하기에 어떠한 가치가 있는가를 명시적으로 설명하기 위하여 청소년활동이 주는 가치를 9개의 영역으로 제시하였던 것이다. 즉, 청소년이 발달과정에서 반드시 갖추어야 할 행동요소로서 자아존중감에서부터 시민성 그리고 활동주도적 특성 등에서 의미 있는 가치가 있음을 제시하였다.

그리고 청소년활동을 청소년의 개인적 잠재능력 발달과 연계하여 성인기의 역량과 다른 점은 청소년기는 끊임없는 개인의 발달과 성장을 목표로 무한한 가능성을 받아들일 수 있는 최적의 시기라는 점에서 청소년이 활동을 통해 얻어낼 수 있는 효과를 역량의 증진이라고 규정하기도 하였다.

물론 청소년기의 역량은 완연하게 각 영역들로 나누어지는 것이 아니라 상호순환적이거나 또는 보완적으로 연결되어 있기 때문에 어느 것이 어떠한 정도로 각각의 역량군에 우선한다고 보기는 어렵다. 결국 모든 역량의 변수들이 서로 상호작용을 하면서 개인이 갖추어야 할 능력으로 변환되어지기 때문에 가급적 모든 내용을 갖추도록 해주어야 한다.

따라서 청소년기에 청소년들이 갖추어야 할 역량은 무한하지만 청소년활동에 참여함으로써 얻게 되는 능력은 ❙그림 4-10❙과 같이 지표로 구성하였다(권일남 외, 2008).

❙그림 4-10❙ 청소년의 역량군과 하위구성지표

출처 : 권일남 외(2008).

따라서 청소년들이 역량 있는 대상이 된다는 것은 발달과정에서 끊임없는 성숙을 경험해 나가는 세대라는 점에서 이들에게 필요한 인지적이고 정의적인 역량을 갖추어야 하는데 이러한 공통적 조건이 바로 내·외적 필요역량이 될 수 있다는 점이다.

통상적으로 청소년기의 가장 중요한 과업은 영향력 있는 타인(부모, 자신을 돌보는 다른 성인들, 친구 등)의 견해에 통합(좋아하든, 좋아하지 않든)되려고 노력한다. 청소년들의 가치와 믿음, 직업적 목표, 관련된 기대 등의 분명한 느낌을 가지면서 독특한 정체성을 갖고자 노력하기도 하고 세상에서 자신에게 적합한 곳이 어디인지를 알게 된다. 또한 인지적 능력이 성장하면서 청소년들은 현재의 능력과 계획 그리고 미래의 직업적 열망 사이의 관계를 보고 새로운 시도를 하게 된다. 자신이 선호하는 것을 성취하고자 하며 미래의 성공을 위해 현재 직면하고 있는 문제에도 기꺼이 노력하고 있는 것이다.

결국 청소년기는 구체적인 사고를 하게 되면서 형식적·논리적 사고가 개발되고 인지발달의 변화를 갖게 되면서 현실적이거나 이미 알려진 사물에 관한 사고에서 '사고에 관한 사고(thinking about thinking)'로 이동하게 된다. 이를 통하여 한 개인은 다양한 논리적 가능성들(what if…)을 구상하거나 물리적 또는 사회적 세계에서 가능한 관계들에 관하여 인과(cause-and-effect)적 가설들(if… then…)을 세우게 된다. 이처럼 형식적·논리적 사고는 문제해결능력과 협상기술의 발달과 추상적인 사고를 요구하는 학문적 상황에서의 수행능력 측면에서 중요할 뿐만 아니라 유능감, 유대감, 통제성, 정체감의 발달 측면에서도 중요하다. 한 사회 또는 문화는 청소년들에게 형식적·논리적 사고를 필요로 하는 관념과 사고방식을 접하게 하는 경험을 제공할 때, 청소년들은 이러한 과정들을 발달시킬 기회를 더 많이 가지게 된다.

이는 곧 성인기에 필수적으로 요구되는 개인의 사회성과 같은 학습능력을 소유하여 역량을 갖추게 됨을 의미한다(권일남 외, 2008 : 62-75).

요 약

청소년활동이 개인에게 교육적 의미가 강한 것은 청소년이 살아가는 환경에 대해서 큰 영향을 받고 있기 때문에 그러한 환경의 체험적 가치가 지속적으로 부여되기 때문이다. 특히 입시와 교육에 몰입되어 지신의 역량개발에 충분한 기회를 갖지 못한 청소년들에게 자연환경의 체험적 기회로서의 청소년활동은 매우 중요한 성장의 기회를 제공한다. 통상적으로 청소년활동은 환경의 적응을 유도하는 데 강력한 지지적 기능을 수반하게 하는데 비고츠키는 이를 비계의 설정으로 규정하기도 하였다. 개인에게 청소년활동의 체험적 가치가 주는 효과는 매우 다양하지만 개인의 자존감과 사회적응력을 누증시키는 매우 좋은 활동으로서 청소년기에 활동의 체험이 주는 가치와 특성을 올바르게 이해할 수 있다.

연구과제

1. 청소년활동의 교육적 가치를 알아보자.
2. 청소년활동이 청소년의 발달에 긍정적으로 미치는 영향이 무엇인지를 알아보자.
3. 청소년활동이 청소년의 잠재적 역량개발에 어떠한 작용을 하는지 알아보자.
4. 청소년활동이 청소년의 성장에 미치는 효과를 알아보자.

CHAPTER 05

청소년활동의 필요와 역사적 고찰

1. 현대사회의 특성과 청소년의 부적응 심화
2. 청소년문제해결 통로로서의 청소년활동
3. 청소년활동의 역사적 변천

CHAPTER 05

청소년활동의 필요와 역사적 고찰

개 요

청소년활동은 1980년대 중반부터 야기된 청소년의 사회적 문제행동과 부적응요소가 확대되면서 사회적 필요에 의해서 제기되기 시작하였다. 특히 심화된 부적응과 문제행동 요소의 원인은 청소년의 여가문화의 부재라는 인식의 확대와 이의 해소를 국가적으로 해주어야 한다는 필요성에서 나타나게 되었다. 다른 나라에 비해 정책적으로 지원을 받고 있는 청소년활동의 탄생배경과 역사적 흐름을 청소년 관련 분야의 정책유형에 맞추어서 이해하도록 함에 있다.

학습목표

1. 오늘날의 청소년문제의 원인과 부적응요소를 알아보자.
2. 청소년활동이 청소년문제해결에 어떠한 가치가 있는가를 알아보자.
3. 우리나라 청소년정책의 역사적 변천과정을 시대적으로 알아보자.

주요 용어

청소년부적응행동/ 청소년육성법/ 청소년정책/ 청소년활동 변화

1. 현대사회의 특성과 청소년의 부적응 심화

1980년대 후반의 사회적 민주화운동, 1990년대 들어서 불기 시작한 사회변혁, 두발자유화, 교권의 변화, 상호 간 유기적 의사소통이 가능하게 된 정보화 등은 우리 모두의 사고에 커다란 변화를 주었다. 최근에는 우리 사회의 경제적·사회적·문화적 변화에 따른 도전이 심각하게 나타나고 있는 실정이다.

이러한 사회적 정체성은 사람들의 삶과 행위 모두에 부정적 영향을 크게 미치게 되었으며, 동시에 청소년들에게는 커다란 한계를 스스로 경험하게 만드는 요인들이 급증하게 되는 것을 의미한다.

특히 자유화, 유목성, 정보화, 부유함 등으로 대별되는 사회변혁의 주체로 떠오르는 청소년계층의 소비성향과 사회적 지지성향의 증대로 청소년계층은 기존의 사회계층과는 분명 차별화된 모습을 보이고 있다.

이는 더 이상 전통적이고 일방향적인 정보전달이 받아들여지지 않는다는 것을 의미하게 된다. 그 결과 청소년들의 사회변혁의 주체로서의 수용에는 긍정적 요인과 함께 부정적 요인이 교차되기도 한다. 과거 얼마 전만 해도 각종의 세대 구분이 명료하게 나타나지 않았고 다소 혼재되었으며 각자의 성향이 자연스럽게 하부세대로 전달이 되었지만 이제는 이러한 전달에 다소 문제가 생긴 것 같다.

다양한 환경으로 미래사회가 분화할 것으로 예상되는바 장기적으로는 환경의 새로운 구조적 총합의 시대가 올 것으로 예상되지만 이에 따른 부작용도 만만치 않을 것이라는 예상도 크다.

Rosanna Wong Yick-Ming(1995)은 미래사회의 가족 특징으로 가족의 해체를 들면서 정보의 사용과 활용에 따라 빈부의 격차는 더욱 커지고 저소득층에서의 경제활동시장은 더욱 비좁아진다고 하였다.

이처럼 디지털화와 글로벌화의 세계 속에 사는 인간들의 관계가 변화할 뿐만 아니라 무엇보다 세계에 대한 인간의 관계도 변화하게 된다. 관심이 점차 다른 곳으로 옮아가고 세계에 대한 인식이 변하는 형상을 더욱 많이 확인할 수 있다.

우리 사회가 발전과 변화라는 긍정적 측면을 추종하는 경향이 있지만 다른 한편으로는 발전과 변화에 뒤덮인 어두운 곳에서 신음하게 되는 양면적 현상이 과거보다 더욱 심각하게 나타나는 현상을 다음과 같이 보게 된다.

1) 경제침체로 인한 개인적 소망과 열정의 상실시대 경험

① 1970년대 이후 경제성장과 88올림픽 등 기적의 비약적 발전을 도모해왔던 국가경제성장의 동력과 그의 자손들이 IMF와 이와 유사한 미증유의 혼란을 경험

② 1995년 1인당 국민소득 1만 불을 경험한 이래 외환위기, 국가경쟁력 하락 등으로 정신적 공황과 상실 및 무력감을 경험하는 혼돈의 시대

2) 선진국 진입을 열망하는 착시현상에서 집단 간, 계층 간 갈등구조의 심화

① 1960~1970년대 이데올로기적 갈등과 해소에 초점을 둔 호국적 청소년활동중심에서 세대적 갈등을 다루는 방향으로 변화

② 권위주의와 민족중흥의 중심적 가치관을 지닌 기성세대에 비해 민주화와 세계화(또는 시장의 절대성)에 치중하는 젊은 세대 간 충돌 심화

③ 세대 간 이념적 갈등에서 사안별 이합집산을 이루는 편의주의적 사고관 및 가치관이 형성된 신세대계층의 정치적 영향력 급증으로 가변성(fluidity), 유연성(flexibility), 이동성(mobility)이 심각

④ 정치적, 사회적으로 민주화와 분배욕구가 높아지면서 사회통합력이 약화되고 경제활력 저하로 선진국 진입에 대한 우려가 높아지면서 경제동력의 구조가 약화되어 성급한 제 몫 찾기, 집단이기주의가 만연

3) 고령화 사회 진입과 가족 내의 역할구조 변화

(1) 고령화 · 저출산 사회로의 진입

① 현재는 15～64세 경제활동가능인구 8.6명당 노인 1명을 부양하고 있으나 2030년이면 경제활동가능인구의 2.8명당 노인 1인을 부양해야 할 상황이 도래 → 경제활동인구의 실질소득의 감소(체감소득의 50% 감소), 세금 증가와 사회보장제도의 필요성 급증

② 청소년인구감소현상은 학교구조의 변화, 산업구조의 취약성, 국가경쟁력 약화, 교육집중화현상 등이 심화되어 글로벌시대 경제동력이 약화될 것이라는 우려 발생

③ 2019년 고령화 사회(65세 이상 인구 14%)에 진입할 것으로 예상되며 2026년은 이의 비중이 20%로 초고령사회로 진입할 것으로 예상(선진국은 고령화 사회로 진입하는 데 통상 40～115년이 소요되었으나 우리는 19년 정도 예상)

(2) 청년계층의 사회활동 역량 제한

① 청년실업이 심화되고 있고 비정규직 확대로 청년층의 심리적 불안감 심화

② 대졸자의 60%만이 구직을 하고 있으며 취업기간 1년 미만의 청년계층에서 파랑새증후군(입사 후 바로 퇴사하며 행복과 이상만을 추구하는 세대)이 증가하며 현재의 일에 만족하지 못하고 이상만을 추구하는 청년계층이나 특정 분야의 몰림이 심한 성향을 보임

(3) 가족구조의 획기적 변화 예상

① 호주제 폐지 예상과 여성의 권리 증대로 인한 가족구조의 변화(이혼, 초혼, 재혼, 맞벌이, 입양 등에 대해 새로운 인식을 법적으로 보장받게 되면 혈연중심의 가족구조가 다양한 형태의 공동체사회를 인정하는 사회로 변화, 청소년 분야에서는 편부모, 입양가족, 재혼 및 미혼모 등의 비정상가정에 대한 낙인, 차별 등에 대해 법적으로는 지금까지와는 다른 방향으로 접근이 되어갈 것임)

② 가족구조의 변화와 동시에 자발적 미혼모(고학력, 경제력을 갖춤)가 급증할 것임

4) 다원화 사회로의 이동 심화(정보화 사회 및 IT 강국의 모순 발생)

(1) 인터넷, 정보화를 통한 수평적 관계망이 형성

① 1980년대 초반부터 설계된 국가의 산업전략으로 양산된 PC, 인터넷, 휴대전화는 청소년세대의 기초 인프라를 형성(국민의 60%가 PC를 소지, 인터넷 사용자는 2,560만 명, 국민 1인당 인터넷 사용시간이 평균 주 14시간)하여 세계 최고의 정보화집단

② 사회적 현상이나 이슈에 대한 정보가 실시간으로 확산되어 사회적 감시 기능의 역량이 강화되지만 제공자의 의도와 무관하게 오히려 정보의 왜곡현상이 극대화되어 피해자 양산

(2) 사회복지의 필요성 제고와 대안적 구조 형성

양극화, 고령화, 가족해체 등에 대한 정부의 지원과 역량은 한계를 보이게 될 것이며 지역공동체, 생태환경, 소집단 간의 유대감 강화 등의 사회적 약자 간 협력과 상생의 구조적 연대가 요청될 것임

5) 동북아 및 남북교류의 사회상 심화

① 일본, 중국과 동북아 지역의 허브기능과 글로벌시대의 맹주의 위치를 선점하기 위한 기능적 역할 수행의 강화 필요

② 통일시대를 대비한 사회적 역량 강화의 노력 강화

㉠ 탈북자 및 난민의 수용을 위한 사회제도적 점검기능 강화와 통일에 대비한 비용의 축적 필요

㉡ 남북교류에 대해 민간교류의 재활성화를 강화하여 정부 간 교류의 방향제시적 역할 수행 필요

이러한 필요는 청소년들을 둘러싸고 있는 환경적 요인이 과거와는 매우 다른 성향과 함께 청소년들도 더 이상 수동적인 입장이 아닌 적극적 지원 역할을 함으로써 과거의 젊은 세대와는 매우 차별화된 성향을 보이기도 하며 또 다른 문제성향 속에서 고민을 다양하게 하는 세대들이기 때문에 이들이 안고 있는 많은 고민과 걱정 그리고 더 나은 사회질서의 통합이라는 차원에서의 접근을 이끌어 주어야 할 필요가 크다고 본다.

그렇지만 이러한 긍정적 측면 이외에도 청소년들은 과거의 청소년들보다 더 많은 병리적 현상 속에서 신음하고 있음을 알 수 있다. 특히 정신적으로 미성숙한 수준에 처해 있는 청소년들의 경우에는 더욱 그렇다. 이들은 인터넷상으로는 익명임을 원하는 한편 매일매일 자신의 넋두리나 감상을 공감해 주는 상대방을 강하게 구하면서 젊은이들이 지닌 독특한 고독감과 소외감 혹은 누군가와 연결되고 싶지만 그래도 너무 친밀해지는 것은 조금 곤란하다고 하는 모순된 욕망을 갖고 있게 된다.

성적 저하나 입시 실패, 친구들과의 불화나 집단 따돌림 등 일종의 좌절경험이나 심적 외상경험이 있다고 판단되는 경우가 많고 가정환경으로는 과잉보호와 지나치게 간섭함으로써 반발을 크게 경험하고 있는 것이다.

결국 이들은 새로운 가치정립의 기회를 부단히 요청하고 있으며 그 기회를 찾고자 여기저기를 두리번거리고 있는 것이다.

현대사회의 청소년들은 과거 어느 세대들보다 정신적인 공황의 기회를 통하여 새로운 기회를 얻고자 하는데 이러한 모습에 영향을 미치는 것은 다음의 특성으로부터 벗어나려는 정신적 욕망이 강하기 때문이다.

(1) 무한성

청소년들은 그들 주변을 둘러싸고 있는 새로운 통로들로부터 매우 자유롭다고 인식하고 있다. 경제의 해체는 변화과정의 가장 결정적인 특징이 되면서 어떤 방해도 두려워하지 않는다고 여기게 된다. 이러한 변화는 그들의 조직이나 공동체의 특성에 큰 영향을 미치게 된다. 도전에 대처하는 무한성의 잠재력을 가지고 있지만 다른 한편으로는 모든 것을 자신 스스로 결정해야 하며 그 결정의 가치를 자신 스스로 짊어져야 하기 때문에 더 큰 정신적 공황의 가치를 느끼게 된다. 경제의 해체는 위험과 위협으로 받아들여지면서 자신이 지내기에 편안하게 느끼는 형식이 아니라 자신의 영역에 대한 침해로 받아들이며 신뢰성과 동질성의 상실 또는 사회적 분화와 정신적 구분의 소멸로 이어지게 된다.

(2) 복합성

복잡화된 사회가 될수록 생활이나 일하기가 더욱 어렵다는 것을 의미한다. 자신이 잘 적응할 수 있을까, 적절한 지식과 능력을 소유한 것인가, 사회에 필요한 존재가 될 수 있을 것인가 등의 의문에 대해 끊임없는 질문을 하게 된다. 복합적인 사회를 헤쳐나가기 위해서는 자신이 스스로 복합적인 능력을 갖추어야 하는 데, 과정의 계획자, 결정자, 진행자가 되기 위해서는 복잡한 시스템에 부합되는 능력과 자질을 갖추어야 한다는 것이다. 이러한 능력의 구축을 위해 필요한 존재인가에 대한 인식이 필요하게 되어 있다.

(3) 창의성

앞으로의 사회는 창의적 사고가 중심이 되는 지식선도사회일 것이라는 의미가 강조되고 있다. 한스-외르크 블링어는 창의력이라는 것은 혼자서나 팀을 이루며 새롭게 그리고 익숙하지 않은 관계모델 속에서 생각하고 행동하는 법을 배우는 것이라고 한다(베른하르트 폰 무티우스, 염정용 역, 2001).

창의성은 기술적 능력이라기보다는 사회적 실험과 열심에 관한 능력으로 합리성을 위해 중요하다. 창의적 능력은 우리의 순간적인 의사결정, 합리적인 정신과의 협조, 사고력 그 자체의 가능성 또는 불가능성이라는 문제들을 인도해 간다.

이와 같은 다원적 사회 속에서 한 개인이 갖추어야 할 사회적 능력뿐만 아니라 국가사회 속에서 건전한 시민으로서의 역량을 발현하기 위해서는 개인 및 사회인으로서의 정신이 매우 중시된다.

2. 청소년문제해결 통로로서의 청소년활동

오늘의 사회적 여건 속에서 청소년활동이 강조된 배경은 과거 1920년대 서구의 전통주의적 교육에 대한 부정적 가치관을 가지고 새롭게 나타났던 경험주의, 즉 진보주의와 실용주의적 관점과도 그 맥을 같이한다.

교육의 사회적 인지사조가 강해지면 강해질수록 새로운 시각으로서의 교육사관을 필요로 하게 되는데 오늘의 관점에서도 과거 전통주의적 교육에 대한 반론을 주장하게 된 시각이 혼재하고 있음을 본다.

청소년활동이 필요하게 된 배경도 보면 전통주의적 교육사조의 경우 이론과 실제를 분리하는 이원론적 접근을 취하게 됨에 따라 진보주의적 관점의 확대라 할 수 있는 청소년들이 교육의 주체로 참여할 수 있는 방안과 함께 더 나아가서는 삶을 위한 교육이 되어야 함을 강조하게 되면서부터라고 할 수 있다.

청소년들이 위기상황이 발생할 경우 청소년들의 문제행동의 진단을 위해 필요한 모든 요소를 24시간 내에 전문가상담, 응답지원, 구호, 치료 및 법적 변호에 이르기까지 통합적으로 지원함으로써 청소년문제해결의 선도적 기능을 수행하도록 하고 있는 것이다.

이러한 측면에서 앞으로의 청소년활동은 통합적 지원시스템을 얼마나 효율적으로 구축하느냐에 따라 청소년들의 잠재역량을 개발하는 데 효율적으로 작용할 것이라는 점에서 이러한 지원체계에 얼마나 잘 적응하고 활용할 수 있을지를 수용해야 할 것으로 보인다.

따라서 지역사회 중심의 청소년지원체계를 이해하고 청소년활동을 통해서도 지역사회 중심의 문제해결과 참여를 수반하고 지역 내 청소년문제행동을 개선하려는 방안으로 활동의 흐름이 작용하기 때문이다.

즉, 지역사회 중심의 청소년활동으로 이전한다는 것의 주요 목적이 학교 내에서의 활동을 거부하고 지역으로 내몰려는 것이 주요 목적이냐와 이와 반대로 청소년의 다양한 체험을 통해 자신이 미처 인식하지 못한 소양과 능력을 계발하는 기회로 삼을 수 있도록 해주는 것이냐의 차이는 매우 크다.

교육의 효과가 곧 청소년의 가소성(可塑性)에 있음을 규정하면서 학습자인 청소년의 역량미흡이 곧 교사나 학부모 또는 성인의 타율적 선택권으로 포장되면 일정 부분은 교육의 기치를 학생들에게도 부여해 줄 수 있다는 점을 의미한다.

청소년활동을 하는 목적은 청소년기의 변화하기 시작한 내·외적 가능성을 여러 경로를 통해 실험하고 체험함으로써 자신 스스로가 타율적 선택의 기회도 동시에 자율권 이상으로 부여되어야 하며 더 나아가서는 타율적이라 하더라도 자율적인 개념 못지않게 청소년활동에 참여했을 때 자신 스스로가 활동의 가치를 인정하고 자신의 역량계발에 긍정적으로 이용해 나갈 수 있는 중요한 기회라는 점에서 부각되어야 할 것이다.

이 시기에는 다른 어떠한 시기보다 준비해야 할 변화나 요소가 매우 많이 필요하게 된다. 청소년으로서 사회적 적응에 필요한 내적 요소를 계발하고 발굴함은 물론 자신에게 부여된 위치에 따라 적절한 역량을 발휘해야 할 필요성이 크기 때문이다. 더 나아가 자아적성의 능력을 심화하며 사회인으로서 성장하는 데 필요한 기본적 능력과 자존감을 성숙시켜 감으로써 사회 내에서 홀로 서야 할 인간적 존재로 자리 잡아야 하는 매우 중요한 시기이기 때문이다.

이러한 과정을 적극적으로 수용하기 위해서는 [그림 5-1]과 같이 지금과는 다른 형태의 수요자에 대한 인식과 접근방향이 있어야 할 것이며 대상을 넓히고 활동의 내용도 포괄적으로 확대하여 지금과는 다른 차원으로서의 활동접근이 필요하다는 점에서 청소년의 요구에 맞는 상호유기적 연대방안이 제시되어야 할 필요가 있다.

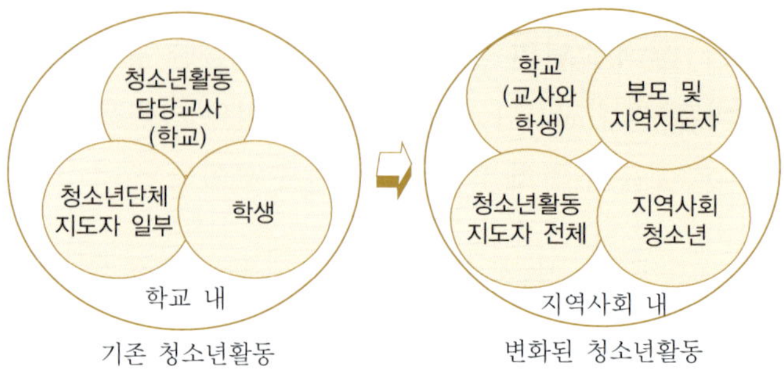

|그림 5-1| 지역사회 중심 청소년활동의 변화

여기에서 주목할 것은 주 5일제와 같은 학교환경의 변화가 청소년활동이 추구하는 근본적인 목적과 매우 유사한 관계를 설정해 주고 있다는 점이다. 청소년활동은 각종 프로그램의 다양성, 교내의 한정된 공간 내 활동상의 한계점을 보완하는 특성, 유능한 강사의 확보, 이용시간대의 다양성 등 학교보다 긍정적인 효과가 많다는 점에서 보다 적극적인 대응방안을 마련해야 할 필요가 커지고 있다.

물론 현행의 교육과정에서 비교과영역에서 차지하고 있는 각종 특별활동이나 체험활동과 같은 것은 더 이상 학교 안에서만 이루어지기 어려운 상황을 맞이하고 있다.

따라서 지금까지의 주요 대상을 학생이라는 범주로만 한정하여 학교 내 청소년활동을 전개하여 왔다는 점에서 벗어나 학생과 지역사회 주민 간의 자유로운 연대를 통하여 상호 간의 이해하는 가능성을 열어주기 위한 수단으로서 청소년활동의 필요성이 정책적으로 제기된 것이다.

3. 청소년활동의 역사적 변천

1) 청소년육성법 제정 이전의 청소년활동

청소년활동의 필요에 대해서는 통상적으로 볼 때 청소년활동이 오랜 역사적 전통을 바탕으로 이행되어 왔기 때문에 그 시대적 상황에 맞추어서 청소년 또는 청년층의 교육 필요성과도 맥을 같이하여 왔다. 그렇기 때문에 고대의 청소년활동과 지금의 청소년활동을 단순히 동일의 기준점에서 단순비교할 수는 없지만 시대를 불문하고 청소년에게 경험적 가치를 강조하고 체험을 통해 자기주도적 학습의 기회를 부여하기 위한 조건으로서 청소년활동을 강조하였던 점은 부인하기 어렵다. 즉, 농경사회에서는 농사인력의 충당을 위해서, 전시에는 전투력의 적절한 확보를 위해서, 관료사회에서는 조직의 결합과 세력의 과시를 위해서 젊은층의 확보에 주력을 해온 점이 곧 청소년의 육성과 시대적 결합의 틀을 연계해 볼 수 있다.

그러나 이러한 시대적 변화는 오늘날의 청소년에 대한 지원과 지도의 필요성으로 연계해 보기에는 다소 무리가 따른다. 그래서 근대적 의미의 청소년활동은 곧 학교교육의 번성과 길어진 청소년기의 문제점으로 인해 나타나게 된 제한요인을 어떻게 하면 효과적으로 극복할 것인가에 초점이 맞추어지게 된다.

그래서 청소년활동의 개념을 역사적 관점에서 유추해 보면 교육적 관점에서의 한계를 보완하기 위한 수단적 요소로 작용했음을 잘 알 수 있다. 즉, 청소년의 학령기가 길어지고 사회에서 적응을 해야 할 요소가 급속하게 증대되면서 청소년끼리의 또래집단의 생활시간이나 장소의 제한성으로 인해 특정의 경험을 공유하고 학습을 효과적으로 나타내기 위한 조건으로서 청소년활동이 대두된 배경으로 설명해 볼 수 있다.

이러한 청소년활동의 역할은 점차 교육의 조건이 기능적으로 변화하면서 본래의 체험이라는 가치가 점차 약화되고 인간존재에 대한 필요불가결한 요소로 교육이 자리 잡으면서 교육의 필요성을 강조하다 보니 더욱 부각되는 교육의 요소를 효과적으로 제시하려는 수단으로 자리 잡게 되었고 그 과정에서 청소년활동도 교육적 효과를 부각하여야 한다는 필요성을 강화하게 되었던 것이다.

청소년활동의 발전은 기본적으로 인류역사의 발전과도 그 궤적을 같이하여 왔다고 할 수 있다. 인간이 태어나서 홀로 안정된 삶을 살아가기가 어렵다는 점은 여러 가지 현상을 통해서 잘 알려지고 있다.

즉, 타인과의 적절한 관계형성을 통한 사회적 기능을 확보하기 위해서는 사회가 규정하는 통념적 현상에 적절히 적응하는 능력을 키우는 자세가 매우 중요하다. 그래서 인간의 사회성을 연마하는 수단으로서 의사소통과 표현 그리고 관계규정의 역할을 학습하고 수용하려는 자세를 받아들이고 있었다.

인간이 태어난 후부터 사회화가 된다는 것은 점차 나이가 들면서 가치가 더해지는 것을 의미한다. 그래서 관계를 조율하고 서로를 위하여 가장 가치 있는 일을 손쉽게 하기 위한 수단으로 교육의 필요성을 지각하게 되었다. 그렇지만 언제부터 인류에게 교육이 비롯되었는가를 알아내는 것은 쉽지 않음에도 불구하고 인류역사에서 지식의 전수와 전달을 위한 수단으로서 교육이 필요하다는 점은 분명히 존재하였다.

유목생활에서 정착생활로의 변화는 도구의 사용에 대한 합리적 필요성, 생활환경의 적응 등을 주요 과제로 모든 영역에서 효율성을 강조하고자 가장 효율적인 방법으로서의 지식전수가 이루어지게 되었고 이 과정에서 문화의 창달, 증식의 결과물을 양산해 냈던 것이다.

인간의 문화창달과 사회의 주도적 변화에 대한 역할을 수행하면서 신체활동은 가장 핵심적인 삶의 유지과정이었고 수단이었다. 그렇기 때문에 특별한 의미에서의 활동이라는 개념은 굳이 하나의 독립적인 부분으로 설명이 되지 않을 수도 있었다. 다만, 고대국가의 형성과정에서 국가의 존재감이 약하고 부족의 영역과 경계선상의 역할규정이 쉽게 이루어지지 않던 시기에서는 서로의 소유를 침탈하고 빼앗는 일이 많아지면서 주된 신체활동은 전쟁의 시행과 방비 등을 목적으로 이어져 온 경향이 커짐으로써 서로를 교육시키고 종족을 보존하려는 노력이 심화되기에 이르렀다.

그러나 이러한 교육의 과정은 또 다른 측면에서 문제점을 야기시키게 되었다. 지배와 피지배의 연결고리를 고착화하게 되었고 지식의 소유와 습득의 전문화를 이루면서 가진 자와 그렇지 못한 자의 사이에서의 갈등과 문제요인의 격차를 더욱 심하게 나타내게 되었던 것이다.

그래서 끊임없이 지배층의 경우 소유의 안정화, 목적의 전달을 추구하기 위한 수단으로서 많은 사람들을 위한 교육의 전수에 힘쓰게 되었다. 그러나 이러한 교육은 개인에게 있어서는 지배의 정당화를 고착화시키는 수단으로 작용하기도 하였다.

이처럼 정치적 영향에 따라 좌우되던 청소년활동이 근대 이후에는 실제 대상에게 직접적인 지원을 목적으로 전개되었으며, 주로 민간단체에서 이를 순수한 목적으로 수행하기 시작하였다. 1960년대 이전에는 YMCA, YWCA, 4-H 클럽 등이 그러한 목적을 달성하였으며 1960년대 이후에는 청소년단체를 집중 육성하려는 정부의 노력으로 일부 법령(학교청소년단체육성에 관한 법령)이 제정되면서 순수한 민간단체와 법정단체 간의 청소년사업이 추진되게 되었다.

그렇지만 우리나라의 청소년활동은 청소년정책의 전개에서 찾아볼 수 있는데 1970년대까지는 치안행정의 개념으로 인식하였고, 1980년대까지는 교육행정의 개념으로 인식하였던 것이 그 특징이다(강병연, 2006 : 47).

결국 1980년대 이전의 청소년활동은 주로 청소년단체를 중심으로 야영활동과 자연학습을 통하여 청소년의 정서를 순화하고 개척정신과 호연지기의 기상을 함양하여 협동심과 질서의식을 고취함으로써 국가사회 발전에 기여할 수 있는 유능한 청소년을 육성하기 위함에 있었다(청소년대책위원회 편, 청소년백서, 문교부, 1984 : 323).

청소년에게 국가적 인재양성의 과제실현이라는 목표를 두고 주로 야외에서 야영을 통한 협동과 단체활동을 제시하였는데, 이러한 집체중심의 청소년단체활동은 당시의 시대적 상황과도 매우 깊은 관련을 가지게 된다. 즉, 청소년들의 자발적이고 자기주도적인 체험활동의 여건이 만들어지지 못한 국가적 상황과도 밀접한 관계가 있는데 1975년 6월 전국의 고등학교 이상 각급학교에 창단된 학도호국단과 같은 조직체형 집체중심의 교육과 조직으로 기타 개별형태의 활동이나 조직운영이 금지되면서 지금과 같은 청소년 단체활동의 의미를 당시에는 찾기가 매우 어려웠었다.

물론 당시에도 청소년수련활동의 의미가 제공되기도 하였으나 이는 주로 1983년부터 전개된 야영활동을 활성화하는 제도적 변화를 통해서였으며 야영기간은 주로 1박 2일~4박 5일이 주류를 이루었다. 주요 프로그램은 야영활동, 레크리에이션, 교양 및 신체단련활동, 모험활동, 자연학습활동, 친교활동 등이 대부분을 차지하고 있다(청소년백서, 1984 : 324).

이처럼 1980년대까지의 청소년활동은 주로 야외에서 청소년들이 집단적으로 여가와 체험을 즐기는 활동을 청소년활동으로 규정하였다는 점에서 비조직적이고 체험중심의 여가활동으로 집약해 볼 수 있다. 이와 함께 학교교육에서는 교육적 효과를 견지하기 위하여 청소년활동을 특별활동으로 규정하면서 교과활동과 불가분한 관계에서 같은 교육목적에 따라서 특수한 기능을 하며 협력하는 과정으로 통합하고 일원화한 개념이라고 할 수 있다.

2) 청소년육성법 제정 이후의 청소년활동 변화

청소년활동의 극적인 변화가 바로 제도적으로 정립되기 시작한 청소년육성법과 청소년기본법의 제정 이후라 보여진다. 물론 청소년기본법의 제정이전의 청소년활동의 개념에 대해서는 주로 청소년단체의 활동과 학교에서 행하여지는 특별활동 등과 같은 차원에서 이행되어 왔기에 이러한 활동의 전개 목적을 통해서 청소년활동이 무엇인가를 대략적으로 이해해 볼 수 있다.

청소년활동의 제도권 내의 진입을 통한 개념 이해는 곧 청소년활동을 매우 근시안적으로 이해하거나 공간적 또는 물리적 요소로만 한정하여 이해하려는 경향이 강하였고 그 결과가 지금까지 청소년에게 개인의 능력을 제고시키고 삶의 새로운 확보의 기회로서 이해하지 못한 측면이 존재하여 왔던 것이다.

그 결과 지금까지의 청소년활동에 대한 분류는 주로 기능적이거나 명목화된 특성을 중심으로 분류를 시도하였거나 아니면 법과 제도적 관점에서 분류함으로써 청소년활동이 추구해야 할 가치나 의미로서의 특성을 수용하는 차원에서의 분류는 충분치 못하다고 할 수 있다.

청소년활동의 제도화와 관련하여 1987년 청소년육성법의 제정·시행 이후 청소년수련활동만을 전문적으로 하는 수련시설이 부분적으로 설치·운영되기 시작하면서 1990년대 이전까지는 청소년단체나 개인 등 민간 분야에서 산발적으로 설치하는 시설에 의존하고 있었으며 정부나 지방자치단체 차원에서의 적극적인 확충계획은 없었다. 하지만 1991년 청소년육성에 관한 장기적 종합계획인 한국청소년기본계획을 수립하여 1992년부터 시행하게 되었는데 동 계획에 청소년수련시설 확충을 위한 구체적인 지표와 추진계획이 반영되었으며 이를 제도적으로 뒷받침하는 청소년기본법이 종전의 청소년육성법에 대체입법되어 1993년부터 시행되었다(문화체육부, 1996 : 258).

〈표 5-1〉 청소년기본계획의 추진일정

한국청소년기본계획 수립경과	추진년도
• 청소년육성 장기계획 수립지시	1990.1.31.
• 청소년육성 10개년계획위원회 구성	1990.6.25.
• 청소년육성을 위한 정부기구 확대	1990.9.10.
• 장기계획의 기본 방향 구상	1990.9.27.
• 한국청소년기본계획 구상안 작성	1990.10.5.
• 한국청소년기본계획 1차 시안 수립	1990.12.4.
• 한국청소년기본계획 2차 시안 수립	1991.4.30.
• 한국청소년기본계획(안) 수립	1991.6.20.
• 한국청소년기본계획 확정	1991.6.27.

출처 : 청소년백서(1991).

한국청소년기본계획을 토대로 '청소년 상'[1]을 구축하는 기회를 삼을 수 있는 방안을 수립하는 계기가 마련되었는바 청소년들의 자율성을 향상시켜 능동적인 삶의 태도를 가질 수 있도록 돕는 정책으로서의 청소년활동영역을 규

1) 한국청소년기본계획에서는 청소년상을 다음과 같이 정의하여 발표하였다. "미래사회의 주인이 될 우리의 청소년은 풍부한 지식을 바탕으로 육체적으로 건강하고 용기가 충만하며, 이웃과는 예절과 협동을 바탕으로 공동체적 삶을 실천하고, 자유민주주의 원칙과 조국에 대한 무한한 긍지를 갖고 인류공영에 기여할 줄 아는 밝고 능동적인 모습이어야 한다".

정하고 제시하였다.

그런데 1992년 청소년기본법의 제정을 통해 최초로 수련활동을 법제화하면서 청소년육성법을 모태로 청소년수련활동을 제도권 내의 학습과정에 도입시켜 학교와 생활장면에서 경험하지 못한 다양한 경험적 가치를 안착시켜 개인 스스로 역량을 갖춰주고자 하는 체계를 갖추게 되었다.

청소년기본법의 개정과 청소년활동진흥법의 제정을 통해서 청소년활동의 영역이 수련활동, 교류활동, 문화활동 등으로 변화되면서 영역의 포괄적 형태로 변화되었는데 이러한 활동을 통해 청소년기에 필요한 여러 가지 욕구를 충족시켜 주는 데 기여하였다.

따라서 청소년활동의 제도화 과정의 특성을 청소년정책의 변화내용과 관련하여 제시하여 보면 <표 5－2>에서와 같이 규정해 볼 수 있다.

〈표 5-2〉 **청소년정책에서의 청소년활동 변화과정**

연 도	청소년행정기구	청소년정책/ 법령	청소년계 동향	비고/ 정치 · 사회변화
1964 이전	• 농사원직제 ('57.5.28~'62.3.31) 교도국 농촌청소년과	• 아동노동법규 ('46.10.18~'47.6.15) • 미성년자노동보호법 ('47.6.15~'53.8.8) • 대한민국학도호국단규정 ('49.9.28~'60.5.9) • 교육법('49.12.31~'98.2.28) • 학교신체검사규정('51.3.10) • 학생군사훈련실시령 ('51.12.1~'69.6.15) • 근로기준법('53.8.9) ※ 취업 금지 13세 미만 직종에 따라 취업 금지 18세 미만 • 「학생의 날」 제정에 관한 건 ('53.10.30) ※ 11.3. 학생의 날 제정 • 「반공학생의 날」 제정에 관한 건 ('56.12.27) ※ 11.23. 반공학생의 날 제정		• 대한민국 정부수립 ('48.8.15)

		• 소년법('58.7.24) ※ 소년 12세 이상 20세 미만 • 소년원법('58.8.7~'08.6.21)	• 어린이헌장 선포('57.5.5)	
		• 재건국민운동에 관한 법률('61.6.12~'63.12.16) ※ 국민의식개혁 • 중학교·고등학교 및 대학의 입학에 관한 임시조치법('61.8.12~'63.4.11)		• 대구학생의거('60.2.28) • 3.15 부정선거('60.3.15)
		• 보호시설에 있는 고아의 후견직무에 관한 법률('61.8.31~'00.7.12) • 사설강습소에 관한 법률('61.9.18~'89.6.15) • 고아입양특례법('61.9.30~'77.1.30) • 미성년자보호법('61.12.13~'99.6.30)		• 4.19 혁명('60.4.19) • 5.16 군사정변('61.5.16)
		• 아동복리법('62.1.1~'81.4.12) • 생활보호법('62.1.1~'00.9.30) ※ 보호대상 - 18세 미만 아동 • 국민투표법('62.10.12) ※ 투표권 - 만 20세 이상 • 국민체육진흥법('62.9.17)		• 제1차 경제개발 5개년계획('62~'66) • 국민의무교육 실시('62.7.13)
		• 유네스코활동에 관한 법률('63.4.27) • 산업교육진흥법('63.9.19~'03.8.31) • 사회보장에 관한 법률('63.11.5~'96.6.30) • 국민운동에 관한 법률('63.12.17~'64.8.13) ※ 청소년지도육성 • 실업고등학교교육과정('63.3.1~'68.2.28) • 도서관법('63.11.28~'91.4.8)		• 5~9대 박정희 대통령('63.12.17~'79.10.26)

1964	• 청소년보호대책위원회 ('64.9.11~'77.8.26) ※ 간사 : 내무부 치안국 보안과 ('64.9~'77.8)	• 의료보험법 ('64.3.17~'99.12.31)	• 청소년의 달 행사 개최 ('64~'16 현재)	
1965	• 농촌진흥청 직제 ('65.4.21~'94.12.22) 지도국 청소년과		• 청소년백서 발간('65) • 청소년 선도국민 궐기대회('65.3.23) • 한국청소년단체협의회 설립('65.12.8)	• 대학생 정원령 공포와 학위등록제 실시 ('65년) • 베트남 전투부대 파병 결정 ('65.7.2)
1966			• 세계청소년단체협의회 (World Assembly of Youth) 가입('66.8.10)	
1967		• 직업훈련법('67.1.16~'76.12.31) • 과학기술진흥법('67.1.16~'01.7.16) • 학교보건법('67.6.29)	• 제1차 의무교육 5개년계획 발표('67.1.12)	• 제2차 경제개발 5개년계획 ('67~'71)
1968		• 자활지도사업에 관한 임시조치법 ('68.8.23~'82.12.30) • 대학입학예비고사령 ('68.11.14~'81.7.29)	• 중학 입시제도 폐지 ('68.7.15)	• 국민교육 헌장선포 ('68.12.5)
1969		• 중학교무시험입학추첨방법 및 학교군에 관한 규정('69.2.3) • 학생군사교육실시령('69.6.16) ※ 학생군사훈련실시령 법명개정 • 스카우트활동 육성에 관한 법률 ('69.7.28)	• 중학교 평준화 계획 추진 발표('69.2.6)	
1970		• 주민등록법('70.2.1) ※ 주민등록증발급 - 18세 이상 • 사회복지사업법('70.4.2)	• 아동 및 청소년개발계획 세미나('70.6.25~6.29) • 남산 어린이회관 건립 ('70.7.25) • 서울중앙청소년회관 개관 ('70.11) ※ 현 시립서울청소년수련관	• 새마을운동 제창('70.4.22) • 전태일 분신자살 사건 ('70.11.13)

1971			• 아동과 청소년의 지도자 회의('71.4.15~16)	
1972		• 한국방송통신대학설치령('72.3.9) • 문화예술진흥법('72.8.14) • 시범농업고등학교육성에 관한 규정('72.7.28)	• **청소년백서 발간('72)** • 아동과 청소년의 지도자 세미나('72.5.2~3) • 아시아청소년단체협의회(Asian Youth Council) 창설 멤버로 가입('72.8.15)	• 제3차 경제개발 5개년 계획('72~'76) • 7.4 남북공동성명 발표('72.7.4) • 유신헌법 선포('72.10.17)
1973		• 모자보건법('73.5.10)	• 고교 및 대학입시제도 개혁 시사('73.2.28)	
1974		• 국가기술자격법('74.7.1) • 고등학교방송통신교육과정설치기준령('74.1.4)	• 고교평준화정책 도입('74. 서울 · 부산) • 아동과 청소년의 지도자 세미나('74.4.25~26)	• 육영수 여사 서거('74.8.15)
1975		• 직업훈련에 관한 특별조치법('75.1.1~'76.12.31) • 학도호국단설치령('75.6.7~'85.3.20)	• **청소년백서 발간('75)**	
1976			• 어린이독서헌장 선포식('76.5.2) • 불우아동 건전육성대책 수립('76.9.10)	• 국비 유학제도 신설('76.5.20)
1977	• 청소년대책위원회('77.8.27~'88.6.8) ※ 간사 : 기획조정실(국무총리실) 제5기획조정관('77.9.14~'81.11.1)	• 직업훈련기본법('77.1.1~'98.12.31) ※ 직업훈련에 관한 특별조치법/직업훈련법 폐지('77.1.1) • 직업훈련촉진기금법('77.1.1~'99.2.7) • 입양특례법('77.1.31~'96.1.5) ※ 고아입양특례법 폐지('77.1.31) • 산업체의 근로청소년의 교육을 위한 특별학급 등의 설치기준령('77.2.28) • 소년원직제('77.5.11) ※ 서울소년감별소 발족 • 각종 학교에 관한 규칙('77.9.13)	• 재수생문제해결을 위한 종합대책 확정('77.7.23) • 유네스코청년원 개원('77.12.10)	

1978			• 청소년백서 발간('78) ※ '78년 이후 매년 발간	
1979		• 특수교육진흥법 ('79.1.1~'08.5.25)	• 1979 세계아동의 해	• 10.26 사태 박대통령 시해사건 • 12.12 사태 • 10대 최규하 대통령 ('79.12.2 ~'80.8.16)
1980			• 중 · 고교 교복자율화 방침 발표('80.1.22) • 7.30 교육개혁과 졸업정 원제 ※ 본고사폐지와 내신도 입, 과외전면금지 및 보충수업 폐지 등	• 5.17 비상 계엄령 • 5.18 광주민중 항쟁 • 11~12대 전두 환 대통령 ('80.9.1~ '88.2.24)
1981	• 청소년대책위원회 ('77.8.27~'88.6.8) ※ 간사 : 행정조정실 (국무총리실) 제4행정조정관 ('81.11.2~'83.3.1) • 문교부 사회직업교 육국 청소년과 ('81.11.2~'86.8.24)	• 청소년선도보호지침('81.1.20) ※ 선도유예제도 전국 확대 실시 • 학교급식법('81.1.29) • 한국청소년연맹 육성에 관한 법률 ('81.4.13) • 아동복지법('81.4.13) ※ 아동복리법 법명변경 • 심신장애자복지법('81.6.5~'89.12.29) • 대학입학학력고사령 ('81.7.30~'87.11.23) ※ 대학입학예비고사령 폐지 ('81.7.30)	• 1981 세계장애자의 해 • 한국청소년연맹 설립 ('81.3.19)	
1982		• 개방대학설치운영규정 ('82.4.6~'98.2.28)	• 중 · 고교생의 두발자유화 ('82.1.3)	• 야간통행금지 폐지('82.1.5)
1983	• 청소년대책위원회 ('77.8.27~'88.6.8) ※ 간사 : 문교부 청소년과 ('83.2.23~'84.12.30)	• 유아교육진흥법('83.3.1~'05.1.29) • 사회교육법('83.7.1~'00.2.28)	• 교복 완전 자율화('83.3.2) • 대구디스코홀화재사건 ('83.4.18) • 과학고등학교 설치 운영 ('83년) ※ 경기과학고 개교 ('83.7.15)	• 아웅산 묘역폭 탄 테러 ('83.10.9)

1984	• 청소년대책위원회 ('77.8.27~'88.6.8) ※ 간사 : 행정조정 (국무총리실) 제2행정조정관 ('84.12.31~'88.6.17)	• 청소년문제개선종합대책 수립 ('84.11.28) • 중앙교육협의회규정 ('84.9.17~'88.5.8) • 한국해양소년단연맹 육성에 관한 법률('84.12.31)	• 석관동 맥주홀 화재사건 ('84.2.3) • 소년소녀가장세대 보호대책 수립('84.3.13)	
1985		• 교육법('85.3.1) ※ 중학교 의무교육 실시의 법적 기초 마련 • 중학교의무교육 실시에 관한 규정 ('85.3.1~'98.2.28) • 교육개혁심의회 규정 ('85.3.7~'88.5.8)	• 1985 국제청소년의 해 • 대통령이 주재하는 '청소년대책 확대회의' 개최 ('85~'87) ※ '85.5.24. 1차 개최 • 대중매체청소년선도위원회 설치('85.3.11)	
1986		• 중소기업창업지원법('86.5.12) ※ 청소년창업 지원 • 최저임금법('86.12.31)	• 대통령이 주재하는 '청소년대책 확대회의' 개최 ('85~'87) ※ '86.5.20. 2차 개최	• 86 서울 아시안게임 ('86.9.20~10.5)
1987		• 제6차 경제사회발전 5개년계획 ('87~'91) ※ 청소년부문 계획 설정	• 대통령이 주재하는 '청소년대책 확대회의' 개최 ('85~'87) ※ '87.5.25. 3차 개최	• '87.6.29 선언
1988	• 청소년육성위원회 ('88.6.9~'05.4.26) • 체육부 청소년국 신설('88.6.18~'90.9.9) 1국 1심의관 4과 • 직할시와 도의 행정기구에 관한 규정 ('88.6.18~'91.1.31) ※ 직할시·도 가정복지국에서 청소년복지에 관한 사무분장	• 대한민국헌법('88.2.25) ※ 제34조 제4항–청소년복지향상에 대한 국가 차원의 근원 마련 • 청소년육성법('88.5.29~'92.12.31) • 중앙교육심의회규정 ('88.5.9~'98.8.25) ※ 중앙교육협의회 법명개정 • 교육정책자문회의 규정('88.12.27)	• 어린이헌장 개정('88.5.5) • 한국청소년단체협의회 사단법인으로 승격 ('88.11.11) • 88서울올림픽 청소년캠프 (Youth Camp) 개최 ※ 서울선언문 채택	• 제13대 노태우 대통령 ('88.2.2~'93.2.24) • 88서울올림픽 개최('88.9.17~10.2) • 서울 장애자 올림픽 ('88.10.15~24)

1989		• **체육 · 청소년 장기종합계획('89.4)** • 학원의 설립 · 운영에 관한 법률 ('89.6.16) ※ 사설강습소에 관한 법률 법명개정 • 체육시설의 설치 · 이용에 관한 법률('89.7.1) ※ 체육시설 설치 · 이용 –미성년자보호 • 보호관찰법('89.7.1~'95.1.4) ※ 보호관찰제도 시행 • 모자복지법('89.7.1~'03.6.18) • 장애인복지법('89.12.30) ※ 심신장애자복지법 법명개정	• 한국청소년연구원 개원 ('89.7.1) • 한국청소년수련시설운영자협회 창립 ('89.10.1)	
1990	• **체육부 청소년정책조정실('90.9.10~'90.12.26)** 1실 2심의관 6과 – **체육청소년부 청소년정책조정실 ('90.12.27~'93.3.5)** 1실 2심의관 6과	• 독학에 의한 학위취득에 관한 법률 ('90.4.7) • 농어촌발전특별조치법('90.4.7) ※ 청소년농어민후계자 육성	• **체육부 청소년종합상담실 설치('90.2.26)** ※ 체육부 청소년정책조정실 내 설치 • 청소년종합지원센터 설치 · 운영('90.2) ※ 광주('90.2.6), 대구('90.2.24) • 한국 유엔아동권리협약 비준('90.11.20) • **청소년헌장 선포 ('90.5.12)**	• 독일 재통일 ('90.10.3)
1991	• 지방자치단체의 기구와 정원에 관한 규정 ('91.2.1~'94.12.31) 직할시 · 도의 가정복지국 청소년복지에 관한 사무분장 ※ 직할시와 도의 행정기구에 관한 규정, 법명개정	• 영유아보육법('91.1.14) • 도서관진흥법('91.4.9~'94.7.24) ※ 도서관법 폐지('91.4.9) • 음반 및 비디오물에 관한 법률 ('91.6.9~'99.5.8) • **한국청소년기본계획 수립('91.6.27)** • **청소년기본법 제정('91.12.31)**	• 체육청소년부 "청소년 대화의 광장" 개원('91.9.9) ※ 체육부 청소년종합상담실을 확대 · 개편 • 제17회 세계잼버리대회 개최('91.8.8~8.16) ※ 강원도 고성	• 걸프전 개전 ('91.1.17) • 제46차 유엔총회 남북한 유엔가입 승인 결의 채택 ('91.9.17)

1992		• 한국청소년기본계획(한국청소년 10개년계획 1992~2001) 시행('92년) • 교육개혁추진위원회규정('92.2.17~'93.8.9) • 경륜 · 경전법('92.7.1)	• "청소년의 해" 지정 · 운영('92) • 청소년수련거리 기본형 개발('92년, 7종)	
1993	• 문화체육부 청소년 정책실('93.3.6~'94.5.3) 1실 2심의관 6과	• 청소년기본법('93.1.1) ※ 청소년육성법 폐지('93.1.1) • 새 문화 · 체육 · 청소년진흥 5개년 계획('93.7) • 제1차 청소년육성 5개년 계획('93~'97) • 교육개혁위원회규정('93.8.10) ※ 교육개혁추진위원회 폐지('93.8.10)	• 한국청소년개발원('93.1.1) ※ 한국청소년연구원 확대 · 개편 • (재) 청소년대화의광장 개원('93.2.15) • 관계부처합동 청소년 선도대책 보고('93.5.21) • 무직 · 미진학 청소년 종합대책 수립('93.10.8) • 청소년유해환경 정화 기본계획 확정('93.10.25) • 대학수학능력 시험 시행(2회, 8.29/ 11.16) • 청소년지도사 국가자격제 시행('93년) • 청소년수련거리 기본형 개발('93년, 14종)	• 제14대 김영삼 대통령('93.2.25~'98.2.24) • 대전세계박람회 개최('93.8.7~11.7)
1994	• 문화체육부 청소년 정책실('94.5.4~'94.12.22) 1실 1심의관 5과 • 문화체육부 청소년 정책실('94.12.23~'98.2.27) 1실 1심의관 4과	• 성폭력범죄의 처벌 및 피해자보호 등에 관한 법률('94.4.1) • 고용정책기본법('94.7.1) ※ 청소년고용촉진 지원 • 도서관 및 독서진흥법('94.7.25~'07.4.4) ※ 도서관진흥법 폐지('94.7.25)	• (재)농어촌청소년육성재단 설립('94.1.24) • UR 타결에 따른 농어촌 청소년대책 수립 · 추진('94.5.3) • 부모살해 박한성 군 패륜 범죄사건('94.5.19) • 청소년수련거리 기본형 개발('94년, 36종)	• 읍면지역 중학교 무상의무교육제('94)
1995		• 보호관찰 등에 관한 법률('95.1.5) ※ 보호관찰법 법명개정 • 영상진흥기본법('95.7.6) • 국민건강증진법('95.9.1)	• 5.31 교육개혁단행('95년) ※ 종합생활기록부 도입 학교폭력근절종합대책('95.12) • 청소년수련거리 기본형 개발('95년, 15종)	

1996			• 입양촉진 및 절차에 관한 특례법('96.1.6) ※ 입양특례법 법명개정 • 여성발전기본법('96.7.1) • 사회보장기본법('96.7.1) ※ 사회보장에 관한 법률 폐지('96.7.1)	• 한국청소년개발원 부설 한국청소년자원봉사센터 개소('96.6.27) • 불법과외대책 마련('96.12.29) ※ 교내과외활성화, 수준별 이동수업 확대 등 • 학교중도탈락자예방종합대책 발표('96.12) • 지방청소년자원봉사센터 설치 · 운영('96) ※ 인천 · 광주 · 대전 • **청소년수련거리 기본형 개발('96년, 18종)**	• OECD 한국가입 서명('96.10.25)
1997	• **청소년보호위원회 신설**('97.7.7~'98.2.27) ※ 문화체육부 내 1국 3과		• 학점인정 등에 관한 법률('97.3.1) • 직업교육훈련촉진법('97.4.1) • **청소년보호법('97.7.1)** • 과학기술혁신을 위한 특별법('97.7.1~'01.7.16) • 북한이탈주민의 보호 및 정착지원에 관한 법률('97.7.14)	• 과열과외 완화 및 과외비 경감대책 발표('97.7.31) • **청소년수련거리 기본형 개발('97년, 3종)**	• 위성교육방송 실시('97.8.25) • IMF외환위기('97.12~'01.8)
1998	**문화관광부 청소년국('98.2.28~'05.4.26)** 1국 3과	**청소년보호위원회** (문화관광부로부터 분리)('98.2.28~'05.4.26) 1국 4과 ※청소년보호위원회 내 중앙점검단 발족('98.7.15, 8개 부처 파견)	• **제2차 청소년육성 5개년 계획('98~'02)** • 교육기본법('98.3.1) ※ 교육법 폐지('98.3.1) • 초 · 중등교육법('98.3.1) • 고등교육법('98.3.1) • 장애인 · 노인 · 임산부 등의 편의증진보장에 관한 법률('98.4.11) • **유해업소 관련 미성년자 보호대책**('98.6.26, 청보위 등 6개 부처 합동) • 사회복지공동모금법('98.7.1) • 가정폭력범죄의 처벌 등에 관한 특례법('98.7.1) • 가정폭력방지 및 피해자보호 등에 관한 법률('98.7.1) • 교육정책심의회규정('98.8.26~'01.7.6) ※ 중앙교육심의회규정 법명개정 • 국민의료보험법('98.10.1~'99.12.31)	• 한국청소년개발원 자원봉사센터로 명칭 변경('98.1.1) • **세계청소년장관회의 참석('98.8.8~12)** • **새로운 청소년헌장 선포('98.10.25)** • **청소년으로 구성된 「문화관광부 청소년위원회」 설치 · 운영('98.11.7)** • **국립평창청소년수련원 개원('98.11.14)**	• 제15대 김대중 대통령('98.2.25~'03.2.24) • 일본대중 문화개방방침 및 1차 개방 발표('98.10.20)

1999			• 근로자직업훈련촉진법 ('99.1.1~'05.6.30) ※ 직업훈련기본법 폐지('99.1.1) • 문화산업진흥기본법('99.5.9) • 음반·비디오물 및 게임물에 관한 법률('99.5.9~'06.10.28) ※ 음반 및 비디오물에 관한 법률 폐지('99.5.9) • 공연법('99.5.9) ※ 연소자 18세 미만 • **미성년자보호법 폐지('99.7.1)** • 「청소년보호특별대책」 부처 시달 ('99.12.7)	• (재) 한국청소년상담원 ('99.3.5) ※ (재) 청소년대화의 광장 명칭 변경 • **화성씨랜드 청소년수련원 화재사건('99.6.30)** • **새천년 청소년문화축제 ('99.8.13~15)** • **청소년상담종합정보망 YouCoNet 개통 ('99.11.1)** • **인천호프집화재사건 ('99.10.30)** • 16개 시·도 청소년종합상담실 설치 완료('99) • 16개 시·도 청소년자원봉사센터 설치 완료('99) • **특성화된 청소년 수련거리 개발('99년, 5종)**	• 일본대중문화 2차 개방 발표 ('99.9.10)
2000			• 「청소년성매매방지대책」 시달 ('00.2.14) • 평생교육법('00.3.1) ※ 사회교육법 법명개정 • **청소년의 성보호에 관한 법률 ('00.7.1)** • 국민건강보험법('00.1.1) ※ 의료보험법 및 국민의료보험법 폐지('00.1.1) • 보호시설에 있는 미성년자의 후견 직무에 관한 법률('00.7.13) ※ 보호시설에 있는 고아의 후견직무에 관한 법률, 법명개정 • 국민기초생활보장법('00.10.1) ※ 생활보호법 폐지('00.10.1)	• 과외교육 전면 허용 ('00.4.27) ※ 학원의 설립·운영에 관한 법률에 대한 헌법 재판소의 위헌 결정 • **국제청소년센터 개원 ('00.7.26)** • **특성화된 청소년수련거리 개발('00년, 7종)**	• 남북정상회담 개최 ('00.6.13~15) ※6.15 남북 공동선언 • 일본대중문화 3차 개방발표 ('00.6.27) • 김대중 대통령 노벨평화상 수상 ('00.12.10)
2001		청소년보호위원회직제 개정 ('01.9.29) 1국 5과	• 학원의 설립·운영 및 과외교습에 관한 법률('01.7.8) ※ 학원의 설립·운영에 관한 법률 법명개정	• (소년원생) 자립생활관 개관('01.5.24/ 의왕) • **국립중앙청소년수련원 개원('01.8.15)** • **제1차 청소년성매매 관련 신상공개('01.8.30)**	

2001			• 과학기술기본법('01.7.17) ※ 과학기술혁신을 위한 특별법/과학기술진흥법 폐지('01.7.17) • 국가인권위원회법('01.11.25)	• 제1차 국가인적자원개발 기본계획('01~'05) • 중학교 무상의무교육 전국 확대 시행('01년) • **특성화된 청소년수련거리 개발('01년, 10종)**	
2002			• 영재교육진흥법('02.3.1)	• "청소년을 칭찬합시다"의 해 선포식('02.2.25) • (사)한국청소년수련시설 협회('02.2.15) ※ (사)한국청소년수련시설 운영자 협회 명칭 변경 • 특별법인 '한국청소년상담원'으로 변경('02.3.5) • **제2차 청소년성매매 관련 신상공개('02.3.19)** • 「어린이보호·육성종합계획」확정·발표('02.5.5) • **제3차 청소년성매매 관련 신상공개('02.9.24)** • **특성화 청소년수련거리 개발('02년, 8종)**	• 2002 한·일 월드컵 개최('02.5.31~6.30)
2003			• **제3차 청소년육성5개년계획('03~'07)** • 인적자원개발기본법('03.2.27) • 출판 및 인쇄진흥법('03.2.27) ※ 청소년유해간행물 결정 • 모·부자복지법('03.6.19~'08.1.17) ※ 모자복지법 법명개정 • 청소년보호종합대책('03.6.20) • 산업교육진흥 및 산학협력 촉진에 관한 법률('03.9.1) ※ 산업교육진흥법 법명개정 • **청소년증 발급 훈령제정('03.9.18)**	• **제4차 청소년성매매 관련 신상공개('03.4.9)** • **제1회 청소년상담사 국가자격시험 시행('03.4.27)** • 어린이안전원년 선포('03.5.5) • 「어린이안전종합대책」수립·추진('03.6) • 청년실업종합대책('03.9.22) • **청소년증 시범발급 실시('03.10.15)** • **제5차 청소년성매매 관련 신상공개('03.12.18)** • **특성화 청소년수련거리 개발('03년, 6종)**	• 제16대 노무현 대통령('03.2.25~'08.2.24)

2004		청소년보호위원회직제 개정 ('04.8.19) 1국 6과	• 학교폭력예방 및 대책에 관한 법률('04.7.30) • 청년실업해소특별법('04.6.6~'13.12.31) ※ 한시법 • 성매매알선 등 행위의 처벌에 관한 법률('04.9.23) • 성매매방지 및 피해자 보호 등에 관한 법률('04.9.23)	• **전국 지자체에서 청소년증 발급 실시('04.1.1)** • 공교육 정상화를 통한 사교육비 경감 종합대책 발표('04.2.17) ※ 방과 후 교육활동의 활성화 • 빈곤아동·청소년종합대책 수립('04.7.1) • **제6차 청소년성매매 관련 신상공개('04.7.14)** • **제7차 청소년성매매 관련 신상공개('04.11.24)** • **청소년특별회의 시범운영('04.12.27~29)** • 주 5일 수업제 우선시행 학교 월 1회 실시('04) ※ 전국 초·중·고의 10% • **특성화 청소년수련거리 개발('04년, 5종)**	• 제4차 일본 대중문화개방('04.1.1) • 일자리창출 종합대책('04.2.28) • 주5일 근무제 단계적 실시('04.7.1)
2005	• **청소년관계기관협의회('05.4.27)** • **청소년위원회('05.4.27~'06.3.29)** 1관 3단 14팀		• 건강가정기본법('05.1.1) • 유아교육법('05.1.30) ※ 유아교육진흥법 폐지('05.1.30) • **청소년활동진흥법('05.2.10)** • **청소년복지지원법('05.2.10)** • 범정부적인 청소년 근로보호 종합대책 마련·추진('05.6.20) • 근로자직업능력개발법('05.7.1) ※ 근로자직업훈련촉진법 법명개정 • 저출산·고령사회기본법('05.9.1) • 실종아동 등의 보호 및 지원에 관한 법률('05.12.1)	• 한국청소년진흥센터 개소('05.3.11) • **제8차 청소년성매매 관련 신상공개('05.6.20)** • 한국청소년단체협의회 특수법인 설립허가('05.9.8) • **제9차 청소년성매매 관련 신상공개('05.12.19)** • **제1회 청소년특별회의 개최('05.12.19~21)** • 주 5일 수업제 월 1회 실시 및 월 2회 우선 시행 학교 운영('05) • 청소년 방과후 아카데미 시범운영('05.9) • 학교폭력 예방 및 대책 5개년기본계획('05~'09) • 특성화 청소년수련거리 개발('05년, 5종)	• 청소년 선거연령 하향('05.8) 만 20세 ⇒ 만 19세

2006	• 국가청소년위원회 ('06.3.30~'08.2.28)	• 제1차 저출산고령사회 기본계획 ('06~'10) • 제1차 건강가정기본계획 ('06~'10) • 제2차 국가인적자원개발기본계획 ('06~'10) • 2007~2011 국가인권정책기본계획 권고안('06.1) • 함께 가는 희망 한국 Vision 2030 ('06.8, 정부민간합동) • 자원봉사활동 기본법('06.2.5) • 긴급복지지원법('06.3.24) • 문화예술교육 지원법('06.6.30) • 여성발전기본법('06.7.1) • 게임산업진흥에 관한 법률 ('06.10.29) • 음악산업진흥에 관한 법률 ('06.10.29) • 영화 및 비디오물의 진흥에 관한 법률('06.10.29) ※ 영화진흥법/ 음반·비디오물 및 게임물에 관한 법률 폐지 ('06.10.29)	• 청소년방과후아카데미 전국 확대('06) • 한국청소년개발원 자원봉사센터를 한국청소년진흥센터로 통합('06.3.21) • 제10차 청소년성매매 관련 신상공개('06.5.22) • 국립어린이청소년도서관 개관('06.6.28) • 법무부 비행청소년재범방지대책 발표('06.9.17) • 제2회 청소년특별회의 개최('06.10.26~28) • 제11차 청소년성매매 관련 신상공개('06.12.19) • 주 5일 수업제 모든 초·중·고에서 월 2회 실시 ('06) • 특성화 청소년 수련거리 개발('06년, 5종)	
2007		• 독서문화진흥법('07.4.5) • 도서관법('07.4.5) ※ 도서관 및 독서진흥법 법명 개정 • 주민등록법('07.5.11) ※ 주민등록증 발급 17세 이상 • 대안학교의 설립·운영에 관한 규정('07.6.28) • 국민투표법('07.8.18) ※ 투표권 19세 이상 • 학교안전사고 예방 및 보상에 관한 법률('07.9.1)	• 3.20 사교육대책 발표 ('07.3.20) • 제12차 청소년성매매 관련 신상공개('07.4.24) • 한국청소년정책연구원 ('97.5.11) ※ 한국청소년개발원 명칭 변경 • 청소년비행예방센터 개청 ('07.7) ※ 법무부 소년원과 소년분류심사원의 기능 전환 ※ 안산/ 부산·창원/ 청주/ 광주/ 대전 등 • 제3회 청소년특별회의 개최('07.11.1~3) • 제13차 청소년성매매 관련 신상공개('07.11.21)	• 남북정상회담 개최 ('07.10.2~4) ※ 2007 남북 정상 선언

2008	• 보건복지가족부 ('08.2.29~'09) 1실 2관 9과 * 보육 제외	• 제4차 청소년정책기본계획 ('08~'13) • 한부모가족지원법('08.1.18) ※ 모 · 부자복지법 법명개정 • 한국4에이치활동 지원법('08.3.22) • 장애인 등에 대한 특수교육법 ('08.5.26) ※ 특수교육진흥법 폐지('08.5.26) • 보호소년 등의 처우에 관한 법률 ('08.6.22) ※ 소년원법 법명 개정 • 소년법('08.6.22) ※ 소년 : 10세 이상 19세 미만 • 법교육지원법('08.6.29) • 연소근로자보호대책 ('08.6.30/ 노동부) • 특정 성폭력범죄자에 대한 위치추적 전자장치 부착에 관한 법률 ('08.10.28) ※ 성범죄자위치추적제도(일명 전자발찌제도) 도입 · 시행('08.9.1) • 어린이 식생활안전관리 특별법 ('09.3.22)	• 아동청소년대상 성범죄자 취업제한제도 운영 ('08.2.4) • 제4회 청소년특별회의 개최('08.11.21~22)	• 제17대 이명박 대통령 ('08.2.25~'13.2.24)

출처 : 정효진(2009).

위의 <표 5-2>에서와 같이 청소년활동의 제도적 변화의 기점은 1987년 청소년육성법의 제정과 함께라고 할 수 있다. 물론 그 이전에도 나름의 청소년정책의 변화과정에서 활동을 추진한 바가 있기는 하나 주로 문제와 보호청소년을 위한 방안으로 추진되었으며 민간단체의 일부 활동수행을 전체의 청소년정책이나 활동의 방향으로 보기는 어려웠다. 그러던 것을 청소년육성법의 제정을 기점으로 활발히 진행되면서 청소년을 위한 여가와 수련의 방향을 규정하게 되었고 이후 각종 제도적 방안이 마련되어 수련거리의 개발, 프로그램의 시행, 지도자 양성 그리고 각종 청소년수련활동을 시행하는 활동시설의 확대 등이 이루어지게 된 것이다.

요 약

청소년활동은 1990년대 들어서 청소년의 사회적 문제를 해소하고 삶의 질을 긍정적으로 변모시키고자 국가적으로 지원을 하기 시작한 정책이라고 할 수 있다. 청소년활동은 청소년정책의 핵심요소로서 청소년기본법과 청소년활동진흥법 등을 통하여 발전과 변천을 거듭하여 왔는데 이러한 제도적 변천과정을 법제적 과정과 동시에 주변의 사회환경적 여건의 변화와 맥을 같이하여 이해해 보도록 하는 데 주안점을 두었다.

연구과제

1. 청소년활동이 나타나게 된 1980년대의 사회적 특성을 알아보자.
2. 청소년활동의 탄생배경을 알아보자.
3. 청소년육성법과 청소년기본계획에서의 청소년활동의 특성을 알아보자.
4. 청소년활동의 역사적 요소와 사회적 특성을 연계하여 우리나라 청소년정책의 제도적 변천과정을 이해해 보자.

CHAPTER 06

청소년활동의 유형

CHAPTER 06

청소년활동의 유형

개요

청소년활동은 청소년의 균형적인 성장을 위해 심신단련, 자질배양, 취미개발, 정서함양, 사회봉사 등의 체험을 통해 덕과 체를 함양하기 위한 목적을 가지고 있다. 이러한 목적을 실질적으로 달성하기 위하여 청소년활동의 영역과 프로그램의 유형을 구분할 수 있다. 즉, 개발주체, 구성의 범위, 활동내용에 따라 다양하게 분류하지만 다소 연관성이 깊은 영역들 간의 중첩성을 완전히 배제하기는 어렵다. 오히려 상호보완적인 측면에서 유사한 활동들을 잘 구조화하여 프로그램을 개발함으로써 효과성을 극대화시킬 수 있다.

이 장에서는 국내 청소년활동과 국제 청소년활동으로 구분하여 각각의 유형과 현장 적용사례 및 청소년수련활동 인증제 등을 살펴보고자 한다.

학습목표

1. 청소년활동의 특성에 따른 활동유형을 구분할 수 있다.
2. 청소년활동의 현장 적용사례를 이해한다.
3. 국제 청소년활동의 특징과 유형을 이해한다.
4. 청소년수련활동 인증제의 개념을 이해한다.

주요 용어

청소년활동 특성/ 청소년활동의 유형/ 국제 청소년활동/ 청소년수련활동 인증제

1. 국내 청소년활동

1) 청소년활동의 정의

전반적으로 청소년활동에 대한 정의는 청소년기본법을 중심으로 학교생활이라는 고유영역과 가정을 중심으로 이루어지는 임의활동영역을 제외한 영역에서 이루어지는 활동을 청소년활동으로 규정하고 있다. 하지만 그 대부분의 활동은 수련활동으로 정의하면서 사실상 매우 협의적인 개념으로 사용된 측면이 강하다(권일남 외, 2006).

한승희(1995)는 '수련'(修練)이라는 용어는 'tranining, practice, driling, discipline' 등으로 표현되며 청소년 수련이란 청소년의 자발적인 참여를 바탕으로 심신을 단련하고, 자질을 개발하며, 배움을 실천하는 활동을 말한다. 현행 청소년 정책의 주요 내용을 규정하고 그 근거가 되고 있는 청소년기본법은 '청소년 수련활동'을 그 핵심으로 하고 있으며, 수련활동에 필요한 제 요소들의 확보 및 지원에 중점을 두고 있다. 청소년활동 진흥법 제2조에서는 청소년 수련활동을 "청소년이 청소년활동에 자발적으로 참여하여 청소년 시기에 필요한 기량과 품성을 함양하는 교육적 활동"으로 규정하고 있다.

우리나라 청소년 수련시설 현황은 6개 유형(수련관, 문화의 집, 수련원, 야영장, 유스호스텔, 특화시설)으로 구분되며, 전체 720여 개 정도가 전국에 퍼져 있다.

"학교단체수련활동의 목적은 환경의 변화와 청소년들의 다양한 욕구를 충족시켜 어떠한 환경에서든 능동적으로 대처할 수 있는 강인한 정신력과 극기심을 배양하고 더불어 살아가는 공동체의식의 함양을 통하여 궁극적으로는 '인간적 사랑과 가치를 존중하고, 자유와 평등, 인간의 존엄성을 높이 여기는 가치관을 지닌 인간을 육성'하려는 것을 목적으로 함(2006 서울시교육청 수련교육 실무지침)"으로 정의하고 있다.

학교단체 수련활동의 프로그램은

- 청소년 욕구에 따른 공동체의식 함양 체험 프로그램 실시
- 청소년기의 사회성 발달과 자아정체감 확립의 과제 해결

- 의사소통기술 습득을 통한 공감대 형성 등과 같이 사춘기에서 성인기로 접어드는 과도기에 속하는 시기인 청소년기의 신체적, 정신적, 사회적으로 건전한 성장과 발달에 지대한 영향을 준다.

2) 청소년활동의 특성 및 유형

청소년활동은 청소년의 균형적인 성장을 위해 심신단련, 자질배양, 취미개발, 정서함양, 사회봉사 등의 체험을 통해 덕과 체를 함양하기 위한 ㉠ 목적성을 가지고 있고 자유로운 선택에 의해 이루어지는 ㉡ 자율성을 가지고 있으며 개인이 혼자서 행하는 것이 아닌 타인과의 유대관계를 통해서 경험하고 배우므로 ㉢ 조직적이고, 스스로 선택한 새로운 일들을 직접 실천해 보는 ㉣ 체험적 특성을 띠고 있으며 어려운 문제를 피하지 않고 직접 부딪쳐서 해결할 수 있도록 진취적인 사고를 배양하는 ㉤ 모험적 활동이라는 특성이 있다.

위에서와 같이 5가지 특성을 바탕으로 청소년활동영역을 크게 8가지로 구분하고 있다.

① 문화적 감성을 함양하기 위한 활동

문화의 생산자이자 수요자인 청소년들은 다양한 문화를 경험함으로써 문화에 대한 올바른 이해와 균형감각 및 예술적 감각을 향상시키고, 문화활동에 대한 올바른 주도권을 행사하도록 하여 일상의 삶 속에서 끊임없이 생성・소멸되고 있는 문화에 대해 올바로 이해하고 행동할 수 있도록 자기개발을 위한 활동이다.

② 과학 및 정보화 능력을 함양하기 위한 활동

청소년들에게 정보를 제공해 주는 것 이상으로 그들이 직접적인 관찰과 실험활동을 하여 기초적, 논리적인 지식을 습득하고, 과학적인 원리를 이해하며, 여러 가지 현상들에 대한 실험을 바탕으로 새로운 것을 탐구해 가는 능력을 배양할 수 있도록 돕는 것이다.

③ 봉사와 협력정신을 배양하기 위한 활동

봉사와 협력정신의 함양은 청소년 성장에 있어서 개인의 욕구와 타인의 욕구를 객관적 입장에서 이해하고 집단적인 경험학습을 통해 전인적 인간으로 성숙하기 위한 활동이다.

④ 모험심과 개척정신을 키울 수 있는 활동

자연환경 속에서 위기와 긴장의 상황을 의도적으로 만들어 내거나 이용해서 행하는 모든 활동을 말하며 모험활동을 통해 청소년들이 자신을 되돌아볼 수 있는 기회와 자아성장을 할 수 있도록 하고 또래의 소집단활동을 통해서 타인을 이해하는 배려심을 형성할 수 있는 활동이다.

⑤ 전문적 직업능력을 준비할 수 있는 활동

청소년들이 다양한 직업활동을 통해서 각 기업에서 필요로 하는 역할이나 자질이 무엇인지 알 수 있는 기회가 되고 학교가 아닌 사회라는 공간 속에서의 자신의 지위와 역할에 대해 명백히 파악할 수 있는 경험을 할 수 있으며 미래에 자신의 직업을 선택하는 데 도움이 될 수 있고 직접적인 경험을 통해 추상적으로 생각했던 직업에 대한 의미를 파악할 수 있게 하는 활동이다.

⑥ 국제감각을 고양하기 위한 활동

청소년들이 우리 문화를 제대로 인식하고 다양한 외국의 문화를 받아들일 수 있는 능력을 함양하는 활동으로 청소년들이 국제적인 감각을 가질 수 있도록 다양한 국제교류 프로그램 등을 운영해서 다른 문화를 올바르게 이해할 수 있도록 하게 하고, 한국문화를 세계에 알릴 수 있는 기회를 제공하는 활동이다.

⑦ 환경의식을 함양하기 위한 활동

청소년들이 환경에 대한 소중함과 중요성을 인식할 수 있도록 하기 위하여 환경이 얼마나 오염되어 있는지 현 실태를 직접 알아보게 하는 것 등을 통하여 환경의식을 함양하고 청소년들에게 막연하게 환경을 보호해야 한다는 의미를 뛰어넘어서 실제 얼마만큼 환경이 오염되어 있는지를 알아볼 수 있도록 하여 환경보호를 위해서 우리가 할 수 있는 활동을 말한다.

⑧ 기타 공동체의식을 함양하기 위한 활동

사회 · 문화적인 변화로 인한 핵가족화와 한부모가정이 늘어나고 한자녀가정이 보편화되면서 함께 살아가면서 타인을 위해 지켜야 되는 기본적인 배려와 관심이 사라져 가 개인주의와 이기주의가 만연하게 된 사회에서 현재와 미래의 주역인 청소년들이 공동생활 및 단체활동을 통해서 공동의 목표를 위해 희생하고 배려해야 하는 공동체의식을 함양해서 건전하고 건강한 민주시민으로 성장하도록 돕는 활동이다. 할 수 있는 일이 무엇인지를 스스로 깨닫게 하는 활동이다.

〈표 6-1〉 청소년활동 프로그램의 적용사례

구 분	세부 프로그램 내용		활동영역 구분
여는마당	• ○○○○캠프 소개 • 입소식(국민의례, 격려사, 교가제창) • 지도자 소개 • 안전교육 및 일정/ 생활안내		공동체의식 함양
참여마당	• 반별 반가/ 구호 만들기 • 반별 베이스 활동	• 스킨십 트레이닝(매듭 풀기 등)	봉사협력정신 배양 공동체의식 함양
체험마당	• 선택식 체험 프로그램 – 레크리에이션/ 방송댄스 – 공예 – 소리에 미치다(민요) – 스포츠 마사지	 – 인공암벽 – 응급처치 – 마임	문화적 감성 함양 봉사협력정신 배양 직업능력 준비 공동체의식 함양
	• 체험마당 대체 프로그램 – 풍등 – 풍선아트	 – 호신술 – 수회	
도전마당	• 수상활동 • 산악 O.L	• 국궁 • 자연공작	모험개척 정신 환경의식 함양 공동체의식 함양
	• 도전마당 대체 프로그램 – 도미노, 두드리 외 체험마당 PG 중 선택		
어울마당	• 체험마당 발표회 • 대동놀이	• 레크리에이션/ 장기자랑	문화적 감성 함양 봉사협력정신 배양
나눔마당	• 자연생태체험	• 오솔길 산책	환경의식 함양
	• 나눔마당 대체 프로그램 – 바른몸 미인운동		
맺는마당	• 설문지 • 숙소정리 확인(분실물, 소지품 반환)	• 퇴소식	공동체의식 함양

2. 국제 청소년활동

1) 청소년 국제교류의 현황과 필요성

현재 아동 · 청소년 글로벌 역량개발을 위한 국제교류사업은 ① 국가 간 교류협정(26개국과 체결)에 의한 교류와 ② 청소년해외체험 프로그램, ③ 외국청소년 초청 국제행사 개최, ④ 한 · 중 · 일 특별교류 등으로 구분되어 있다.

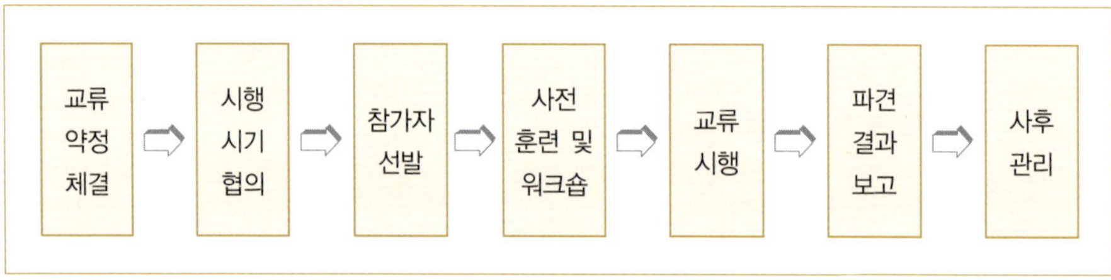

[그림 6-1] 국가 간 청소년교류 추진절차

청소년 국제교류는 국제화, 개방화 시대에 청소년의 국제적 능력 배양을 통한 글로벌리더십 함양, 국가 간의 우의와 협력증진 등을 목적으로 하는 국제적 활동으로서, 정부 차원에서는 국가청소년위원회가 '정부 간 청소년 교류', '청소년 해외체험 프로그램', '국제행사 개최 및 지원' 등의 사업을 시행하고 있고, 지방자치단체에서는 외국 자매도시 등과의 지방자치단체 간 국제교류, 민간 부문에서는 청소년단체 간의 국제교류 등을 시행하고 있다. 청소년들의 국제교류 참여 수요가 날로 증폭되고 있어 이를 충족하기 위한 다양한 국제교류 프로그램 개발과 사업확대가 추진되고 있다.

청소년 국제교류의 중요성에 대해서는 그동안 학교교육과정뿐만 아니라 여러 많은 서적에서도 널리 인정되어 왔다. 청소년 국제교류는 눈에 보이는 성과가 바로 나오는 것은 아니고 기본적으로는 세계시민으로서의 자질과 국제적인 시야를 갖는 인간양성을 목적으로 한다. 청소년기라는 감수성 강한 시기에 외국동년배의 학생 또는 외국인과 직접 만나고 토론과 생활을 함께하고 외국인을 통해 타 문화에 접하는 것은 의의가 매우 크다고 할 수 있다. 청소년 국제교류는 책과 영상 수준이 아니고 색다른 문화권의 사람들과 직접 접하기 때문에 상호 공통성을 쉽게 발견하게 된다. 그러므로 경우에 따라서는 지속적인 교류관계로까지 발전하기도 한다. 나아가 서로 다른 문화를 접하면서 문화상대주의 입장에서 각국의 문화를 존중하는 의식도 키우게 된다.

청소년들은 국제교류활동을 통해 지구의 문제들에 대해 각자의 의견을 교환하고 각국의 현실을 알려줌으로써 우리 인류는 서로 협력해야만 한다는 것을 더욱 실감하게 될 것이며 따라서 우리 사회는 청소년들이 세계시민의 관점에서 생각하고 행동할 수 있는 열린 마음과 문화의식을 지니고, 세계화 시대를 주도적으로 이끌어 가는 능력을 갖추도록 돕기 위해서 청소년들의 삶에 바람직한 변화의 영향을 미칠 수 있는 국제교류 경험 기회의 제공을 위한 사회의 실제적인 노력이 수반되어야 할 것이다. 특히 국가의 미래를 책임질 청소년들의 국제교류는 다른 어떤 분야의 국제교류보다도 중요한 의미를 지닌다고 볼 수 있다. 청소년 국제교류는 단순한 청소년 육성활동의 의미를 넘어서 국가의 미래가 달려 있는 일이라 할 수 있다.

2) 청소년욕구의 다변화 반영

청소년 국제교류는 사업명대로 세계를 대상으로 하는 청소년 교류활동이다. 이 세계에는 200여 개국이 넘는 국가가 존재하고 있으며 각각의 나라별로 그 문화와 생활양식이 달라 국제교류는 참으로 다양한 활동내용과 프로그램이 존재할 수 있다. 따라서 어느 나라와의 전략적 제휴를 통해 교류활동을 하느냐에 따라 추구하는 목표와 그에 따른 기대효과가 다를 수 있기에 청소년들의 욕구를 반영한 국제교류활동을 마련하여 청소년들에게 최적의 국제활동 효과를 전달해 주는 것은 무엇보다 중요하다.

이와 관련하여 최근의 청소년들의 문화적 동향과 관심사를 살펴보면 그 배후엔 이웃나라 일본의 문화가 미치는 영향이 결코 작지 않다. 요즘 청소년들은 휴대폰과 pmp, mp3 같은 휴대용 전자기기를 통해 수많은 일본의 드라마와 대중가요를 접하고 있으며 일본 청소년에 비해 결코 정보수집능력이 부족하지 않다. 우리 사회 TV와 라디오, 영화에서는 수많은 일본 문화 콘텐츠들이 활용되고 있고, 일본의 역사왜곡과 같은 민감한 문제들과 그에 대해 출제되는 다양한 시험과 논술문제 때문에라도 청소년들이 대중매체 속에서 접하게 되는 일본의 다양한 소식들은 참으로 무궁무진하다.

따라서 우리나라 청소년들에게 다양한 방면으로 영향을 미치는 일본에 대해 보다 현실적이고 체험적으로 경험할 수 있는 국제교류 프로그램은 무엇보다 필요하다. 다양한 대중매체와 문화 속에서 여과없이 다가가는 일본문화에 대해 보다 현실적이고, 실체적으로 그리고 비판적으로 바라볼 수 있는 기회를 제공함과 동시에 글로벌 시대에 그러한 능력을 함양하는 것은 이제 청소년들에게 절대적으로 필요하기 때문이다.

3) 국제교류의 한계와 해결방안

현재 우리나라에는 일본을 대상으로 국가 차원에서부터 민간교류까지 다양한 형태의 국제교류활동이 진행되고 있다. 하지만 교류활동의 내용을 살펴보면 많은 형태의 활동이 일본을 방문하여 일본의 다양한 문화를 경험하고 현지 청소년들과 홈스테이 및 문화교류를 하는 방일 교류활동이며 그 외 상호 캠프 및 봉사활동, 사회적 현안에 대해 토론하는 워크숍 형태의 교류활동이 진행되고 있다. 이러한 면을 보면 매우 활발하게 국제교류활동이 진행되고 있는 것 같지만 실상 그 내막을 살펴보면 일반 청소년들이 참여하기에는 너무나 높은 벽과 한계가 존재하고 있다.

먼저 일본을 방문하는 형태의 교류활동은 청소년들에게는 부담스러운 비용이 발생하며 비용을 보조받고 가는 경우 엄청난 경쟁률을 이기고 선발될 때만 참여할 수 있는 경쟁적인 상황이 발생한다. 또한 방일 교류활동의 경우 대부분 일정한 틀에 맞추어 활동하는 기계적인 교류활동으로 일본의 청소년들과 상호 현실적이며 내실 있는 교류활동을 경험하기에는 다소 무리가 있다.

따라서 중구청소년수련관에서는 청소년들의 비용부담을 완화하고, 누구나 참여할 수 있으며 양 국가 청소년 간 상호 실체적인 교류활동을 경험할 수 있는 기회 제공을 위해 일본 청소년을 한국으로 초청하여 한국가정에서 홈스테이를 하며 다양한 문화체험을 하는 '방한 국제 홈스테이 교류'사업을 추진하였다. 방한 홈스테이 교류활동은 우리 청소년들이 일본의 문화를 직접적으로 경험할 수 없는 제한사항이 있지만 일본 청소년은 한국의 생활문화와 양식에 대해 무엇보다 현실적으로 경험할 수 있으며, 한국 청소년의 경우 일본 학생의 생활습관과 양식에 대해 경험할 수 있는 보다 실체적인 교류활동이 가능하기 때문이다. 또한 한국 청소년은 자신의 집에서 일본 청소년과 함께 생활하면서 청소년 시기 올바른 성장에 중요한 또래친구를 사귈 수 있으며 글로벌 시대 국제친구와 함께 우정을 경험할 수 있는 더없이 중요한 교류활동의 기회를 가질 수 있다. 마지막으로 일본 청소년의 생활문화를 바로 옆에서 지켜볼 수 있으며 의사소통이 가능할 경우 관심분야에 대한 질의와 토론까지 가능해 일본문화와 일본이라는 나라에 대해 간접체험이지만 보다 현실적인 정보획득을 할 수 있어 글로벌 시대 세계시민의식을 함양하는 데 더 없이 필요한 사업이라 할 수 있다.

4) 청소년 국제교류 활동내용 및 프로그램 구성

(1) 국제문화체험활동

청소년 국제교류문화활동 프로그램의 평가지표를 설정하기 위해 먼저 문화활동 프로그램의 유형을 탐구하는 것이 필요하다.

청소년 국제교류활동과 연계된 문화활동 프로그램은 <표 6-2>에서 보는 바와 같이 세계문화유산답사, 지역문화유산답사, 유적지 트래킹, 시내 트래킹, 문화강좌, 전통공연관람, 전통예술교습 등 7개 프로그램으로 유형화할 수 있다.

첫째, 세계문화유산답사 프로그램은 세계문화유산이 있는 유적지에서 이루어지는 활동으로 세계문화유산으로 지정된 유적지를 방문하여 문화적 가치를 탐구하고 체험하는 활동이다. 이 프로그램은 청소년에게 문화적 식견과 마인드를 요청하며, 타 문화를 이해하고 수용할 수 있는 국제적 감각을 길러줄 수 있다.

〈표 6-2〉 국제문화체험활동 프로그램

프로그램	활동내용	활동장소
세계문화유산답사	세계문화유산으로 지정된 유적지를 방문해 문화적 가치를 탐구	세계문화유산 유적지
지역문화유산답사	방문지역의 문화유적지를 방문해 역사적 가치를 탐구	지역 유적지
유적지 트래킹	2시간 이상 도보여행이 가능한 유적지에서 트래킹	유적지
시내 트래킹	시내 곳곳을 트래킹함으로써 생활문화 접촉	시내 도심지역
문화강좌	방문국가의 역사와 문화에 대한 강의	유적지 또는 강당
전통공연관람	민속무용이나 민속극 등 전통문화 공연관람	공연장
전통예술교습	전통음악이나 무예, 공예 등 전통예술교습	교습소 또는 강당

둘째, 지역문화유산답사 프로그램은 교류하고자 하는 해당 국가의 지역유적지를 방문하여 역사적·문화적 가치를 탐구하고 체험하는 활동이다. 청소년은 이 프로그램을 통해 교류하는 대상국가의 문화를 깊이 있게 이해하고 조사할 수 있어야 하며, 해당 지역의 유적지를 통해 인류동반의식을 갖는 것이 필요하다.

셋째, 유적지 트래킹 프로그램은 특별한 장비나 준비된 도구 없이 가벼운 마음으로 교류국가의 유적지를 돌아보며 체험하는 활동이다.

넷째, 시내 트래킹 프로그램은 방문국가의 도심지역에서 다양한 볼거리를 체험하기 위해 특별한 장비나 준비된 도구 없이 가벼운 마음으로 돌아보고 체험하는 활동이다.

다섯째, 문화강좌 프로그램은 방문국가의 문화와 역사를 종합적으로 이해할 수 있는 강연을 집단적으로 청취하는 체험이다. 청소년은 방문국가에 대한 높은 호기심과 애착을 가지고 있어야 한다.

여섯째, 전통공연관람 프로그램은 방문국가에서 자국의 전통과 역사를 홍보하고 보급하기 위해 준비한 민속무용이나 민속극 등을 공연장에서 체험하는 활동이다.

일곱째, 전통예술교습 프로그램은 방문국가의 전통음악이나 무예, 그리고 공예 등에 대해 직접 교습을 받으며 체험하는 활동이다.

(2) 국제 청소년자원봉사활동 프로그램

국제 청소년자원봉사활동 프로그램의 평가지표를 설정하기 위해서는 먼저 봉사활동 프로그램의 유형을 탐구하는 것이 선결되어야 할 것이다.

국제 청소년자원봉사활동 프로그램은 <표 6-3>에서 보는 바와 같이 의료지원활동, 교육지원활동, 마을개발활동, 지역사회개발활동, 사회복지사업 참여활동, 환경보호활동, 영농기술보급활동, 구호품지원활동 등 8개의 프로그램으로 유형화할 수 있다.

〈표 6-3〉 국제 자원봉사활동 프로그램

프로그램	활동내용	활동장소	대상국가 (기존 활동국)
의료지원 활동	환자의 간호, 간병활동(식사, 세면 및 목욕, 용변보조 등)	보건소 및 병원	인도, 케냐, 볼리비아, 태국, 프랑스, 캄보디아
교육지원 활동	유치원생 및 초등학생을 대상으로 레크리에이션, 율동 및 놀이마당, 미술활동, 컴퓨터, 타자(기술교육), 운동회, 학예회 보조, 세안 및 목욕(위생교육), 급식보조 등	유치원, 초·중·고등학교	인도, 케냐, 볼리비아, 태국, 캄보디아
마을개발 활동	건축공사 현장(병원, 학교, 유치원 등)지원, 식수개발, 흙집 짓기, 처마 고치기, 나무 심기, 텃밭 가꾸기 등	마을현장	동남아시아
지역사회 개발활동	운하보수작업, 수로시설 및 도로, 전기공사 작업보조	작업현장	영국, 볼리비아
사회복지사업 참여활동	장애인, 노인, 불우청소년 등 소외계층을 위한 생활보조, Day Trip 동행, 레크리에이션 활동 등	장애인복지센터, 노인복지센터 등	영국, 필리핀, 몽골, 남미
환경보호 활동	붉은 사슴 등 자생종 보호, 생태계 보호, 열대림 보호, 공원 내 자연보호활동, 파지 등 생활용품 재활용 활동	국립공원, 밀림지역 등	아일랜드, 남미 및 아프리카
영농기술 보급활동	황폐화된 농지개간 작업, 영농기술의 보급을 통한 농산물 수확활동(벼, 채소, 과일 등), 축산농장의 대량화, 지뢰제거 작업 등	정글 및 오지지역	볼리비아, 캄보디아
구호품 지원활동	의류, 식량 등 구호품 지원, 자립을 위한 차량지원 등	제3세계	몽골, 태국, 중국 조선족

첫째, 의료지원활동은 인도, 케냐, 볼리비아, 태국, 프랑스, 캄보디아 지역의 보건소와 병원에서 환자를 간호하고, 환자의 일상생활을 간병하는 활동, 즉 식사, 세면 및 목욕, 용변보조 등을 지원하는 활동을 수행하였다.

둘째, 교육지원활동은 인도, 케냐, 볼리비아, 태국, 캄보디아 지역의 유치원 및 초·중·고등학교에서 유치원생과 초등학생을 대상으로 레크리에이션, 율동 및 놀이마당, 미술활동, 컴퓨터, 타자(기술교육), 운동회, 학예회 보조, 위생교육, 급식보조 등의 활동을 수행하였다.

셋째, 마을개발활동은 인도, 케냐, 볼리비아, 태국, 캄보디아 지역의 마을 단위에서 병원, 학교, 유치원을 건축하는 공사현장 보조, 식수개발, 흙집 짓기, 처마 고치기, 나무 심기, 텃밭 가꾸기 등의 활동을 수행하였다.

넷째, 지역사회개발활동은 영국과 볼리비아 지역의 작업현장에서 운하보수 작업, 수로시설 및 도로, 전기공사 작업보조 등의 활동을 수행하였다.

다섯째, 사회복지사업 참여활동은 영국, 필리핀, 몽골, 남미 지역의 장애인 복지센터와 노인복지센터에서 생활보조활동, Day Trip 동행, 레크리에이션 활동 등을 수행하였다.

여섯째, 환경보호활동은 아일랜드, 남미 및 아프리카 지역의 국립공원과 밀림지역 등에서 붉은 사슴 등 자생종 보호활동, 생태계 보호활동, 열대림 보호활동, 공원 내 자연보호활동, 생활용품 재활용 활동 등을 수행하였다.

일곱째, 영농기술보급활동은 볼리비아와 캄보디아 지역의 정글 및 오지에서 황폐화된 농지개간 작업, 영농기술의 보급을 통한 농산물 수확활동(벼, 채소, 과일 등), 지뢰제거 작업활동 등을 수행하였다.

여덟째, 구호품 지원활동은 몽골, 태국, 중국 지역에서 해당 국가의 주민과 조선족을 대상으로 의류, 식량 등 구호품 지원활동과 자립을 위한 차량지원 등을 실시하였다.

이상의 국제청소년자원봉사활동 프로그램은 청소년의 건전한 성장과 발달에 크게 기여할 뿐만 아니라 국제자원봉사활동을 통해 ① 국가 간의 상호의존과 공존의 인류공동체 의식을 형성하게 하고, ② 타 국가의 문화와 민족성을 인정하는 문화상대주의와 호혜정신을 갖게 되며, ③ 국가 간의 평화를 중시하는 인도주의 사상을 습득하게 된다.

(3) 해외체험 프로그램

오지탐험 및 심신단련 프로그램의 평가지표를 설정하기 위해서는 먼저 오지탐험 및 심신단련 프로그램의 유형을 탐구하는 것이 선결되어야 할 것이다. 청소년국제교류활동 프로그램과 연계한 오지탐험 및 심신단련 프로그램은 <표 6-4>에서와 같이 오지탐험, 트레킹, 오리엔티어링, 로프코스, 암벽등반, 마운틴바이킹, 급류타기, 번지점프, 철인삼종경기, 비치발리볼, 스노클링 등 11개의 프로그램으로 유형화할 수 있다.

첫째, 오지탐험 프로그램은 모험활동을 특성화하고자 하는 것으로 현대 문명이 들어가지 않은 단절된 세계, 미지의 세계, 자연의 세계, 토속의 문화지역에 청소년이 들어가 체험하도록 구성된 프로그램을 말하며, 오지 자연환경탐사, 오지주민을 위한 봉사활동, 오지마을 생활문화탐사, 오지영상 및 사진 전시회, 강을 따라가는 오지탐험, 산을 따라가는 오지탐험, 오지 가족캠프 등이 있다.

둘째, 트레킹(trekking) 프로그램은 남아프리카 원주민들이 달구지를 타고 정처 없이 집단 이주한 데서 유래한 것으로 목적지가 없는 도보여행 또는 산·들과 바람 따라 떠나는 사색여행을 말한다. 청소년이 오지탐험을 위해 밀림지역의 등산로를 특별한 장비 없이 가벼운 마음으로 걷는 활동으로 보통 4시간 정도 소요되는 활동이며, 자연보호를 중시하는 활동이기도 하다.

셋째, 오리엔티어링(orienteering) 프로그램은 자연의 산야·숲 등의 코스에서 지도와 나침반만을 사용하여 몇 개의 정해진 지점을 거쳐 목적지에 빨리 도착하는 것을 겨루는 프로그램으로 청소년들이 익숙하지 않은 오지를 탐험하면서 심신을 단련시키는 활동이다.

넷째, 로프코스 체험 프로그램은 험준한 산악지역의 계곡을 줄을 이용해 건너가는 활동으로 청소년에게 심신을 단련할 수 있는 좋은 기회를 제공한다.

다섯째, 암벽등반 프로그램은 산악지역에서 험준한 암벽을 준비된 장비를 가지고 올라가는 활동으로 청소년에게 강한 체력을 요구할 뿐만 아니라 상당한 집중력과 모험심, 그리고 협동심이 요청되는 종합스포츠이며 심신단련 활동이다. 가파른 산길, 덤불 숲, 웅덩이, 진흙길 등 자연림을 탐험하는 것으로 청소년의 심신단련에 유익한 활동이다.

〈표 6-4〉 해외체험 프로그램

프로그램	활동내용	활동장소
오지탐험	인적이 드문 오지를 대상으로 오지 자연환경탐사, 봉사활동, 생활문화탐사 등을 체험하고 탐험한다.	밀림, 산악
트레킹	밀림의 등산로를 특별한 장비 없이 가벼운 마음으로 걷는 운동이다. 특별한 목적지를 정하지 않는다.	밀림
오리엔티어링	나침반과 지도를 가지고 밀림지역을 탐험한다.	밀림
로프코스	계곡을 줄을 이용해 건너가는 활동이다.	산악
암벽등반	암벽등반은 체력을 요구할 뿐 아니라 상당한 집중력과 모험심, 그리고 협동심을 요구한다.	산악
마운틴바이킹(산악자전거)	산악자전거를 타고 가파른 산길, 덤불 숲, 웅덩이, 진흙길 등 자연림을 탐험한다.	산악
급류타기	고무보트를 이용해 계곡을 내려온다. 스릴과 모험심을 느끼게 해준다.	계곡
번지점프	높은 곳에서 뛰어내리는 스포츠로 체력과 담력을 기른다.	계곡
철인삼종경기	수영과 사이클, 그리고 달리기로 구성된 스포츠 형태로 인간의 한계 극복을 시험해 보는 스포츠 활동이다.	해양
비치발리볼	해변에서 할 수 있는 스포츠로 모래사장에서 하기 때문에 육체적인 힘이 훨씬 더 든다.	해양
스노클링	간단한 장비만을 가지고 얕은 물에 잠수하여 수중세계의 신비함을 즐기는 레저 스포츠이다.	해양

여섯째, 산악자전거 체험 프로그램은 산악자전거를 이용하여 지점(포스트)을 거쳐 빨리 목적지에 도착하는 것을 겨루는 프로그램으로 청소년이 익숙하지 않은 오지를 탐험하면서 심신을 단련하는 활동을 전개한다.

일곱째, 급류타기 프로그램은 팀을 구성해 고무보트를 타고 계곡 및 협곡의 급류를 타고 목적지까지 도착하는 체험활동으로 스릴과 모험심은 물론이고 협동심이 강조되는 집단체험활동이다.

여덟째, 번지점프 프로그램은 높은 지역의 고도를 이용하여 사전에 마련된 시설과 장비를 통해 아래로 뛰어내리는 체험활동으로 청소년에게 강한 체력과 담력을 기르도록 하는 활동이다.

아홉째, 철인삼종경기 체험 프로그램은 수영, 사이클, 달리기로 구성된 스포츠의 형태로 청소년이 인간의 한계를 극복할 수 있도록 하는 것으로 청소년에게 체육적인 특기와 인내, 그리고 강인한 체력을 요청하는 체험활동이다.

열째, 비치발리볼 체험 프로그램은 해변에서 이루어지는 스포츠경기로 비치발리볼을 이용해 일정한 규칙에 따라 전개되는 활동으로 청소년들에게 강인한 체력과 협동심을 요구한다.

열한째, 스노클링 체험 프로그램은 스노클을 사용하여 강과 바닷속을 구경하는 일종의 수상스포츠로 특정한 기술을 요하는 것은 아니지만 최소한의 수영 능력과 기본 장비를 다루는 법은 알고 있어야 한다. 청소년은 이러한 체험을 통해 수압에 맞추어 자신의 몸을 조절하는 능력을 길러야 하고, 수중세계의 신비함에 대한 호기심을 가지고 있어야 한다.

5) 청소년수련활동 인증제도의 운영현황

(1) 인증제도의 개념 및 추진 배경

청소년수련활동인증제는 청소년활동진흥법 제35조에 따라 국가 및 지방자치단체 또는 개인 · 법인 · 단체 등이 실시하고자 하는 청소년수련활동 프로그램을 인증하고, 인증수련활동에 참여한 청소년의 활동기록을 유지 · 관리 · 제공하는 청소년수련활동에 대한 국가인증제도이다.

청소년수련활동인증제(이하 인증제) 실시의 근본 목적은 "국가가 청소년수련활동의 공공성과 신뢰성을 인증함으로써 청소년활동정책의 실효성을 제고"하는 것이다. 이를 실현하기 위한 구체적인 방안으로 ① 청소년교육·사회적 환경 변화에 따른 양질의 청소년활동 정책과 참여기회 제공, ② 다양한 청소년활동 정보제공 및 청소년활동 참여 활성화, ③ 자기 계발 및 진로 모색 등에 활용 가능한 기록 제공, ④ 안전하고 질 높은 청소년활동 등을 제시하고 있다. 또한 구체적인 추진배경은 ❙그림 6-2❙와 같이 청소년의 사회문화적 역량개발과 청소년의 다양한 요구에 부응하는 청소년활동기반을 강화하는 데 있다. 또한 양질의 프로그램 제공을 통하여 모두가 신뢰하고 이용할 수 있도록 하는 데 목적이 있다.

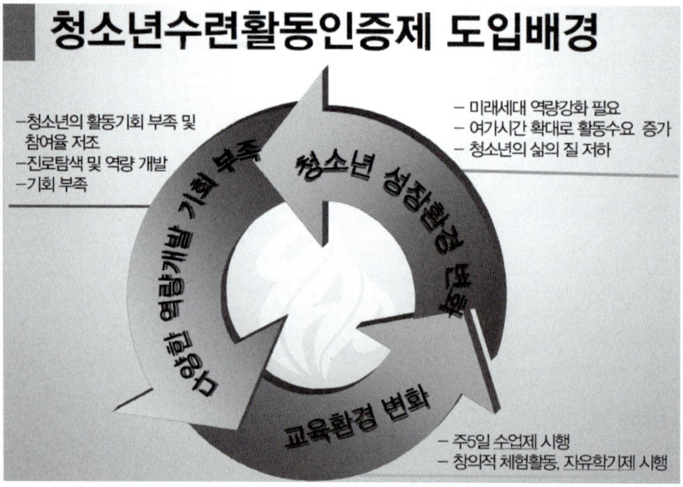

|그림 6-2| 청소년수련활동인증제 추진배경

(2) 추진경과

청소년수련활동인증제는 청소년활동진흥법 제35조와 제37조에 근거를 두고, 2005년 3월 18일에 동법 시행령의 공포로 구체적 시행방안이 제시되었으며, 시범 적용과정을 거쳐 2006년부터는 본격적으로 실시되었다. 인증제가 법률에 근거하고 있다는 것은 그 제도의 도입취지에 따른 사회적 공공성과 이를 확보하기 위한 비용지출에 대한 범사회적 공감대가 처음부터 안정적으로 공유되어 있다고 할 수 있다. 또한 2013년 7월 22일 법령개정에 따라 일정 규모 이상이거나 위험도가 높은 청소년활동에 대해서는 사전에 인증을 받도록 함으로써 인증제도가 청소년활동 안전에 대한 일정 부분 기능을 담당할 수 있도록 하고 있다. 현재 인증제도는 위원장을 포함한 15인의 위원으로 청소년수련활동인증위원회를 구성하여 운영에 관한 주요 결정(인증심의 등)을 담당하고 있다. 또한 청소년수련활동 인증심사를 하기 위하여 인증심사원 운영규정을 제정·유지하고 있다. 인증제 추진경과의 주요 내용은 <표 6-5>와 같다.

〈표 6-5〉 청소년수련활동인증제 추진경과(출처 : 한국청소년활동진흥원, 2016)

□ 운영 경과
- '04년 청소년수련활동인증제 관련법령 제정
- '06년 인증심사원 선발(1기 93명/ 2기 99명) 및 인증제도 시행(79건 인증)
- '07년 인증심사원 선발(3기 91명) 및 국제청소년활동 인증기준 개발
- '08년 활동영역별 효과성 측정지표 개발(7개 영역 127개 지표)
- '10년 프로그램 질적 수준 제고를 위한 인증기준 강화
- '12년 인증심사원 선발(4기 41명) 및 인증제도 활성화방안 연구
- '13년 인증제도 활성화를 위한 운영규정 개정(인증기준 현실화 및 관리체계 강화)
- '14년 청소년활동진흥법 개정 및 운영규정 개정(인증을 받아야 하는 대상 관련 등)
- '15년 전문성 강화 및 참여기반 확대를 위한 운영규정 개정(심사원 규정 제정 등)

청소년수련활동인증위원회에서는 인증수련활동 영역을 건강・보건활동, 과학정보활동, 교류활동, 모험개척활동, 문화예술활동, 봉사활동, 자기(인성)계발활동, 직업체험활동, 환경보존활동 등 9가지로 규정하여 분류하고 있다. 이를 표로 나타내면 다음의 <표 6-6>과 같다

〈표 6-6〉 인증수련활동 활동영역

활동영역	영역별 활동 예시
건강・보건활동	신체단련활동, 약물예방활동, 흡연・음주・약물・비만 예방활동, 안전・응급처치활동, 성교육활동 등
과학정보활동	모형 및 로봇활동, 인터넷활동, 우주천체활동, 정보캠프활동, 영상매체활동 등
교류활동	청소년국제교류활동, 남북청소년교류활동, 도농간 청소년교류활동, 국제이해활동, 다문화이해활동, 세계문화비교활동, 한민족청소년캠프 등
모험개척활동	탐사・등반활동, 야영활동, 해양활동, 오지탐사활동, 극기훈련활동, 호연지기활동, 수상훈련활동, 한국의 산수 탐사활동, 안전지킴이활동 등
문화예술활동	지역문화, 세계문화, 대중문화, 역사연극활동, 어울마당, 전통예술활동 등
봉사활동	일손돕기활동, 위문활동, 지도활동, 캠페인활동, 자선・구호활동, 지역사회개발 및 참여활동 등
자기(인성)계발활동	표현능력개발 수련활동, 자기탐구활동, 자기존중감 향상 프로그램, 자기표현활동, 심성수련활동 등
직업체험활동	청소년모의창업, 경제캠프, 사회생활기술, 진로탐색 활동, 직업현장 체험 등
환경보존활동	생태활동, 환경탐사활동, 자연지도 만들기, 숲체험, 환경음식 만들기, 환경살리기 활동, 환경・시설 보존활동 등

인증제 운영은 인증신청 컨설팅에서 심사, 심의, 사후관리 등으로 이루어져 있으며 관련한 인증제 운영프로세스는 <표 6-7>과 같다.

〈표 6-7〉 인증제 운영 프로세스

구 분	인증심사 · 심의 운영						
절 차	인증 신청	형식요건 검사	인증심사 (현장방문)	심사검토	인증심의	인증고시	심사원 관리
주요 내용	신청서 작성	제출서류 누락확인	인증기준 부합 여부 확인	심사결과 검토	인증가부 등 심의 · 의결	인증결과 고시 문서알림	심사평가 선발 교육 · 연수
운영주체	신청자	신청자 시도센터	인증심사원 (진흥원)	진흥원	인증위원회	진흥원	

구 분	인증수련활동 사후관리						교육 및 홍보	
절 차	실시통보	변경 승인	이행확인		활동기록	연 장	교육 및 홍보 운영	
주요 내용	최초활동 이후 실시일자 통보	변경사항 사전 승인	인증심사원 현장심사	운영기관 자체점검	활동종료 후 참여청소년 기록 등록	유효기간 연장 신청 · 심사	대상자별 홍보	대상자별 교육
운영주체	(신청) 운영기관, (승인) 진흥원		(신청) 운영기관/ (심사) 심사원 (확인) 진흥원				진흥원 시도센터	

인증제는 2016년 7월 말 현재까지 총 5,915건이 인증되었으며, 902개의 기관이 인증프로그램을 운영 중에 있다. 현재 안전하고 질 높은 프로그램 제공을 위해 이행심의, 현장방문 등의 현장심사를 누적 4,614건 진행하고 있다. 인증수련활동의 운영현황은 다음과 같다.

• 인증 신청 및 심사 현황

('16.7월 말 기준, 단위 : 건)

구 분	합 계	'06년	'07년	'08년	'09년	'10년	'11년	'12년	'13년	'14년	'15년	'16년
인증 신청	9,276	132	352	508	348	340	329	276	1,291	2,895	2,026	779
인증 건수	5,915	79	284	443	255	266	242	212	783	1,553	1,301	497
현장 방문	1,308	–	–	–	2	–	6	10	85	589	875	394

출처 : 한국청소년활동진흥원(2016).

• 인증제 사후관리 현황

('16.7월 말 기준, 단위 : 건)

구 분	합 계	'06년	'07년	'08년	'09년	'10년	'11년	'12년	'13년	'14년	'15년	'16년
이행 심사	2,653	12	65	86	89	66	132	171	181	480	1,018	353

출처 : 한국청소년활동진흥원(2016).

• 인증프로그램 운영기관(902개 기관)

('16.7월 말 기준, 단위 : 건)

국가/ 지자체	기타 공공 기관	청소년수련시설						청소년 단체	청소년 이용 시설	청소년 보호복지 시설	학교/ 교육청	일반	합계
		특화 시설	수련관	수련원	문화의 집	야영장	유스 호스텔						
4	34	2	141	136	101	46		24	37	15	11	351	902

출처 : 한국청소년활동진흥원(2016).

• 지역별 · 기관유형별 현황

('16.7월 말 기준, 단위 : 건)

구 분	서울	인천	대구	부산	광주	대전	울산	경기	강원	충북	충남	전북	전남	경북	경남	제주	세종	합계
국가지자체	1	1										4	1					7
기타공공	20			6		1	1	16	6	2	2	3	8	3	2			70
보호복지	15		1		1			3		5		2	2	3				32
유스호스텔	7	11		14				57	82	5	20	23	7	20	26			272
이용시설	18	3			6			56	20	12		6	1	1	2		2	127
일 반	347	15	17	13	31	20	12	252	95	29	36	66	20	60	27	6	10	1,056
청소년단체	29	2		1	2	1	1	15	2	2		1	3	4	4		1	68
청소년 문화의집	14	39	6	19	7	20	19	86	26	2	29	7		6	8	10	2	300
청소년수련관	136	38	29	54	11	5	8	110	40	16	40	23	41	22	99	6	1	679
청소년수련원	8	77	30	26	11	25		316	106	154	109	124	87	109	154	11		1,347
청소년야영장								25	5						4			34
청소년 특화시설	1							6										7
학교교육청	2		2	1				2	2		41		2	1		1		54
총 합계	598	186	85	134	69	72	41	944	384	227	277	259	172	229	326	34	16	4,053

출처 : 한국청소년활동진흥원(2016).

(3) 인증제도의 기대효과

① 인증받지 않은 프로그램과의 차별성

㉠ 인증받은 청소년활동과 인증받지 않은 청소년활동의 구별 : 청소년활동진흥법 제38조에서는 '인증받지 않은 활동의 경우에는 수련활동 또는 유사명칭을 사용하여서는 안된다'고 하여 인증받은 활동과 그렇지 않은 활동이 명칭에서부터 구별되도록 하고 있다.

㉡ 인증마크 사용 : 인증받은 활동은 인증마크를 부착·사용할 수 있도록 하여 청소년이 프로그램을 선택할 때 프로그램 인증 여부를 확인할 수 있도록 하였다.

② 프로그램 운영의 질적 관리

㉠ 인증받은 활동 프로그램은 인증사항을 이행하면서 운영한다.

- 인증받은 활동 프로그램은 인증요소에 대하여는 일정 수준 이상에 도달한 것임을 이미 확인받은 것이며, 관련 법령에서는 현장방문 등 인증사항의 이행 여부를 확인할 수 있다.
- 인증위원회는 인증사항 이행 여부 확인 결과 이상이 발견된 경우, 인증받은 프로그램 운영자에게 보완 또는 시정을 서면으로 지시하고, 이 지시를 받은 프로그램 운영자는 14일 이내에 해당 사항에 대한 조치내용을 인증위원회에 보고해야 한다.

㉡ 인증자격을 유지하기 위한 노력이 필요 : 인증위원회는 부정한 방법으로 인증을 받거나 사회통념상 현저한 인증 취소사유가 발생한 경우에는 그 인증을 취소할 수 있다.

㉢ 인증받은 내용을 실행하지 않거나 인증받은 사항과 다르게 프로그램을 운영할 경우, 인증신청 및 운영 등이 제한된다.

③ 청소년활동 정보 제공

청소년의 체험활동 기회 확보를 위해 국가로부터 인증받은 양질의 청소년 수련활동 프로그램 관련 내용을 제공하는 대국민 서비스이다.

㉠ 인증제에서는 청소년들이 자기계발과 진로모색에 활용 가능한 신뢰할 수 있는 자료를 제공할 수 있도록 수련활동의 내용을 기록·유지·관리하게 되며 기록은 지속적으로 누가되어 '활동기록확인서' 형태로 관리되고 청소년의 요구에 따라 발급한다.

㉡ 활동기록부는 청소년의 진학 및 취업 시 활용 가능한 자료가 될 수 있도록 법에서 정한 요건에 맞추어 기록·유지·관리·발급하는 객관적이고 공신력 있는 자료이다.

㉢ 활동기록부는 청소년이 진로를 모색하고 결정하는 시점에 '자신이 지금껏 해왔던 다양한 활동경험을 소개하는' 포트폴리오 형태의 자료를 만들 수 있게 한다.

㉣ 수련활동을 실시한 개별기관은 참여자들에게 수련활동 종료 시 수련증, 확인서 등 기관 자체의 기준에 따라 해당 청소년의 참여에 대한 활동 증빙자료를 제공할 수 있다.

㉤ 인증받은 프로그램에 대한 정보는 청소년활동정보서비스(http://www.youth.go.kr)을 통해 제공받을 수 있다.

요 약

청소년수련활동인증제는 청소년에게 안전하고 질 높은 프로그램을 제공하기 위해 운영되고 있으며, 이를 위해 인증기준을 제시하고 현장점검을 진행함으로써 대국민의 신뢰성을 강화하고자 한다. 또한 청소년은 자신이 참가한 인증수련활동에 대해 활동기록을 제공받을 수 있다.

[별첨 1] 인증제 운영절차

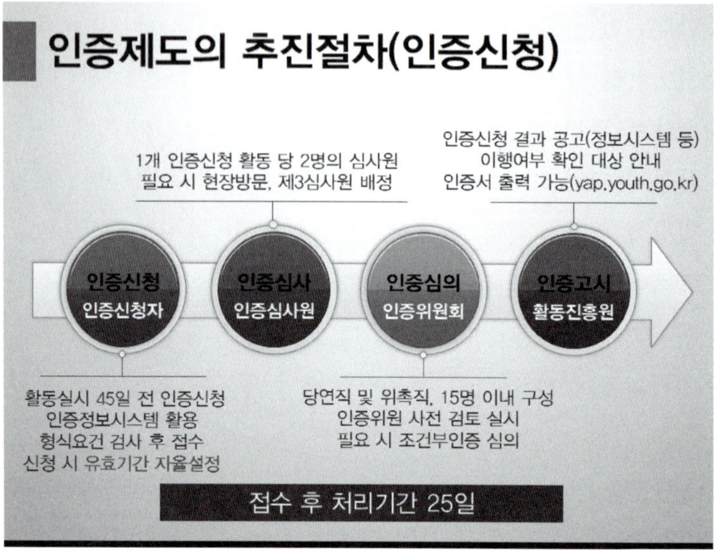

[별첨 2] 인증마크

YOUTH ACTIVITY PROGRAM
인증
Since 2006
청소년수련활동인증위원회

청소년수련활동인증제

[별첨 3] 인증기준

- 유　　형 : 활동프로그램의 형태에 따라 일반형, 숙박형, 이동형으로 구분
- 공통기준 : 6개 기준
- 개별기준 : 2개 영역(숙박형 3개, 이동형 5개)

<table>
<tr><th>활동유형</th><th>인증기준</th><td rowspan="4">인증을 받아야 하는 활동(일정 규모 이상, 위험도가 높은 활동)의 경우 특별기준 2개 추가 적용</td></tr>
<tr><td>일반형</td><td>공통기준 6개</td></tr>
<tr><td>숙박형</td><td>공통기준 6개, 개별기준 3개</td></tr>
<tr><td>이동형</td><td>공통기준 6개, 개별기준 5개</td></tr>
</table>

인증기준별 구성항목

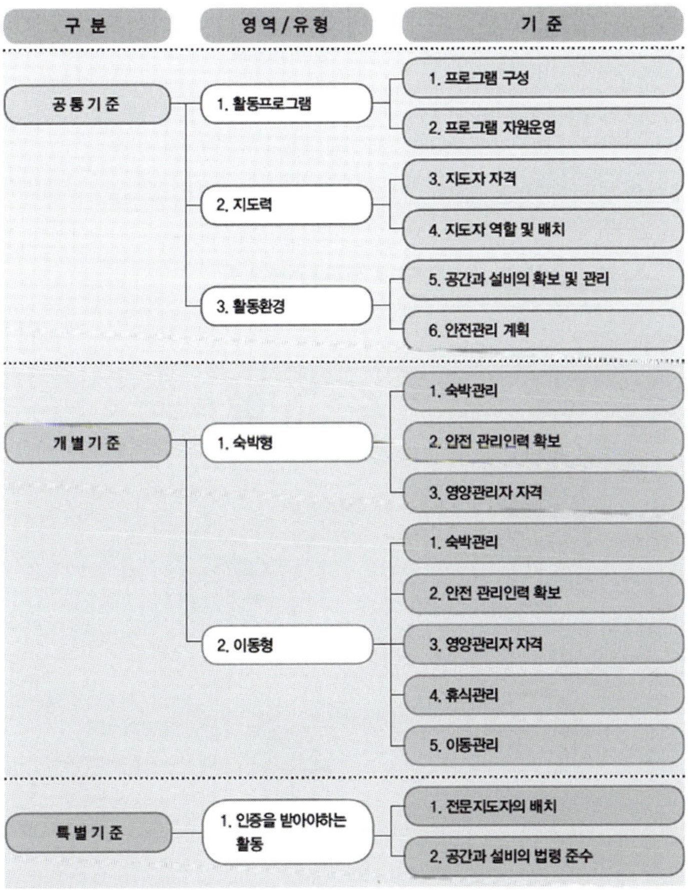

[별첨 4] 인증신청대상

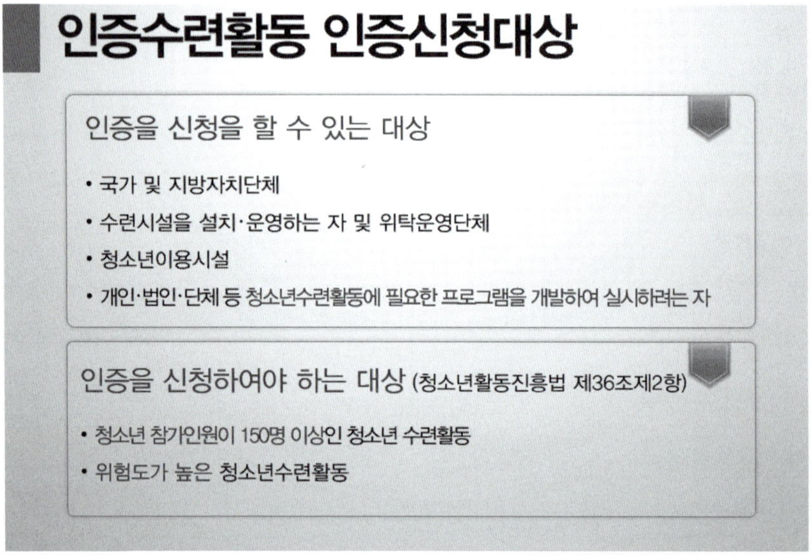

[별첨 5] 위험도가 높은 활동(의무인증 대상)

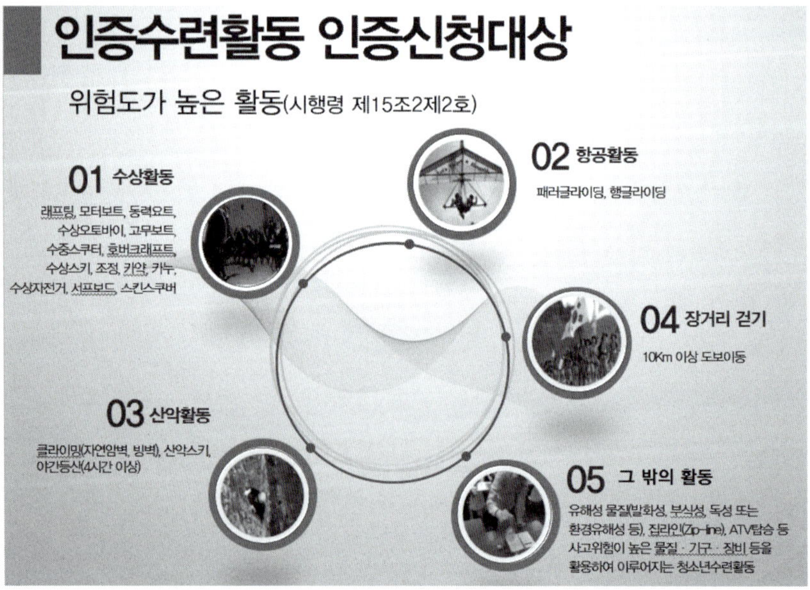

CHAPTER 07

청소년활동시설

1. 청소년활동시설의 개념
2. 청소년활동시설의 유형
3. 청소년활동시설의 설치 및 운영기준과 현황
4. 청소년활동시설의 운영실태와 개선방향

CHAPTER 07

청소년활동시설

개 요

청소년활동시설은 청소년육성정책이 국가정책으로 편입된 이후 정책과 제도의 관련성으로부터 도입된 개념으로서 청소년들의 긍정적 성장·발달과 성공적인 성인으로의 이행을 돕기 위한 여러 가지 시설과 설비를 갖추고 있는 공간을 의미한다. 청소년활동시설은 청소년수련시설과 이용시설로 구분하고 있다. 청소년수련시설은 수련활동에 필요한 여러 가지 시설, 설비, 프로그램 등을 갖추고 청소년지도자의 지도하에 조직적이고 체계적인 수련활동을 실시하는 시설로서 청소년수련관, 청소년수련원, 청소년문화의 집, 청소년특화시설, 청소년야영장, 유스호스텔로 유형을 분류한다. 청소년이용시설은 청소년수련시설이 아닌 시설로서 그 설치목적의 범위 내에서 청소년활동의 실시와 청소년의 건전한 이용 등에 제공하는 시설을 말하는 것으로 문화시설, 과학시설, 체육시설, 평생교육시설, 복시시설 등이 있다. 청소년활동시설의 설치와 운영 등은 일정한 법적 기준에 따라 설치·운영하여야 하며, 청소년활동시설은 청소년들의 사회화를 위해 매우 중요한 기능을 수행하는 공간으로서 이의 활성화를 위한 많은 노력이 요구되고 있다.

학습목표

1. 청소년활동시설의 개념을 이해한다.
2. 청소년활동시설의 유형을 구분하고 시설별 기능과 특성을 이해한다.
3. 청소년활동시설의 설치와 운영에 대한 법적 기준을 숙지한다.

주요 용어

청소년기본법/ 청소년활동진흥법/ 청소년활동시설/ 청소년수련시설/ 청소년이용시설/ 청소년수련관/ 청소년수련원/ 청소년문화의 집/ 청소년특화시설/ 청소년야영장/ 유스호스텔

1. 청소년활동시설의 개념

일반적으로 청소년활동시설은 청소년들의 긍정적 성장·발달과 성공적인 성인으로의 이행을 위해 제공되는 각종 장소와 시설·설비를 총칭하는 것으로 청소년육성정책이 국가정책으로 편입된 이후 정책과 제도의 관련성으로부터 도입된 개념으로 볼 수 있다. 그러나 또 다른 한편으로는 청소년활동시설이 청소년들의 조화로운 성장·발달을 장려하고 촉진하기 위한 수단적 공간으로서의 기능을 수행한다는 측면에서 청소년활동시설의 개념을 법적 개념과 기능적 개념으로 나누어 살펴보면 다음과 같다.

1) 법적 개념

1991년 한국 최초의 청소년장기발전계획이었던 "한국청소년기본계획"에서는 "오늘날의 청소년상을 덕·체·지의 조화로운 완성"으로 설정하였으며, 청소년상의 구현은 청소년수련활동이라는 수단을 통해서 이루고자 하였다. 수단적 성격의 청소년수련활동은 초기 청소년정책에서 매우 비중 있게 다루어진 중요한 부분으로 이를 보다 효과적으로 수행하고 광범위하게 적용할 수 있는 장소와 시설, 설비를 갖춘 청소년수련시설의 건립과 확충이 요구되었다. 이러한 배경과 과정을 거쳐 등장한 청소년수련시설의 정의는 구 청소년기본법 제3조 제5호에서 "청소년수련활동을 주된 목적으로 하는 시설"이라고 정의하였으나, 2004년 청소년 관련 법령체계의 정비를 통해 청소년시설 전반을 포괄하는 청소년시설에 대한 정의와 청소년활동시설에 관한 정의를 재정리하였다.

여기서 청소년시설은 청소년활동시설을 포괄하는 개념으로서 청소년기본법 제3조 제6호에서 "청소년시설이라 함은 청소년활동·청소년복지 및 보호에 제공되는 시설을 말한다"라고 규정함으로써 청소년정책 전반에 걸쳐 요구되는 시설을 명시하고 있다. 반면 청소년활동시설은 청소년활동에만 국한된 시설을 의미하는 것으로 청소년활동시설에 대한 정의는 청소년활동진흥법

제2조 제2호에서 “수련활동 · 교류활동 · 문화활동 등 청소년활동에 제공되는 제10조의 규정에 의한 시설을 말한다”라고 규정하고 있다. 청소년활동진흥법 제10조 규정은 청소년활동시설의 종류를 규정하는 것으로 청소년수련시설과 청소년이용시설로 구분하고 있으며, 청소년활동시설은 청소년수련거리 또는 청소년활동을 실시하거나 건전한 이용 등에 제공될 수 있는 시설과 설비를 갖추고 있는 공간을 규정하고 있다. 이상과 같이 청소년활동시설과 관련한 법적 정의들을 토대로 청소년활동시설의 법적 개념을 정리하면 청소년들의 균형 있는 성장을 위해 필요한 수련활동 · 교류활동 · 문화활동 등의 다양한 체험활동이 전개될 수 있도록 시설과 설비를 갖추고 청소년활동서비스를 제공하는 시설 또는 청소년활동과 건전한 이용 등에 제공할 수 있는 시설을 의미한다고 볼 수 있다.

2) 기능적 개념

기능의 사전적 의미는 “어떤 활동분야에서 그 구성 부분이 하는 구실 또는 역할과 작용”을 뜻하는 것으로 이를 청소년활동시설의 기능에 적용하면 ‘청소년활동시설이 수행하는 역할과 작용’으로 설명될 수 있을 것이다. 바꾸어 말하면 청소년활동시설이 어떤 역할을 수행하며, 그 작용은 어떤 것인가에 대한 것이다.

청소년활동시설의 기능은 청소년활동에 필요한 공간과 시설, 설비를 갖추고 청소년활동 프로그램과 전문적 지도능력을 갖춘 지도자 등에 의해 조직적이고 체계적으로 청소년에게 긍정적 성장 · 발달에 필요한 각종 청소년활동서비스를 제공하는 주된 기능을 비롯하여, 지역사회에서 다양하게 전개되는 각종 청소년 관련 사업이 효율적으로 전개될 수 있도록 하기 위한 구심적 역할과 조정의 기능, 생활지역 내 청소년들의 건전한 만남과 휴식, 생활진로에 필요한 다양한 정보의 습득과 생활중심의 건전한 대중문화를 형성하는 정보교류와 문화적 기능 등의 부수적 기능을 수행하게 된다. 이 외에도 청소년활동시설의 설립 목적과 유형, 형태 등에 따라 다양한 기능과 역할들이 달리 정리될 수 있다. 그러나 여기서 제시된 청소년활동시설의 기능은 청소년활동시설 전반을 포괄하는 일반적인 기능으로서 보편적인 청소년활동시설의 기능적 개념에 접근하기 위함이다.

따라서 청소년활동시설은 청소년의 조화롭고 균형된 성장과 성공적인 성인으로의 이행을 목적으로 수행되는 청소년활동이 보다 효율적으로 운영되기 위해 일정한 공간과 시설·설비를 구비하고 전문적 지도능력을 겸비한 청소년지도자에 의해 조직적, 체계적으로 청소년활동서비스를 제공함과 아울러 지역 내 각종 청소년 관련 사업 수행의 구심적 역할과 조정, 청소년들의 만남과 정보교류, 문화적 기능 등을 수행하는 일정한 공간영역을 의미한다.

2. 청소년활동시설의 유형

청소년활동시설의 유형은 활동시설의 설치목적과 성격, 운영주체, 규모, 형태, 입지적 여건 등 다양하게 분류될 수 있으나, 청소년활동시설은 일정 부분 법령에 기속되는 부분으로서 청소년활동시설의 유형분류는 주로 법적 분류를 기준으로 삼고 있다. 청소년활동진흥법 제10조에서는 청소년활동시설의 종류를 청소년수련시설과 청소년이용시설로 구분하고 있다. 여기서 청소년수련시설은 수련활동에 필요한 여러 가지 시설, 설비, 프로그램 등을 갖추고 청소년지도자의 지도하에 체계적이고 조직적인 수련활동을 실시하는 시설을 말한다(보건복지가족부, 2008).

과거 법령개정 전에는 생활권 수련시설(청소년수련관, 청소년문화의 집), 자연권 수련시설(청소년수련원, 청소년야영장) 유스호스텔로 구분해 오던 것을 2004년 청소년 관련 법령 제·개정의 과정을 거쳐 2005년부터 청소년수련관, 청소년수련원, 청소년문화의 집, 청소년특화시설, 청소년야영장, 유스호스텔로 구분하였다. 한편 청소년이용시설은 청소년수련시설은 아니지만, 설치목적의 범위 내에서 청소년활동의 실시와 건전한 이용 등을 위하여 제공할 수 있는 시설을 의미하는 것으로 청소년의 일상생활 속에서 긍정적 성장·발달에 도움이 될 수 있는 사회공익적 시설들을 말하며, 청소년활동시설의 유형은 ❙그림 7-1❙과 같다.

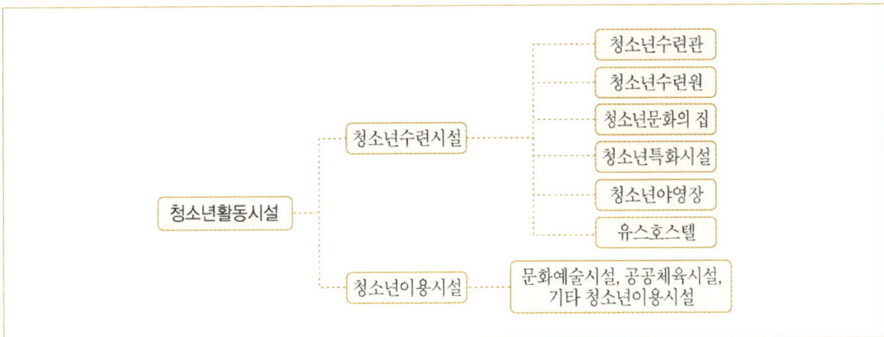

❙그림 7-1❙ 청소년활동시설의 종류

출처 : 여성가족부(2015). 청소년백서.

1) 청소년수련시설

청소년수련시설은 청소년수련활동이 실제 전개되는 공간으로서 청소년수련활동에 필요한 시설과 설비, 수련활동 프로그램 등을 갖추고 청소년지도자의 지도하에 체계적이고 조직적인 수련활동을 실시하는 시설을 말한다(보건복지가족부, 2008).

청소년수련시설은 청소년수련활동의 형태와 내용, 방법 등이 매우 다양하고 광범위함을 고려할 때, 어떤 고정된 단일형태의 청소년수련시설보다는 다양한 형태의 청소년수련시설이 요구된다고 볼 수 있다. 뿐만 아니라 청소년수련활동 서비스전달체계의 효율성과 청소년수련활동의 특성상 다양한 형태의 청소년수련시설이 요구된다고 볼 수 있다. 이러한 연유로 청소년수련시설은 기능이나 규모, 입지적 여건 등에 따라 여러 유형으로 구분하고 있다.

과거 청소년 관련 법령체계 정비 이전의 청소년활동시설은 앞 장에서 언급한 바와 같이 크게 자연권 수련시설과 생활권 수련시설, 유스호스텔로 구분하였다. 여기서 생활권 청소년수련시설은 주로 일상생활권 안에서 수련활동을 실시하는 시설을 말하는 것으로 도보나 대중교통수단으로 쉽게 접근할 수 있도록 주택가, 도심지 또는 도심지 근교에 설치되며, 각종 취미활동, 문화활동, 체육활동 등 주로 숙박을 요하지 않는 당일 귀가형 수련활동을 실시하게 된다. 생활권 수련시설은 실내활동 기능 위주의 시설이지만 시설종류에 따라 부분적으로 야외활동기능이 보강된 시설도 있는 등 청소년수련관과 청소년문화의 집이 여기에 해당되었다.

한편 자연권 수련시설은 주로 자연과 더불어 체험활동 위주의 수련활동을 실시하는 시설을 말하는 것으로 야외활동 기능이 상대적으로 중요시되며, 주로 1박 2일 이상의 단체 숙박 수련활동이 실시되므로 체류할 수 있는 생활관 또는 야영지가 요구되고, 일상생활권과는 격리된 지역에 위치하게 되며, 청소년수련관과 청소년야영장이 여기에 해당되었다(이교봉, 2004).

이후 청소년 법령체계가 정비되고 제정・개정・공포(2004.2.9)됨으로써 청소년수련시설의 종류를 청소년활동진흥법 제10조 제1호에서 청소년수련관, 청소년수련원, 청소년문화의 집, 청소년특화시설, 청소년야영장, 유스호스텔로 구분하였으며, 구체적인 내용은 다음과 같다.

첫째, '청소년수련관'은 청소년들의 생활근거지를 중심으로 다양한 수련거리를 실시할 수 있는 각종 시설 및 설비를 갖춘 종합수련시설을 말한다.

둘째, '청소년수련원'은 주로 도심을 벗어나 자연과 접할 수 있는 곳에 위치하여 숙박기능을 갖춘 생활관과 다양한 수련거리를 실시할 수 있는 각종 시설과 설비를 갖춘 종합수련시설을 말한다.

셋째, '청소년문화의 집'은 청소년수련관보다 규모가 작고, 간단한 수련활동을 실시할 수 있는 시설 및 설비를 갖춘 정보・문화・예술 중심의 수련시설을 말한다.

넷째, '청소년특화시설'은 청소년의 직업체험・문화예술・과학정보・환경 등 특정 목적의 청소년활동을 전문적으로 실시할 수 있는 시설과 설비를 갖춘 수련시설을 말한다.

다섯째, '청소년야영장'은 주로 야외에 위치하여 청소년의 야영에 적합한 시설 및 설비를 갖추고 수련거리 또는 야영편의를 제공하는 수련시설을 말한다.

여섯째, '유스호스텔'은 청소년의 숙박 및 체류에 적합한 시설・설비와 부대·편익시설을 갖추고 숙식편의 제공, 여행청소년의 활동지원 등을 주된 기능으로 하는 시설을 말한다.

이러한 수련시설들은 청소년수련시설로서 기본적인 기능과 역할 외에 지역 내의 각종 청소년사업 등 지역단위 청소년활동의 구심적인 역할 등을 수행하게 된다.

2) 청소년이용시설

(1) 청소년이용시설의 개념

청소년이용시설은 청소년활동진흥법 제10조 제2호에서 "청소년수련시설이 아닌 시설로서 그 설치목적의 범위 내에서 청소년활동의 실시와 청소년의 건전한 이용 등에 제공할 수 있는 시설"을 말한다고 정의를 내리고 있다. 따라서 청소년이용시설은 청소년들이 학교나 근로현장 등 고유의 활동영역에서 벗어나 자발적 참여를 바탕으로 정서함양과 문화감성, 신체단련 등을 위해 활용할 수 있는 공간들을 의미한다. 이러한 청소년이용시설의 종류는 청소년활동진흥법 시행령 제17조에서 다음과 같이 규정하고 있다.

① 문화예술진흥법 제2조 제1항 제3호의 규정에 의한 문화시설, ②「과학관의 설립·운영 및 육성에 관한 법률」 제2조 제1호 규성에 의한 과학관, ③「체육시설의 설치·이용에 관한 법률」 제2조 제1호의 규정에 의한 체육시설, ④ 평생교육법 제2조 제2호의 규정에 의한 평생교육기관, ⑤「산림문화·휴양에 관한 법률」 제13조, 제14조 및 제19조 규정에 의한 자연휴양림, ⑥「수목원·정원의 조성 및 진흥에 관한 법률」 제2조 제1호의 규정에 의한 수목원, ⑦ 사회복지사업법 제2조 제5호의 규정에 의한 사회복지관, ⑧ 시민회관·어린이회관·공원·광장·둔치·그 밖에 이와 유사한 공공시설로서 청소년활동 또는 청소년들이 이용하기에 적합한 시설 등이 해당된다. 또한 시장·군수·구청장은 청소년이용시설 중 청소년지도자를 배치한 시설에 대하여서는 청소년이용권장시설로 지정하여 다른 청소년이용시설에 우선하여 지원할 수 있도록 법률로써 규정하고 있다.

(2) 청소년이용시설의 유형

① 문화시설

문화예술시설은 청소년들의 정서함양을 위해 국가가 건립한 국립중앙극장, 국립중앙박물관, 국립현대미술관, 국립국악원, 국립민속박물관, 국립중앙도서관 등이 있으며, 각 지역별로 박물관, 미술관, 도서관, 문예회관 지방문화원 등의 시설이 있다. 문화공간은 공연시설(공연장, 영화상영관, 야외음악당 등)과, 전시시설(박물관, 미술관, 화랑, 조각공원), 도서시설(도서관, 문고), 지역문화복지시설(문화의 집, 복지회관, 문화체육센터, 청소년수련시설), 문화보급전수시설(지방문화원, 국악원, 전수회관) 등이 있다.

② 과학관

과학관 중 대표적인 이용시설로는 국립중앙과학관과 국립서울과학관이 있다. 국립중앙과학관의 상설전시관에는 4개 분야 약 4,100여 점의 전시품이 전시되고 있으며, 이 밖에 탐구관, 천체관, 영화관, 특별전시관, 야외전시장 등을 갖추고 있다. 국립서울과학관은 상설전시관, 특별전시관, 영화관, 과학교실, 세미나실, 놀이 및 휴식공간 등을 갖추고 있다.

③ 체육시설

우리나라의 체육시설은 정부의 지속적인 투자로 양과 질적인 측면에서 괄목할 만한 성장을 이루어 왔다. 정부는 국민의 건전한 여가선용과 생활체육활동을 증진하기 위하여 국민이 집 주변에서 쉽게 접근할 수 있는 생활체육시설과 전문선수의 육성을 위한 전문체육시설의 건설을 지원해 왔으며, 각종 국제경기대회 개최를 계기로 국제수준의 체육시설을 확충하고 있다. 현재 정부가 지원하고 있는 공공체육시설의 종류로는 생활체육공원, 국민체육센터, 마을단위 생활체육시설, 동네운동장, 길거리 농구대, 시・군의 기본체육시설 등이 있다(보건복지가족부, 2008).

문화시설, 과학시설, 체육시설 외에도 앞에서 제시한 법령상에 명시된 다양한 이용시설들과, 청소년들이 건전하게 이용하고 수련활동이나 여가선용을 위한 적합한 많은 시설들이 있다.

3. 청소년활동시설의 설치 및 운영기준과 현황

청소년활동시설은 청소년의 조화롭고 균형된 성장을 위해 필요한 활동이 폭넓게 전개되는 공간으로서 학교 밖에서 이루어지는 지식 외적인 폭넓은 만남, 즉 사람과의 만남, 자연과의 만남, 사물과의 만남 등을 통해 다양한 경험의 축적과 삶의 지혜를 체득하게 되는 매우 중요한 기능을 수행하는 공간을 의미한다. 이와 같은 청소년활동시설의 중요성을 감안할 때, 앞선 세대는 후속하는 세대에 대한 책임성의 일환으로 청소년활동시설의 설치와 확충 등이 체계적으로 이루어져야 함과 아울러 청소년활동시설의 기능이 제대로 발휘되고 누구나 안심하고 활용할 수 있도록 적합성과 공공성, 안전성을 담보할 수 있는 제도적 장치가 필요하다. 이러한 배경에 따라 청소년활동시설의 설치와 운영, 운영기준 등에 대하여 법으로 규정하고 있으며, 국가나 지방자치단체, 또는 민간이 청소년활동시설을 설치·운영하고자 할 경우 법적 기준에 따라 설치하고 운영하여야 한다.

1) 청소년수련시설 설치

청소년활동시설의 설치는 청소년을 국가와 사회가 필요로 하는 건강한 민주시민으로 자랄 수 있도록 하기 위한 터전으로서 국가와 사회의 책무성의 일환으로 이루어진다고 볼 수 있다. 이러한 사실은 청소년활동진흥법 세11조 제1항에서 "국가 및 지방자치단체는 청소년수련시설을 설치·운영하여야 한다"고 명시함으로써 청소년활동시설의 설치에 대해 국가와 지방자치단체의 책임을 보다 분명히 밝히고 있음을 알 수 있다. 또 다른 한편으로는 국가와 지방자치 단체만으로 청소년활동시설을 확충하기에는 일정 부분 한계가 있을 수 있으므로 뜻이 있는 법인이나 단체, 개인도 일정한 법적 요건과 자격을 구비할 경우 청소년활동시설 설치에 대한 해당 지역 자치단체의 허가를 득한 후 설치할 수 있도록 하고 있으며, 청소년활동시설은 공공과 민간시설을 포함하여 810개소가 설지·운영되고 있디.

(1) 중앙정부의 청소년수련시설 설치

청소년활동에 대한 중추적 기능을 수행하고 청소년활동의 활성화를 위해 정부에서는 현재 2개의 국립청소년수련시설을 설치하여 운영하고 있다. 특히 법으로 정한 국가의 책무에 대한 의지의 표현이자 상징으로 국립중앙청소년수련원과 국립평창청소년수련원을 개원 운영 중에 있다. 정부는 2개의 국립청소년시설 외에도 지방자치단체나 민간이 수행하기 어려운 부분에 대해 전국의 각 지역 특성을 살려 특성화된 청소년수련시설을 건립 중에 있다. 2010년에는 청소년의 우주과학에 대한 욕구와 관심을 제고하고 창의적인 첨단과학을 체험할 수 있는 미래지향적 과학·탐구 체험을 위한 국립고흥청소년우주센터를 개원하여 운영 중이다.

뿐만 아니라 청소년의 해양·환경에 대한 폭넓은 체험을 위한 국립영덕청소년해양환경체험센터와 농업과 생명과학에 대한 과학적 사고의 함양을 위해 국립김제청소년농업·생명체험센터를 각각 건립하여 운영하고 있다.

(2) 지방자치단체의 청소년수련시설 설치

지방자치단체가 건립하는 청소년수련시설은 주로 생활권역 내에서 청소년들이 참가에 불편함이 없이 쉽게 청소년활동에 참여할 수 있도록 하기 위해 도심 속에 위치하는 것이 특징이며, 행정구역별로 1개소씩 건립하는 것을 목표로 하고 있다.

청소년활동진흥법 제11조 제1항 제2호, 제3호에서 "특별시장·광역시장·특별자치시장·도지사·특별자치도지사 및 시장·군수·구청장은 청소년수련관을 1개소 이상 설치·운영하여야 한다. 시·도지사 및 시장·군수·구청장은 읍·면·동에 청소년문화의 집을 1개소 이상 설치·운영하여야 한다"고 명시함으로써 청소년수련시설 설치에 대한 지방자치단체의 책임과 의무를 밝히고 있다.

(3) 민간의 청소년수련시설 설치

청소년수련시설의 확충을 위해서는 국가나 지방자치단체의 재원뿐만 아니라 민간의 참여도 절대적으로 필요하다. 따라서 민간의 청소년활동시설 설치에 참여가 가능토록 하기 위해 청소년활동진흥법 제11조 제3항에서 "수련시설을 설치 · 운영하려는 개인 · 법인 또는 단체는 특별자치시장 · 특별자치도지사 · 시장 · 군수 · 구청장의 허가를 받아야 한다"고 규정하고 있으며, 이어진 제4항에서는 "국가 또는 지방자치단체는 제3항의 규정에 의한 허가를 받아 수련시설을 설치 · 운영하는 자에게 예산의 범위에서 그 설치 및 운영에 필요한 경비 일부를 보조할 수 있다"는 조항을 두어 민간의 참여를 지원하고 있다. 특히 청소년수련원과 유스호스텔의 경우 민간의 참여가 두드러지며, 2007년 기준으로 전체 청소년수련원 176개소 중 133개소, 유스호스텔 102개 중 91개소가 민간에 의해 설치 · 운영되고 있다(보건복지가족부, 2008).

2) 청소년수련시설의 시설 · 안전 · 운영기준

청소년수련시설은 수련활동에 필요한 여러 시설, 설비, 프로그램 등을 갖추고 청소년지도자의 지도하에 체계적이고 조직적인 수련활동을 실시하는 시설을 말한다(보건복지가족부, 2008).

이러한 청소년수련시설은 청소년을 조화롭고 균형된 건강한 민주시민으로 성장시키기 위해 적용되는 다양한 청소년활동이 실제 전개되는 공간으로서 매우 중요한 기능을 담당하게 된다. 따라서 청소년활동 고유의 목적 달성과 원활한 기능이 작동되기 위해서는 최소한의 공간과 설비, 안전, 운영 및 관리 등의 기준이 마련되어야 한다. 이와 같은 기준을 위해 청소년활동진흥법 제17조 "수련시설의 시설기준", 제18조 "수련시설의 안전점검 등", 제19조 "수련시설의 운영기준"을 두어 제도적으로 제시한 기준의 범위 안에서 관리되고 운영될 수 있도록 규제하고 있다.

(1) 청소년수련시설의 시설기준

청소년수련시설의 시설기준에 대해 청소년활동진흥법 제17조 제1항에서 "수련시설은 청소년이 다양한 활동을 통하여 기량과 품성을 함양하는 데 적합한 시설·설비를 갖추어야 한다"라고 규정하고 있다.

청소년활동은 청소년의 기량과 품성을 함양하는 수단으로서 폭넓은 대상과 광범위한 내용을 소재로 하는 활동의 특성이 있다. 이러한 청소년활동의 특성을 반영하여 청소년수련시설의 규모와 형태도 기능에 따라 다양하게 설치되어 있다. 다양한 형태의 청소년수련시설은 청소년수련시설만이 갖고 있는 특유의 공통적인 기능과 각각의 유형별 고유한 특성에 따라 기능을 수행하는 개별적인 기능이 있을 수 있다. 따라서 청소년수련시설의 설치기준은 모든 청소년수련시설을 획일화하여 기준을 적용하기보다는 청소년수련시설의 기능상 공통적으로 수행되어야 하는 공통적인 기준과 시설유형별 고유성에 따른 개별적인 기준으로 구분해서 적용할 필요가 있다. 청소년활동진흥법 시행규칙 [별표 3]에서는 ❙그림 7−2❙와 같이 수련시설기준을 분류하여 적용하고 있으며, 구체적인 세부기준은 <표 7−1>로부터 <표 7−8>과 같다.

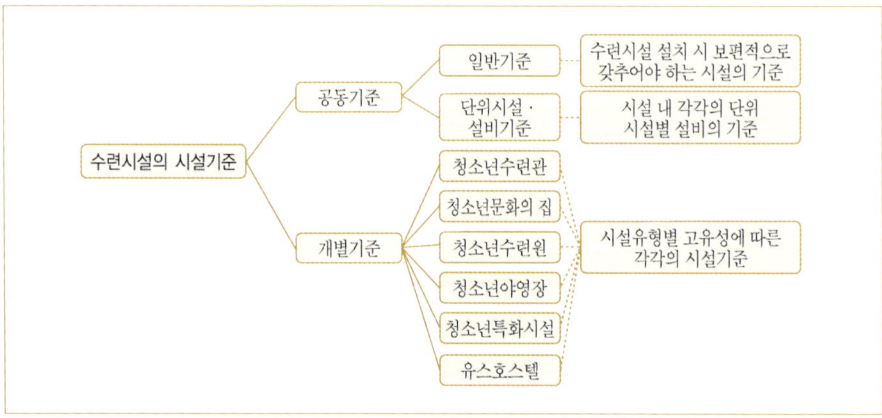

❙그림 7−2❙ 청소년수련시설의 시설기준 분류

〈표 7-1〉 청소년수련시설의 공통기준 내 일반기준

구 분	기 준
입 지	• 청소년의 건전한 정서함양에 적합한 상소로서 수련시설은 「다음의 입지조건을 갖추어야 한다. – 청소년수련관, 청소년문화의 집, 청소년특화시설 : 일상생활권, 도심지 근교 및 그 밖의 지역 중 수련활동 실시에 적합한 곳으로서 청소년이 이용하기에 편리한 지역이어야 한다. – 청소년수련원, 청소년야영장 : 자연경관이 수려한 지역, 국립·도립·군립공원, 그 밖의 지역 중 자연과 더불어 행하는 수련활동 실시에 적합한 곳으로서 청소년이 이용하기에 편리한 지역이어야 한다. – 유스호스텔 : 명승고적지, 역사유적지 부근 및 그 밖의 지역 중 청소년이 여행활동 시 이용하기 편리한 지역이어야 한다.
구 조	• 시설 및 기구·설비 등은 청소년이 이용하기에 편리한 구조로 하여야 하며 장애인을 위한 배려를 하여야 한다. • 수용정원에 적합한 면적과 구조로 하여야 한다.
설치기준	• 주변 환경을 자연친화적으로 보존·활용하여야 한다. • 시설의 종류별로 개별기준에 정한 시설·설비를 설치하되, 그 설치기준은 개별기준에서 정한 경우를 제외하고는 "단위시설·설비기준"에 따른다. • 법 제33조 제2항 각 호의 영업(체육시설업의 신고, 이용업 및 미용업 개설사실 통보, 휴게음식점영업 및 일반음식점영업의 신고 및 집단급식소의 설치·운영 신고, 청소년게임장업의 신고)을 행하기 위한 시설을 설치하는 경우에는 이 기준에서 정한 것 외에 해당 법령에서 정한 기준에 따라야 한다. • 폐교시설 등 기존 시설을 활용한 수련시설의 경우에는 「시설물의 안전관리에 관한 특별법」 제6조 제4항의 규정에 의한 안전진단전문기관으로 하여금 안전점검을 실시하도록 하고, 안전점검을 실시한 결과 시설물의 재해 및 재난예방과 안전성 확보 등을 위하여 필요하다고 인정되는 경우에는 같은 법 제7조 제1항에 따른 정밀안전진단을 실시하여야 한다.
관리시설	• 관리실·사무실·안내시설 등 시설물의 관리·운영에 필요한 시설·설비를 수련시설의 종류에 따라 설치하여야 한다.
기타 시설	• 입지여건·특성·자연환경 등에 따라 당해 수련시설의 개별기준에서 정하지 아니하였더라도 다른 종류의 수련시설의 개별기준에서 정한 시설·설비 등을 설치할 수 있다.
금지시설	• 동일 건물 또는 당해 시설 안에 청소년보호법 제2조 제5호의 규정에 의한 청소년유해업소가 있어서는 안 되며, 설치예정지역으로부터 직선거리 50미터 이내에는 유흥주점 등 청소년이 이용하기에 적합하지 아니한 시설이 있어서는 안 된다.

출처 : 법제처(2016). 국가법령정보센터.

〈표 7-2〉 청소년수련시설의 공통기준 내 단위시설 · 설비기준

구 분		기 준
실내집회장		• 강당 · 회의실 등으로서 개별기준에서 정한 집회장 수용인원이 150인 이하인 경우에는 150제곱미터, 150인을 초과하는 경우에는 초과하는 1인마다 0.8제곱미터를 더한 면적 이상의 면적이어야 하며, 그 면적의 합계가 800제곱미터를 초과하는 경우에는 800제곱미터로 할 수 있다. • 2개 이상의 강의실 사이에 이동식 칸막이를 설치하여 이를 쉽게 강당으로 사용할 수 있는 구조로 한 경우 이를 실내집회장으로 볼 수 있다(개별기준에서 실내집회장을 두도록 정하지 아니한 경우에 한한다).
야외집회장		• 무대 · 확성 설비 등 집회활동에 필요한 기구 · 설비를 갖추어야 한다. • 당해 집회장에 수용할 인원이 150인 이하인 경우에는 200제곱미터, 150인을 초과하는 경우에는 초과하는 1인마다 0.7제곱미터를 더한 면적 이상의 면적이어야 하며, 그 면적의 합계가 2,000제곱미터를 초과하는 경우에는 2,000제곱미터로 할 수 있다. • 운동장에 야외집회장으로 이용할 수 있는 구조 및 설비를 갖춘 경우에는 이를 야외집회장으로 볼 수 있다.
체육활동장		• 「체육시설의 설치 · 이용에 관한 법률」에 의한 체육시설(골프장업 · 골프연습장업 · 스키장업 · 자동차경주장업 · 무도학원업 및 무도장업용 체육시설을 제외한다) 및 이에 해당하지 아니하나 청소년의 체육활동에 이용할 수 있는 시설을 말한다. • 체육활동장의 설치기준은 「체육시설의 설치 · 이용에 관한 법률」을 준용하고, 동법에서 정하지 아니한 사항은 해당 종목별 경기단체가 정하는 시설관계 공인규정 등을 준용한다(관람석 등은 설치하지 아니할 수 있다).
수련의 숲		• 자연림 또는 인공적으로 조성한 수림지대로서 그 안에 야외탁자 · 장(長)의자 · 예술조형물 · 그늘집 등의 조경시설물과 휴게소 등을 설치하여 휴식 및 명상 등을 할 수 있도록 한 것을 말한다. • 자연체험장을 수림지대 안에 설치한 경우로서 그 수림지대 안에 조경시설물 등을 설치한 경우에는 이를 수련의 숲으로 볼 수 있다.
특성화수련활동장	문화적 감성 함양활동장	• 문화적 감성을 개발하고 정서를 순화하며 문화에 대한 이해를 증진시키고 취미활동 등의 함양을 위한 활동에 필요한 활동장으로서 극장 · 공연장 · 음악감상실 · 전시장 그 밖에 이와 유사한 것을 말한다.
	과학 및 정보화능력 함양활동장	• 창조적 능력 · 탐구심 · 정보화능력 · 미래과학능력 등을 함양하기 위한 활동에 필요한 활동장으로서 컴퓨터실, 과학실습 · 자연관찰 · 천체관측시설, 요리실습시설, 어류 · 조수사육장 그 밖에 이와 유사한 것을 말한다.
	봉사와 협력정신 함양활동장	• 인간존중의 정신 및 심성을 개발하고 정의감 · 상부상조 정신 등을 배양하기 위한 활동에 필요한 활동장으로서 자원봉사정보 및 활용센터, 자원봉사체험 연계 네트워크 그 밖에 이와 유사한 것을 말한다.
	모험심과 개척정신 함양활동장	• 신체의 강건함 · 용기 · 인내심 · 탐험정신 · 도전의식 · 진취성 등을 키울 수 있는 활동에 필요한 활동장으로서 탐험시설, 수양 · 해양 · 항공훈련시설, 영농시설, 산악자전거장, 개척물설치훈련장, 암벽등반시설 그 밖에 이와 유사한 것을 말한다.

<table>
<tr><td rowspan="3">특성화수련활동장</td><td>전문적
직업능력
함양활동장</td><td>• 직업 전문성, 현실적응능력 등을 배양하고 직업관 등을 확립하기 위한 활동에 필요한 활동장으로서 취업정보센터, 직업교육용 시설 그 밖에 이와 유사한 것을 말한다.</td></tr>
<tr><td>국제감각
함양활동장</td><td>• 세계문화의 이해와 외국의 교류체험 및 한민족의 정체성 등을 고양하기 위한 활동에 필요한 활동장으로서 국제교류관(국제회의실 · 접견실 · 회의실 · 친선교류실 등), 학습 · 정보관(청소년교육정보센터 등), 어학실습실 그 밖에 이와 유사한 것을 말한다.</td></tr>
<tr><td>기타
특성화 활동장</td><td>• 문화적 감성 함양활동장으로부터 국제감각 함양활동장까지 규정한 분야 외의 환경의식 함양 등 특성화된 수련활동을 실시할 수 있는 활동장을 말한다.</td></tr>
<tr><td>자치활동실</td><td colspan="2">• 동아리 활동 · 분임토의 등에 이용되는 시설로서 의자 · 탁자 등을 갖추어야 한다.</td></tr>
<tr><td>강의실</td><td colspan="2">• 1실당 면적은 50제곱미터 이상이어야 한다.
• 칠판 · 교탁 · 책상 · 걸상 등과 그 밖에 필요한 기구 · 설비를 갖추어야 한다.
• 책상 면과 흑판 면의 조도가 150룩스 이상이야 한다.</td></tr>
<tr><td>생활관
(유스호스텔의 숙박실을 포함한다)</td><td colspan="2">• 숙박실은 숙박정원 1인당 2.4제곱미터 이상이어야 한다. 다만, 중학생 또는 초등학생의 경우에는 생활관 또는 숙박실의 전체 숙박 정원의 100분의 10(중학생) 또는 100분의 20(초등학생)을 추가한 인원을 해당 수련시설의 숙박정원으로 할 수 있다.
• 채광과 통풍이 양호하여야 하며 지하실 등에 설치되어서는 아니 된다.
• 가족실을 설치하고자 하는 경우에는 2 이상으로 구획된 침실과 거실, 주방 등을 갖춘 형식으로 할 수 있으며, 거실을 갖춘 경우에는 거실면적 중 100분의 30에 해당하는 면적을 숙박실의 면적으로 본다.
• 생활관의 형태를 소규모로 분산 · 설치할 경우에는 청소년지도자용 숙박실을 청소년용 숙박실 근처에 배치하여야 한다.
• 숙박실이 있는 층마다 공동으로 이용할 수 있는 화장실 · 샤워장 · 세면장을 설치하여야 한다(생활관을 소규모로 분산 · 설치하는 경우에는 가까운 거리마다 설치하여야 한다). 다만, 당해 층의 숙박실 전체에 화장실 등이 설치된 경우에는 설치하지 아니할 수 있다.
• 공동세탁실을 갖추어야 한다. 다만, 세면장 · 샤워장 등을 세탁실로도 사용할 수 있는 구조 및 면적으로 한 경우에는 세탁실을 별도로 갖추지 아니할 수 있다.
• 난방설비를 갖추어야 한다.</td></tr>
<tr><td>야영장</td><td colspan="2">• 야영정원 1인당 20제곱미터 이상이어야 한다.
• 자가취사장 · 화장실 및 세면장을 갖추어야 한다. 다만, 야영지 주변에 그와 같은 시설이 있는 경우에는 설치하지 아니할 수 있다.
• 평지 또는 완경사 지역으로서 절벽 · 급류 등 위험한 장소의 인근에 설치되어서는 아니 되며, 홍수의 범람 · 해일 등 재해의 우려가 없는 지역이어야 한다.
• 배수가 잘 이루어져야 하며, 자연배수가 되지 아니하는 지반일 경우 배수로 또는 덮은 도랑 등을 설치하여 인공적으로 배수가 이루어지도록 하여야 한다.</td></tr>
</table>

식 당	• 배식을 하는 식당 또는 집단급식소로서 급식인원 1인당 1제곱미터 이상의 면적이어야 하며, 급식인원에 알맞은 조리기구·배식설비·식탁·의자 등의 기구·설비를 갖추어야 한다.
자가취사장	• 배기가 잘 되는 구조로 하여야 하며, 화재 등을 예방할 수 있도록 소화장비를 갖추어야 한다. • 급수·배수설비, 개수설비, 오물처리설비 등을 갖추어야 한다. • 유스호스텔의 경우에는 취사설비(가스레인지 또는 전열취사기구 등과 조리대 및 개수대를 말한다)와 식탁·의자 및 개별취사용구·부식 등을 보관할 수 있는 보관대를 구비하여야 한다. • 옥외에 설치하는 경우에는 비바람을 막을 수 있는 구조로 하여야 하며, 이용에 불편이 없도록 가까운 장소에 설치하여야 한다.
위생시설	• 화장실은 수세식 또는 이에 준하는 방식으로 설치하여야 하며, 이용이 편리한 위치에 남녀를 구분하여 설치하여야 한다. • 취사 및 음용에 공급되는 물은 상수도를 사용하는 경우를 제외하고는 관할 보건소에서 보건위생상 해가 없다고 증명한 것이어야 한다.
지도자실	• 청소년지도자들이 수련활동지도 등을 위한 준비실로 사용하는 실내공간으로 의자·탁자 등 필요한 기구·설비를 갖추어야 한다.
상담실	• 내부의 장식·설비 등은 안락함이 느껴지도록 설치하여야 한다. • 응접세트 또는 의자·탁자 등을 갖추어야 한다. • 다수의 상담이 동시에 가능하도록 설치하는 경우에 있어서는 칸막이 등을 설치하여야 한다.
양호실	• 간단한 구급약품의 비치나 상병자에 대한 응급처치 등을 할 수 있도록 약품보관함·침대·침구 등을 갖추어야 한다. • 관리실·사무실 등에 병설하여 설치할 수 있다(개별기준에서 특별히 정하지 아니한 경우에 한한다).
휴게실	• 의자·탁자를 갖추어야 한다. • 공유면적에 의자 및 탁자를 배치하여 휴식장소로 이용할 경우에는 이를 휴게실로 볼 수 있다(개별기준에서 정하지 아니한 경우에 한한다).
물품보관시설	• 물품보관시설을 설치하거나 물품보관함을 비치하여야 한다.
방송설비	• 해당 수련시설에서 안내방송 등을 할 수 있는 설비로서 주된 장치는 별도의 방송실에 설치하거나 관리실 등에 병설할 수 있다.

출처 : 법제처(2016). 국가법령정보센터.

〈표 7-3〉 청소년수련시설의 개별기준 중 청소년수련관

구 분	기 준
면 적	• 연건축면적이 1,500제곱미터 이상이어야 한다.
실내집회장	• 150인 이상을 수용할 수 있어야 한다.
체육활동장	• 연면적 150제곱미터 이상의 실내체육시설을 설치하여야 한다.
자치활동실	• 2개소 이상 설치하여야 한다.
특성화수련활동장	• 2개 이상의 시설을 선택하여 설치하여야 한다.
상담실	• 1개소 이상 설치하여야 한다.
휴게실	• 1개소 이상 설치하여야 한다.
위생시설	• 수용정원에 적합한 화장실, 세면장 등을 설치하여야 한다.
지도자실	• 1개소 이상 설치하여야 한다.
기타 설비	• 방송설비를 갖추어야 한다.
수용정원	• 실내집회장, 체육활동장, 자치활동실, 특성화수련활동장에 해당하는 시설(실내시설에 한한다)을 일시에 사용할 수 있는 적정 인원을 말한다.

출처 : 법제처(2016). 국가법령정보센터.

〈표 7-4〉 청소년수련시설의 개별기준 중 청소년문화의 집

구 분	기 준
활동시설	• 실내집회장, 특성화수련활동장, 자치활동실 또는 강의실에 해당하는 시설 중 2종류 이상을 갖추어야 한다.
휴게시설	• 휴게실을 별도로 설치하거나 실내공간 또는 마당을 청소년이 휴식 및 대화장소로 제공할 수 있는 구조로 배치하여야 한다.
위생시설	• 수용정원에 적합한 화장실 · 세면장 등을 설치하여야 한다.
기타 시설	• 물품보관시설을 갖추어야 한다.
수용정원	• 위 활동시설에 해당하는 시설(실내시설에 한한다)을 일시에 사용할 수 있는 적정 인원을 말한다.

출처 : 법제처(2016). 국가법령정보센터.

〈표 7-5〉 청소년수련시설의 개별기준 중 청소년수련원

구 분	기 준
생활관	• 100인 이상이 숙박할 수 있어야 한다. • 숙박실은 4인실 이상 10인실 이하의 규모로 하여야 한다. 다만, 청소년지도자용 숙박실은 2인실로 할 수 있다.
식 당	• 생활관 숙박정원의 100분의 30 이상의 인원에게 일시에 급식할 수 있어야 한다.
실내집회장	• 생활관 숙박정원의 100분의 50 이상을 수용할 수 있어야 한다.
야외집회장	• 생활관 숙박정원의 100분의 60 이상을 수용할 수 있어야 한다.
체육활동장	• 연면적 100제곱미터 이상의 실내체육시설 또는 연면적 1,500제곱미터 이상의 실외체육시설을 설치하여야 한다.
수련의 숲	• 연면적 1,000제곱미터 이상이어야 한다.
강의실	• 1실 이상 설치하여야 한다.
특성화수련활동장	• 1개 이상의 시설을 선택하여 설치하여야 한다.
지도자실	• 1개소 이상 설치하여야 한다.
휴게실	• 1개소 이상 설치하여야 한다.
비상설비	• 비상조명설비 또는 기구를 갖추어야 한다. • 비상급수설비를 갖추어야 한다.
기타 시설	• 방송설비, 양호실, 물품보관시설 및 공중전화를 갖추어야 한다.
숙박정원	• 생활관에서 일시에 숙박할 수 있는 적정 인원을 말한다.

출처 : 법제처(2016). 국가법령정보센터.

〈표 7-6〉 청소년수련시설의 개별기준 중 청소년야영장

구 분	기 준
야영지	• 100인 이상이 야영할 수 있어야 한다.
야외집합장	• 수용정원의 100분의 40 이상을 수용할 수 있어야 한다.
대피시설	• 폭우 · 폭설 등 급작스러운 재해에 대비하여 대피시설을 설치하여야 한다. 다만, 다른 용도의 시설이 있어 이를 대피시설로 사용할 수 있는 경우에는 별도의 대피시설을 설치하지 아니할 수 있다. • 대피시설의 구조는 비바람을 막을 수 있는 구조로 하여야 한다.
체육활동장	• 연면적 1,000제곱미터 이상의 실외체육시설을 설치하여야 한다.
비상설비	• 비상 시 야영지에서 대피시설까지 원활하게 이동할 수 있도록 비상조명설비 또는 기구를 갖추어야 한다. • 야영지에서 대피시설 또는 관리사무소에 연락할 수 있는 통신수단을 확보하여야 한다.
야영정원	• 야영지에서 일시에 야영할 수 있는 적정 인원을 말한다.

출처 : 법제처(2016). 국가법령정보센터.

〈표 7-7〉 청소년수련시설의 개별기준 중 청소년특화시설

구 분	기 준
활동시설	• 직업체험, 문화예술, 과학정보, 환경 등의 특화된 분야의 활동을 행할 수 있는 전문자료실, 전문동아리방, 전문연구실, 전문체험실 등의 시설을 갖추어야 한다.
휴게실	• 1개소 이상 설치하여야 한다.
지도자실	• 1개소 이상 설치하여야 한다.
냉 · 난방시설	• 냉 · 난방설비를 갖추어야 한다.
비상설비	• 비상조명설비 또는 기구를 갖추어야 한다. • 비상급수설비를 설치하여야 한다.
기타 시설	• 방송설비, 공중전화 및 물품보관시설을 갖추어야 한다.
수용정원	• 활동시설(실내시설에 한정한다)에서 일시 수용할 수 있는 적정인원을 말한다.

출처 : 법제처(2016). 국가법령정보센터.

〈표 7-8〉 청소년수련시설의 개별기준 중 유스호스텔

구 분	기 준
숙박실	• 각각의 숙박실은 10인 이하의 규모로 하되, 2인실 이하의 숙박정원의 합계는 전체 숙박정원의 100분의 40을 초과할 수 없다. • 청소년을 동반한 가족 등에게 제공하기 위한 가족실을 둘 수 있다. 이 경우 그 숙박정원의 합계는 전체 숙박정원의 100분의 30을 초과할 수 없다.
대화 · 정보실	• 여행 · 문화정보 등을 제공하고 만남의 공간으로 활용될 수 있도록 조성한다.
자가취사장	• 숙박정원 50인당 1조 이상의 취사설비를 갖추어야 한다. 다만, 그 합계가 5조를 초과하는 경우에는 5조로 할 수 있다.
휴게실	• 1개소 이상 설치하여야 한다.
지도자실	• 1개소 이상 설치하여야 한다.
난방시설	• 난방설비를 갖추어야 한다.
비상설비	• 비상조명설비 또는 기구를 갖추어야 한다. • 비상급수설비를 설치하여야 한다.
기타 시설	• 방송설비 및 물품보관시설을 갖추어야 한다.
숙박정원	• 숙박실에서 일시에 숙박할 수 있는 적정 인원을 말한다.

출처 : 법제처(2016). 국가법령정보센터.

(2) 청소년수련시설의 안전기준

청소년수련시설은 많은 청소년들의 이용이 활발히 전개되는 공간으로서 안전에 대한 대비와 엄격한 기준의 적용이 요구되고 있다. 특히 청소년활동은

다양한 체험을 위한 몸의 움직임이 활발한 신체활동이 많은 부분을 차지하고 있음을 감안할 때, 안전사고 예방을 위한 특별한 주의가 요구된다.

수련활동 중 '안전사고'라 함은 수련시설의 설치 보존상의 하자와 청소년이나 지도자의 과실로 인하여 수련활동과정에 의한 프로그램 활동, 기타 수련시설 내에서 활동 중에 발생한 청소년 및 지도자의 사망 또는 신체적·정신적 손해를 입힌 사고를 말한다(박연홍, 1999, 전국청소년수련시설 운영자·지도사 워크숍 2. 서울 : 문화관광부). 따라서 수련활동 중 안전사고 예방은 수련활동을 주관하는 기관과 운영 및 지도자, 시설 그리고 청소년들의 안전의식과 청소년 지도자들의 안전의식에 달려 있다고 해도 과언은 아니다. 수련활동은 앞서 언급한 바와 같이 통제된 학교수업과는 달리 24시간 노출되어 구조화 정도가 느슨하고 통제에도 일정 부분 한계가 있을 수 있으므로 안전사고의 위험성은 여타 관련 시설보다 상대적으로 높다고 볼 수 있다. 수련시설에서 수련활동 중 사고발생을 최대한 방지하기 위해서는 첫째, 사고가 교육의 부족으로 인한 위험예지능력의 미비 및 불안전한 행동에서 발생되므로 1차적으로 교육적 대책이 가장 중요하다. 둘째, 이미 일어난 사고가 다시 재발하는 것을 방지하기 위해서는 사고원인의 분석과 대책수립 등의 기술적 대책이 요구된다. 셋째, 사고가 발생할 수 있는 위험요인을 미리 파악하고 이를 관리하는 관리적 대책이 중요하다(한국산업안전공단, 1997, 안전·보건교육 체계화 및 학교안전관리 지침. 서울 : 한국산업안전공단). 이와 더불어 수련시설의 관계자는 일련의 체계적인 절차와 활동과정에 따라 사고예방을 위해 안전교육과 안전지도가 생활화되어야 한다. 수련시설운영자와 지도자 및 학교는 그들의 책임하에 청소년의 안전을 도모해야 하며, 청소년이 상해를 입을 경우 적절한 조치를 취해 청소년을 돌보아야 하는 법적인 책임을 갖는다(김창현, 2007).

수련활동과정에서 수련활동 본래의 목적과 안전이 서로 상충된다면 안전을 우선 고려해야 한다. 수련활동을 통한 궁극적인 목적인 건강한 성인으로의 이행도 중요하지만 그 이전에 청소년의 정신적·신체적 보전이 더욱더 중요하며, 안전이 담보된 상태에서 수련활동이 진행되어야 한다. 이를 위해 청소년수련시설을 설치·운영하고자 할 때 반드시 수련시설에서 지켜야 하는 안전기준을 청소년활동진흥법 시행령 [별표 1]에서 구체적으로 제시하고 있으며 그 내용은 <표 7-9>와 같다.

〈표 7-9〉 수련시설의 안전기준

- 수련시설을 설치·운영하고자 하는 자는 항상 안전사고 예방에 주의를 기울여야 하며, 특히 장애청소년 및 미취학아동 등 특별한 보호를 요하는 이용자에 대하여는 안전사고 발생에 대비하여 대피가 편리한 숙소를 배정하고, 안전사고 예방을 위한 인솔자 교육을 강화하는 등 특별한 주의를 기울여야 한다.
- 상병자에 대하여 응급처치를 할 수 있는 구호설비·기구를 갖추어야 한다.
- 비상연락장치를 유지하여야 한다.
- 안전사고·응급환자 발생 등에 대비하여 긴급 수송대책 등의 방안을 마련하여 놓아야 한다.
- 위험한 장소에는 방벽·방책·위험표지물 등 안전시설을 설치하여야 하며, 이용자가 있을 때에는 안전요원 또는 긴급구조요원 등을 배치하여야 한다.
- 자연체험시설 등을 설치한 경우에는 시설의 종류에 따라 안전모·안전띠·구명대 등 필요한 개인보호장구를 갖추어 두고 이를 이용자에게 착용하도록 하여야 한다.
- 매월 1회 이상 시설물에 대한 안전점검을 실시하여야 하며, 점검결과를 시설물 안전점검기록대장에 기록·관리하여야 한다.
- 시설물에 위험요인이 발견될 때에는 즉시 그 시설물의 이용을 중단시키고 보수 등의 조치를 취하여야 한다.
- 수련시설종사자에 대하여 정기적으로 안전교육을 실시하여야 한다.
- 시설의 이용방법, 유의사항, 비상시 대피경로 등을 이용자들이 잘 볼 수 있는 장소에 게시하여야 한다.
- 해당 시설이용 및 수련활동에 관한 안전교육 프로그램을 마련하여 이용자(인솔자 포함)에 대하여 사전 안전교육을 실시하여야 한다.
- 태풍·홍수·해일 등 재해발생의 우려가 있는 경우에는 이용자들을 신속히 대피시켜야 한다.
- 해당 수련시설 안에 법 제33조 제2항 각 호의 영업을 위한 시설 또는 그밖에 다른 법령의 규정에 의한 시설이 설치된 경우에는, 이 기준에서 특별히 정한 경우를 제외하고 그 법령에서 정한 안전기준 등을 준수하여야 한다.
- 청소년수련시설의 숙박·집회시설 및 숙박·집회시설과 이어진 건축물에는 샌드위치 판넬 등 연소 시 유독가스가 발생되는 건축자재는 사용할 수 없다.

출처 : 법제처(2016). 국가법령정보센터.

(3) 청소년수련시설 운영기준

일반적으로 청소년기관운영이란 청소년기관의 조직체계를 움직여 나가는 모든 활동을 의미한다. 청소년수련시설의 운영 또한 청소년기관의 범주에 속하는 것으로 수련시설의 조직체계를 움직여 나가는 일련의 과정이라고 할 수 있다. 그러나 '운영'의 의미는 통속적인 용어로서 하문적으로는 경영, 행정, 관리라는 용어가 사용되고 있다. 행정은 최고의 목표를 공공의 이익 달성에 중점을 두는 정부나 공공기관에서 주로 사용하며, 경영과 관리는 사적 이윤 추구를 목적으로 하는 일반 사기업에서 주로 사용되고 있다. 이러한 의미들은 엄밀한 의미에서 구분되지 않고 필요에 따라 혼용되고 있다(한국청소년개발원, 1995).

청소년수련시설은 청소년의 조화롭고 균형된 성장을 위한 수단적 공간으로서 특수한 기능과 역할을 수행하게 된다. 또한 수련시설 자체의 선별적인 특징으로 인하여 여타 다른 기관의 운영과는 차이를 보이게 된다. 특히 청소년수련시설은 후속하는 세대에 대한 건강한 성인으로의 이행을 위해 사회로부터 위임받은 공익조직체의 성격이 짙으며, 청소년수련시설의 운영과정은 특정한 개인이나 단체의 특수한 이해관계를 떠나서 국가와 사회를 향한 공익적 가치와 결부되는 공공적인 활동이 주가 된다.

따라서 공공적 성격의 청소년수련시설은 개인이나 단체의 사적 이윤 추구가 아닌 국가와 사회의 일반적 이익과 결부되는 특수성에 따라 국가와 사회가 요구하는 목적달성을 위한 보편적인 운영의 기준은 필요하다. 이러한 기준은 청소년활동진흥법 시행규칙 제9조와 관련된 [별표 5] 수련시설의 운영기준에서 밝히고 있으며, 세부내용은 <표 7-10>과 같다.

〈표 7-10〉 **수련시설의 운영기준(제9조 관련)**

구 분	내 용
청소년 수련활동 운영	• 청소년수련거리별로 추구하려는 구체적인 목적이 명시되어야 한다. • 청소년수련거리는 청소년지도사에 의하여 실시되어야 한다. • 청소년수련거리의 실시에 있어서는 청소년 개인의 정신적·신체적 능력을 참작하여 하여야 하며, 수련거리에 강제로 참여하게 하여서는 아니 된다. • 수련시설은 법 제35조의 규정에 의하여 인증받은 수련활동을 비롯한 다양한 활동을 실시할 수 있도록 운영하여야 한다.
생활지도	• 특별한 경우를 제외하고는 23시 이전에 취침하도록 하여야 하며, 취침시간 후에는 취침을 방해하는 행위가 없도록 하여야 한다. • 청소년의 남녀혼숙을 금하여야 한다. • 미성년자에 대하여는 음주·흡연행위를 금하여야 하며, 성인이라 하더라도 흡연은 정해진 장소에서 하도록 하고, 음주 등으로 인하여 당해 수련시설을 이용하는 청소년의 지도에 지장을 초래하지 아니하도록 하여야 한다.

	• 음주자 등 시설의 운영에 지장을 초래할 우려가 있는 사람의 출입을 금지시켜야 한다. • 집단급식소 등은 청소년들의 자립정신의 배양을 위하여 자급식 운영을 원칙으로 한다. • 청소년에게 정신적·신체적 폭행이나 이와 유사한 행위를 하여서는 아니된다. • 청소년의 탈선을 방지하고 타인으로부터의 위해 등을 예방하기 위한 조치를 취하여야 한다.
시설의 관리 및 운영	• 청소년수련시설 등록증을 이용자들이 잘 볼 수 있는 장소에 게시하여야 한다. • 숙박실별로 당해 숙박실의 숙박정원을 표시하여야 한다. • 시설을 항상 청결하게 유지·관리하고, 위생관리를 철저히 하여야 한다. • 해당 수련시설의 시설기준을 초과하여 운영하여서는 안 된다. • 수련시설의 운영과 관련하여 정당한 경비 외의 부당한 수수료 또는 금품을 제공받거나 수련시설이용자의 유치 등을 목적으로 금품 등을 제공하여서는 아니 된다. • 해당 수련시설 안에 법 제33조 제2항 각 호의 시설이나 그 밖에 다른 법령의 규정에 의한 시설이 설치된 경우에는 이 기준에서 정한 것 외에 그 법령에서 정한 위생기준, 관리·운영기준 등을 준수하여야 한다. • 유스호스텔의 경우에는 이 기준에서 정한 것 이외에 사단법인 한국유스호스텔연맹이 여성가족부장관의 승인을 받아 정한 유스호스텔의 시설·운영과 관련한 사항을 준수하도록 노력하여야 한다.
종사자 교육	• 수련시설의 설치·운영자는 수련시설의 종사자에 대하여 연 1회 이상 수련시설의 운영·안전·위생 등에 관한 교육을 실시하여야 한다.
기록의 유지·관리 등	• 다음의 장부·서류를 비치하고 기록·유지하여야 한다. – 일일 청소년수련활동실시 현황부 – 청소년수련활동참여자 명단(유스호스텔의 경우는 숙박실 이용자 명단을 포함한다) – 청소년지도사 및 지원명부 – 시설물안전점검 기록대장 – 현금출납부 및 그 밖의 경리관계 장부·서류 – 등록관계 서류 – 종사자 및 이용자에 대한 안전교육실시기록대장

출처 : 법제처(2016). 국가법령정보센터.

3) 청소년활동시설 현황

오늘날의 사회는 디지털기술의 확장과 정보통신기술의 발달로 인간의 삶을 편리하게 해주고 있는 순기능적인 면이 있는 반면, 역기능적인 사회병리 현상들을 양산하고 있다. 특히 기술의 발달은 청소년의 직접체험을 축소하고 간접체험을 확대하는 현상을 초래하고 있다. 이로 인한 비인간화와 사물과 자연에 대한 몰이해를 가속화시킬 여지가 충분하다. 뿐만 아니라 산업사회에 맞게 짜여진 학교교육은 살아 있는 지식의 가치를 창출하기보다는 상급학교 진학을 위한 단순지식 습득 위주의 교육이 진행되고 있는 등 청소년의 편향된 성장을 야기시키고 있다. 이러한 사회적 환경에 대응하기 위한 대안적 제도로서 청소년 육성제도가 탄생했으며, 제도 속의 핵심은 청소년수련활동이라는 수단을 통해 청소년의 직접체험을 확대하고 조화로운 성장을 도모하고자 하였다. 따라서 청소년들에게 대자연 속에서 호연지기와 진취적 기상을 기르고 일상생활 속에서 더불어 사는 지혜와 공동체의식을 체득하는 수련활동이 조직적이고 체계적으로 광범위하게 펼칠 수 있는 수련장소, 시설, 설비를 갖춘 생활권수련터전과 자연권수련터전을 연차적, 체계적으로 확보하고자 하는 계획을 수립하게 되었다(문화체육부, 1991).

이후 청소년수련시설의 건립과 확충이 활발히 진행되어 1992년에 150여 개소에 불과했지만 2016년 5월 802개소의 청소년수련시설이 설치되어 있다. 이 중에서 공공시설, 즉 국가 또는 지방자치단체가 설치한 시설이 531개소이며, 민간이 설치한 시설은 271개소에 이르며, 운영주체별 현황과 지역별 현황은 다음과 같다.

(1) 운영주체별 현황

〈표 7-11〉 운영주체별 청소년수련시설 현황

(2015. 12. 31. 현재, 단위 : 개소)

구 분	총 계	수련관	문화의집	수련원	야영장	유스호스텔	특화시설
계	787	187	223	188	42	128	9
공공	513	184	227	54	21	18	9
민간	274	3	6	134	21	110	0

출처 : 여성가족부(2015). 청소년백서, p. 385.

(2) 지역별 현황

〈표 7-12〉 시도별 청소년수련시설 현황

(2015. 12. 31. 현재, 단위 : 개소)

지 역	총 계	수련관	문화의집	수련원	야영장	유스호스텔	특화시설
총 계	787	187	233	188	42	128	9
서 울	62	33	16	3	0	4	6
부 산	26	8	11	4	2	1	0
대 구	15	5	6	2	0	1	1
인 천	26	8	4	5	5	4	0
광 주	12	5	6	1	0	0	0
대 전	12	3	6	2	0	1	0
울 산	9	1	7	1	0	0	0
세 종	1	0	1	0	0	0	0
경 기	154	31	49	46	7	21	0
강 원	83	16	28	16	5	17	1
충 남	46	8	10	19	1	8	0
충 북	49	11	9	14	2	13	0
전 남	56	11	18	15	3	8	1
전 북	51	11	15	11	7	7	0
경 남	68	16	13	16	5	18	0
경 북	70	17	14	28	3	8	0
제 주	47	3	20	5	2	17	0

주 : 국립청소년시설(5개) – 국립중앙청소년수련원(충청남도 천안시), 국립평창청소년수련원(강원도 평창군), 국립고흥청소년우주체험센터(전라남도 고흥군), 국립영덕해양환경체험센터(경상북도 영덕군), 국립김제청소년농업생명체험센터(전라북도 김제시)

자료 : 여성가족부(2015).

(3) 국립시설 현황

국립청소년수련시설은 청소년활동의 활성화를 도모하고 청소년활동에 대한 수범적인 운영과 검증을 위해 시범청소년활동을 진행하며, 청소년지도자 양성 등의 기능을 수행하기 위해 1998년 '국립평창청소년수련원'과 2001년 '국립중앙청소년수련원'을 설치하였다. 또한 지방정부와 민간이 하기 어려운 특성화된 청소년활동을 운영하기 위해 2010년 전남 고흥에 '국립청소년우주체험센터'를 건립하였으며, 해양환경과 농업생명에 대한 특성화시설로서 2013년에 '국립영덕청소년해양환경체험센터'와 '국립김제청소년농업생명체험센터'를 개원하였다.

〈표 7-13〉 국립청소년수련시설 연도별 설치현황

구 분	계	연도별			
		1998	2001	2010	2013
국립청소년수련원	5개소	1 (강원 평창)	1 (충남 천안)	1 (전남 고흥)	2 (경북 영덕, 전북 김제)

4. 청소년활동시설의 운영실태와 개선방향

청소년활동은 청소년들의 학교 밖 활동을 통해 사회화를 이루고자 하는 목적성을 감안할 때 학교 밖에서 체계적으로 청소년활동이 전개되는 청소년수련시설과 깊은 관련성이 있다. 특히 청소년인구 분포구조는 학업을 중심으로 하는 학교청소년이 대부분을 차지하는 현실과 청소년수련시설 주 이용대상이 학교청소년과 겹쳐지는 부분으로 청소년활동시설은 청소년의 학교생활과 밀접한 관련성이 있다.

따라서 청소년들의 학교생활과 상급학교 진학을 위한 학업활동의 확장은 상대적으로 청소년활동시설의 이용을 낮출 수밖에 없다. 이러한 현실들은 청소년만을 대상으로 청소년활동시설을 운영하기에는 많은 어려움이 따르며, 상당수 청소년시설들은 낮은 청소년의 이용률로 인해 경영상의 어려움을 겪기도 한다. 경영상의 어려움을 일부나마 타개하기 위한 방편으로 다소 제한적인 법인, 단체, 기업 등에서 실시하는 연수활동, 사회교육 등에 제공하기도 하며, 법령상에도 이를 허용하고 있다. 청소년활동에 있어서도 청소년수련관과 문화의 집 등에서는 선호도가 높고 수익이 발생하는 강좌중심의 프로그램을 개설하여 운영하고 있으며, 청소년수련원에서는 학교단위 대규모 학생단체를 유치하여 대단위 집단활동 위주의 프로그램을 운영하고 있다. 대규모

집단활동 프로그램은 활동의 효율성은 높일 수 있는 반면, 청소년의 다양한 욕구의 충족과 활동의 효과성을 제고하기에는 한계가 있으며 형식적인 활동에 그칠 가능성이 있다.

청소년활동시설은 단순한 시설과 공간의 제공 이상의 기능을 갖고 있으며, 이를 위해 청소년활동시설에서는 전문적 능력을 겸비한 지도자와 많은 활동 프로그램을 보유하고 있으나 활용도는 높지 않은 실정이다.

1) 청소년활동시설운영의 문제점

청소년활동시설은 청소년활동이 조직적이고 체계적으로 전개되는 공간으로서 청소년들의 전인적 성장에 매우 중요한 역할을 수행하는 기관임에도 불구하고 적지 않은 문제점을 안고 있다. 구체적으로 그 문제점을 제시하면 다음과 같다.

첫째, 청소년수련시설의 위치, 유형, 규모 등의 기본 설계과정에서 도시의 주변 환경과 인구밀도 등이 고려되어 있지 않다. 현재 청소년수련관 대부분은 도심권에 위치하고 있어야 함에도 불구하고 부지확보의 어려움 등으로 인해 도시 외곽지역이나 접근성이 좋지 못한 곳에 설치된 경우가 있어 청소년수련관의 기능을 살리지 못하고 있다(강병연, 2005).

둘째, 청소년수련시설의 저조한 이용률은 시설의 존재이유 이전에 수익성의 악화를 가져와 원천적으로 수련활동을 불가능하게 만들 수 있다. 이용률이 저조한 이유는 여러 가지가 있겠지만, 국가의 체계적인 지원의 미흡과 청소년의 문화에 맞지 않는 프로그램의 제공 수련시설의 폐쇄적인 운영도 부분적인 요인이 된다(한국청소년개발원, 2003).

셋째, 청소년활동 프로그램은 청소년들의 욕구를 반영한 매력적인 프로그램이 개발되지 못함으로 인해 청소년과 일부 국민들에게 외면받고 있다. 특히 청소년활동 프로그램이 일부 국민들과 청소년들 사이에서는 여전히 극기훈련이라는 오해가 상존하고 있는 실정이다. 또한 체계적이고 안전한 청소년활동 프로그램이 개발되지 못하고 있는 것은 청소년활동시설의 열악성과 전문적 능력을 갖춘 지도자의 부재로 양질의 프로그램 개발과 적용이 여의치 않기 때문이다.

넷째, 지역사회와 느슨한 협력체계는 지역사회의 각종 자원을 효율적으로 활용하고 지원받을 수 있는 환경을 배제하는 결과를 초래하고 있다. 청소년활동시설은 단순히 청소년들이 머물고 프로그램에 참여하는 것에 그치는 것이 아니라 지역사회 내의 청소년활동의 중심으로서 적극적인 지역사회의 지원을 이끌어 내어야 할 필요가 있다.

다섯째, 전문적 능력을 겸비한 지도자의 부족으로 양질의 청소년활동 프로그램 서비스 제공이 제대로 이루어지지 못하고 있다. 청소년활동시설의 취약한 재정적 여건과 열악한 근무환경 등으로 인해 직업적 안정성을 저해하고 있다. 또한 충분치 않은 재정은 지도자들의 역량개발을 위한 지속적인 투자와 지원이 여의치 않는 등, 양질의 지도력 발휘에 제한을 받고 있다.

2) 청소년활동시설의 발전방향

청소년활동시설이 발전하기 위해서는 우선적으로 지속적이고 과감한 재정적 투자로 청소년들이 청소년활동을 원활히 할 수 있는 시설과 공간을 확충해야 한다. 이와 더불어 운영의 효율성을 꾀하고 청소년의 변화하는 욕구에 적절히 대응하는 등 다각적인 노력이 필요하다. 이를 위해서는 다양하고 창의적이며 흥미로운 프로그램의 수집과 개발은 물론, 이를 활용하고 적용하는 청소년지도자와 관련 종사자들이 책임감과 즐거움을 갖고 일할 수 있도록 사기를 진작할 수 있는 방안을 강구해야 한다(한국청소년개발원, 2003).

위의 내용을 기초로 청소년활동시설의 발전방안을 제시하면 다음과 같다.

첫째, 청소년의 변화된 활동욕구에 부응하고 수요자 중심의 시설을 운영하기 위해서는 청소년활동의 주체이자 수요자인 청소년의 자발적인 참여는 청소년활동시설의 발전뿐만 아니라 청소년의 시설이용을 증대시킬 수 있기 때문에 시설운영과정에 청소년들을 적극 참여시켜야 한다.

둘째, 청소년활동시설은 지역의 인구 밀집도, 생활방식, 교통수단, 관련 문화시설의 접근성, 유사기능 기관 및 시설의 유무 등 지역별 입지조건과 특성을 고려하여 최적의 기능을 발휘할 수 있도록 설치·운영되어야 한다.

셋째, 청소년활동현장의 다양한 요구에 부응하고, 전문화·특성화된 프로그램을 개발하고 진행하기 위해서는 다양한 영역에서의 전문화된 지도인력을 양성하고 배치하는 것은 매우 중요하며, 이와 더불어 청소년지도자에 대한 실질적인 처우개선과 사회적 대우를 보장하는 지원체제를 마련하여야 한다(김진호 외, 2009).

넷째, 청소년활동시설은 지역사회 내 인적·물적 자원을 효과적으로 활용하고 여러 유형의 기관들과 연계협력체제를 구축하여 상호보완적 기능이 강화되어야 할 필요가 있다. 특히 청소년활동시설은 청소년활동의 지역중심 센터로서 지역사회가 함께하는 프로그램 등을 개발하여, 지역사회가 함께 청소년의 건강한 성인으로의 이행을 조장할 수 있도록 행정적·재정적 지원이 필요하다.

요 약

청소년활동시설은 청소년들의 긍정적 성장·발달과 성공적인 성인으로의 이행을 위해 제공되는 각종 장소와 시설·설비들뿐만 아니라 전문적 지도능력을 겸비한 청소년지도자에 의해 조직적, 체계적으로 청소년활동을 전개해 나가는 시설을 말하는 것으로 청소년활동의 성패를 가늠하는 중요한 요소이다.

청소년활동진흥법 제10조에서는 청소년활동시설의 종류를 청소년수련시설과 청소년이용시설로 구분하고 있다. 여기서 다시 청소년수련시설은 청소년수련관, 청소년수련원, 청소년문화의 집, 청소년특화시설, 청소년야영장, 유스호스텔로 구분하고 있다. 청소년이용시설은 청소년수련시설이 아닌 시설로서 그 설치목적의 범위 내에서 청소년활동의 실시와 청소년의 건전한 이용 등에 제공할 수 있는 시설을 말하는 것으로 시설의 유형은 문화시설, 과학시설, 체육시설, 평생교육시설, 복지시설 등이 있다.

청소년활동시설의 설치는 청소년을 국가와 사회가 필요로 하는 건강한 민주시민으로 자랄 수 있도록 하기 위한 터전으로서 국가와 사회의 책무성의 일환으로 이루어진다고 볼 수 있다. 청소년진흥법 제11조 제1항에서 "국가 및 지방자치단체는 수련시설을 설치·운영하여야 한다"고 명시함으로써 청소년활동시설의 설치에 대해 국가와 지방자치단체의 책임을 보다 분명히 밝히고 있음을 알 수 있다. 한편으로는 국가와 지방자치단체만으로 청소년활동시설을 확충하기에는 일정 부분 한계가 있을 수 있으므로 뜻이 있는 법인이나 단체, 개인도 일정한 법적 요건과 자격을 구비할 경우 청소년활동시설 설치에 대한 해당 지역 자치단체의 허가를 득한 후 설치할 수 있도록 하고 있으며, 실제 국가와 지방자치단체, 민간 등에서 청소년수련시설의 설치가 이루어지고 있다. 이러한 청소년활동시설은 청소년활동 고유의 목적달성과 원활한 기능이 작동되기 위해서는 최소한의 공간과 설비, 안전, 운영 및 관리 등의 기준이 마련되어야 한다. 이와 같은 기준을 위해 청소년활동진흥법 제17조 "수련시설의 시설기준", 제18조 "수련시설의 안전점검 등", 제19조 "수련시설의 운영기준"을 두어 제도적으로 제시한 기준의 범위 안에서 관리되고 운영될 수 있도록 규제하고 있다.

2016년 5월 말 기준으로 설치된 청소년수련시설은 청소년수련관 188개소, 청소년문화의 집 244개소, 청소년수련원 194개소, 청소년야영장 42개소, 유스호스텔 125개소, 청소년특화시설 9개소로서 전체 802개소가 설치되어 운영 중에 있다.

청소년활동시설은 청소년활동이 조직적이고 체계적으로 전개되는 공간으로서 청소년들의 전인적 성장에 매우 중요한 역할을 수행하는 기관임에도 불구하고 적지 않은 문제점을 안고 있다. 즉, 다양한 입지적 여건과 괴리된 시설의 설치, 청소년이용률의 저조, 지역사회의 인적·물적 자원의 활용과 유기적인 연계·협력체제의 결여, 지도자들의 전문성 결여와 매력적인 프로그램의 개발의 부재 등의 문제점을 들 수 있다. 이에 대한 개선방안으로 지속적이고 과감한 재정적 투자로 청소년들이 청소년활동을 원활히 할 수 있는 시설과 공간을 확충해야 한다. 이와 더불어 운영의 효율성을 꾀하고 청소년의 변화하는 욕구에 적절히 대응하는 등 다각적인 노력이 필요하다. 이를 위해서는 다양하고 창의적이며 흥미로운 프로그램의 수집과 개발은 물론, 이를 활용하고 적용하는 청소년지도자와 관련 종사자들이 책임감과 즐거움을 갖고 일할 수 있도록 사기를 진작할 수 있는 방안을 강구해야 한다.

연구과제

1. 청소년활동시설의 개념을 논의한다.
2. 청소년수련시설의 종류와 기능과 각각의 특징에 대하여 설명한다.
3. 청소년수련시설의 설치기준에 대하여 살펴본다.
4. 청소년수련시설의 운영기준에 대하여 살펴본다.
5. 청소년수련시설의 안전기준에 대하여 살펴본다.
6. 청소년수련시설의 활성화 방안에 대하여 토론한다.

CHAPTER 08

청소년활동 프로그램 개발과 평가

1. 청소년활동 프로그램의 개념
2. 청소년활동 프로그램 개발의 개념
3. 프로그램 개발의 이론
4. 프로그램 개발과정

CHAPTER 08

청소년활동 프로그램 개발과 평가

개 요

청소년활동 프로그램은 청소년활동을 실현시키는 데 필요한 제반 활동들을 체계적으로 연결하여 종합적으로 자세히 제시한 것으로 미래지향적, 목표지향적, 수단적, 동태적 성격을 가지고 있다. 청소년활동 프로그램 개발은 구조적·절차적 측면에서 프로그램의 기획, 설계, 마케팅, 실행, 평가와 같이 일련의 과정과 절차적 구조화를 의미하며, 행위적 측면에서는 개발자의 역할과 행위에 초점을 두고, 현상적 측면에서는 청소년과 청소년지도자 사이의 상호작용의 내용을 창출하고 설정하고 조직하는 일련의 행위의 총체를 의미한다. 프로그램의 개발과정은 대체적으로 기획, 설계, 마케팅, 실행, 평가 등 5개의 단계로 이루어진다.

학습목표

1. 청소년활동 프로그램에 대한 개념과 기능, 유형에 대해 이해한다.
2. 청소년활동 프로그램 개발과정을 이해하고 프로그램을 개발할 수 있다.
3. 청소년활동 프로그램 평가를 이해하고 프로그램을 평가할 수 있다.

주요 용어

청소년활동 프로그램/ 청소년활동 프로그램 개발/ 청소년활동 프로그램 평가

1. 청소년활동 프로그램의 개념

1) 청소년활동 프로그램의 의미

프로그램(program)은 본래 '미리 쓴다'는 뜻을 지닌 라틴어에서 유래한 말로서 17세기에 처음으로 문헌에 나타났으며, 운동회의 순서와 연주곡목·순서 등을 미리 짜놓은 것을 의미하였다. 이후 1920년대 라디오가 개발되면서 방송 시간표를 일컫는 말로 흔히 사용하였다. 컴퓨터에서는 1946년 과학잡지 「네이처(Nature)」에 게재된 에니악(Eniac) 관련 기사에서 처음으로 쓰였다. 순서에 따라 한 번에 한 번씩 실행되는 명령어로 구성되어 있어 컴퓨터가 수행해야 하는 절차를 나타낸다(두산 백과사전 http://www.doopedia.co.kr).

이처럼 프로그램이라는 용어는 일상에서 쉽게 접할 수 있는 개념이다. 그렇지만 프로그램 자체가 가지는 의미는 형식과 내용에 따라 약간씩 다른 의미로 이해되고 있어 혼란스럽다. 청소년지도사가 활동하고 있는 현장에서도 프로그램이라는 용어는 상황에 따라 다양한 의미로 사용되고 있는 것이 현실이다(김진화, 2005).

또한 프로그램은 활동내용이나 활동의 순서만으로 국한되는 것이 아니라, 일정의 활동이 구체적으로 실현하기 위해 필요한 모든 활동을 의미하는 보다 포괄적인 개념이다. 따라서 프로그램은 일정한 활동이 이루어지는 총체적인 환경으로서 활동내용 그 자체와 함께 활동 목적과 목표, 활동대상, 과정, 방법, 장소, 시기, 조직 등 모든 제반 활동을 포함한다. 보다 구체적으로 말하면 프로그램은 어떤 목적을 달성하기 위해 선택된 활동에 관해서 누가, 무엇을, 어떻게, 왜, 언제, 어디서, 그리고 누구와 행할 것인가를 종합적으로 묶어서 부분별로 보다 구체적으로 일목요연하게 제시해 주는 활동지침이라고 볼 수 있다. 이러한 맥락에서 청소년활동 프로그램은 청소년의 건전한 육성을 목적으로 실시하는 다양한 청소년활동을 보다 효과적이고, 효율적으로 실현시키기 위해 필요한 활동들의 집합이라고 볼 수 있다. 따라서 청소년활동 프로그램은 일정한 청소년활동을 구체화하기 위하여 필요한 활동내용과 함께 관련된 자원, 조건 등의 제반 여건을 종합적으로 연결하여 단계적으로 자세히 편성해 놓은 것을 의미한다(한국청소년개발원, 1997).

다시 말하면, 청소년활동 프로그램은 청소년활동을 실현시키는 데 필요한 모든 활동들을 체계적으로 연결하여 종합적으로 자세히 제시한 것으로 목표, 계획, 설계, 수단과 방법, 창안된 행위, 정돈된 준비, 도식화 등을 포함하고 있는 광범위하고 포괄적인 개념이다. 청소년활동 프로그램은 청소년들의 요구 반영과 자발적인 참여를 전제로 청소년들이 실생활 속에서 직접 의미 있는 활동을 경험하게 하여, 보다 나은 전인적 성장·발달을 조성하고자 하는 프로그램이다. 그러므로 청소년활동 프로그램은 이론보다는 생활을, 지식보다는 행동을, 미래준비보다는 현실생활에의 적응을, 지도자보다는 청소년중심의 활동을 중시하는 프로그램이다(한국청소년개발원, 1997).

따라서 청소년활동 프로그램은 청소년들이 현재나 미래의 삶에 대한 가치 있는 경험을 제공하기 위해 분명한 목표를 가지고 청소년들에게 제공되고, 성공적인 성인으로서의 이행을 위한 수단으로 작용될 수 있다(이교봉, 2008).

2) 청소년활동 프로그램의 성격

청소년활동 프로그램은 청소년들의 균형된 성장을 위한 접근수단으로서, 다양한 청소년활동의 내용을 포함하고 있다. 청소년활동 프로그램은 프로그램으로서 가지는 기술적인 성격과 청소년들의 균형된 성장·발달을 위한 고유한 성격 등을 동시에 가지게 된다. 이러한 청소년활동 프로그램의 기본적인 성격에 대해 요약하면 다음과 같다(한국청소년개발원, 1997).

첫째, 청소년활동 프로그램은 일정한 청소년활동에서 앞으로 전개될 행동을 미리 예측하여 이를 바탕으로 미래의 행동노선을 사전에 수립하는 미래지향적인 성격을 가지고 있다.

둘째, 청소년활동 프로그램은 제시되는 활동이 최종적으로 실현하거나 도달하려는 결과로서의 목표가 명확하게 명시되는 목표지향적인 성격을 가지고 있다.

셋째, 청소년활동 프로그램은 구체적인 목표를 효율적으로 달성하기 위한 최적의 전략을 선정하여 보다 합리적이고 구체적인 방안을 의식적으로 모색하고 제시하는 수단적인 성격을 가지고 있다.

넷째, 청소년활동 프로그램은 어떤 일을 실현하는 데 필요한 실제 행동을 전제로 하는 행위지향적인 성격을 가지고 있다.

다섯째, 청소년활동 프로그램은 일정한 공간과 기간 내에서 수행되어야 하는 활동들이 변화하고 발전하는 시간적인 연속상태를 내용으로 하는 동태적인 성격을 가지고 있다. 그러므로 청소년활동 프로그램은 목표, 계획, 설계, 절차, 조직된 방법, 창안된 행위, 정돈된 준비, 도식화 등을 포함한 광범위하고 포괄적인 성격을 가지고 있다.

3) 청소년활동 프로그램의 기능

청소년활동 프로그램의 기능은 청소년들의 바람직한 성장이행을 위한 청소년들의 체험중심활동으로서, 청소년과 청소년지도자와의 만남과 활동을 위한 각종 공간, 즉 사회와 자연, 청소년활동터전과의 접점을 형성시켜 주고, 각종 사물과의 연결을 도모하는 등 다양한 기능들을 가지고 있으며, 이러한 기능을 정리하면 다음과 같다(김진화, 2005).

첫째, 청소년 프로그램은 청소년집단의 풍토를 수정하고 청소년집단 내에 바람직한 효과를 불러일으키기 위해 자체 활동을 변경시키는 데 도움을 준다.

둘째, 청소년 프로그램은 청소년들에게 이익을 줄 수 있고 활동에 대한 만족에도 영향을 주며, 활동의 전 과정을 촉진시키기 위해서도 유용하게 활용된다.

셋째, 청소년 프로그램은 청소년에게 간접적 수단을 제공하고 바람직한 활동목표를 달성하기 위해 집단 지도자에 의해 의도적으로 사용된다.

넷째, 청소년활동 프로그램은 청소년들의 의사 및 사회의 가치와 규범을 변화·유지시키고 집단성원의 흥미와 요구를 충족시킨다.

다섯째, 청소년들 사이의 상호작용을 촉진시키며 정서적 긴장 및 갈등의 완화에도 도움을 준다.

여섯째, 청소년활동 프로그램은 청소년들에게 과제수행에 필요한 정보를 수집할 기회를 제공하며, 특별한 생활과제를 위한 기술을 개발하는 수단으로 활용되기도 한다.

일곱째, 청소년활동 프로그램은 활동을 통해 형성된 긍정적 관계를 기초로 금기나 수용된 규범으로부터 벗어날 수 있도록 허용하기도 한다.

이 외에도 청소년활동 프로그램의 기능은 위에서 제시된 내용을 포괄하는 것으로 청소년활동을 통해서 바람직한 태도의 변화와 다양한 삶의 장면에서 발현될 수 있는 기량을 배양하고, 지식을 함양하며, 역량 개발을 촉진하는 기능들이 있다(이교봉, 2008).

4) 청소년활동 프로그램의 유형

생애 전 과정을 통해 경험하게 될 삶의 다양한 상황 속에서 건전하고 올바른 판단과 선택으로 인간다운 삶을 유지하고, 건강한 사회 구성원으로 존재하기 위해 필요한 태도와 기량, 지식 등을 일정한 기준에 의해 명확하게 분류하고 유형화하는 것은 대난히 어려운 일이다. 특히 청소년활동 프로그램은 그 대상의 다양한 특성을 고려할 때 이를 분류하고 유형화하는 기준과 변수는 매우 많다. 또한 어떠한 기준이나 준거일지라도, 반드시 절대적이고, 배타적인 것이 아니라, 상대적이기 때문에 많은 제한점을 가지게 된다. 기준 여하에 따라서는 하나의 유형과 많은 내용이 포괄적으로 포함되기도 하고 하나의 현상이나 사실이 여러 유형으로 분류되기도 하며, 어떤 내용은 어느 한쪽으로도 분류되지 못하고 애매한 상태로 남겨지기도 한다(한국청소년개발원, 1997).

이렇듯 청소년활동 프로그램의 유형을 분류하고 체계화한다는 것은 매우 어렵다. 그러나 청소년활동을 분류하고 유형화를 하는 것은 청소년 프로그램의 개발과 전개, 평가 등의 과정에서 보다 분명하게 프로그램에 대한 이해가 선행될 수 있으며, 프로그램이 추구하고자 하는 목적과 방향성을 잃지 않고 일관되게 추진할 수 있다는 측면에서 프로그램을 분류하고 유형화하는 것은 필요한 작업이다(이교봉, 2008).

이러한 측면을 고려하여 청소년활동 프로그램을 분류하고 유형화하면 다음과 같다.

(1) 개발주체에 따른 분류

청소년활동 프로그램을 어떠한 의도와 목적을 가지고 프로그램 개발주체가 되었는가에 따라 프로그램에 접근하게 되는 방법이 달라질 수 있다. 특히 개발주체에 따라 대상청소년들의 범위와 추구하는 목표, 활동내용 등이 달라질 수 있다.

개발주체에 따라 프로그램을 분류하면 프로그램의 개발과 보급에 책무가 있는 국가에서 개발되는 '국가 프로그램', 청소년기관에서 수행되는 '기관 프로그램', 청소년지도자 또는 개인이 개발하여 운영되는 '개별 프로그램'으로 구분할 수 있다. 여기서 국가 프로그램이란, 국가가 청소년활동의 활성화를 위하여 일선 현장의 청소년지도자들에게 다양한 프로그램을 보급하는 것을 주요 목표로 하여 개발하는 정책적인 성격의 프로그램을 의미한다. 기관 프로그램은, 주로 청소년단체나 청소년시설 등의 청소년 관련 기관들이 각 기관에서 전개될 청소년활동을 위해 독자적으로 개발하는 사업적 성격을 가진 프로그램을 의미한다(한국청소년개발원, 1997).

개별 프로그램은, 청소년지도자가 청소년활동지도자에 필요한 프로그램을 개발하여 적용하는 것으로 주로 단위활동에 요구되는 구체적인 활동계획 수준의 프로그램을 의미한다(이교봉, 2008).

(2) 프로그램의 구성범위에 따른 분류

청소년활동 프로그램은 청소년활동을 통해서 도달하고자 하는 목표에 접근하기 위한 체험거리 또는 경험하게 될 거리들의 조합으로 이루어지게 된다. 여기서 가장 기본적인 단위의 활동거리가 단위 프로그램이며 이러한 단위 프로그램을 기준으로 프로그램의 구성의 형태와 범위에 따라 프로그램을 분류하면 단위 프로그램, 연속 프로그램, 통합 프로그램, 종합 프로그램으로 구분할 수가 있으며, 세부내용은 다음과 같다(한국청소년개발원, 1997).

① 단위 프로그램이란 어떤 하나의 주제에 따른 내용을 바탕으로 단순하게 이루어지는 간단한 활동 프로그램을 의미한다.

② 연속 프로그램이란 하나의 주제에 여러 개의 내용으로 나누어서 이를 일정한 순서에 따라서 연결한 프로그램이다. 다시 말하면, 동일한 계열에 속하는 여러 개의 활동 프로그램들이 단일 목표를 이루기 위해 한데 모여서 이루어진 복합 프로그램 방식을 의미한다.

③ 통합 프로그램이란 한 주제에서 세분화한 여러 활동이나 비슷한 활동들을 모아 한 체계 속에서 적절하게 연결하여 하나의 활동으로 묶어서 구성한 프로그램이다. 이 프로그램은 각 활동의 기본적인 성격은 그대로 유지되면서 서로 관련된 내용만 적절히 연결하여 하나의 활동을 구성하고 있는 내용의 융합적 방식을 취하고 있다.

④ 종합 프로그램이란 여러 영역의 활동 프로그램들을 한데 모아서 활동의 체계에 따라 분류하지 않고 같은 구조 속에서 모든 활동을 종합적으로 전개하는 프로그램이다. 종합 프로그램은 부분별 프로그램들이 각각 고유한 목표와 성격을 그대로 유지하면서 어떤 연결원칙이나 공통적인 문제, 상호관심적인 영역하에서 그 연계성을 합리적으로 조합한 총괄성을 가진 프로그램이다.

(3) 프로그램의 형태에 따른 분류

청소년활동의 특성상 프로그램의 운영형태가 고정된 틀 속에서 운영되는 것이 아니라, 매우 폭넓고 다양하며, 프로그램을 운영하는 장소와 시기, 방법, 내용, 추구하는 목적에 따라 여러 형태로 운영될 수 있다. 특히 일정한 장소에서 한 가지 주제를 장기간 수행하는 형태의 일일정기형 프로그램과 집을 벗어나 일정한 시기 동안 숙박을 하면서 이루어지는 형태의 숙박형 프로그램, 한 장소에 머물러 있지 않고 계속 이동하면서 프로그램을 운영하는 이동형 프로그램이 있을 수 있다. 이와 같은 운영형태에 따른 분류는 청소년수련활동인증제도에서 활동 프로그램의 운영형태에 따라 인정기준을 설정하기 위해 도입되어 운영 중에 있으며, 세부적 내용은 다음과 같다(이교봉, 2008).

① 일일정기형 프로그램이란, 청소년들의 일상생활이 이루어지는 생활근거지를 중심으로 숙박을 하지 않고 일정 기간 동안 정기적인 활동이 이루어지는 형태의 활동 프로그램으로서 취미개발, 문화활동, 스포츠 활동 등의 각종 기능습득 중심으로 청소년수련관, 청소년문화의 집 등에서 주로 이루어지는 활동 프로그램을 말한다.

② 숙박형 프로그램이란, 청소년들이 집을 떠나 일정한 숙박시설을 갖춘 활동장에서 1일 이상 숙박을 하면서 이루어지는 활동 프로그램으로서 이는 주로 자연체험활동, 모험활동 등 야외에서 이루어지는 활동으로 청소년수련원, 청소년야영장 등에서 이루어지는 활동을 말한다.

③ 이동형 프로그램이란, 프로그램의 목적과 내용에 따라 사전 선정된 활동장으로 이동하면서 숙박과 더불어 활동이 이루어지는 형태로서, 주로 모험활동 프로그램, 역사탐험 프로그램 등을 들 수 있다.

(4) 활동내용에 따른 분류

청소년활동 내용은 전 생애에 걸쳐 유의미한 발달이라는 측면에서 조망하면, 매우 폭넓은 내용들이 있을 수 있다. 특히 청소년기 특성상, 성공적인 성인으로 이행을 위한 가치 있는 경험과 체험의 거리들은 수없이 많을 수 있다. 이러한 맥락에서 청소년활동의 내용은 청소년들의 생활 전체를 포함하는 것이므로 특정한 하나의 기준과 내용으로 청소년활동 전체를 설명하기에는 무리가 따른다. 그러므로 학자들마다 여러 가지 기준을 바탕으로 내용에 대해 범주화하고 분류를 시도하고 있다. 그중에서도 우선 청소년활동진흥법에서 제시하고 있는 청소년활동의 내용에 따른 분류로서, 크게 수련활동, 문화활동, 교류활동으로 영역을 구분하여 분류하고, 이를 다시 세분하면, 먼저 수련활동 내용의 범주 속에는, 청소년들이 자발적인 참여를 바탕으로 기량과 품성을 함양하는 것으로 광범위한 내용을 포괄하고 있다. 청소년교류활동, 지역 간 교류, 남북 간 교류, 국가 간 교류활동으로 분류하고 청소년문화활동은 예술활동, 스포츠활동, 동아리활동, 봉사활동 등으로 분류를 하고 있다. 그러나 앞에서 제시한 바와 같이 청소년활동진흥법에서 제시하는 활동 외의 청소년 프로그램에는 수없이 많은 내용의 활동 프로그램들이 있을 수 있다. 특히 청소년활동진흥법상에 제시되지 않는 활동으로 청소년들이 시대적 변화에 따른 요구와 사회적 과제들에 대한 대응 차원의 프로그램들은 계속 개발되어야 할 것이며, 그중에서도 범지구적 과제인 환경보존과 사회통합에 필요한 자연환경활동과 공동체의식 함양 프로그램, 과학정보활동 프로그램, 지역사회참여활동 등은 매우 중요한 과제로서 청소년활동 내용에 따른 역량개발 차원의 영역으로 자리매김되어야 할 것이다(2008, 이교봉).

(5) 기타 분류

이 외에도 청소년활동 프로그램은 다양한 유형으로 분류가 가능하다. 그중에서도 청소년활동대상의 규모에 따라 개인활동, 소규모 집단활동, 대규모 집단활동 등으로 분류할 수 있으며, 활동 프로그램 참가대상에 따라 학교단체활동 프로그램, 청소년단체 활동 프로그램, 장애청소년 활동 프로그램, 부적응청소년 활동 프로그램, 다문화청소년 활동 프로그램, 새터민청소년 활동 프로그램 등으로도 분류가 가능하다(이교봉, 2008).

2. 청소년활동 프로그램 개발의 개념

1) 청소년활동 프로그램 개발의 의미

청소년활동 프로그램은 청소년의 건전한 성장과 역량강화를 목적으로 실시되는 다양한 청소년활동을 효과적으로 실현시키기 위해 필요한 활동들의 집합이라고 볼 수 있다. 이러한 청소년활동 프로그램의 의미를 크게 구조적·절차적 측면, 행위적 측면, 현상적 측면의 세 가지 측면에서 알아볼 수 있다(한국청소년개발원, 2005; 송병국, 2007, 김진호 외, 2009).

첫째, 구조적·절차적 측면에서 프로그램의 개발범위를 어디로 할 것인가와 관계된다. 프로그램의 개발범위는 연극이나 공연의 일정표부터 국가적인 대규모 정책까지 다양하다. 일반적으로 프로그램 개발은 프로그램의 기획, 프로그램의 설계, 프로그램의 마케팅, 프로그램의 실행, 프로그램의 평가를 포함한다. 따라서 이러한 절차와 단계들을 체계적으로 이해하고 실천할 수 있는 능력이 프로그램 개발자에게 요구된다.

둘째, 행위적 측면에서 프로그램 개발의 의미는 프로그램 개발자의 역할과 행위에 초점을 맞춘다. 청소년활동 현장에서 프로그램 개발은 많은 이해당사자들이 생기고 이들 이해당사자 간의 영향력과 권력관계를 협상하고 조정할 필요성이 있다.

셋째, 현상적 측면에서 프로그램 개발의 의미는 청소년활동의 주체인 청소년에게 필요한 의미 있는 지식·정보·활동거리를 창출하고 프로그램에 포함될 내용을 합리적으로 선정·조직하며, 매체화된 자료를 개발하는 일련의 현상을 말한다. 즉, 활동의 주체자인 청소년과 청소년지도자 사이의 상호작용의 내용을 창출하고, 선정하고 조직하는 일련의 행위의 총체를 말한다.

2) 청소년활동 프로그램 개발의 특성

청소년활동 프로그램은 청소년들의 학교 밖 활동을 통해 균형된 성장·발달과 역량개발을 통해 건강한 성인으로의 이행을 도모하기 위해 이루어지는 수단으로서 김진화(2005)는 프로그램 개발의 성격을 실천지향적이며, 경영관리적 성격을 포함하고 있고, 그 개발과정이 협동적 성격과 체제적 성격 등이 부각되는 다원적인 특성을 나타낸다고 하였으며, 프로그램 개발이 가지고 있는 몇 가지 특성을 다음과 같이 제시하였다.

첫째, 일반적으로 청소년지도에서 프로그램 개발의 기본 단위와 주제가 청소년단체와 청소년기관 등 조직체를 기본 단위로 한다는 특징을 가지고 있다.

둘째, 청소년단체 및 청소년기관이 학교교육기관에 비해 대체적으로 소규모적이고 여건이 열악하지만 프로그램 개발은 학교교육과는 다르게 청소년기관 및 단체를 중심으로 보다 역동적으로 이루어지는 특징을 가지고 있다.

셋째, 프로그램 개발에서 청소년지도사의 역할이 학교교육 현장에 종사하는 교사보다 월등히 크다는 특징을 가지고 있다. 학교교육 현장에서는 교사의 역할이 단순히 국가에서 이미 개발된 교육과정을 전달하는 역할만을 수행하는 데 비해 청소년지도사가 프로그램 내용을 선정하고 조직한다. 이러한 맥락에서 볼 때, 청소년지도에서 프로그램 개발은 그 활동의 잠재력이 상대적으로 매우 크다고 할 수 있다.

넷째, 청소년지도에서 프로그램 개발은 청소년기관 및 단체의 성격, 프로그램의 유형, 프로그램의 단위, 참여자의 형태, 프로그램 개발자의 성향에 따라 다른 양상을 보인다는 특성을 가지고 있다.

한편 송병국(2007)은 청소년 프로그램 개발의 특성에 대해 청소년 교육의 핵심으로서 기본적으로는 청소년 개인의 성장과 발전을 지향한다고 하였다. 이와 함께 청소년 개인의 변화와 성장을 통한 사회변혁을 도모하기도 하며, 프로그램 개발 자체가 청소년 관련 기관이나 단체의 사회적 역할 수행이기도 하다고 하였다. 이와 같은 청소년 프로그램 개발의 특성을 프로그램 개발주체, 내용 및 방법, 시간적 관점, 청소년지도사의 역할 등에서 다음과 같이 정리하였다.

첫째, 프로그램 개발주체와 관련해서 청소년 프로그램 개발은 주로 청소년단체나 기관에 의해 주도되고 있는 실정이다. 물론 관심 있는 누구나 주체가 될 수 있고 심지어 청소년들이 직접 프로그램 개발에 참여하기도 하지만 아직까지는 청소년 관련 단체나 기관이 주도해 나가고 있다. 그런데 청소년 관련 단체나 기관은 학교와는 달리 규모가 작을 뿐 아니라 직접 단위기관에서 투입한 프로그램의 모든 것을 결정하기 때문에 사회변화에 역동적으로 대응 가능한 특성을 지닌다. 최근에는 청소년 관련 기관과 청소년대표가 프로그램 개발의 공동주체가 되어가고 있다.

둘째, 청소년 프로그램 개발은 학교교육에 비해 다루는 내용이나 주제, 방법 등에서 훨씬 다양성을 지닌다. 내용에 있어서는 지적인 영역을 넘어 정의적·심동적 측면 모두를 다루며 주제의 측면에서는 청소년들이 관심을 갖는 모든 영역이 가능하며 방법적인 측면에서는 그들의 흥미와 관심을 고취시키기 위해 최첨단의 기술과 기법이 프로그램 개발에 적용되고 있다.

셋째, 시간적으로 프로그램 개발은 현재와 미래를 동시에 지향한다. 학교교육과정이 지나치게 청소년들의 미래의 삶에 초점을 두는 반면, 청소년 프로그램 개발은 청소년들의 현재의 삶과 미래의 삶에 동시에 초점을 맞춘다. 그들이 현재 안고 있는 삶의 고민해결을 돕기도 해야 하지만 향후 10년, 20년 후의 삶에서 필요로 하는 지식과 정보, 기술, 태도, 함양 등을 담고 있어야 한다.

넷째, 프로그램 개발과정에서 청소년지도사의 역할이 학교교육 현장에 종사하는 교사보다 월등히 크다는 특징을 가지고 있다. 학교교육 현장에서는 교사의 역할이 단순히 국가에서 이미 개발된 교육과정을 전달하는 역할만을 수행하는 데 비해 청소년지도사가 프로그램 내용을 선정하고 조직하는 역할을 수행한다(한국청소년개발원, 2005).

다섯째, 청소년 프로그램 개발은 청소년기관 및 단체의 성격, 프로그램의 유형, 프로그램의 단위, 참여자의 형태, 프로그램 개발자의 성향에 따라 내용이나 조직, 시기, 장소, 방법 등이 다른 양상을 지닌다.

3. 프로그램 개발의 이론

1) 청소년 프로그램 개발의 패러다임

일반적으로 패러다임(paradigm)은 어떤 한 시대 사람들의 견해나 사고를 지배하고 있는 이론적 틀이나 개념의 집합체라고 정의한다(네이버사전; 김진호 외, 2009). 청소년 프로그램 개발의 패러다임이란 청소년지도사가 청소년 프로그램을 개발하기 위해서 가지고 있는 이론적 틀이나 개념의 집합체, 인식의 틀이라 할 수 있다. 패러다임은 실증주의 패러다임, 구성주의 패러다임, 비판주의 패러다임으로 구분할 수 있다(한국청소년개발원, 2009).

첫째, 실증주의(positivism) 패러다임은 지식이 인식의 주체인 인간과 분리되어 존재한다는 객관적 인식론의 입장으로 객관적으로 존재하는 지식을 학습자에게 전달하는 기계론적 교육관에 초점을 둔다. 교육현장에서는 교수자의 역할, 자극과 강화 등 행동주의 학습원리를 강조하는 특징을 가지고 있다. 프로그램 개발은 타일러(Tyler)가 제시한 네 가지 질문에 따라 미리 계획된 특정 목표를 성취하기 위한 수단들을 표준화하는 것으로 인식하여 목표-수단 모형 또는 전문가 모형 등으로 이해된다. 전통적으로 자연과학에서 강조해 왔던 경험, 분석적 패러다임이며, 교육과정 개발의 근거이론이 되는 타일러의 이론과 관계되며, 이 패러다임에서는 프로그램이란 청소년의 외부세계에 존재하는 새로운 지식과 정보, 프로그램 개발의 절차를 강조하고, 이러한 의도된 행동변화에만 관심을 두어 잠재적 성과를 등한시한다.

둘째, 구성주의(practical-interpretive) 패러다임의 지식이란 인간의 감각적 혹은 지각적 경험으로부터 구성되며, 학습이란 그러한 구성적 과정을 통해 지식에 대한 내적 표상을 형성시켜 나가는 과정으로 규정한다. 교육관은 인간이 의미를 창조해 가는 주체적인 존재로 인정하고 교수자와 의미를 창조하는 상호작용의 과정을 교육으로 규정한다. 교육현장에서 교수자보다는 학습자의 행위를 강조하여 자율적인 참여와 적극적인 역할수행을 강조하고 있다. 프로그램 개발은 슈왑(Schwab)의 재개념주의자의 논리에 입각하여 교육실천과 실질적으로 관련된 사람들의 집단적 노력과 합의를 강조하는 순환적 합의제 모형을 뜻한다. 의미를 창조해 가는 주체적인 존재, 실존적 존재로 인간을 간수함으로써 청소년지도의 과정을 청소년지도사와 의미를 창출하는 상호작용의 과정으로 봄으로써, 청소년지도사와 교수자는 합의와 의사소통이 강조된다.

셋째, 비판주의(criticivism) 패러다임은 비판적 또는 해방적 패러다임이라 하며, 더 넓은 사회에서 이데올로기적, 사회경제적 힘들로부터 발생되는 인간의 억압의 상태를 해방시키는 데 관심을 기울였다. 이 억압상태는 교육적 성장을 방해하므로 이러한 요인들을 밝혀내고, 극복하기 위해 교육을 필요로 한다고 주장하였다. 즉, 교육이 개인의 진정한 해방을 목적으로 하므로 교육을 '의식화' 과정으로 간주하여 학습자의 적극적 참여와 임파워먼트(empowerment)를 부각시켰다. 프로그램의 내용은 청소년의 반성(reflection)과 행위(action)의 상호작용으로 설명되는 비판적 실천행위(praxis)이고, 프로그램의 개발형태는 대화모형(dialogical model)의 형태를 갖는다. 프로그램 개발 패러다임의 특징을 구체적으로 비교하면 <표 8－1>과 같다.

〈표 8-1〉 프로그램 개발 패러다임의 특성 비교

구 분	실증주의	구성주의	비판주의
이 론	전통적 합리성 이론 체제접근이론	맥락적 상호주의 이론	비판적 실천주의 이론
특 성	행동주의 교육철학에 기초를 둠. 목표성취를 위한 수단표준화로 프로그램을 이해, 교육의 효율성 극대화를 위한 통제과정이 프로그램, 합리적 개발절차 중시	진보주의 교육철학사조에 기초, 사용자중심 프로그램 개발 강조, 교수자의 역할 중시. 숙고와 절충의 순환과정으로 프로그램 개발 가중	급진주의 교육철학사조에 기초, 규정된 목표의 성취 여부에 초점을 두지 않고 의사결정과정과 그 환경의 질 강조, 학습활동과 프로그램 개발을 구분하지 않음, 대화과정을 중시하며 이것은 행위와 반성의 상호작용으로 구성됨

출처 : 김진화(2005 : 120).

2) 프로그램 개발의 접근방법

프로그램 개발의 접근방법은 미시적 관점에서 보다 구체적으로 청소년지도 계획 및 프로그램 개발을 설명하고 있다. 대표적인 접근방법으로는 전통적 합리주의적 접근, 자연주의적 접근, 체제적 접근, 비판적 실천접근, 경영관리적 접근 등으로 구분하고 구체적으로 살펴보고자 한다(한국청소년개발원, 2009).

첫째, 전통적 합리성 이론은 기술공학적 합리성에 기초를 두고 교육의 효능성과 효율성을 증진시키기 위해 프로그램 개발의 절차에 초점을 맞춘다. 가장 오래되고 지배적인 프로그램 개발이론의 하나로 타일리언 모델(Tylerian Model)이 있는데, 바라는 결과(목표)와 결과에 도달하기 위한 수단(학습경험)과 이 수단이 목표를 성취했는지를 결정하는 과정(평가)을 주로 기술하므로 수단-결과모델이라고 하기도 한다. 교육목표-학습경험 선정조직-교육활동-평가라는 선형적 프로그램 개발 절차의 합리성과 실천성과 목표설정이 중요한 관심사가 되고 교육내용이 목표달성의 수단에 불과하다는 관점에서 프로그램의 과정을 밟아가는 것이 큰 특징이다.

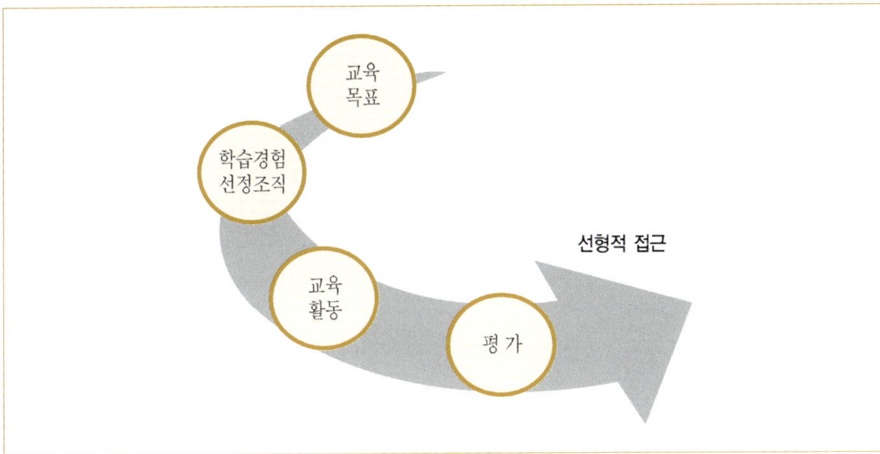

| 그림 8-1 | 전통적 합리성 이론의 개념도

출처 : 김진화(2005 : 123).

둘째, 맥락적 상호작용이론은 구성주의 패러다임 혹은 실제적-해석적 패러다임에 지적 토대를 두고 있는 것으로 프로그램 개발자와 학습고객 사이의 상호작용 행위와 프로그램 개발이 이루어지는 맥락을 중시한다. 프로그램 개발에 참여한 모든 사람의 신중한 숙의와 실제적 합리성의 역동적 상호작용을 강조하는 순환-합의접근에 따른다. 교육목표가 프로그램 개발의 출발점도 아니며 단지 더 나은 프로그램을 만들도록 해주는 여러 요소와 방법들 중의 하나로 간주하여 현실과 실제에 기초한 문제탐색에서 출발한다. 이 이론의 접근방법은 프로그램 개발자가 갖고 있는 신념과 가치체계, 설계(design), 이 설계 결정을 위해 신념과 정보가 사용되는 과정으로 구성된다.

셋째, 체제이론(system theory)의 체제란 여러 부분이 하나로 결합하여 생긴 전체를 의미하며, 목표를 달성하기 위해 여러 구성요소들이 각기 독립성을 지니고 상호의존, 상호작용을 가지면서 외부환경과 영향을 주고받는 집합체이다. 프로그램 개발과정에 필요한 관련 요소와 맥락에 초점을 두며, 프로그램 개발이 교육기관을 둘러싼 사회적·기능적 맥락과 변화를 요구하는 사회·문화적 맥락 속에서 이루어짐을 전제로 한다. 대표적으로 훌(Houle), 분(Boone), 코왈스키(Kowalski)의 모델 등을 들 수 있다.

넷째, 비판적 실천이론은 프로그램을 통한 변화의 대상을 개인학습자뿐 아니라 사회적 구조까지 포함시키고 있는 것이 특징이다. 교육자와 학습자가 학습상황에서 행동하는 비판적 실천(praxis)과정을 프로그램 개발로 규정하고, 학습자는 자신의 학습경험을 선택하고 조정할 수 있는 통제력을 가지며 비판적 실천이라는 행위를 통해 프로그램 내용에 능동적으로 참여하게 된다. 프로그램 내용과 지식을 선정하여 구성하는 정당화의 학습과정이 학습자 상호 간의 대화과정에 초점이 맞추어지고, 학습과정은 대화과정이며 동시에 프로그램 개발의 과정이다. 대화과정은 행위와 반성(reflection)의 상호작용으로 나타난다. 인간의 지식이 사회적 구성물임을 전제하여, 학습자들은 교육자와의 상호작용에서 동등한 권리와 존재가치를 지닌 교육의 주체로서 스스로 지식의 구성과정에 참여하고(행위), 이것의 갈등적 의미를 비판적으로 검토(반성)한다.

4. 프로그램 개발과정

프로그램을 개발하기 위해서 여러 가지 형식의 모형들이 개발되어 왔다. 그 중에서도 청소년활동의 특성을 반영한 창조적이고 계획적인 활동을 가능케 하는 청소년활동 프로그램 개발모형으로 한국청소년개발원(2009)은 프로그램 개발 통합모형을 체계화하여 제시하였다. 즉, 프로그램 기획(program planning), 프로그램 설계(program design), 프로그램 마케팅(program marketing), 프로그램 실행(program implementation), 프로그램 평가(program evaluation) 등 다섯 개의 과정으로 설정하여 각 영역에서 수행되어야 할 다양한 절차에 대하여 〔그림 8-2〕와 같이 정리하였다.

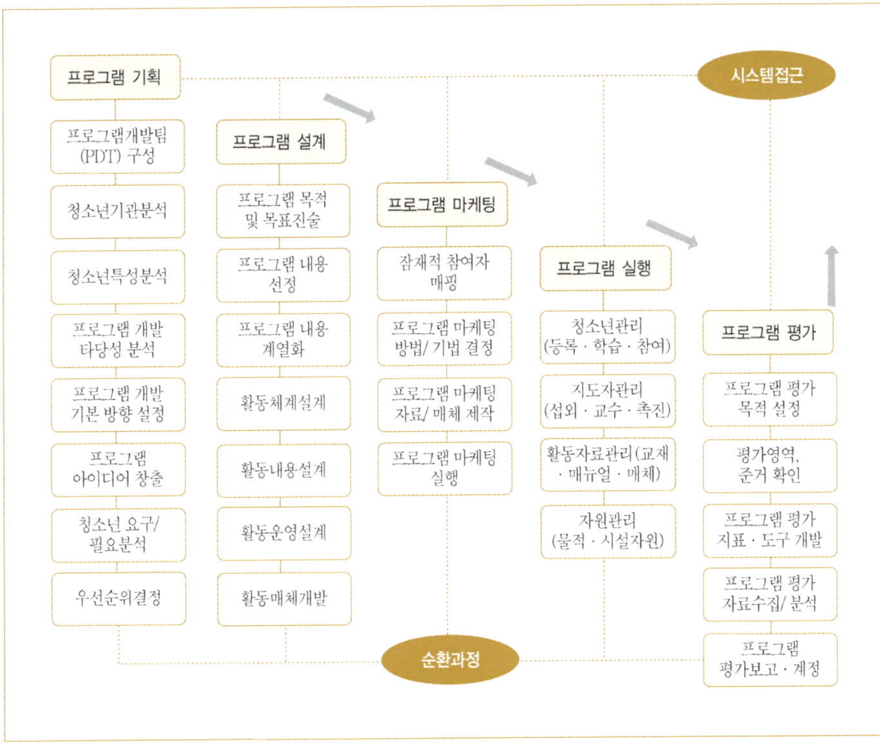

| 그림 8-2 | 프로그램 개발 통합 모형

출처 : 한국청소년개발원(2005 : 60).

1) 프로그램 기획(Program Planning)

프로그램 기획이란 프로그램 개발에서 무엇을 할 것인가?, 프로그램을 왜 개발해야 하는가?, 프로그램 개발을 통해서 내놓을 혁신적인 결과물이 무엇인가? 프로그램 개발을 어떻게 할 것인가를 체계적이고 논리적으로 추진하는 것을 의미한다. 프로그램 기획단계에서 수행하여야 할 내용은 | 그림 8-3 | 과 같다(김진화, 2005).

| 그림 8-3 | 프로그램 기획의 개념도

출처 : 김진화(2005 : 177).

2) 프로그램 설계(Program Design)

프로그램 설계(program design)란 프로그램 기획단계에서 확인된 교육적 요구와 필요를 기초로 프로그램 내용과 방법을 선정하고, 조직하는 과정을 말한다. 프로그램 설계의 과정으로는 해당 기관이나 단체가 추구하는 이념에 맞추어 구체적인 프로그램의 목표를 설정하고, 그것을 실행하기 위한 프로그램 내용 선정, 이를 효과적으로 전달할 수 있는 방법 선택, 구체적인 프로그램 지도안을 구성한다.

프로그램 설계 시 거쳐야 할 질문들을 정리하면 다음과 같다. 첫째, 해당 청소년 기관이나 단체가 추구하는 프로그램 목표는 무엇인가?, 둘째, 프로그램 목표를 추구하기 위하여 제공될 수 있는 교육적 경험은 무엇인가?, 셋째, 이들 교육적 경험들은 어떻게 효과적으로 조직될 수 있나?, 넷째, 프로그램 목표의 달성 여부는 어떻게 평가될 수 있나? 등의 질문을 통해서 프로그램 설계를 살펴볼 수 있다.

프로그램 설계 시 유의점으로는 참가대상이 같은 청소년이라고 하더라도 성, 연령, 지역, 사회계층, 교육적 배경 등 가지고 있는 속성이 다르므로 프로그램 대상집단 내의 청소년의 속성과 특성을 구체적으로 파악해야 한다.

참가자 분석 시 고려해야 할 사항들로는 첫째, 참가자의 생물학적 특성 분석(연령, 성별 등), 둘째, 참가자의 교육적 배경 분석(참가자의 교육수준, 선행지식, 선행경험 등), 셋째, 참가자의 정의적 특성(태도, 가치, 신념, 흥미, 선호도 등으로 학습에 대한 동기, 불안감 학습유형 등과 관련됨), 넷째, 참가자의 지각 및 운동적 특성 분석 등이 고려되어야 한다.

프로그램 설계 시 네 가지 요소의 상호관계는 |그림 8-4|와 같다.

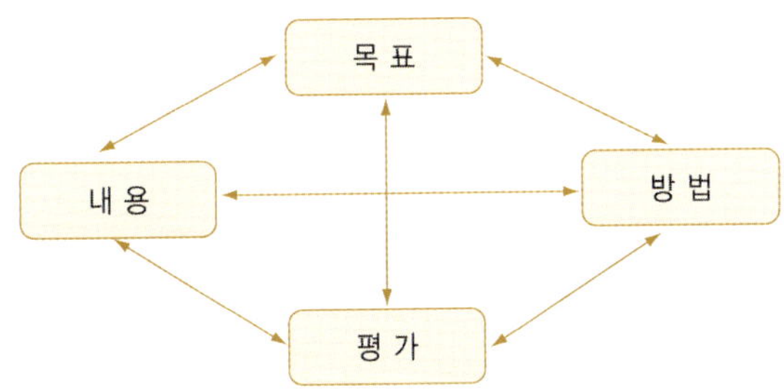

|그림 8-4| 프로그램 설계의 4요소 간의 작용관계

출처 : 한국청소년개발원(2005 : 135).

3) 프로그램 마케팅(Program Marketing)

프로그램 마케팅이랑 청소년 시설 및 단체가 다양한 청소년활동 프로그램에 청소년들의 참여를 유도하기 위해 취해지는 여러 가지 조치를 포괄적으로 지칭하는 개념이다(송병국, 2007).

프로그램 마케팅의 기본 과정은 총 7단계의 과정을 거친다. 첫째, 사명(mission)의 성립, 둘째, 기회(opportunities) 및 위협(threats) 분석, 셋째, 조직의 강점(strengths)과 약점(weakness), 넷째, 마케팅 목표의 설정, 다섯째, 마케팅 전략의 형성, 여섯째, 실행계획 형성과 실행, 일곱째, 피드백과 통제(일본마케팅시스템, 1994)

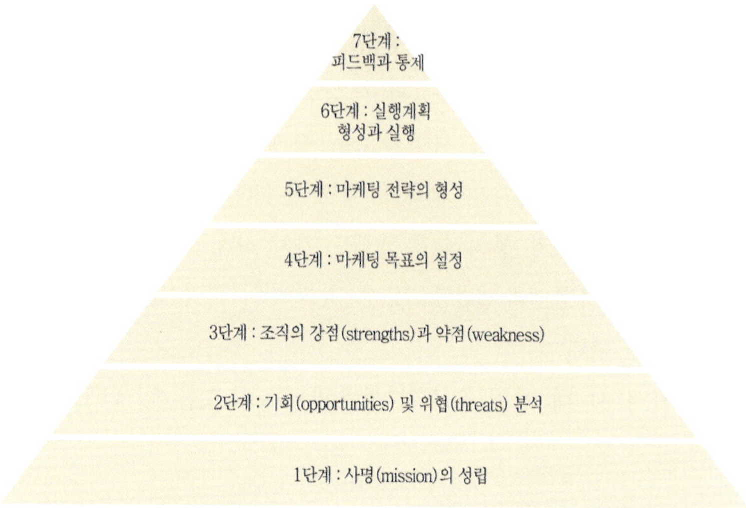

| 그림 8-5 | 프로그램 마케팅 기본 과정

프로그램 마케팅에는 생산물(Product), 진흥(Promotion), 장소(Place), 가격(Price)의 4P 구성요소가 필요하다. 첫째, 생산물(Product)은 기관에서 산출된 프로그램이나 서비스를 뜻한다. 둘째, 진흥(Promotion)은 기관이 창출한 프로그램을 잠재적 고객에게 알리고 다양한 커뮤니케이션 기법을 사용하는 것이다. 주로 라디오, 텔레비전, 신문, 현수막, 포스터, 게시판, 전화 등의 매체를 활용한다. 셋째, 장소(Place)는 기관에서 개발된 프로그램을 어느 장소에서 운영하느냐 하는 것이다. 장소는 고객의 직접적인 참여에 상당한 영향을 미친다. 넷째, 가격(Price)은 기관이 기관에서 운영되는 프로그램에 보다 더 많은 고객들이 이용할 수 있도록 프로그램 가격, 즉 수강료와 같이 잠재적 고객이 지불하는 비용을 결정하는 것이다.

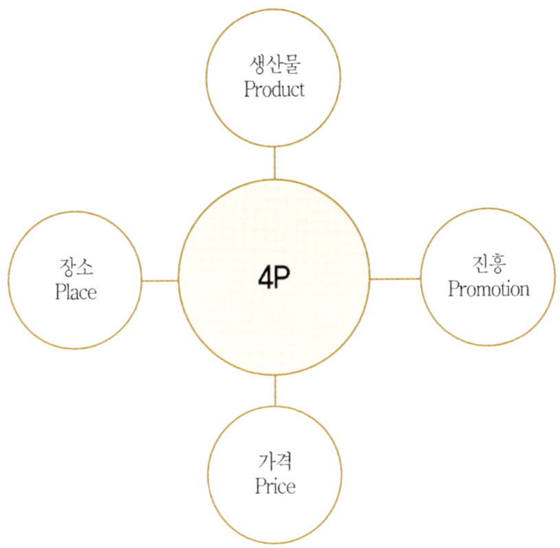

| 그림 8-6 | 마케팅의 네 가지 구성요소

프로그램 마케팅 전략으로는 첫째, 마케팅, 광고, 홍보 사이의 차이점에 대한 명확한 정의가 보다 효과적인 마케팅 계획의 개발에 도움이 된다. 즉, 광고와 홍보는 마케팅 목적을 성취하기 위해 사용하는 촉진기술이며, 마케팅은 프로그램을 가지고 기관이 고객들에게 가장 잘 봉사하기 위한 연구, 분석, 결정의 종합적인 과정으로 구분할 수 있다. 둘째, 마케팅이 효과적이기 위해서는 기관의 전체적인 임무, 목적, 목표의 성취와 직접 관련이 있어야 한다. 셋째, 환경에 대한 검토와 분석은 모든 마케팅 노력이 효과적이 되도록 하여야 한다. 넷째, 고객의 서비스 지향체제를 개발하는 것은 마케팅의 중요 부분이다. 다섯째, 심리학적, 인구통계학적 자료는 마케팅 기초 자료 중 중요한 요소들로 적극 활용하여야 한다. 여섯째, 시장분할전략에 대한 인식이 필요하며, 일곱째, 마케팅 효과에 대한 추적은 전체적인 마케팅 계획에서 필수적인 단계이다. 여덟째, 마케팅 계획의 수립은 일회적으로 단 한 번으로 끝나는 것이 아니라 계속적인 과정이다.

4) 프로그램 실행(Program Implementation)

프로그램 실행이란 성인 또는 참여자를 대상으로 전개되는 프로그램을 전개하는 활동이다. 즉, 프로그램 활동을 지원, 촉진, 안내하고 그와 관련된 환경을 조성해 주는 전략으로 개념화한다는 것을 의미한다. 구체적으로 프로그램 실행의 본질적 의미를 살펴보면 첫째, 프로그램 실행에 있어서 지도자는 프로그램의 장을 하나의 '공동체'로 형성할 수 있도록 하고, 그를 통해 프로그램의 참여를 촉진할 수 있을 때에 효과가 극대될 수 있다. 둘째, 프로그램 실행은 참여자들의 참여활동을 지도하고, 도와주고, 촉진하고, 활동동기를 유발시킴으로써 궁극적으로 참여자들의 성장과 발달을 촉진한다. 셋째, 프로그램의 실행은 특정 지식의 습득만이 아니라 그 활동이 어떠한 것이든 생활기능상의 제 영역과 관련된 행동양식 습득에 적극적으로 기여해야 한다. 넷째, 프로그램 활동은 그 참여동기의 다양성, 대상의 광범위성, 참여자의 능력 및 경험수준의 이질성 등이 있으므로, 다양한 방법들이 함께 어우러질 때 많은 효과를 얻을 수 있다. 다섯째, 삶의 본질적 의미를 발견하는 기제로서 참여자들의 프로그램 활동은 지도하는 일과 배우는 일이 하나의 공존적인 것이며, 하나의 과정으로 이해되어야 한다. 여섯째, 지도하고 가르친다는 것은 하나의 과학이며, 기예(art)이다.

5) 프로그램 평가(Program Evaluation)

평가(evaluation)란 가치를 부여하며, 비평을 가하는 것, 대상의 가치를 판단하고 결정하는 매우 광범위한 일로 정의할 수 있다. 평가는 가능한 한 수량적으로 나타내도록 하는 것이 일반적이나 최근에는 질적인 평가도 강조되기도 한다. 교육활동이나 프로그램과 관련해서 평가는 네 가지로 정의될 수 있다. 첫째, 프로그램의 가치나 장점을 판단하거나 결정하는 것이다. 즉, 평가대상의 장점이나 가치를 체계적으로 프로그램 확대보급 또는 추가투자를 하기 위한 판단도구로 정의될 수 있다. 둘째, 프로그램의 효과 및 영향을 파악하고 판단하는 일이다. 프로그램 실시로 인한 효과나 영향을 사정 및 판단하는 것으로 일종의 독립변인으로 보는 경우이다. 셋째, 프로그램의 목적달성 정도를 확인하는 일이다. 바람직한 목적추구를 위한 활동을 체계화하고자 평가가 이루어진다. 넷째, 프로그램에 대한 의사결정을 보조하는 일이다. 기존 프로그램을 계속 또는 수정하여 실시하고, 새로운 프로그램을 개발하는 것이다.

평가대상과 영역은 ▌그림 8-7▐과 같다.

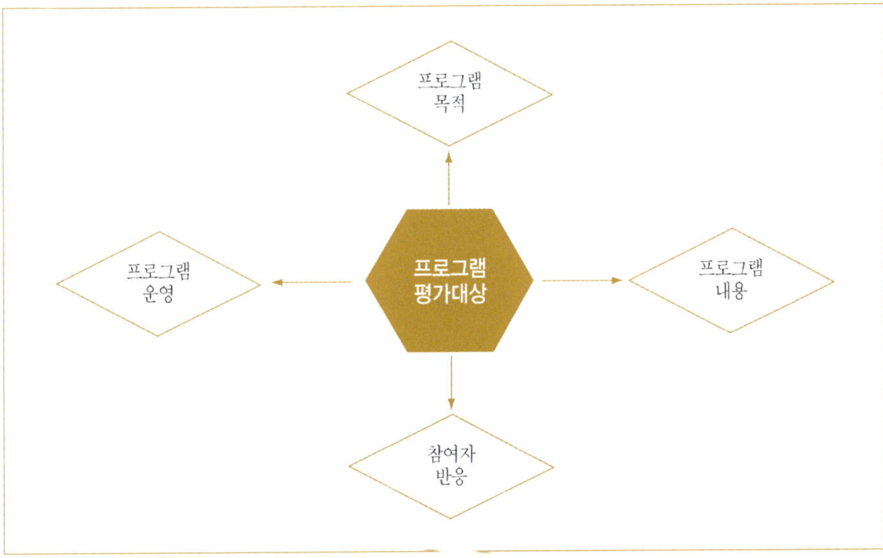

▌그림 8-7▐ 평가대상과 영역

요 약

청소년활동 프로그램의 개념은 청소년활동을 실현시키는 데 필요한 모든 활동들을 체계적으로 연결하여 종합적으로 자세히 제시한 것으로 목표, 계획, 설계, 수단과 방법, 창안된 행위, 정돈된 준비, 도식화 등을 포함하고 있는 광범위하고 포괄적인 개념이다.

이러한 청소년활동 프로그램의 성격은 미래지향적, 목표지향적, 수단적, 동태적 성격을 가지고 있으며, 청소년활동 프로그램의 기능으로서는 첫째, 청소년 프로그램은 청소년집단의 풍토를 수정하고 청소년집단 내에 바람직한 효과를 불러일으키기 위해 자체 활동을 변경시키는 데 도움을 준다. 둘째, 청소년 프로그램은 청소년들에게 이익을 줄 수 있고 활동에 대한 만족에도 영향을 주며, 활동의 전 과정을 촉진시키기 위해서도 유용하게 활용된다. 셋째, 청소년 프로그램은 청소년에게 간접적 수단을 제공하고 바람직한 활동목표를 달성하기 위해 집단 지도자에 의해 의도적으로 사용된다. 넷째, 청소년활동 프로그램은 청소년들의 의사 및 사회의 가치와 규범을 변화, 유지시키고 집단성원의 흥미와 요구를 충족시킨다. 다섯째, 청소년들 사이의 상호작용을 촉진시키며 정서적 긴장 및 갈등의 완화에도 도움을 준다. 여섯째, 청소년활동 프로그램은 청소년들에게 과제수행에 필요한 정보를 수집할 기회를 제공하며, 특별한 생활과제를 위한 기술을 개발하는 수단으로 활용되기도 한다. 일곱째, 청소년활동 프로그램은 활동을 통해 형성된 긍정적 관계를 기초로 금기나 수용된 규범으로부터 벗어날 수 있도록 허용하기도 한다. 한편 청소년활동 프로그램의 유형분류는 개발주체에 따른 분류, 프로그램의 구성범위에 따른 분류, 프로그램 형태에 따른 분류, 활동내용에 따른 분류 등 다양한 형태로 분류할 수 있다.

청소년활동 프로그램 개발의 의미는 크게 구조적·절차적 측면, 행위적 측면, 현상적 측면의 세 가지 측면에서 알아볼 수 있다. 구조적·절차적 측면에서 프로그램 개발은 프로그램의 기획, 프로그램 설계, 프로그램 마케팅, 프로그램 실행, 프로그램 평가와 같이 일련의 과정과 절차적 구조화를 의미하며, 행위적 측면에서의 프로그램 개발은 프로그램 개발자의 역할과 행위에 초점을 둔다. 현상적 측면에서의 프로그램 개발의 의미는 활동의 주체자인 청소년과 청소년지도자 사이의 상호작용의 내용을 창출하고, 선정하고 조직하는 일련의 행위의 총체를 말한다.

프로그램 개발의 이론은 실증주의 패러다임과 구성주의 패러다임, 비판주의 패러다임이 있으며, 프로그램 개발의 접근방법은 미시적 관점에서 보다 구체적으로 청소년지도 계획 및 프로그램 개발을 설명하고 있다. 대표적인 접근방법으로는 전통적 합리주의적 접근, 자연주의적 접근, 체제적 접근, 비판적 실천접근, 경영관리적 접근 등으로 구분하여 설명하고 있다.

프로그램의 개발과정은 프로그램 기획(program planning), 프로그램 설계(program design), 프로그램 마케팅(program marketing), 프로그램 실행(program implementation), 프로그램 평가(program evaluation) 등 다섯 개의 과정으로 구분된다.

각 단계별 수행하게 될 과업들은 다음과 같다. 첫째, 프로그램 기획단계에서는 프로그램개발팀 구성, 청소년기관 분석, 청소년 특성 분석, 프로그램 개발 타당성 분석, 프로그램 개발 기본 방향 설정, 프로그램 아이디어 창출, 청소년요구 및 필요 분석, 우선순위 결정 등의 과업들을 수행하게 된다. 둘째, 프로그램 설계단계에서는 프로그램의 목적 및 목표 진술, 프로그램 내용 선정, 프로그램 내용계열화, 활동체계 설계, 활동운영 설계, 활동매체 개발 등의 과업을 수행하게 된다. 셋째, 프로그램 마케팅 단계에서는 잠재적 참여자 매핑, 프로그램 마케팅 방법 및 기법결정, 프로그램 마케팅 자료 및 매체 제작, 프로그램 마케팅 실행 등이 이루어진다. 넷째, 프로그램 실행 단계에서는 청소년관리, 지도자관리, 활동자료 관리, 자원관리 등이 이루어진다. 다섯째, 프로그램 평가단계에서는 프로그램 평가의 목적을 설정, 평가영역 및 준거 확인, 프로그램 평가지표 및 도구개발, 프로그램 평가자료 수집 및 분석, 프로그램 평가보고 및 개정이 이루어진다.

연구과제

1. 청소년활동 프로그램의 개념에 대해 논의한다.
2. 청소년활동 프로그램 개발의 개념에 대해 논의한다.
3. 청소년 프로그램 개발의 이론에 대하여 설명한다.
4. 청소년활동 프로그램 개발단계별 수행과업에 대하여 설명한다.

CHAPTER 09

청소년활동지도자

CHA TER 09

청소년활동지도자

개 요

청소년지도자에 대해서는 학자들이나 정책담당자, 현장전문가들의 견해가 매우 다양하여 어떤 사람을 청소년지도자로 지칭할 수 있을 것인가에 대한 견해가 일치되지 못하고 있다. 그러나 대체적으로 청소년들의 균형된 성장·발달과 성공적인 성인으로의 이행을 돕기 위한 일에 종사하는 사람들을 의미한다. 이를 보다 구체적으로 접근하면 넓은 의미의 일반지도자와 좁은 의미의 전문지도자로 구분할 수 있다. 일반지도자는 청소년을 대상으로 청소년들의 긍정적 성장·발달에 관여하거나 종사하는 자를 말하며, 전문지도자는 청소년기본법에 의한 청소년지도사 또는 청소년상담사 자격을 취득하고 청소년들을 직접 지도하는 일에 종사하는 자를 말한다. 청소년지도자의 유형은 법적 기준에 의한 일반적 분류와 청소년지도자가 수행하게 되는 과업과 기능을 중심으로 분류한 기능적 분류로 구분할 수 있다. 청소년지도자의 양성과 배치는 법적인 기준을 마련하여 운영하고 있다. 청소년활동지도자는 청소년활동영역에 종사하는 지도자로 청소년들의 긍정적 성장·발달과 잠재역량 개발을 위한 다양한 체험활동을 조직적이고 체계적으로 수행하는 자를 의미한다.

학습목표

1. 청소년지도자의 개념을 이해한다.
2. 청소년지도자에 대한 유형을 분류할 수 있고 양성체계를 이해한다.
3. 청소년활동지도자의 개념을 이해한다.

주요 용어

청소년지도자/ 청소년상담사/ 청소년활동지도자

1. 청소년지도자의 개념

과거에는 역할모델로서 부모, 교사의 지위와 위치가 중시되었지만 이제는 사회변화와 더불어 많은 부분이 약화되어 있다. 어쩌면 '중요한 타자'로 자리잡을 지역사회 내에서 성인과의 접촉이 거의 사라졌다고 할 수 있다. 사회구조가 1차 사회에서 2차 사회로 변모되고 서로의 익명성과 복잡성이 강조되면서 이러한 기능은 더욱더 줄어들고 있다. 역설적으로 가장 중요한 시기에 청소년들에게 역할모델이 가장 많이 필요함에도 불구하고 청소년들에게 역할모델이 될 사람이 절대적으로 부족하다는 의미이다. 그렇다면 이러한 역할을 누군가가 인위적으로 해주어야 할 필요가 있고 그 기능을 하는 사람들이 청소년지도자이다(권일남 외, 2003).

그러나 청소년지도자에 대한 명확한 개념에 관해서는 어떤 사람을 청소년지도자로 지칭할 수 있는 것인지에 대해 학자들이나 정책담당자, 현장전문가들의 견해는 일치되지 못하고 있다. 이는 사회가 변화했다고는 하지만 현실적으로 청소년의 성장과정에 수없이 많은 사람들로부터 영향을 받고 성장하고 있다는 측면에서 바람직한 방향으로 성장이행을 이끌고 도와주는 부모, 형제, 선배, 교사 등도, 넓은 의미에서 청소년지도자라고 칭할 수 있을 것이다. 그러나 이들이 종사하고 있는 일과 과업, 역할, 청소년에게 영향을 미치는 형태와 방법, 성격과 기능 등에 있어서 청소년지도자로 규정하기에는 다소 무리가 따른다.

특히 청소년지도자는 청소년에 대한 전문지식과 자질을 구비하여 조직적이고 체계적인 양질의 지도력을 필요로 하는 현실적 이유와 정부의 정책취지를 고려할 때 청소년지도자의 의미와는 차이를 발견할 수 있다. 따라서 청소년지도자의 개념정리를 위한 범주는 청소년지도업무에 종사하는 사람으로 한정지어 파악할 필요가 있다. 여기에 대해 정부의 정책과 학자들의 개념을 정리하면 다음과 같다.

2008 아동 · 청소년백서에서는 "청소년지도자라 함은 청소년기본법에 의한 청소년지도사 및 상담사와 청소년시설 · 청소년단체 · 청소년 관련 기관 등에

서 청소년육성 및 지도업무에 종사하는 자를 총칭한다"라고 정의하고 있다.

한준상(1992)은 "일반적으로 청소년들 속에서 청소년들과 더불어 청소년을 위해 청소년활동을 전개하는 지도자"로 정의하고 있다.

함병수(1996)는 "청소년활동조직이나 단체의 목적을 효과적으로 달성하기 위하여 청소년의 행동을 이끌고 도와주면서 청소년 개개인의 욕구에 관심을 가지고 계획 및 절차를 구체화하여 실행하고 그 결과를 평가하여 집단의 유지·강화에 힘쓰는 사람"으로 정의하고 있다.

오치선(1999)은 "광의적으로는 국가나 사회가 기대하는 청소년을 지도하는 데 종사하는 모든 사람을 칭하고, 협의적으로는 청소년 관계 전문지식을 가진 전문 직업인으로서 청소년을 주 대상으로 그들을 교육·지도·보호·선도하는 활동에 종사하는 사람"으로 정의하고 있다.

김정주(1999)는 "협의의 개념으로 국가에서 부여하는 청소년지도사 자격소지자로 한정하여 볼 수 있고, 광의의 개념으로는 청소년 조직에 정규직으로 종사하면서 청소년지도활동에 종사하는 사람"으로 정의하고 있다.

한상철 외(2001)는 "청소년지도사는 청소년지도사 자격증소지자 혹은 다양한 청소년 관련 기관이나 단체에서 전문적으로 청소년을 교육·육성·지도·보호·선도하는 활동에 종사하는 사람이고, 청소년지도자는 청소년에 관심을 갖고 그들을 교육·육성·지도·보호·선도하는 활동에 종사하는 모든 이들을 의미하며, 청소년지도자는 청소년지도사를 포함하는 개념으로 정의하고 있다.

이상과 같이 청소년지도자에 대한 정부의 정책적 개념과 학자들이 주장하는 개념을 종합해 보면 청소년지도자의 범주는 대체적으로 청소년의 건강한 성장과 성공적인 성인으로의 이행을 위한 일에 종사하는 사람들을 지도자로 규정하고 있으며, 일부 학자들은 청소년지도자 중에서도 전문성 여부와 종사하는 업무의 성격 등에 따라 넓은 의미의 지도자와 좁은 의미의 지도자로 구분하고 있다.

따라서 청소년지도자의 개념의 정리를 위해서는 청소년들의 성장과정과 환경이 특정한 한 부분에 국한되지 않고 매우 다양하고 여러 가지 상황에 걸쳐 있다는 사실에 주목하여 전체를 포괄하는 광의의 개념인 일반청소년지도자와 보다 세부적인 접근을 위해 협의의 개념인 전문 청소년지도자로 구분하여 정리할 필요가 있으며 이를 정리하면 다음과 같다.

1) 일반 청소년지도자

청소년기는 성격발달단계 가운데 자아정체감, 즉 인격의 특성이 결정되는 시기이므로 주변인물의 중요성은 어느 때보다 크다. 따라서 인격적 모방 또는 동화의 대상이 누구냐가 결정적으로 중요하다. 그러므로 청소년들에게 있어서 중요한 타자는 곧 학습과 동화의 대상인 것이다(김신일, 1990).

특히 청소년기는 성인으로서의 역할학습이 확대되고 건강한 성인으로 이행을 위한 다양한 시도들이 요구되는바 이를 위한 1차 접촉이 이루어지는 가정 내의 부모형제와 2차 접촉이 이루어지는 학교의 교사, 3차 접촉의 지역사회 성인들과의 접촉과 상호작용의 영향은 대단히 중요하며, 이들의 역할모델이 곧 청소년들의 미래의 모습으로 이행되어 간다는 측면에서 청소년에게 긍정적 영향을 끼치고 올바른 방향으로 이끌어 주는 대상 모두는 청소년에게 있어서 지도적 기능을 수행한다고 볼 수 있다.

지도자의 사전적 의미는 '남을 이끌어 가르치는 사람'이다. 이를 구체적으로 설명하면, 인간은 생애 전 과정을 통해 수많은 사람들과의 관계와 접촉을 통해서 삶의 다양한 상황에 직면하게 된다. 삶의 다양한 상황과 과정 속에 긍정적 변화와 성장을 이끌어 주는 대상을 중요한 타자로서 인식하게 되며, 그들의 유언·무언의 행동과 가르침이 삶의 지표가 되어 큰 영향을 미치게 되고, 긍정적 변화로 이끌어 주는 대상을 지도자라고 표현할 수 있다(이교봉, 2008).

그러나 앞서 설명한 바와 같이 청소년지도자는 청소년을 대상으로 하는 직업적 성격과 국가의 정책적 목적에 의해 공식적으로 붙여진 명칭이라는 점을 고려할 때 광의의 청소년 개념을 정리함에 있어 적어도 청소년육성업무에 종사하는 대상으로 한정할 필요가 있다. 특히 1990년대까지만 해도 특별한 청소년지도자가 존재하기보다는 주로 문제청소년의 지도와 선도하는 사후적 측면의 지도형태가 많았으며, 전체 청소년을 대상으로 하는 청소년지도자는 1991년 한국청소년기본계획의 수립과 청소년기본법에 정의됨으로써 본격적으로 통용되었다. 이러한 점을 고려하여 일부에 한정하지 않고 전체에 걸친 일반적 청소년지도자 개념을 정리해 보면, 우선 청소년을 대상으로 청소년활동지도, 청소년복지지원, 청소년보호·선도활동 등에 관여하거나 종사하는 자로서 청소년들의 긍정적 변화와 건강한 성인으로의 이행을 위해 역할모델이 정립되고 올바른 방향으로 이끌어 주는 사람이라고 정의할 수 있다.

2) 전문 청소년지도자

좁은 의미의 청소년지도자는 청소년에 대한 전문적인 지식과 자질을 겸비하고 청소년지도사 및 상담사 자격을 취득한 자로서 청소년시설이나 단체 등의 청소년기관에 종사하면서 청소년들의 긍정적 변화와 국가와 사회가 기대하는 성인으로의 이행을 유도하는 일에 종사하는 사람을 일컬어 좁은 의미의 지도자, 즉 청소년전문지도자라고 할 수 있다.

그러나 여기에도 논란의 여지는 있다. 즉, 전문적 지식과 기능을 보유하고 국가에서 실시하는 자격검정에 합격 후 지정연수기관에서 자격연수과정을 이수하여 자격증을 취득했을 경우 이를 전문 청소년지도자로 분류할 것이냐의 문제이다. 물론 자격을 갖추었다는 의미는 전문가로서의 능력이 검증되고 인증되었다는 사실로서 전문가로 볼 수 있으나, 현재의 상태가 청소년을 대상으로 하는 청소년시설이나, 단체, 상담기관 등 청소년 관련 기관에서 청소년활동, 청소년복지·상담, 선도·보호활동 등에 종사하고 있는지 여부가 중요한 관건으로 보인다. 따라서 자격을 보유하고 있으나 현재 청소년 관련 현장에 종사하고 있지 않다면 이는 잠재적 전문지도자이기는 하나 자격을 보유했다고 해서 곧바로 전문지도자라고 규정하기에는 무리가 따른다. 예컨대 학교교사의 경우에도 교사 자격증은 있으나 학교에서 학생들을 직접 가르치는 일에 종사하고 있지 않다면 이를 교사라고 칭하지 않는 것과 마찬가지로 전문 청소년지도자는 청소년지도사 또는 청소년상담사 자격을 취득하고 청소년들 속에서 청소년과 더불어 청소년들의 균형된 성장과 성공적인 성인으로의 이행을 촉진하고 촉진하는 일에 종사하는 사람들로 한정해서 규정되어야 할 필요가 있다.

2. 청소년지도자의 유형

청소년의 성장과 발달 과정은 단순한 한 가지 영역에 국한되어 영향을 받는 것이 아니라 매우 복잡하고 다양한 영역과 환경의 영향을 받으며 이루어지고 있다. 특히 앎의 영역인 지성 부분은 형식화와 체계화를 유지한 학교에서 교사에 의해 상대적으로 단순히 이루어지는 반면, 학교 밖에서 학교 청소년뿐만 아니라 전체 청소년을 대상으로 청소년활동, 청소년복지 및 상담, 청소년선도 및 보호 등 광범위하고 다양한 영역에서 다양한 수단과 방법으로 이루어지고 있으며, 각 영역별로 수행하는 기능과 내용도 매우 상이하다. 이러한 특성을 고려할 때 청소년지도자의 유형을 단순한 하나의 체계로 분류하기에는 어려움이 따른다. 따라서 청소년지도자의 유형은 큰 틀에서 일반적인 분류와 업무영역에 따라 수행하는 기능별 분류 등으로 나누어 유형화할 필요가 있으며 이를 분류하면 다음과 같다.

1) 일반적 분류

청소년기본법 제3조 제7호에 명시된 청소년지도자는 "청소년기본법에 명시된 청소년지도사 및 청소년상담사와 청소년시설·청소년단체·청소년 관련 기관 등에서 청소년 육성에 필요한 업무에 종사하는 자를 말한다"라고 규정하고 있다. 이와 같이 법적 기준에 의한 청소년지도자를 분류해 보면 먼저, 1급, 2급, 3급 청소년지도사와 1급, 2급, 3급 청소년상담사, 그리고 청소년시설·청소년단체·청소년 관련 기관 종사자로서 청소년일반지도자와 청소년자원지도자로 분류하고 있다. 이러한 법적 기준을 토대로 개념적 접근에 의한 청소년지도자의 분류를 하자면 큰 틀에서 일반 청소년지도자와 전문 청소년지도자로 구분하여 분류할 수 있다. 여기서 일반 청소년지도자는 전문 청소년지도자를 포괄하는 내용으로서 법적 기준에 의한 분류를 그대로 수용하고 전문 청소년지도자는 1급, 2급, 3급 청소년지도사와 1급, 2급, 3급 청소년상담사로서 청소년시설·청소년단체·청소년 관련 기관 종사자를 한정하여 분류할 수 있으며 【그림 9-1】과 같다.

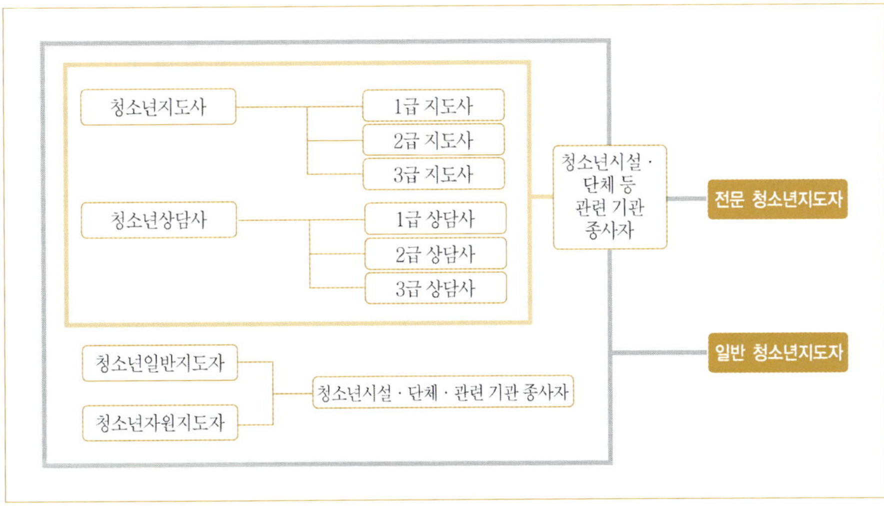

【그림 9-1】 **청소년지도자의 일반적 분류**

출처 : 여성가족부(2015). 청소년백서 재구성.

2) 기능적 분류

청소년지도자가 수행하게 되는 역할과 작용을 일컬어 청소년지도자의 기능이라고 말할 수 있다. 따라서 청소년지도자에 대한 기능적인 분류는 청소년지도자가 수행하게 되는 과업과 역할들을 중심으로 대상청소년에 따른 주요 활동영역과 주요 업무 등 청소년지도자들이 실제 현장에서 소속되어 일하고 있는 실태를 중심으로 기능적으로 분류하면 다음과 같다.

첫째, 청소년활동 영역의 청소년지도자는 전체 청소년을 대상으로 다양한 체험활동을 통해 개인적인 성장과 사회적응을 지원하고 잠재된 역량 개발을 촉진하여 건강한 성인으로의 이행을 돕는 역할을 수행하며 이들은 주로 청소년단체나 청소년수련시설 등에 소속되어 활동하는 지도자로 분류될 수 있다.

둘째, 청소년복지 영역의 지도자는 기본적으로 전체 청소년을 대상으로 하되 국가와 사회의 지원이 절실한 청소년을 중심으로 청소년의 균형된 성장에 영향을 미치는 기본적 욕구를 충족케 하고 사회적 위험(장애, 빈곤, 가정불우 등)을 해소하기 위하여 정신적·신체적·물질적 요소를 지원하는 사회적 기능(조영승, 1998)으로서, 이들의 자립·자활·사회복지원 활동을 주요 업무로 하고 있다. 이들은 주로 청소년복지기관 등에 소속되어 활동하고 있으며 대표적인 청소년복지기관으로 무지개청소년센터, 청소년쉼터 등이 있다.

셋째, 청소년상담지도자는 큰 틀에서 청소년복지영역에 속하는 지도자이긴 하지만 상담의 기능을 고려할 때 고도의 전문성을 요하는 영역으로서 청소년의 생애과정에서 발생할 수 있는 다양한 문제상황에 적극적으로 대처할 수 있는 다양한 삶의 기술을 제공하는 한편 청소년들이 자기의 기본적인 갈등을 이해하고 또한 자신의 가치와 힘을 자각하여 지속적으로 성장하도록 돕는 발달 및 성장을 촉진하는 상담자로서의 역할을 담당한다(한국청소년개발원, 2004). 이들은 다양한 영역의 기관, 즉 학교, 경찰청, 소년원, 보호관찰소, 비행예방센터, 직업지원센터 등에서 활동하고 있으며 대표적인 기관으로서 한국청소년상담원, 지방청소년종합상담센터, 지방청소년상담센터 등이 있다.

넷째, 청소년보호지도자는 청소년의 건전한 성장에 유해한 물질·물건·장소·행위 등 청소년의 건전한 성장에 유해한 환경으로부터 청소년이 접촉 또는 접근하는 것을 예방 또는 보호활동을 위주로 하는 지도자를 의미한다. 그러나 현실적으로는 청소년보호활동을 전문적 또는 직업적으로 전개하고 있기보다는 청소년단체나 시설 등 청소년유해활동 감시운영기관으로 지정된 기관에 소속되어 활동 중인 지도자들이 부수적인 활동으로서 보호활동에 임하는 경우가 대부분이며, 특히 이들은 지속적·정기적인 유해환경 감시활동을 하기보다는 부정기적으로 활동에 임하고 있다.

다섯째, 청소년교정담당 청소년지도자들은 주로 법무부 소속소년원, 보호관찰소 등에 소속되어 청소년들의 비행예방활동과 교정업무 등에 종사하는 사람을 말한다.

여섯째, 청소년정책・행정담당지도자는 청소년에 관련된 정책이나 행정사무에 종사하는 자로서 중앙정부의 청소년정책 전담부서에 소속되어 있거나 지방자치단체의 청소년업무를 수행하는 공무원들을 의미한다. 이상과 같이 청소년지도자가 수행하는 업무의 실태와 기능에 따른 분류를 정리하면 【그림 9-2】와 같다.

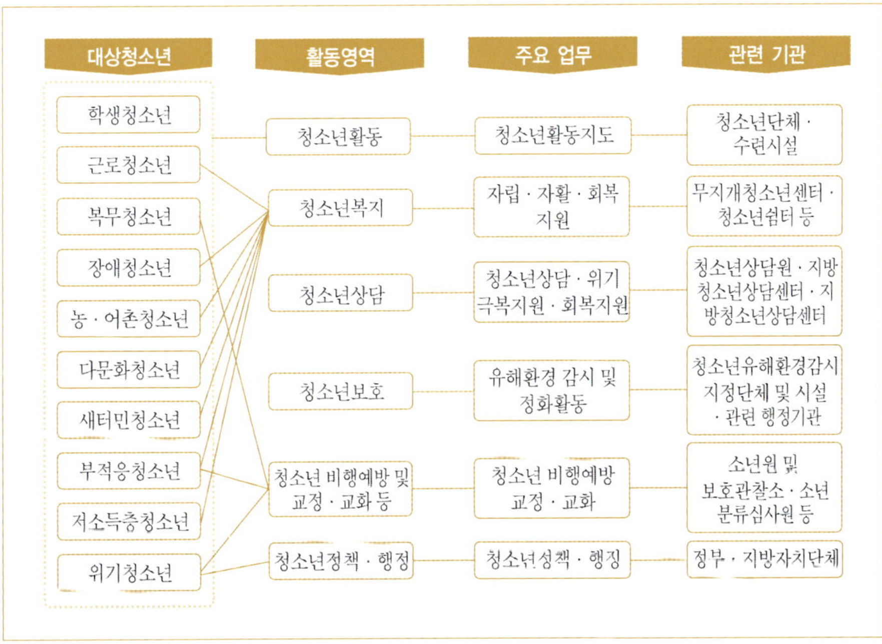

【그림 9-2】 청소년지도자의 기능적 분류

3. 청소년지도자 양성

전체 청소년을 대상으로 청소년정책이 펼쳐지기 시작한 이후 청소년들의 균형된 성장·발달을 촉진하고 국가와 사회가 필요로 하는 건강한 사회 구성원으로의 이행을 돕기 위해 전문지식과 자질을 겸비한 청소년지도자의 양성이 절실히 요구되었다. 이를 위해 정부에서는 청소년지도자에 대한 국가자격제도와 자격을 보유한 전문 청소년지도자에 대한 청소년기관의 배치기준을 마련하여 전문적 지식과 자질을 보유한 청소년지도자의 양성을 제도와 정책으로 촉진하고자 하였다. 제도와 정책의 뒷받침에 따라 명지대학교를 시작으로 각 대학의 청소년 관련 학과가 신설되고 현장의 경력자들은 자격취득에 필요한 전문적 지식습득의 노력이 활발히 이루어졌으며, 1993년부터 국가 공인 청소년지도사를 양성해 오고 있다.

1) 청소년지도사의 양성체제

청소년지도사의 양성은 여성가족부 주관으로 한국산업인력공단에 위탁하여 자격검정을 실시하고 자격검정에 합격한 자에게 한국청소년활동진흥원에서 의무연수를 실시한 후 수련시설 및 청소년단체에 배치·활용하는 형태로 진행하고 있다.

현재 시행 중인 청소년지도자 양성체제는 검정과 연수를 각기 달리하여 운영하고 있는 형태로서 3단계의 과정을 거치게 된다. 첫 단계는 청소년지도사 자격시험에 응시할 수 있는 자격요건을 갖춘 자가 자격검정 신청과 자격검정(필기, 면접)에 응시절차를 거치도록 하고 있고, 두 번째 단계는 자격검정 합격기준에 통과한 대상에 한해 자격연수를 이수토록 하고 자격연수를 이수한 자에게 청소년지도사로서 국가에서 자격을 부여하고 있다. 세 번째 단계는 청소년시설과 단체 등의 배치기준에 따라 배치·활용하는 체제로 이루어지고 있다.

그동안 청소년지도자의 양성체제는 두 번에 걸쳐 변화가 있었다, 초기(1992~1998)에는 사전에 대상자를 선발하여 연수과정을 이수토록 한 후 이수자에 한해 자격검정의 기회를 부여하는 폐쇄적·이원적 체제였다. 그러다가 청소년지도사의 수요의 확대와 전문화를 위해 일정 자격요건을 갖춘 자에게 응시자격을 부여하는 개방체제(1999~2004)로 전환하였다. 이후 청소년 관련 학과의 전공자의 배출이 늘어남에 따라 전공자에 대한 유사자격제도와의 비교 시 자격취득을 위해 필기검정과정을 거쳐야 하는 차별에 대한 논란 등으로 이를 보완하여 2008년 1월부터 현재의 자격검정체제로 변화되었으며 청소년지도사 양성체계도는 【그림 9-3】과 같다

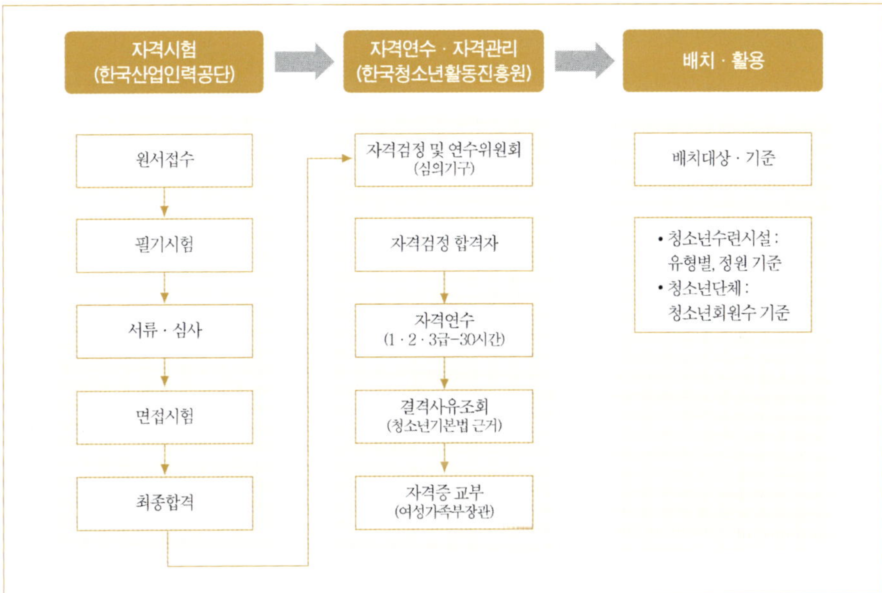

【그림 9-3】 청소년지도사 양성체계도

출처 : 여성가족부(2015). 2015 청소년백서.

2) 청소년지도사 응시자격

청소년지도사의 응시자격은 자격등급별 자격등급에 적합한 일정한 전문적 지식과 소양을 겸비하고 있는 자를 대상으로 응시자격을 부여하고 있다. 이는 청소년을 대상으로 하는 특수한 영역으로서의 고유성을 유지하고 사전 검증장치 마련을 통해 보다 엄선된 양질의 전문지도인력을 확보하기 위함으로 볼 수 있다.

청소년지도사는 1, 2, 3급으로 구분되며, 응시자격의 기준은 청소년 관련 분야의 경력과 자격검증에 필요한 과목의 이수 여부 등에 따라 응시자격을 부여하고 있으며 구체적인 응시자격기준은 <표 9-1> 청소년지도사 등급별 자격검증 응시자격기준과 같다.

〈표 9-1〉 **청소년지도사 등급별 자격검증 응시자격기준**

등 급	응시자격기준
1급 청소년지도사	2급 청소년지도사 자격취득 후 청소년활동 등 청소년육성업무 종사경력이 3년 이상인 자
2급 청소년지도사	1. 대학졸업(예정)자 또는 이와 같은 수준 이상의 학력이 있는 자로서 2급 청소년지도사 자격검정에 필요한 과목 모두를 전공과목으로 이수한 자 2. 2005년 12월 31일 이전에 대학을 졸업하였거나 이와 같은 수준 이상의 학력을 취득한 자로서 별표 1의2에 따른 과목을 이수한 자 3. 대학원의 학위과정 수료(예정)자로서 2급 청소년지도사 자격검정에 필요한 과목 모두를 전공과목으로 이수한 자 4. 2005년 12월 31일 이전에 대학원의 학위과정을 수료한 자로서 별표 1의2에 따른 과목 중 필수영역 과목을 이수한 자 5. 대학 졸업 또는 이와 동등 이상의 학력이 있다고 다른 법령에서 인정받은 후 청소년활동 등 청소년육성업무 종사경력이 3년 이상인 자 6. 전문대학 졸업 또는 이와 동등 이상의 학력이 있다고 다른 법령에서 인정받은 후 청소년활동 등 청소년육성업무 종사경력이 3년 이상인 자 7. 3급 청소년지도사 자격취득 후 청소년활동 등 청소년육성업무 종사경력이 2년 이상인 자 8. 고등학교 졸업 또는 이와 동등 이상의 학력을 인정받은 후 청소년활동 등 청소년육성업무 종사경력이 8년 이상인 자
3급 청소년지도사	1. 전문대학 졸업(예정)자 또는 이와 동등 이상의 학력이 있는 자로서 3급 청소년지도사 자격검정에 필요한 과목 모두를 전공과목으로 이수한 자 2. 2005년 12월 31일 이전에 전문대학을 졸업하였거나 이와 동등 이상의 학력을 취득한 자로서 별표 1의2에 따른 과목을 이수한 자 3. 전문대학 졸업 또는 이와 동등 이상의 학력이 있다고 다른 법령에서 인정받은 후 청소년활동 등 청소년육성업무 종사경력이 2년 이상인 자 4. 고등학교 졸업 또는 이와 동등 이상의 학력이 있다고 다른 법령에서 인정받은 후 청소년활동 등 청소년육성업무 종사경력이 3년 이상인 자

출처 : 청소년기본법 시행령.

3) 청소년지도사 자격검증

청소년지도사 자격검정은 자격등급에 필요한 일정한 전문적 지식의 함양 여부를 필기시험과 면접시험을 통해 가려내고자 하는 것으로 여성가족부 주관하에 한국산업인력공단을 자격검정 위탁실시기관으로 지정하여 운영하고 있다. 자격검정의 시행방법에 있어서 주관식 필기시험은 논술형, 단답형 등으로 하고 객관식 필기시험은 5지 택일형을 원칙으로 출제하며, 면접시험은 개별면접 또는 집단면접으로 실시하고 있다.

청소년지도사 자격등급별 검정문제의 출제방향에 있어 1급 청소년지도사는 충분한 경험과 경력의 소지자들로서 주로 관리조정자의 역할을 맡게 된다. 관리조정자의 역할은 청소년에 대한 깊은 식견을 가지고 청소년기관의 중핵적인 위치에서 기관의 목적달성에 필요한 조직 구성원의 관리와 개발 등, 지도력 발휘와 효율적 운영의 능력이 필요하다. 이러한 역할수행이 요구되는 배경지식은 청소년의 조화로운 성장·발달을 조직적이고 체계적으로 이행하기 위한 연구방법론과 청소년의 인권과 참여, 청소년정책에 대한 이해, 청소년기관을 운영하기 위한 관리자로서의 지식, 청소년지도자들의 역량강화와 지도력 발휘를 위한 청소년지도자론 등을 위주로 시험이 출제되며 필기시험을 통해 검정이 이루어진다. 2급 청소년지도자는 청소년기관에서 실무의 중심에 위치하여 청소년들을 직접 지도하거나 중간관리자로서의 역할을 수행하게 된다. 따라서 이들에게 요구되는 지식은 청소년을 직접 지도하거나 성장지원에 필요한 청소년의 이해와 청소년육성제도와 행정에 관한 지식, 청소년활동영역의 핵심적 수단인 수련활동과 지도방법론 등의 지식이 요구된다. 3급 청소년지도사들은 주로 청소년들을 직접 지도하는 일에 종사하게 되며 이들 역시 2급 청소년지도사에 준한 지식이 요구된다고 할 수 있다.

면접시험은 2, 3급 청소년지도사 자격시험에 응시한 대상에 한하여 청소년지도사로서의 소양과 자질 등을 검증하는 또 다른 장치로서 면접시험을 실시하고 있다.

자격검정의 합격기준은 필기시험 매 과목 40점 이상, 전 과목 평균 60점 이상의 점수를 얻어야 한다. 또한 2008년 1월부터는 2급 자격기준 중 대학졸업

(예정)자 또는 이와 동등 이상의 학력이 있는 자로서 2급 청소년지도사 자격검정에 필요한 과목 모두를 전공과목으로 이수한 자와, 3급 지도사의 경우 전문대학 졸업(예정)자 또는 이와 동등학력이 있는 자로서 3급 청소년지도사 자격검정에 필요한 과목 모두를 전공과목으로 이수한 자는 해당 급수의 청소년지도사 자격검정 필기시험을 면제한다(보건복지가족부, 2008). 청소년지도자 자격검정과목은 <표 9-2>와 같으며 청소년지도사 자격검정 응시자격 인정에 필요한 과목은 <표 9-3>과 같다.

〈표 9-2〉 **청소년지도사 자격검정 과목 및 방법**

구 분	검정과목	검정방법	
1급	청소년연구방법론, 청소년 인권과 참여, 청소년정책론, 청소년기관운영, 청소년지도자론	주・객관식 필기시험	
2급	청소년육성제도론, 청소년지도방법론, 청소년심리 및 상담, 청소년문화, 청소년활동, 청소년복지, 청소년프로그램 개발과 평가, 청소년문제와 보호	객관식 필기시험	면접 (3급 청소년지도사 자격증 소지자는 면접시험 면제)
3급	청소년육성제도론, 청소년활동, 청소년심리 및 상담, 청소년문화, 청소년지도방법론, 청소년문제와 보호, 청소년 프로그램 개발과 평가	객관식 필기시험	면접

출처 : 청소년기본법 시행령.

〈표 9-3〉 **청소년지도사 자격검정 응시자격 인정에 필요한 과목**

구 분	영 역	이수과목
2급	필수영역	청소년심리, 청소년문화, 청소년복지, 청소년 육성법규와 행정, 청소년수련활동, 청소년지도방법론
	선택영역	청소년정책론, 청소년문제, 청소년상담, 청소년교류, 청소년환경, 프로그램 개발과 평가 중 3과목
		봉사활동, 야외활동, 레크리에이션 활동, 스포츠 활동, 문화예술활동, 인성계발활동, 과학정보활동, 환경보전활동, 국제교류활동, 상담지도, 청소년기관 행정 및 운영, 동아리활동, 특수청소년지도 중 1과목
3급	필수영역	청소년수련활동, 청소년심리, 청소년문화, 청소년정책론, 청소년지도방법, 청소년문제
	선택영역	봉사활동, 야외활동, 레크리에이션활동, 스포츠활동, 문화예술활동, 인성계발활동, 과학정보활동, 환경보전활동, 국제교류활동, 상담지도, 청소년기관 행정 및 운영, 동아리활동, 특수청소년지도 중 1과목

출처 : 청소년기본법 시행령.

4) 청소년지도사 자격연수

청소년지도사 자격연수는 청소년지도사 자격검정의 합격자에 한하여 연수를 실시하는 것을 원칙으로 하고 있다. 연수실시기관은 여성가족부 주관하에 한국청소년활동진흥원에 위탁하여 운영하고 있으며, 연수시간은 30시간 이상으로 편성하여 합숙형태로 운영되고 있다. 연수과정은 1급, 2급, 3급 청소년지도사 과정으로 구분하여 운영되고 있다. 연수내용으로는 청소년지도사로서 필요한 기본 소양과 안전사고 예방·대처 및 청소년수련활동실기 지도, 청소년육성업무와 관련된 현장 또는 시설견학, 청소년지도사 간의 정보교류 및 연계방안, 기타 청소년육성에 필요하다고 인정되는 내용 등을 중심으로 연수과목을 편성하여 연수를 실시하며, 연수 간에는 연수생의 생활태도와 참여도, 연수성적 등을 종합적으로 평가하여 수료 여부를 결정하게 되고, 연수수료자에 한하여 청소년지도사 자격이 주어지게 된다.

5) 청소년지도사 배치기준

청소년지도사는 청소년기본법에서 정한 일정한 기준에 의해 배치하여야 하며, 청소년지도사의 배치기준에 대해서는 청소년수련시설과 청소년단체로 각각 구분하여 기준을 설정하고 있다. 청소년단체는 회원 수를 기준하여 기준을 설정하고 있으며, 청소년수련시설은 시설의 유형에 따라 각기 달리 기준을 정하고 있다. 청소년단체와 청소년수련시설의 청소년지도사 배치기준은 <표 9-4>와 <표 9-5>와 같다.

〈표 9-4〉 청소년단체의 청소년지도사 배치기준

배치대상	배치기준
청소년단체	• 청소년회원 수가 2,000인 이하인 경우에는 1급 청소년지도사 또는 2급 청소년지도사 1인을 두되, 청소년회원 수가 2,000인을 초과하는 경우에는 그 초과하는 2,000인마다 1급 청소년지도사 또는 2급 청소년지도사 1인 이상을 추가로 두며, 청소년회원 수가 10,000인 이상인 경우에는 청소년지도사 수의 5분의 1 이상은 1급 청소년지도사로 두어야 한다.

출처 : 청소년기본법 시행령.

〈표 9-5〉 청소년수련시설의 청소년지도사 배치기준

배치대상	배치기준
청소년수련관	• 1급 청소년지도사 1인, 2급 청소년지도사 1인, 3급 청소년지도사 2인 이상 • 수용정원이 500인을 초과하는 경우에는 500인을 초과하는 250인마다 1급, 2급 또는 3급 청소년지도사 중 1인 이상을 추가
청소년수련원	• 2급 청소년지도사 및 3급 청소년지도사를 각각 1인 이상 수용정원이 500인을 초과하는 경우에는 1급 청소년지도사 1인 이상과 500인을 초과하는 250인마다 1급, 2급 또는 3급 청소년지도사 중 1인 이상을 추가
유스호스텔	• 청소년지도사를 1인 이상 두되, 숙박정원이 500인을 초과하는 경우에는 2급 청소년지도사 1인 이상을 추가
청소년야영장	• 청소년지도사 1인 이상. 단, 다른 시설의 청소년지도사를 둔 때에는 별도로 두지 아니할 수 있음. 이용의 편의만 제공하는 경우에는 청소년지도사를 두지 아니할 수 있음.
청소년문화의 집	• 청소년지도사 1인 이상
청소년특화시설	• 2급 청소년지도사 및 3급 청소년지도사 각각 1인 이상

출처 : 청소년기본법 시행령.

6) 청소년지도사 양성실적

청소년지도사 양성계획에 따라 1993년부터 2016년 4월까지 1급 청소년지도사 1,615명, 2급 청소년지도사 29,202명, 3급 청소년지도사 11,174명 등 총 41,991명의 국가공인 청소년지도사를 배출하였다.

4. 청소년활동지도자

1) 청소년활동지도자의 개념

일반적으로 청소년활동지도자는 청소년육성의 제도적 영역인 청소년활동, 청소년복지, 청소년보호의 세 가지 영역 중 청소년활동과 관련된 업무에 종사하고 있는 자를 의미한다고 볼 수 있다. 여기에 대해 한준상(1992)은 일반적으로 청소년들 속에서, 청소년과 더불어, 청소년을 위해 청소년활동을 전개하는 사람을 의미한다고 정의하고 있으며, 김진호 외(2009)는 청소년들의 개인적 성장과 사회적응을 전문적으로 지원하고 조력하는 사람으로서, 청소년을 위해, 청소년과 더불어, 청소년들의 자발적인 활동을 안내해 주는 사람으로 정의하고 있다. 이상과 같은 개념의 정의를 통해 청소년활동지도자에 대한 일반적이고 포괄적인 의미의 파악과 개념의 틀을 형성할 수 있다. 그러나 보다 구체적인 개념의 접근을 위해서는 청소년활동지도자가 어떤 일을 수행하는가에 대한 파악이 필요하다. 따라서 청소년활동지도자는 청소년활동을 지도하는 사람으로서 청소년활동에 대한 개념의 정리를 통해 구체화가 가능할 것이다.

청소년활동의 제도적인 개념은 청소년기본법 제3조 제3호에서 '청소년활동'이라 함은 "청소년의 균형 있는 성장을 위하여 필요한 활동과 이러한 활동을 소재로 하는 수련활동 · 교류활동 · 문화활동 등 다양한 형태의 활동을 말한다"라고 정의함으로써 청소년활동 속에 수련활동 · 교류활동 · 문화활동 등을 포괄하고 있음을 알 수 있고 이 또한 청소년의 균형 있는 성장을 도모하는 수단으로서 위치하고 있음을 알 수 있다. 그런가 하면 청소년활동 속에 위치하고 있는 각각의 청소년활동의 정의는 청소년활동진흥법 제2조 제3호에 '청소년수련활동'이라 함은 "청소년이 청소년활동에 자발적으로 참여하여 청소년 시기에 필요한 기량과 품성을 함양하는 교육적 활동으로서 청소년지도자와 함께 청소년수련거리에 참여하며 배움을 실천하는 체험활동을 말한다"라고 정의를 하였으며, 동법 제2조 제4호에 '청소년교류활동'이라 함은 "청소년이 지역 간, 남북 간, 국가 간의 다양한 교류를 통하여 공동체 의식 등을 함양하는 체험활동을 말한다"라고 정의를 내리고 있고, 동법 제2조 제5호에 '청소년문화활동'은 "청소년이 예술활동, 스포츠 활동, 동아리 활동, 봉사활동 등을 통하여 문화적 감성과 더불어 살아가는 능력을 함양하는 체험활동을 말한다"라고 정의하였다. 이와 같이 청소년활동이 포괄하고 있는 구체적인 세부활동들의 정의 속에 수련활동, 문화활동, 교류활동은 체험활동임을 분명히 밝혀둠으로써 청소년활동의 핵심은 체험활동임을 알 수 있다. 이상과 같은 논의 속에서 청소년활동의 의미는 "청소년이 자발적으로 참여하여 배움을 실천하는 체험활동, 공동체 의식을 함양하는 체험활동, 문화적 감성과 더불어 살아가는 체험활동을 통하여 교육을 보완하고 청소년들이 균형 있는 성장을 돕는 것"이라는 설명이 가능하다.

한편 청소년활동에 대해 명확하게 합의되거나 공통적인 개념은 아니지만 대체로 학자들은 제도상에서 규정하는 개념을 수용하거나 확장하는 등, 청소년의 성장·발달과 개발관점에서 접근하고 있다. 따라서 청소년활동은 청소년기에 필요한 발달과업과 관련하여 긍정적 성장·발달과 잠재역량 개발을 통해 성공적인 성인으로서 삶의 영위에 필요한 체험활동을 일컬어 청소년활동이라는 포괄적인 정의에 접근할 수 있을 것이다. 이러한 내용을 바탕으로 청소년활동지도자의 개념을 정리하면 다음과 같이 정리될 수 있을 것이다.

청소년들의 긍정적 발달과 잠재역량 개발을 위한 체험활동은 청소년들이 직접적인 체험을 통해 긍정적인 성장과 성숙으로 유도하고 유능한 성인으로 성장을 가속화시키는 수단으로서 중요한 기능을 담당한다고 할 수 있다. 이러한 체험활동을 보다 조직적이고 체계적으로 수행조장하고 촉진하는 사람을 청소년활동지도자라고 할 수 있다.

2) 청소년활동지도자의 역할

사전적 의미의 '역할'이란 "어떤 지위를 차지한 개인이 수행해야 할 행동양식"으로서 분명한 목적과 목표를 가진 조직체에서는 이러한 역할이 법제화 또는 명문화되어 명료하게 되어 있다. 이러한 점을 고려하여 청소년활동지도자의 역할을 도출해 보면, 먼저 넓은 의미에서의 청소년활동지도자는 제도적인 측면에서 청소년육성 영역인 청소년활동, 청소년복지, 청소년보호의 영역 중 청소년활동과 관련된 업무를 중점적으로 수행하는 사람을 의미하며, 좁은 의미에서는 청소년활동지도자가 소속된 단체나 기관 등에서 청소년을 대상으로 청소년들의 균형된 성장·발달과 잠재역량 개발을 위해 수행되는 수련활동, 교류활동, 문화활동 등 다양한 체험활동을 조장하고 촉진하는 등의 역할이 청소년활동지도자의 역할로서 정리될 수 있을 것이다.

그러나 청소년활동현장의 다양함과 폭넓은 범위를 고려할 때 청소년활동지도자에 대한 역할수행에 대한 명쾌한 정의는 어려움이 있다. 특히 청소년활동지도자의 역할과 임무에 대하여 통합된 기능이나 가치를 규정한 부분이 부재하다.

여기에 대해 함병수(1996)는 청소년활동조직이나 단체의 목적을 효과적으로 달성하기 위하여 청소년의 행동을 이끌고 도와주면서 청소년 개개인의 욕구에 관심을 가지고 계획 및 절차를 구체화하여 실행하고 그 결과를 평가하여 집단의 유지·강화에 힘쓰는 사람으로 청소년지도자의 역할을 조력자로서의 역할, 정향자로서의 역할, 정신적 지주로서의 역할, 환경조성자로서의 역할, 가정·학교·사회화의 교량역할 등을 제시하였다.

오치선(1999)은 청소년지도의 기본 원리, 즉 개별성, 자율성, 창의성, 다양성에 기초하여 전문가로서의 역할, 촉진자로서의 역할, 비판분석가로서의 역할, 예술가로서의 역할, 교육자로서의 역할, 변화촉진자로서의 역할, 취업 및 사회생활 적응을 위한 상담자로서의 역할 등을 제시하기도 하였다.

최윤진(1993)은 전문가로서의 역할, 촉진자로서의 역할, 비판분석가로서의 역할, 예술가로서의 역할로 구분하여 네 가지를 제시하였다.

권일남 외(2003)는 최윤진(1993)이 제시한 네 가지 역할 외에 교육자로서의 역할, 변화촉진자로서의 역할, 취업 및 사회생활 적응을 위한 상담가로서의 역할 등 총 일곱 가지의 역할을 제시하였다.

한상철(2008)은 기존의 선행연구들을 검토한 후 청소년활동지도자의 역할을 전문가, 프로그램 설계자 또는 개발자, 촉진자, 지역사회지도자, 과학자 및 예술가의 역할로 정리하였으며 그 내용은 다음과 같다.

첫째, 전문가로서의 역할이다. 청소년활동지도자는 자신이 맡은 지도활동에 대한 전문적인 지식과 기술을 습득하여야 한다. 이를 위해 전문적·체계적 교육훈련, 자격습득이 필요하다. 나머지 역할들은 전문가로서의 역할을 수행하기 위한 하위역할이라 할 수 있다.

둘째, 프로그램 설계자 또는 개발자로서의 역할이다. 청소년활동지도자는 청소년들의 특성과 요구를 분석하고, 지도목표를 설정하며, 학습경험을 선정 및 조직하고, 평가하는 등의 전체 활동지도과정을 보다 체계적으로 설계하고 실제 프로그램을 개발할 수 있는 전문가이어야 한다.

셋째, 촉진자로서의 역할이다. 촉진자라 함은 청소년의 개인적 성장을 지원하고 문제해결과 의사결정과정을 조력하며, 합리적인 사회적응을 촉진시켜 줌을 의미한다. 즉, 청소년의 개별성과 자율성, 다양성을 존중함으로써 그들의 잠재능력을 최대한 활성화시키는 것이라고 할 수 있다.

넷째, 지역사회 지도자로서의 역할이다. 청소년의 문제행동이나 심리적 부적응이 점차 개인적 문제에서 지역사회의 문제로 인식됨에 따라 청소년활동 지도자도 이의 해결을 위한 지역사회 개선을 위해 노력해야 한다.

다섯째, 과학자 및 예술가로서의 역할이다. 청소년지도자는 과학자와 예술가의 특성을 통합하고 조화할 수 있는 사람이어야 한다. 과학자에게는 객관적이고 분석적인 안목과 합리적인 태도, 그리고 경험적이고 귀납적인 연구방법 등을 요구하고 있다. 청소년활동지도자는 과학자로서의 객관적이고 분석적인 태도와 더불어 예술가로서의 직관적이고 창의적인 태도를 함께 조화시켜 나갈 수 있어야 한다(김진호 외, 2008 재인용).

이상과 같이 학자들이 제시한 역할들을 고려할 때, 청소년활동지도자는 청소년들의 긍정적인 성장・발달과 역량개발을 도모하는 중핵적인 위치에서의 역할로 실로 다양하고도 복잡한 측면이 있다. 특히 이러한 역할들은 청소년 개개인의 특성과 다양한 행동양태 등을 고려할 때 고도의 전문성과 엄선된 자질이 요구되는 분야로서 청소년지도자는 끊임없는 인격도야와 역량개발의 노력이 전제되어야 할 것이다.

3) 청소년활동지도자의 전문성

청소년지도자는 청소년개체의 발달 및 심리적 특성과 집단문화를 보다 과학적으로 이해하고 그들의 요구를 분석하는 자이며, 청소년활동 프로그램을 보다 매력적으로 설계하고 개발하는 자이며, 현장에서 다양한 청소년활동 프로그램을 실행하고 관리하며 평가할 수 있는 자이며, 일반청소년 및 부적응 청소년들의 개인적 성장과 사회적응 및 문제행동 지도를 위해 다양한 이론과 기술을 적용할 수 있는 자이다. 이와 같은 청소년지도자의 다양한 과제와 역할에 비추어 볼 때, 청소년지도자는 고도의 전문지식과 기술을 갖추어야 한다(한상철, 2004).

하나의 직업이 전문직으로 인정받기 위해서는 그 일의 독자성과 특수성이 있어야 할 뿐 아니라, 그 나름의 기준이 있어야 한다. 일반적으로 전문직의 기준은 ① 고도의 전문지식과 기능, ② 엄격한 자격기준, ③ 장기간 전문적 교육과 훈련, ④ 지성적 활동과 애타적(愛他的) 동기에서 비롯된 봉사활동, ⑤ 고도의 자율성과 사회적 책임성, ⑥ 윤리강령의 제정과 실천, ⑦ 자율적 전문조직체의 구성 등을 포함한다. 이러한 기준으로 비추어 볼 때, 청소년지도자의 전문성은 아직 낮은 수준이라고 할 수 있다(배규한 외, 2007).

한편으로 김진화(1999)는 전문성에 관하여 몇 가지 이론적인 틀을 중심으로 청소년지도자의 전문성을 조명하였으며 그 내용은 다음과 같다.

첫째, 전문직의 이론 중에서 비전문직이 전문직으로 이행되는 과정이 어떠한가에 관심의 초점을 맞추고 있는 과정이론(the process approach)에 의해 청소년지도사의 직업적 전문직성을 조명해 볼 때, 청소년지도사라는 직업적 전문성은 전문직으로 이행되는 양상을 보이고 있다. 한국에서 청소년지도사라는 직업도 초기 단계에서는 청소년을 위한 자원봉사 차원에서 뜻 있는 많은 성인들이 관여하게 되었고, 차츰 사회적 운동으로 전개되어 오다가 전문인력의 필요성이 제기되면서 국가에서 공적인 전문자격검정제도를 도입하여 인력을 양성하고 배출함으로써 전문화의 길로 들어섰다고 할 수 있다.

둘째, 사회적 과제이론(the social assignment approach)에 의한 청소년지도사의 전문직성을 조명해 볼 수 있다. 어느 사회나 국가에서 청소년이 국가의 장래를 결정하는 중요한 요소라는 사실을 공감하고 이러한 인식하에 대다수 국가들이 청소년정책을 수립하고 추진하고 있다. 우리나라는 청소년을 위한 다양한 노력들이 학교는 물론이고, 특히 학교 밖의 가정, 지역사회, 관련 단체 및 조직 등에 의해 급속히 증대되고 있는 추세에 있다. 이처럼 청소년들이 체계적으로 지도받고 자율적으로 활동할 수 있는 원리와 방법들이 요청되고 있어 청소년지도사의 전문성을 필요로 하고 있는 것이다. 최근에는 청소년지도사의 전문지식과 기술은 학교교육체제 속으로 점차 확산되기도 한다.

셋째, 전문직 특성이론 차원에서 청소년지도사의 전문성을 조명해 볼 수 있을 것이다. 특성이론의 핵심은 전문직의 특성에 관심의 초점이 맞추어진다. 전문직의 특성을 허병기(1994)는 크게 일의 난해성, 자율성, 윤리적 책임성으로 요약하였다. 청소년지도사는 인생의 발달단계에서 가장 중요한 시기로 간주되고 있는 청소년기에 일정한 영향력을 행사하는 매우 중요한 책임을 맡고 있으며, 청소년을 지도하는 실천행위 자체가 매우 어려운 일로, 전문적인 지식과 독특한 기술들을 필요로 한다. 또한 청소년지도사는 청소년과 함께하며, 청소년을 지원하는 과정에서 자신의 전문적인 지식과 기술을 발휘하고 어떠한 통제도 있어서는 안 된다. 이것이 자율성이다. 또한 청소년지도사는 자신들의 행동에 대해 분명한 책임을 져야 하는 특성을 가지고 있다(김진호 외, 2008 : 223-224).

이상과 같이 청소년지도사의 전문성에 대한 학자들의 견해를 살펴보면 한쪽에서는 청소년지도사의 전문성은 아직 낮은 수준으로 파악하고 있고 또 다른 쪽에서는 청소년지도사의 전문성은 거의 이행되었다고 보고 있다. 이 두 가지 측면의 견해는 현재 청소년지도자의 전문성 여부를 가늠하는 척도로서 접근할 수 있으나 청소년지도사의 기능과 역할적인 측면에서의 전문성은 역설적으로 더욱더 필요성을 강조하고 있음을 알 수 있다. 따라서 청소년활동지도자는 청소년을 대상으로 다양한 청소년활동 장면에서 청소년활동의 궁극적인 목적인 청소년의 균형된 성장·발달과 역량개발을 성공적으로 이끌고, 국가와 사회가 필요로 하는 민주시민으로의 이행과 청소년 스스로 행복한 삶을 누리도록 하는 데 필요한 다양한 경험활동들을 효과적으로 수행하는 데 필요한 전문성을 더욱더 심화시키고 확장시켜 나가야 함을 의미한다.

요 약

청소년지도자에 대한 명확한 개념에 관해서는 어떤 사람을 청소년지도자로 지칭할 수 있는 것인지에 대해 학자들이나 정책담당자, 현장전문가들의 견해는 일치되지 못하고 있다. 그러나 제도적 의미와 학자들의 견해를 종합해 보면 대체적으로 청소년의 균형된 성장·발달과 성공적인 성인으로의 이행을 돕기 위한 일에 종사하는 사람들을 지도자로 규정하고 있으며, 일부 학자들은 청소년지도자 중에서도 전문성 여부와 종사하는 업무의 성격 등에 따라 넓은 의미의 지도자와 좁은 의미의 지도자로 구분하고 있다.

넓은 의미의 청소년지도자로서 일반 청소년지도자와 좁은 의미의 청소년지도자로서 전문 청소년지도자로 구분하여 개념을 정리하면 다음과 같다. 먼저 일반 청소년지도자는 청소년을 대상으로 청소년활동지도, 청소년복지지원, 청소년보호·선도활동 등에 관여하거나 종사하는 자로서 청소년들의 긍정적 변화와 건강한 성인으로의 이행을 위해 역할모델이 정립되고 올바른 방향으로 이끌어 주는 사람이라고 정의할 수 있다. 한편 전문 청소년지도자는 청소년지도사 또는 청소년상담사 자격을 취득하고 청소년들 속에서 청소년과 더불어 청소년들의 균형된 성장과 성공적인 성인으로의 이행을 돕는 일에 종사하는 사람들로 한정해서 규정되어야 할 필요가 있다. 청소년지도자의 유형은 일반적 분류와 기능적 분류로 구분하여 분류할 수 있으며, 일반 청소년지도자는 전문 청소년지도자를 포괄하는 내용으로서 법적 기준에 의한 분류를 그대로 수용하고 전문 청소년지도자는 1급, 2급, 3급 청소년지도사와 1급, 2급, 3급 청소년상담사로서 청소년시설·청소년단체·청소년 관련 기관 종사자를 한정하여 분류할 수 있다. 기능적 분류는 청소년지도자가 수행하게 되는 과업과 역할들을 중심으로 대상청소년에 따른 주요 활동영역과 주요 업무 등 청소년지도자들이 실제 현장에서 소속되어 일하고 있는 실태를 중심으로 분류하는 것으로 청소년활동영역의 지도자, 청소년복지영역의 지도자, 청소년상담지도자, 청소년보호지도자, 청소년교정지도자, 청소년정책·행정지도자로 분류할 수 있다.

청소년지도자의 양성은 여성가족부 주관으로 한국산업인력공단에 위탁하여 자격검정을 실시하고 자격검정에 합격한 자에게 한국청소년활동진흥원에서 의무연수를 실시한 후 수련시설 및 청소년단체에 배치·활용하는 형태로 진행하고 있다. 현재 시행 중인 청소년지도자 양성체제는 검정과 연수를 각기 달리하여 운영하고 있는 형태로서 3단계의 과정을 거치게 된다. 첫 단계는 청소년지도사 자격시험에 응시할 수 있는 자격요건을 갖춘 자가 자격검정 신청과 자격검정 응시절차(필기, 면접)를 거치도록 하고 있고, 두 번째 단계는 자격검정 합격기준에 통과한 대상에 한해 자격연수를 이수토록 하고 자격연수를 이수한 자에게 청소년지도사로서 국가에서 자격을 부여하고 있다. 세 번째 단계는 청소년시설과 단체 등의 배치기준에 따라 배치·활용하는 체제로 이루어지고 있다.

청소년들의 긍정적 발달과 잠재역량의 개발을 위한 체험활동은 청소년들이 직접적인 체험을 통해 긍정적인 성장과 성숙으로 유도하고 유능한 성인으로 성장을 가속화시키는 수단으로서 중요한 기능을 담당한다고 할 수 있다. 이러한 체험활동을 보다 조직적이고 체계적으로 수행, 조장하고 촉진하는 사람을 청소년활동지도자라고 할 수 있다. 청소년활동지도자들이 수행하는 역할은 대체로 전문가로서의 역할, 프로그램 설계자 또는 개발자로서의 역할, 촉진자로서의 역할, 비판분석가로서의 역할, 예술가로서의 역할, 교육자로서의 역할, 변화촉진자로서의 역할, 취업 및 사회생활 적응을 위한 상담가로서의 역할, 지역사회지도자로서의 역할이다 등으로 정리할 수 있다. 이러한 청소년지도자의 다양한 과제와 역할에 비추어 볼 때, 청소년지도자는 고도의 전문지식과 기술을 갖추어야 하며, 다양한 경험활동들을 효과적으로 수행하는 데 필요한 전문성을 더욱더 심화시키고 강화시켜야 한다.

연구과제

1. 청소년지도자의 개념에 대하여 논의한다.
2. 청소년지도자의 유형과 분류에 대하여 설명한다.
3. 청소년지도사 양성체계에 대하여 논의한다.
4. 청소년시설과 단체의 청소년지도사 배치기준을 설명한다.
5. 청소년활동지도자의 개념과 역할을 설명한다.

CHAPTER 10

청소년활동지도 방법

CHAPTER 10

청소년활동지도 방법

개 요

청소년활동지도 방법은 대체로 청소년들의 균형된 성장·발달과 역량개발에 필요한 다양한 체험활동이 조직적으로 전개되는 전 과정에 청소년지도자의 적절한 개입과 작용을 통해 청소년활동이 지향하는 본래의 목적을 달성하기 위한 계획적인 활동을 의미한다. 청소년활동지도 방법의 분류는 일반적으로 대상의 규모, 목적과 내용, 활동의 주체, 운영형태 등에 따라 분류하며, 청소년활동의 지도과정은 사전단계, 도입단계, 실행·심화단계, 종결단계의 과정을 거치면서 이루어진다. 지도의 과정은 대체로 사전단계에서 설정한 목적을 향해 위계적 목표를 설정하고 설정한 목표의 경로를 따라 지도를 함으로써 청소년활동을 통해 이루고자 하는 목적을 달성하게 된다.

학습목표

1. 청소년활동지도 및 지도방법의 개념을 이해한다.
2. 청소년지도의 원리를 이해하고 지도방법의 유형을 구분할 수 있다.
3. 청소년활동지도 과정을 숙지하고 실제 지도활동에 적용할 수 있다.

주요 용어

청소년활동지도/ 청소년활동지도 방법

1. 청소년활동지도의 개념

청소년활동지도의 구체적인 개념의 접근을 위해서는 청소년활동지도가 내포하고 있는 의미 파악이 필요하다. '청소년활동지도'는 '청소년활동'의 의미와 '지도'의 의미를 포괄하고 있는 합성어로서 이에 대한 각각의 개념을 파악할 필요가 있다.

청소년활동은 청소년들의 긍정적인 성장·발달과 개발을 목표로 하는 목적적 활동으로서 청소년활동은 청소년의 성장·발달과 청소년개발의 관점에서 접근할 필요가 있다. 따라서 청소년발달은 청소년기의 시간적 흐름에 따라 나타나는 생물학적·인지적·사회정서적 변화라고 정의할 때, 청소년 발달의 개념은 성장, 성숙, 학습의 개념과 밀접하게 관련되어 있다(김진호 외, 2008 재인용).

여기서 성장이란 청소년 개개인의 신장, 체중, 골격 등과 같은 신체적이고 생리적인 변화와 같은 양적 증가와 관련된다. 성장은 크기의 증가로 인한 양적 변화를 의미하며, 몸무게가 늘어나고 키가 크는 것 등이 여기에 속한다. 반면 성숙이란 뇌기능의 분화나 사춘기의 이차성징 출현과 같이 개체가 환경의 영향보다는 유전적 소질에 의해서 변화하는 과정을 의미한다(이현림·김영숙, 2006).

이렇듯 청소년 발달을 정의할 때 성장, 성숙의 개념과 함께 반드시 논의되어야 할 부분은 경험이다. 청소년이 실생활에서 접하게 되는 모든 심리적·물리적 환경과의 상호작용이 바로 경험이라 할 수 있다. 발달에서 경험은 매우 중요한 역할을 담당한다. 일반적으로 성장·성숙은 경험 없이는 일어나지 않는다. 이와 같이 청소년 발달을 경험과 관련지어 볼 때, 학습은 외부적으로 주어지는 경험이나 훈련의 효과에 의해서 나타나는 행동상의 변화를 의미한다. 따라서 청소년 발달의 개념은 유사개념인 성장·성숙·학습을 모두 포함하는 포괄적인 의미를 지니고 있다(이현림·김영숙, 2006).

한편 청소년 개발은 학자들에 따라서 다양하게 정의되고 있다. 피트만(Pittman, 1991)은 청소년 개발은 청소년의 잠재역량을 보다 바람직한 방향으로 성장시키는 일련의 과정으로 정의하고 있으며, 벤슨과 피트만(Benson & Pittman, 2001)은 청소년들이 다양한 체험, 경험, 활동 등을 통해 청소년기에 당면한 기본적인 욕구를 충족시키고, 성공적인 성인으로서의 삶을 위해 필요한 역량, 즉 사회적 · 도덕적 · 정서적 · 인지적 · 직업적 측면에서의 역량을 발달시키는 일련의 과정으로 정의하고 있다(김진호 외, 2008 재인용).

결과적으로 청소년 개발은 조작적인 조건과 필요한 요소를 통해 청소년의 변화를 인위적으로 가속화시키거나 유도하는 것을 강조하는 개념이다(김진호 외, 2008).

따라서 청소년활동의 개념은 청소년들의 균형적인 성장 · 발달과 성공적인 성인으로서의 삶에 필요한 역량 개발을 위해 청소년기에 이루어지는 다양한 체험활동들을 의미한다고 볼 수 있다.

다음은 '지도'에 대한 의미파악으로서 '지도'의 사전적 의미는 "어떤 목적이나 방향에 따라 가르쳐 이끎"을 의미한다. 즉, 어떤 대상을 특정한 목적이나 방향에 따라 변화와 발전을 유도하고 이끌어 가는 것을 말한다.

이러한 '지도'의 의미를 청소년활동에 연결하여 직역해 보면 다음과 같이 설명될 수 있다. 즉, 청소년활동지도는 청소년활동이 지향하는 목적이나 방향에 따라 청소년들을 가르쳐 이끄는 것이라는 의미로 설명할 수 있다. 이를 토대로 확장된 포괄적 개념으로 설명하면, "청소년들의 균형된 성장 · 발달과 역량개발에 필요한 다양한 체험활동이 조직적이고 체계적으로 전개되는 전 과정에 청소년지도자의 적절한 개입과 작용을 통해 청소년활동이 지향하는 본래의 목적을 달성하기 위한 계획적인 활동"을 의미한다고 할 수 있다.

2. 청소년활동지도의 원리

청소년활동을 실제 현장에서 전개해 나갈 때, 청소년활동지도의 기본적인 근거로서 청소년대상 집단 또는 청소년활동의 형태와 유형에 관계없이 일반적이고 공통적으로 적용되어야 하는 원리로 오치선 외(1999)는 다음의 6가지를 제시하고 있다.

첫째, 청소년 중심의 원리로서 청소년활동지도 방법은 청소년이 주체가 되는 청소년 중심의 활동지도로 출발되어야 한다. 청소년지도는 청소년지도자나 기관 또는 단체가 중심이 되는 활동이 아니라 청소년들의 자발적인 참여와 내적 동기를 전제로 그들의 실생활 체험과 능동적인 활동을 중심으로 전개되어야 한다. 예컨대 활동과정의 평가에 있어서 청소년들로 하여금 스스로의 성과를 자체평가하고 그 결과를 인식하게 함으로써, 프로그램에 대한 계속적인 참여의지를 높여주고 자신이 활동의 주체가 되고 있음을 실감하도록 해주어야 한다. 이 밖에도 프로그램에 대한 자체평가와 의견수렴 등을 통해 청소년 중심의 활동이 이루어지도록 배려하여야 한다. 청소년 중심의 지도방법에서 청소년지도자는 학습의 조력자, 안내자, 상담자, 방향잡이, 조정자로서의 역할을 더욱 비중 있게 맡게 된다(오치선 외, 1999).

둘째, 동기유발 및 유지의 원리이다. 청소년활동의 지도에 있어서 청소년들의 동기를 유발하고 유지할 수 있어야 한다. 청소년활동은 청소년들의 자발적인 참여를 전제로 하지만 지도과정에 있어 참여한 청소년들이 지도활동에 대하여 의미나 매력을 갖지 못한다면 더 이상 자발적인 참여는 보장할 수 없을 것이며, 청소년지도의 효과 또한 기대할 수 없을 것이다. 따라서 청소년지도는 다른 어떤 교육보다 그들에게 자신감과 만족감 등을 높여줄 수 있도록 계획되고 실천되어야 할 것이다(오치선 외, 1995 재인용).

셋째, 청소년활동지도 방법은 다양성과 융통성을 기본 원리로 삼고 있다. 다양한 특성과 욕구를 가진 청소년들을 획일적이 아닌 다양한 방법으로 지도함으로써 그들의 교육적 욕구를 최대한 충족시켜 주어야 한다. 또한 그들의 개인차를 최대한 인정해 주도록 해야 한다(오치선 외, 1999).

특히 청소년활동은 청소년 대상집단의 다양함과 프로그램의 유형과 형태 또한 매우 다양한 특성을 고려할 때 형식적이고 획일화된 지도방법으로는 이를 수용하기 어렵다. 따라서 청소년활동이 전개되는 주변 여건과 환경, 대상 청소년집단의 특성, 활동 프로그램의 성격과 목적 등에 따라 융통성 있고 다양한 지도기법이 요구되고 있다.

넷째, 청소년과 청소년지도자, 그리고 상호 간에 상호학습의 원리가 적용되어야 한다. 청소년지도방법은 서로가 서로를 지원하고 격려해 주는 상호 협동적 관계를 통해 심리적 후원과 안정감 그리고 협동심을 발전시켜 나가야 한다(오치선 외, 1999). 여기서 상호학습이란 청소년지도자와 청소년 간에 활동 과정 속에서 긍정적인 지식과 경험의 교류를 통해 얻어지는 작용의 결과를 의미한다. 즉, 청소년활동을 통해 청소년과 지도자가 상호 주고받는 긍정적 자극을 오감을 통해 받아들이고 사고하며 판단하는 과정으로서 이러한 상호작용의 결과로서 어떤 행위가 유발되는 것을 의미한다. 특히 청소년활동은 학교교육에서의 대면학습과는 달리 청소년들 속에서 청소년들과 함께 몸으로 직접체험을 행하는 특수성을 고려할 때 원활한 소통과 상호작용은 더없이 중요하며 청소년과 함께 경험을 공유하고 우호적인 활동 분위기의 조성과 함께 더불어 할 수 있는 청소년활동지도가 이루어져야 한다.

다섯째, 청소년활동지도 방법은 경험중심과 활동중심으로 전개되어야 한다. 청소년지도의 대부분의 내용이 정의적 영역과 관련된 태도 및 가치관 교육과 신체적 영역의 활동으로 구성되어 있다. 이는 학교교육에서의 전통적인 교육방법과는 달리 청소년들이 실제 행함으로써 습득할 수 있는 경험학습을 강조하고 있다. 뿐만 아니라 청소년지도 자체가 청소년들로 하여금 그들의 새로운 가치 있는 삶을 실제 체험하도록 하는 데 의미를 두고 있다.

여섯째, 전인성의 원리로서 청소년들의 인지적·정의적·기능적 특성이 통합될 수 있도록 계획되고 실천되어야 한다. 이는 청소년지도방법에 있어 전인성 원리를 강조한 것으로 인지적 내용에 대한 지도를 수행한다고 하더라도 청소년의 정의적 특성, 즉 가치관, 태도, 그리고 대인관계 등을 동시에 지도할 수 있어야 하고, 정의적 특성을 지도한다고 하더라도 인지적인 면과 운동기능적인 면을 동시에 고려한 지도가 이루어져야 한다(오치선 외, 1999).

3. 청소년활동지도 방법

1) 청소년활동지도 방법의 개념

청소년활동지도 방법은 청소년들의 균형된 성장과 발달을 도모하고 성공적인 성인으로의 이행을 위한 수단적 성격의 청소년활동을 청소년지도자보다 체계적이고 효율적으로 수행하여 청소년활동이 지향하는 고유의 목적을 효과적으로 달성하고자 취하는 수단이나 방식을 의미한다고 볼 수 있다. 그러나 청소년활동은 구조화되고 형식화된 학교교육과는 달리 폭넓은 주제와 대상, 청소년의 참여 특성, 활동양식, 적용방법, 환경과 여건 등 매우 다양하고 광범위한 특성을 감안할 때 청소년지도 방법을 한 마디로 정리하기에는 어려움이 따른다. 이러한 측면에서 청소년지도 방법에 대한 구체적 개념으로의 접근을 위해 청소년지도 방법과 관련하여 비교해 볼 수 있는 내용으로서 교육방법이라는 용어는 "교육목적을 달성하기 위하여 사전에 준비된 프로그램을 구체적으로 실천하는 전략과 방법으로, 어떻게 가르칠 것인가와 어떻게 학습을 지원하고 전개할 것인가를 포함하는 개념"이다.

이러한 맥락에서 볼 때, 청소년지도 방법이란 청소년지도사가 전문적으로 수행하는 행위만을 의미하는 것이 아니라 청소년의 참여 특성, 활동양식, 학습행위를 효과적으로 지원하는 다양한 조치와 개입들을 포함한다. 다시 말해, 청소년지도사가 청소년의 활동과 학습을 촉진시키고 프로그램의 목적을 효과적으로 성취하기 위해 전개하는 일체의 행동과 수단을 의미한다(한국청소년개발원, 2006).

다시 말하면, 청소년활동지도 방법은 단순히 청소년지도자가 청소년활동을 전개해 나가는 지도자의 개입전략과 행위만을 의미하는 것이 아니라 청소년활동 프로그램 개발과정에서 분석하여 확정된 대상에 대하여 대상의 특성에 따라 어떤 규모와 형태로 조직화할 것인가와 조직화된 대상에 대하여 어떠한 수단으로 청소년활동을 전개하며, 청소년활동지도 목적 달성을 위해 동기유발이 지속적으로 일어나도록 적재적소에서 청소년들을 긍정적으로 자극하여 촉진할 수 있는 각종 매체와 기법들을 효율적으로 활용하고 청소년활동과정에 청소년의 마음을 붙잡아 즐거움과 기쁨을 주고 몰입으로 이끌어 청소년활동 프로그램이 추구하는 목적을 효과적으로 성취하기 위해 전개되는 일련의 장치와 행위를 의미한다.

이상과 같은 내용을 종합해 볼 때, 청소년활동지도 방법은 청소년지도자가 청소년활동을 보다 효율적으로 지도하기 위하여 의도적으로 행하는 일체의 활동이며, 지도활동에 동원되는 전략, 기술, 자료, 시설, 매체 등을 모두 포함하는 개념으로 볼 수 있다(한국청소년개발원, 1994).

2) 청소년활동지도 방법의 유형

청소년활동은 대상과 소재, 적용방식, 운영형태 등이 매우 다양하고 광범위한 특성에 비추어 볼 때, 청소년활동의 지도방법 역시 매우 다양하고 광범위하여 그 유형을 일반화하여 통일된 유형으로 분류하기에는 어려움이 따른다. 그러나 보편적으로 지도방법은 청소년활동지도 대상의 규모, 청소년활동의 목적과 내용, 청소년활동의 주체, 청소년활동의 운영형태 등에 따라 분류되고 있다.

(1) 청소년활동 참가대상의 규모에 따른 분류

청소년활동을 지도하는 방법에는 일반적으로 청소년들이 활동하는 조직적인 상황에 따라 개인지도 방법과 집단지도 방법의 두 가지 형태로 나눌 수 있다. 개인지도 방법은 청소년 개개인이 혼자서 행하는 청소년활동을 지도하는 단순한 형태의 지도방법이다. 이에 비하여 집단지도 방법은 많은 청소년들이 함께 모여서 협력하면서 활동을 수행하는 집단활동을 지도하는 방법이다(한국청소년개발원, 1994).

한편 청소년활동은 개인중심 지도방법보다는 주로 집단을 구성하여 구성원 상호 간의 영향을 주고받는 과정에서 타인과의 결합이나 성장기회의 경험이 공유되고 집단역동에 의해 청소년활동의 효과가 더욱 커질 수 있으므로 청소년활동은 주로 집단을 구성해 이루어지며, 청소년활동을 지도하는 주된 지도방법도 집단지도 방법이 활용된다.

이러한 집단중심 지도방법의 적용에 있어 가장 중요한 것은 집단의 규모이다. 집단의 규모는 청소년활동의 참여수준과 목적달성에 영향을 주는 중요한 요소이나, 어떤 규모의 집단이 가장 이상적인 규모인지를 정확히 가늠하기는 쉽지 않다. 그러나 대체적으로 집단지도 방법은 청소년집단의 규모에 따라 소집단지도 방법과 대집단지도 방법의 두 가지로 크게 구분된다.

여기서 소집단지도 방법은 집단 구성원 상호 간 직접적인 접촉과 친밀한 의사소통이 가능한 적은 인원수로 구성된 집단을 지도하는 방법이다. 소집단의 인원수는 이론적으로 한 명의 지도자가 혼자서 통제할 수 있는 인원수로서 2명에서 20명까지로 볼 수 있다. 그러나 청소년활동의 현황을 고려할 때, 소집단지도는 중집단규모인 20명에서 40명까지의 인원수를 포함한 집단을 지도하는 방법으로 보는 것이 타당하다. 한편 대집단지도 방법은 40명 이상 수백 명 또는 천 명이 넘는 사람들로 구성된 집합체를 지도하는 방법이다. 대집단은 단시간에 많은 사람들에게 정보나 지식을 제공하는 데는 적절하지만, 성원 간의 대면적 상호작용이 어렵고 지도자가 집단을 운영하기가 어렵다(한국청소년개발원, 1994).

(2) 청소년활동의 목적과 내용에 따른 분류

청소년활동지도 방법에 있어 청소년지도자가 청소년활동의 방향과 내용에 체계적으로 접근하기 위해 활동의 유형별 영역을 설정하고 활동영역에 대해 청소년들로 하여금 활동 목적과 내용을 보다 쉽게 이해하게 함과 아울러 활동간 주어지는 과제에 대해 보다 잘 수행하게 하는 방법이다. 그러나 청소년활동을 목적과 내용 모두를 나열하고 설명하기에는 어려움이 따른다. 따라서 청소년활동 지도의 목적과 내용에 따른 분류는 현재 청소년활동에 있어 국가정책의 일환으로 추진되고 있는 청소년수련활동인증제도에서 분류하는 영역과 내용을 토대로 정리하면 다음과 같다.

첫째, 건강·보건활동으로 이는 신체적·정신적으로 왕성한 성장과정에 있는 청소년 시기는 평생의 건강상태를 좌우하므로 이 시기에 체력을 증진시키고 신체를 균형 있게 유지하기 위한 조절기능이 반드시 필요할 뿐만 아니라 이를 토대로 정서적 안정감과 자신의 건강유지를 위한 인식과 능력을 갖추어야 할 필요가 있다. 건강·보건활동 영역에서 지도내용은 신체단련, 흡연·음주·약물·비만예방활동, 안전·응급처치활동, 성교육활동 등이 있다.

둘째, 과학정보활동이다. 이것은 첨단 과학기술과 지식기반사회, 유비쿼터스 사회로의 전환에 따라 요구되는 다양한 능력과 기술, 태도를 습득하는 것과 관련된 활동을 하는 것을 의미하는 것으로 지도내용은 모형 및 로봇활동, 인터넷 활동, 우주천체활동, 정보캠프활동, 영상매체활동 등이 있다.

셋째, 교류활동이다. 이는 청소년이 지역 간, 남북 간, 국가 간의 다양한 교류를 통하여 공동체의식을 함양하는 체험활동을 말한다. 여기에서 지역 간 교류는 도농교류와 같은 국가 내의 문화권 교류를 의미하며, 남북 간 교류는 분단이라는 특수 상황 속에서 통일과 화합을 촉진하기 위한 교류활동을 의미한다. 그리고 국제청소년교류는 수행주체에 따라 정부 간, 지방자치단체 간, 청소년단체 간 교류로 분류되며, 교류내용에 따라 일반교류, 연구, 국제회의, 국제행사 등으로 분류할 수 있으며, 교류활동지도 내용으로는 청소년국제교류활동, 남북 청소년교류활동, 도·농 간 청소년교류활동, 국제이해활동, 다문화이해활동, 세계문화 비교활동, 한민족청소년캠프 등이 있다(배규환 외, 2007).

넷째, 모험활동 및 개척활동이다. 모험활동이란 자연환경 속에서 행하는 모든 활동으로, 경우에 따라서는 생존훈련 프로그램이라 불리기도 한다. 특히 모험·개척활동은 불확실성과 비일상성의 특징으로 인해 탐험요소가 가미된

활동이라 할 수 있다. 모험·개척활동에서의 지도내용은 탐사, 등반활동, 야영활동, 해양활동, 오지탐사활동, 극기훈련활동, 호연지기활동, 수상훈련활동, 한국의 산수탐사활동, 안전지킴이 활동 등이 있다.

다섯째, 문화·예술활동이다. 이는 청소년들의 문화적 감성과 더불어 살아가는 능력을 함양하는 체험활동으로서, 문화·예술활동뿐만 아니라 생활문화, 영상문화, 놀이문화, 전통문화, 환경문화, 출판문화, 창작활동 등 다양한 활동과정에 참여케 함과 아울러 지도함으로써 문화적 감성과 더불어 살아가는 능력을 함양하는 체험활동이 여기에 해당된다.

여섯째, 청소년자원봉사활동이다. 청소년자원봉사활동이란 경험학습의 일종으로서, 자신의 정신적·육체적 자원을 활용하여 자발적인 의도로 타인이나 사회를 위해 계획을 가지고, 어떠한 대가도 요구하지 않으면서, 일정 기간 동안 지속적으로 수행함으로써 보람과 재미를 느끼고, 자신이 가진 재능이나 소질을 발견하며, 자신이 살아갈 공동체적 삶의 영역을 체험함으로써, 건강한 인성을 형성해 나가는 청소년지도활동이라고 할 수 있다.

일곱째, 청소년직업체험활동이다. 청소년들은 자신의 진로발달을 촉진시켜 자신의 진로를 계획하고, 직업을 선택하게 하며, 선택된 직업에 대해 준비하는 일련의 과정을 필요로 한다. 청소년직업체험활동이란 청소년 개개인의 올바른 직업선택을 위해 직업체험을 통한 다양한 경험을 선택적으로 미리 해보게 함으로써, 청소년기에 일에 대한 의미와 직업세계에 긍정적인 판단을 도출하도록 하기 위한 지도활동이라 할 수 있다.

여덟째, 환경보존활동이다. 미래지구의 생태학적 지속 가능성은 필연적으로 자연환경보호와 직결될 수밖에 없다. 환경을 지키고 인간과 자연과의 생태학적 유기성을 강화하기 위한 자연친화적 사고와 삶의 형성을 위한 지도활동으로서 환경보존활동 지도내용으로서 생태활동, 환경탐사활동, 자연지도 만들기, 숲 체험, 환경음식 만들기, 환경 살리기 활동, 시설보존활동 등이 있다.

아홉째, 자기(인성)계발활동이다. 청소년기의 발달과업인 자아정체감 형성을 돕고, 자아에 대한 이해와 수용을 바탕으로 타인과의 참만남관계를 형성하도록 도우며, 자기의 건전한 성격개발과 인간관계 및 사회적응을 조력하는 데 목적이 있다(한국청소년개발원, 2005). 자기(인성)계발지도활동의 내용은 표현능력 개발 수련활동, 자기탐구활동, 자기존중감 향상 프로그램, 자기표현활동, 심성수련활동 등이 있다.

(3) 청소년활동 주체에 다른 분류

활동주체에 따른 분류는 활동을 이끌어 가는 주체가 누구이냐에 따라 지도자 중심 지도방법, 청소년 중심 지도방법, 지도자와 청소년의 상호작용에 의한 지도방법이 있으며, 그 내용은 다음과 같다.

첫째, 지도자 중심 지도방법은 활동이 주로 지도자 중심으로 거의 일방적으로 진행되면서 청소년들을 능동적으로 참여하는 것보다는 대부분 보고 듣는 소극적이고 수동적인 지도대상이 되는 방법이다

둘째, 청소년 중심 지도방법은 청소년들이 활동의 주체이며 원동력으로서 자발적으로 활동에 능동적으로 참여하여 직접 경험하면서 활동과제를 스스로 수행하도록 지도하는 방식이다. 여기서 지도자는 청소년들이 활동을 원활히 할 수 있도록 도와주는 역할을 담당하게 된다.

셋째, 상호작용 중심 지도방법은 지도자와 청소년들 간의 쌍방적인 의사소통을 통하여 이루어지는 방식이다. 활동은 청소년들의 적극적인 참여로 인하여 이루어지고 지도자는 활동진행과정에 최소한의 역할만을 하게 된다(한국청소년개발원, 1994).

(4) 청소년활동 운영형태에 따른 분류

청소년활동의 운영형태는 매우 다양한 유형으로 전개되고 있다. 이는 앞서 제시한 바와 같이 청소년활동 자체가 삶과 관련된 실생활을 중심으로 이루어진 체험 위주의 활동으로서 청소년활동의 전체 운영형태와 유형을 하나의 틀로써 아우르기에는 무리가 따른다. 그러나 대체적으로 청소년활동이 이루어지는 공간과 유형에 따라 지도자의 지도형태와 촉진수단, 안전관리 등이 달리 적용된다고 볼 수 있다.

현재 청소년활동이 전문적이고 체계적으로 이루어지는 공간으로서 청소년수련시설은 청소년들의 생활권역 내에 위치한 청소년수련관, 청소년문화의 집, 청소년특화시설과 생활권역을 벗어나 주로 야외에 위치한 청소년수련원, 청소년야영장 등이 있다. 이러한 각각의 청소년수련시설에서 전개되는 청소년활동의 형태는 시설의 유형에 따라 달리 운영되고 있다. 생활권역 내에 위치한 청소년수련시설들은 청소년들이 숙박을 하지 않고 일정한 기간 내에 정기적으로 청소년활동에 참가하는 형태를 취하고 있는 반면 야외에 위치한 청소년수련시설은 일정 기간 집을 떠나 숙박을 하면서 집중적으로 청소년활동에 참가하는 형태를 취하고 있다. 따라서 청소년활동의 운영형태도 장소와 공간에 따라 일일정기형과 숙박형으로 구분할 수 있다. 물론 청소년수련시설이 아닌 곳에서도 이와 같이 숙박형과 정기형으로 진행될 수도 있다.

또 다른 한편으로는 청소년수련시설이 아닌 공간에서 장소를 옮겨가면서 이루어지는 형태의 청소년활동지도가 있다. 이러한 청소년활동형태에 따른 유형분류는 청소년수련활동인증제에서도 개별기준의 유형분류를 이와 같이 일일정기형, 숙박형, 이동형으로 구분하여 기준을 적용하고 있으며, 세부내용은 다음과 같다.

첫째, 정기형 청소년활동지도는 청소년의 일상생활이 이루어지는 시간대에 1회 3시간 이상 당일 또는 일정 기간 정기적으로 이루어지는 비숙박활동을 말하며 주로 생활권 청소년수련시설 또는 생활권역 내에서 이루어지는 청소년활동지도를 의미한다.

둘째, 숙박형 청소년활동지도는 청소년이 활동장에서 1일 이상 숙박을 하며 참가하는 활동으로서 주로 생활권역을 벗어난 야외 또는 자연권역에서 이루어지는 활동으로서 야외활동과 자연체험 위주의 활동지도를 의미한다.

셋째, 이동형 청소년활동지도는 활동장을 이동하면서 숙박을 하며 전개되는 활동으로서 주로 탐사활동, 국토순례활동 등이 여기에 해당된다.

3) 청소년활동 지도방법 선정 시 고려사항

지도자는 여러 가지 지도방법을 활용하면서 청소년활동을 효율적으로 수행하여 활동의 효과를 높이기 위하여 노력할 것이다. 그러나 한 활동과제가 주어졌을 때, 그 목표를 성취하기 위하여 그 활동에 적합한 지도방법을 선정하고 활용하는 일은 그리 쉽지 않다. 특히 청소년활동과 그 지도방법이 매우 다양하고 광범위한 것이기 때문에 여러 가지 지도방법 중에서 각각의 활동에 가장 적절하고 효율적인 지도방법을 선정하여 활용하는 일은 매우 어렵다.

어느 한 가지의 지도방법이 다른 방법에 비하여 어느 경우에서나 모두 우수하고 효과적이라고 보기는 어렵다. 어떤 한 종류의 지도방법이 모든 지도대상자인 청소년들에게 다 적합할 수 없을 뿐만 아니라 모든 활동에나 다 효과적일 수 없기 때문이다. 아무리 우수한 지도방법이라고 하여도 청소년과 활동의 특성에 따라 그 효율성이 달라지기 때문에 그 어느 활동과제에나 다 적용하여 쓸 수 없다. 그러므로 청소년활동을 보다 효율적으로 수행할 수 있는 지도방법을 선정하기 위해서는 청소년활동, 지도대상인 청소년과 그 집단, 활동환경 등 여러 가지 요인들을 신중히 고려하여야 한다(한국청소년개발원, 1994).

(1) 청소년활동과제 선정의 고려

일반적으로 지도방법을 선정할 때에는 우선적으로 청소년들에게 주어질 활동과제가 무엇인지를 반드시 고려하여야 한다. 주어진 활동과제의 성격을 명확히 파악하기 위하여서는 다음 세 가지를 고려하여야 한다(한국청소년개발원, 1994).

첫째, 의도한 활동목표를 명확히 규정하고 분명히 이해하여야 한다. 무엇보다도 지도방법은 활동목표를 달성하기 위하여 존재하는 것으로서 아무리 좋은 지도방법이라도 그 활동목표에 적절하지 못하면 소용이 없기 때문에 활동목표에 가장 적합한 지도방법이 무엇인가를 고려하여야 한다. 활동목표는 활동의 방향을 제시할 뿐만 아니라 활동내용과 활동영역 그리고 활동여건까지

결정하는 구체적인 활동지침서이기 때문에 활동목표는 의도하는 결과와 결과를 달성하기 위하여 필요한 활동과제와 조건, 그리고 평가기준까지 구체적으로 진술되어 있어야 한다.

둘째, 활동목표가 어떤 활동유형에 속하는지를 파악하여야 한다. 활동목표를 분류하는 기준은 매우 다양하지만 일반적으로 지식과 정보습득을 위한 인지적 영역, 태도와 가치변화에 관련된 정의적, 조작적 영역, 그리고 동작기능이나 기술에 관련된 운동적 영역으로 분류될 수 있다.

셋째, 위에서 분류된 활동영역에서 실질적으로 이루어져야 할 활동과제와 활동을 위하여 필요한 활동상황을 고려하여야 한다. 각 활동목표에 따라 다르지만, 모든 활동을 위해서 공통적으로 필요한 일반적인 활동상황은 다음과 같은 활동을 포함한다(변영계, 1988; 한국청소년개발원, 1994).

첫째, 활동을 도입하는 일

둘째, 활동하도록 유도하거나 동기유발하는 일

셋째, 활동내용, 개념, 문제해결의 단서 등을 제시하는 일

넷째, 기대하는 성취행동의 역할모형을 제시하거나 설명하는 일

다섯째, 칭찬하거나 평가하며 환류(feedback)시키는 일

이러한 활동상황에 여러 종류의 활동과제를 투입시켜 보면 그 활동과제에 따라 각각 다른 지도방법이 나타나게 된다.

(2) 지도대상자의 특성 고려

보다 적절한 지도방법을 선정하기 위해서는 무엇보다도 먼저 지도대상인 청소년들의 다양한 특성들을 보다 깊이 있고 상세하게 파악하고 이해하여야 한다. 그중에서 지적 · 정의적 · 운동적 · 교육적 · 사회인구학적 특성 등을 고려하여야 한다(한국청소년개발원, 1994).

첫째, 지적 특성으로서 지적 영역에는 사실에 대한 인지나 회상의 지식, 내용에 대한 이해력, 어떤 새로운 상황에 이전에 학습한 기본 지식을 활용하는 적용력, 내용의 구성 부분들을 분리하여 그 관례를 이해할 수 있는 분석력, 여러 부분과 요소를 하나의 체제로 결합하는 종합력, 준거와 외적 기준에 의

한 판단능력인 평가력 등이 포함된다(차갑부, 1993; 한국청소년개발원, 1994). 이러한 지적 특성은 활동 진행속도, 어휘나 문장선택, 내용제시의 추상성이나 구체성 등을 결정하는 데 많은 도움을 주나, 이들을 정확히 파악한다는 것도 매우 어려운 일이다.

둘째, 정의적 특성이다. 정의적 특성은 가치, 태도, 의견, 신념, 책임감, 인내력, 통제력, 필요, 요구, 동기, 흥미, 선호도 등 인성적 특성을 의미한다. 이러한 특성은 활동수행능력과 활동성취도에 영향을 미친다. 이 중 활동에 대한 관심과 흥미를 불러일으키기도 하고 딴 곳으로 돌리기도 하는 동기, 특히 내재적인 동기와, 활동(특히 모호하거나 추상적인 활동)참여와 활동수행에 대한 부담, 염려, 걱정, 동요 등의 불안감, 자신의 활동 또는 환경의 통제력, 활동에 대한 선호도 등은 활동에 큰 영향을 미친다. 이들 요소들은 실제 지적 특성보다 더 중요하다고 볼 수 있다.

셋째, 운동적 특성이다. 운동적 특성은 감각을 통하여 사물에 대해 인식하는 것인 지각, 특정한 행동에 대한 사전 조정 또는 준비도인 자세, 구체적인 기술적 행동, 신체적 운동활동 등을 포함한다(차갑부, 1993; 한국청소년개발원, 1994). 이러한 특성은 활동수행능력과 활동의 효율성과 깊은 관계가 있으며, 지도방법 선정에 많은 제한을 준다. 특히 특수한 지각적 또는 신체적 특성을 가진 청소년집단을 대상으로 할 경우에는 그들을 수용할 수 있는 적절한 활동과업과 지도방법을 선정하여 지도한다.

넷째, 교육적 특성이다. 교육적 특성은 언어능력, 교육수준, 학교를 비롯한 일상생활 환경 속에서 배우고 체득한 모든 지식과 경험들을 포함한다. 이러한 교육적 특성은 활동내용과 그 수준의 결정, 활동의 계열화, 지도방법과 지도매체의 선정 등에 매우 중요한 영향을 준다. 특히 어떤 주제에 대한 선행지식과 경험의 여부와 정도는 활동수행능력, 나아가 활동의 효과성과 밀접한 관련이 있는 지도방법 선정에서 우선적으로 고려되어야 한다.

다섯째, 사회인구학적 특성이다. 지도방법을 선정함에 있어서 반드시 고려하여야 할 사회인구학적 특성으로 연령, 성, 사회문화적 배경 등을 들 수 있다. 흔히 청소년들을 동일한 성격을 가진 하나의 연령계층에 속하는 집단으로 간주하여 모든 청소년들을 동일시하는 경향이 있다. 그러나 청소년들은 연령집단 내에서도 성숙도, 통찰력, 의사소통과 상호작용과 같은 사회적 기술, 행동과 태도 등이 다르다. 그러므로 지도방법을 선정 시에는 단지 연령만을 고려하는 것보다 그들의 성장·발달 수준, 성별, 사회문화적 배경 등도 함께 고려되어야 한다.

(3) 전체 집단의 특성 고려

집단은 매우 다양한 유형을 가지며, 각기 그 성격을 달리하고 있다. 그러므로 지도자는 지도하고자 하는 집단의 크기, 형태, 목적, 성격들을 체계적으로 파악한 후 이에 적절한 지도방법을 선정하여야 한다(한국청소년개발원, 1994).

첫째, 집단의 크기이다. 집단의 크기는 지도방법이 사용되는 집단의 적정 규모를 말한다. 그러나 집단의 적정 규모는 활동목표, 지도대상인 청소년들의 특성, 활동성취에 필요한 조건 등에 따라 달라진다. 어떠한 활동을 수행하든 간에 집단은 목적을 효과적으로 달성할 수 있을 뿐만 아니라 청소년들이 만족스러운 활동을 할 수 있을 정도의 크기가 되어야 하기 때문에 청소년활동 집단의 적정 규모를 정한다는 것은 매우 어렵다. 그러나 집단의 크기는 청소년활동의 효과성에 직접적인 영향을 미치기 때문에 반드시 집단의 크기에 따라 적절한 지도방법을 선정하여 융통성 있게 활용하여야 한다.

둘째, 전체 집단의 특성이다. 집단지도 방법을 선정하기 위하여 고려하여야 할 집단의 성격은 다음과 같다(강기호·차호원, 1987; 김정옥·권중돈, 1993; 한국청소년개발원, 1994).

① 청소년들이 어떤 목표를 가지고 집단활동에 참여하게 되었는지 그 참여동기를 파악하여야 한다. ② 청소년들이 사전에 집단활동의 목표와 내용 등을 알고 개인적 의지에 의하여 자발적으로 참여하는지 또는 외부요인에 의하여 의무적, 또는 타의적으로 활동에 참여하게 되었는지의 참여의지를 파악하여야 한다. ③ 청소년들이 어느 정도 유사한 목적, 연령, 성, 성격, 활동경험, 발달수준, 배경 등을 가지고 있는지 집단의 동질성 정도를 파악하여야 한다. ④ 활동수행이 지도자 중심으로 이루어질 것인지 청소년집단 중심으로 이루

어질 것인지 또는 지도자와 청소년들 간의 체계가 수직적 위계체계 또는 수평적인 평등한 체제로 할 것인지 등 집단의 구조화를 결정하여야 한다. ⑤ 청소년들의 상호접촉이나 상호작용이 정서적·심리적인 유대를 기초로 비공식적으로 이루어지는 것인지 아니면 역할과 업무수행과 관련된 형식적·기능적 관계에서 공식적이고 사무적으로 이루어지고 있는지 집단의 상호관계를 파악하여야 한다. ⑥ 활동수행 기간 동안 활동유형에 관계없이 처음 정해진 집단을 그대로 유지하느냐 아니면 활동유형에 따라 집단 구성원을 바꾸어 집단을 구성하느냐 하는 집단의 운영방법을 결정하여야 한다.

(4) 활동환경

청소년활동이 전개되는 기관의 환경은 청소년들의 전체적 과업성취도에 많은 영향을 미치기 때문에 지도방법의 선정에 있어서 중요하게 고려하여야 할 요인이다. 대표적인 환경적 요인으로는 활동장소, 활동시간, 재정 등을 들 수 있다(한국청소년개발원, 1994).

첫째, 활동장소로서 활동장소를 고려할 때에는 방의 크기, 공간, 책상 또는 테이블, 의자배열, 가구, 분위기, 장소의 안정성, 편리성과 물리적 환경을 포함하여야 한다. 이러한 물리적 환경이 제대로 갖추어지지 않으면 활동수행이 적절히 이루어지기 어려우며 예기치 않은 문제점들이 생기기 쉽다. 특히 실제 활동이 이루어지는 방의 크기는 청소년들의 참여와 행동에 영향을 미친다. 적절한 크기의 방을 선택하기는 어려우나, 청소년들이 활동할 수 있으며 외부로부터 방해받지 않을 정도의 크기이면 적당하다. 또한 칠판, 슬라이드, 녹음기, 비디오테이프 등 시청각매체를 활용할 수 있는 시설 여부도 파악하여야 한다.

둘째, 활동시간이다. 활동기간이나 시간은 활동의 목적과 내용, 유형, 그리고 집단의 특성과 크기 등에 따라 달라진다. 흔히 활동시간은 기관이나 대상자에 따라 행정적으로 결정되는 경우가 대부분이나, 현실을 고려하여 집단지도의 목표와 특성이 최대로 반영될 수 있는 활동시간과 기간을 정하여야 한다. 한 단위활동의 적정 시간은 청소년들이 서로 친숙해지고 주요한 활동을 수행하여 목표달성이 충분히 이루어질 수 있는 시간이어야 한다. 또한 지도방법을 선정하는 데 있어서 일 년 중 또는 하루 중 활동이 전개되는 시간대를 고려하여야 한다. 즉, 활동시간이 방과 후나 방학기간이나 주말인지 또는 하루 중 새벽인지 한낮 또는 늦은 밤인지에 따라 다양한 지도방법이 선택되어야 한다.

셋째, 재정이다. 전체적인 재정상태와 활동을 수행하는 데 필요한 비용은 활동 그 자체의 존재 여부를 결정할 정도로 중요한 요인으로서 지도방법 선정에 큰 영향을 미친다. 재정은 지도방법을 활용 시에 필요한 장소와 자료, 지도매체, 시설과 기구 등의 사용 여부를 결정하게 된다.

4) 청소년활동지도 과정

청소년활동지도의 과정은 청소년들을 만나기 이전에 어떤 청소년 대상을, 어떤 목적으로, 목적달성을 위해 어떤 내용과 수단으로 청소년활동을 지도할 것인가에 대한 사전 준비로부터 청소년활동지도의 종료까지 일련의 과정을 거친다. 이러한 지도과정은 대체로 사전단계로부터 도입단계, 실행·심화단계, 종결단계의 네 단계를 거치면서 사전단계에서 설정한 목적을 향해 위계적 목표를 설정하고 설정된 목표의 경로를 따라 지도해 나가게 된다.

청소년지도의 과정은 각 단계마다 청소년지도자가 수행해야 할 과업들은 각기 다르게 나타나게 된다. 사전 단계는 계획단계로서 장차 펼쳐질 청소년활동을 효과적으로 지도하기 위한 전반에 대한 계획수립과 청소년활동지도에 필요한 제반 사항을 준비하는 단계이다. 도입단계에서는 청소년활동에 대한 동기유발과 지도자와 청소년 그리고 참가자 상호 간 친밀한 분위기를 조성하고 우호적 관계를 형성해야 하며, 심화(발전)단계는 청소년활동의 목표가 실현되는 단계로서 활동과정 자체에 중점을 두어야 하는 단계이다. 종결단계는 청소년활동 전반에 대한 정리를 통한 재인식의 과정과 활동의 실행이 가져온 성과와 의미에 대한 피드백, 평가 등이 이루어지는 단계이다.

(1) 사전단계

청소년활동의 사전단계는 장차 전개될 청소년활동을 사전에 계획하는 단계로서 지도자가 수행해야 할 과업들은 청소년활동 프로그램 개발의 기획단계에서 확인된 목표를 설정하고 집단의 구성과 활동내용, 활동방법을 선정하고 청소년지도활동에 필요한 공간과 인적·물적 자원을 조달하는 등을 준비하는 단계로서 구체적인 내용은 다음과 같다.

첫째, 청소년활동지도 목표의 설정으로서 지도목표는 청소년지도의 일반적인 목적, 프로그램의 목표 등 위계로 구분될 수 있다. 다시 말하면, 프로그램을 설계하고 개발하는 데 있어서 프로그램의 목표를 설정해야 하고 프로그램 내의 각 단위활동을 계획하는 데 있어서도 구체적인 목표를 진술해야 한다. 이러한 다양한 위계적 수준의 목표들은 다음의 두 가지 공통적인 기능을 갖는다(이희도 외, 1996; 이해주 외, 2009).

① 지도목표는 청소년지도의 지침이 되고 평가의 준거가 될 수 있도록 구체적이고 명세적이어야 한다. 목표는 지도의 방향을 안내하는 기능과 학습경험 선정의 기준으로서의 기능 그리고 평가준거로서의 기능을 갖는다. 따라서 구체적이고 명세적인 형태로 진술될 때 목표의 기능을 충실히 수행될 수 있다.

② 지도목표는 청소년들에게 의미 있는 것이어야 한다. 즉, 목표의 의미성(meaningfulness)이란 청소년의 직접적·장기적 생활설계에 도움이 되어야 한다는 것과 그것이 청소년의 현재 준비도에 비추어 성취 가능한 것이어야 한다는 것을 포함한다(한상철 외, 2008).

이러한 구체적인 지도목표를 설정할 때에는 다음 세 가지 요소를 고려하여야 한다.

① 청소년지도 목표는 구체적인 행동용어로 표시되어야 한다.

② 목적한 행동변화를 가져오기 위해서는 어느 정도의 시간이 필요한지, 그 기간이나 시간적 빈도 등과 같은 시간조정이 포함되어야 한다.

③ 지도목표의 평가를 위한 기준이 명시되어야 한다(이해주 외, 2009 재구성).

둘째, 집단의 구성이다. 청소년활동지도의 지도의 대부분은 청소년활동의 효과성을 고려한 집단활동이 대부분이다. 그러나 청소년활동을 위한 집단구성은 청소년들의 개개인의 특성과 청소년활동에 참가하는 동기와 목적, 집단의 규모, 구조화 등에 따라 청소년활동지도의 양상이나 목표성취 정도가 크게 달라질 수 있다. 따라서 집단구성 시에는 청소년들이 어떤 목표를 가지고 집단활동에 참여하게 되었는지 또는 청소년들이 어느 정도 유사한 목적, 연령, 성, 성격, 활동경험, 발달수준, 배경 등을 가지고 있는지 등에 대한 집단의 동질성 정도를 파악하고 동질성과 이질성에 대한 적절한 조합과 청소년의 행동 특성을 적절히 반영한 체계적인 구성을 통해 집단 내의 청소년 상호 간 원활한 상호작용을 조장하고 촉진할 필요가 있다. 또한 집단의 규모에 있어서도 청소년활동의 지도와 목표달성에 지대한 영향요소로서 적정 규모의 집단을 판단하여야 한다. 일반적으로 청소년활동의 목적범위가 단순하고 한정되어 참가 청소년이 수행하여야 할 과제가 구체적인 경우에는 소집단이 적절하고 그 반대의 경우에는 대집단이 적절한 경우가 있다.

셋째, 활동내용 선정으로서 활동내용은 활동목표 달성을 위한 구체적인 수단으로서 매우 중요한 단계이다. 프로그램 내용의 선정기준으로 야스모토 고지로(安本辛次郞, 1983; 이해주, 2009)는 다음과 같은 기준을 제시하였다.

① 효과성 : 프로그램을 통해 기대되는 활동의 성과
② 효율성 : 주어진 활동의 여건으로서 청소년의 조건, 예산, 시설·설비의 조건, 활동시기, 활동단계 등의 여건 속에 최소의 노력으로 최대의 효과를 제고
③ 적시성 : 청소년의 능력이나 경험에 적절한 내용
④ 긴급성 : 사회적 상황이나 지역적 과제에 따른 우선순위
⑤ 중요성 : 청소년의 요구에 관계없이 취급되어야 할 가치 있는 내용
⑥ 요구성 : 청소년이 요구하는 내용 등이다.

이러한 기준에 따라 청소년활동 프로그램 내용이 선정되고 난 이후 선정된 내용을 조직하고 편성하기 위한 일반적인 원칙으로 다음의 네 가지를 들 수 있다.

① 활동내용 상호 간에 밀접한 연결을 지으면서, ② 구체적인 데서 추상적인 것으로, ③ 쉬운 것에서 어려운 것으로, ④ 가까운 곳에서 먼 곳으로 관련지어 구성해야 한다는 것 등을 제시할 수 있다(이해주 외, 2009 재구성).

넷째, 청소년활동 환경의 준비로서 앞으로 전개될 청소년활동에 대비하여 청소년활동에 투입되어야 할 시설과 설비, 장비를 준비하고 소요재원을 조달하는 등의 활동의 환경과 여건을 준비하여야 한다. 물리적 환경으로서 청소년활동이 전개될 실행장소는 청소년활동의 유형과 목적에 따라 매체와 공간, 장비, 도구 등이 매우 다양하게 소요되고 투입된다. 청소년활동을 전개하기 위한 환경의 준비는 청소년활동의 성과를 제고하고 지도목표를 달성하는 데 지대한 영향을 미치는 요소이므로 계획단계에서 면밀한 분석을 통해 준비 리스트를 작성하고 준비과정에 이를 토대로 한 체크리스트를 마련하여 빠짐없이 챙겨야 한다. 이러한 활동환경의 준비와 더불어 실제 활동을 위해 소요되는 예산은 얼마이며, 어떻게 그 예산을 확보할 것인가를 검토하고 준비해야 한다. 예산은 크게 개발비용, 전달비용, 평가비용으로 구분된다. 개발비용이란 프로그램을 개발하는 데 소요되는 비용을 의미하며, 전달비용은 프로그램을 실시하는 과정에 소요되는 비용으로 강사료, 참여자 비용, 시설 사용료, 활동자료비, 활동비용 등이다. 프로그램 전달비용은 청소년들이 체감할 수 있는 비용으로서 전달비용이 충분히 책정된다면 청소년들의 프로그램에 대한 만족도를 높일 수 있다. 평가비용은 프로그램 결과를 평가하는 데 소요되는 비용이다(이해주 외, 2009).

(2) 초기단계

초기단계는 청소년활동이 시작되고 청소년활동에 참가한 청소년들과의 첫 만남이 시작되는 단계로서 청소년들은 새로운 사람과 환경에 대한 긴장감과 어색함을 노출하게 된다. 긴장감과 어색한 분위기는 청소년들의 행동을 경직시키고 활동에 적극적인 참여를 꺼리게 한다. 따라서 초기단계는 긴장되고 어색한 분위기를 해소하고 참가 청소년들의 닫힌 마음의 문을 열게 하여 우호적인 관계를 형성하는 데 초점이 맞추어질 필요가 있다. 열린 마음은 참가

청소년 상호 간 상대방을 이해하고 자신을 이해시켜 활동에 능동적으로 참여하고 실행토록 하는 요소로서 이후 활동의 진행에 많은 영향을 미칠 수 있다. 또한 이후 경험하게 될 활동에 대한 기대와 흥미를 갖도록 동기를 부여하여야 한다. 아울러 활동을 통해 청소년들이 성취하게 될 목표에 대한 설명과 활동의 진행방법과 흐름을 안내해 줌으로써 청소년들이 초기 불안을 해소하고 활동에 능동적으로 참가할 수 있도록 소상하고 친절한 설명이 필요하다. 초기단계에서 지도자가 수행해야 할 구체적인 과업은 다음과 같다.

첫째, 편안하고 우호적인 활동 분위기를 조성하여야 한다. 사람은 누구나 새로운 환경과 새롭게 만나는 대상에 대하여 두려움과 긴장감을 갖고 있다. 특히 청소년기는 발달 특성상 부끄러움과 수줍음을 많이 타는 시기로서 첫 만남은 매우 어색하고 자연스럽지 못한 분위기가 형성된다. 이러한 분위기를 깨트려 활동의 목표를 이루어 갈 수 있는 최상의 분위기를 만들어 가는 것이 매우 중요하다. 이런 상황에서 자연스러운 분위기 조성을 위해 적용할 수 있는 것은 청소년 상호 간 소개의 시간을 마련하여 청소년 상호 간 관심사와 흥미를 공유하고 공통점을 도출할 수 있는 기회를 제공하는 것이다. 이때 지도자는 청소년 상호 간 공통적 특성과 관심사를 연결시켜 주고 청소년 사이에 의사소통과 감정의 교류가 일어나도록 할 필요가 있다. 또한 소개 시에는 단순한 소개방법보다는 전체가 즐겁고 유쾌할 수 있는 다양한 소개방법들을 동원하여 적용함으로써 경직된 분위기를 해소하고 자연스럽고 우호적인 분위기가 조성되도록 유도하여야 한다.

둘째, 활동의 목표에 대한 명확한 설명과 활동의 흐름과 지원에 대한 안내가 이루어져야 한다. 청소년활동에 참가한 청소년들은 자신들이 성취해야 할 과업에 대한 분명한 목적의식을 견지하고 자신들의 관심사에 대한 자발적 의지의 발현을 위해 구체적이고 명료한 목표를 제시하고 설명해야 한다. 목표는 무엇을 이룰 것인가, 무엇을 달성할 것인가, 어디에 도달할 것인가를 제시하는 것으로서 청소년들이 활동을 통해 무엇인가를 성취할 수 있을 것이라는 긍정적 기대를 갖게 되도록 함과 동시에 청소년들이 이를 이해하고 청소년활동에 몰입할 수 있도록 해야 한다.

분명하고 구체적인 목표제시와 함께 목표달성을 위해 수행해야 할 과제들과 단위활동 프로그램의 흐름과 내용에 대한 안내를 통해 사전에 청소년 자신들이 체험하고 수행해야 하는 것들을 인식하고 유무형의 준비를 시켜야 한다. 또한 활동기간 동안에 주최기관에서 제공하는 서비스나 지원의 내용과 제약사항 등을 사전공지하여 활동편의에 대한 지원의 범위를 이해시킴으로써 도움을 받을 수 있는 부분과 자신이 스스로 해결해야 하는 부분에 대한 인식을 할 수 있도록 하여야 한다.

셋째, 자발적이고 적극적인 참여유도를 위한 흥미와 동기를 유발시켜야 한다. 흥미(interest)란 활동의 핵심이 되는 대상, 그리고 그 활동을 실현하는 데 수단과 장애를 제공하는 대상에 마음이 사로잡혀 있다는 것을 의미한다. 따라서 흥미는 청소년들의 활동에 집중하고 그것을 일관성 있게 지속적으로 수행하도록 하는 기능을 한다(김진호 외, 2009). 이러한 흥미를 바탕으로 동기를 유발시켜 청소년활동의 매력성과 참여에 대한 의지를 높여야 한다.

(3) 심화단계

심화단계는 지도목표의 달성을 위한 가장 직접적이고 구체적인 단계이며, 지도시간의 대부분이 이 단계의 활동에 소요된다. 지도내용에 따라 지도자의 다양한 지도방법이 동원될 수 있다. 그러나 대체로 청소년들 스스로 활동을 해나가도록 하고 지도자는 청소년활동을 지원하고 조력하는 역할을 담당하는 것이 바람직하다. 사전에 마련된 프로그램에 따라 진행하되 프로그램에 고착되지 않고 상황에 따라 융통성과 창의성을 발휘해 나가는 것도 이 단계에서 요구하는 중요한 지도기술이다. 그리고 초기단계에서 이루어진 동기유발이 계속 지속될 수 있도록 노력하여야 하며, 적재적소에서 청소년들을 자극하고 그들의 활동을 목표활동으로 통합시킬 수 있도록 하여야 한다(한상철 외, 2008).

심화단계에서 지도자가 관심을 갖고 지도해야 할 전략과 과제는 청소년활동 심화단계 전개상의 기본 전략과 과제 그리고 활동전개 과정상의 조정을 위한 전략 등이며 구체적 내용은 다음과 같다.

첫째, 청소년활동 심화단계 전개상의 기본 전략과 과제로서 구체적인 내용은 아래의 <표 10－1>와 같다.

〈표 10－1〉 프로그램 전개상 실행부분에서의 전략과 과제

요 인	목 표	지도자의 전략 및 과제
전개부분 (자극)	• 청소년의 주의 유지 • 청소년의 관심 형성 • 청소년의 적극적인 참여 확대	－ 모든 청소년에게 적절한 반응을 보여라. － 참여과정에 대한 책무성을 주지시켜라. － 지도과정을 참가자의 관심과 흥미를 연결지어라. － 참여활동으로부터 얻게 되는 이익을 명백하게 제시하라. － 참여과정에 있어서 적극적인 반응 및 참여를 유도하도록 하라. － 연속적인 경험을 위한 기회조건을 만들어라.
전개부분 (영향)	• 지도과정 내에서 청소년의 정서 격려 및 통합 • 집단 내에서 최적의 정서적 풍토 유지	－ 참여과정에 있어서 선택적으로 인간적인 관점을 강조하고 다루어라. － 적절하다면 청소년으로 하여금 물리적 · 정서적 수준에서 직접적인 인지적 경험을 하도록 도와라. － 선별적으로 활동내용 및 지도절차를 청소년의 관심과 일치하도록 하여라. － 참여집단 내에서 응집력을 개발 · 극대화할 수 있도록 협동적인 목표구조를 사용하라.

출처 : 한국청소년개발원(1997). 프로그램개발과 운영, p.172.

둘째, 활동전개 과정상의 조정을 위한 전략으로서 프로그램을 실시함에 있어서는 여러 가지 상황변화로 인하여 계획되고 설계된 안을 그대로 실행할 수 없는 경우가 생기게 된다. 이미 작성된 안이 아무리 과학적이고 체계적인 유용성을 지닌 것이라 하여도 실시활동 상황과 환경에 따라 절충이 필요하므로 원래 계획했던 지도안은 그 상황에 맞게 수정되지 않으면 안 된다. 더욱이 보다 바람직한 방향으로 지도과정이 개선되기 위해서는 여러 가지 통로를 통하여 계획안을 수정하고 새롭게 변용하여 실시하여야 할 필요성이 생기게 된다(한국청소년개발원, 1994).

(4) 종결단계

종결단계는 전 단계에서 지도하고 활동한 내용을 총괄하고, 조직하고 결론 짓는 총결산의 단계이다. 이 시기는 지도활동의 최고조이며 결과의 단계이다. 이 단계의 주요 목적은 청소년들이 개인적으로 또는 공동으로 활동한 결과를 심리적으로는 자신감과 만족감의 정서를 갖게 하고, 사회적으로는 이러한 개인적인 경험을 서로 교환하고 통합하는 기회를 갖는 것으로 프로그램 전체에 관련된 것을 이해하는 데 있다. 따라서 이 부분에서는 지금까지의 프로그램 참가활동에 대한 확신감을 갖게 하고 그 결과를 강화할 수 있는 제반 활동을 하여야 한다. 이를 위하여 구술방법이나 기술방법 등을 통하여 개인이나 그룹별로 발표하고 그에 대한 논의를 할 수 있는 기회를 보장할 수 있어야 한다. 이 단계에 있어서 지도자가 유념해야 할 전략 및 과제를 제시하면 다음의 <표 10−2>와 같이 나타낼 수 있다(R. J. Wlodkowski, 1985; 한국청소년개발원, 1994).

〈표 10−2〉 프로그램 실시 시 종결부분에서의 전략과 과제

요 인	목 표	지도자의 전략 및 과제
종결부분 (자질형성)	• 청소년의 확신감, 자아결정력 그리고 내적 동기를 높일 수 있는 방법에 대한 인식	− 활동결과에 대한 숙지, 진전, 책임감 등에 관하여 지속적인 피드백을 제공하라. − 필요하다면 건설적인 비판을 행하여라. − 참여활동에 대하여 효과적으로 칭찬하고 상을 주도록 하여라. − 활동과제의 성공적인 달성에 대하여 청소년의 중요성과 책무성을 인식, 확인하도록 하라.
종결부분 (영향)	• 참여활동에 대한 외적 보상 제공 • 청소년들로 하여금 학습행동에 대한 적극적인 변화를 인식하도록 도와줌 • 참가 및 학습활동에 대한 지속적인 동기 유지	− 초기에 부정적인 참여활동에 있어서 참여를 격려할 수 있도록 유인책을 제시하라. − 참여결과를 일상생활을 통하여 발휘할 수 있도록 외적 강화방법을 고려하라. − 청소년으로 하여금 참가결과에 대하여 명백히 인식하도록 하라. − 참여활동에 대한 의미 있고 적극적인 매듭을 위하여 강화요인을 제공하고 격려하라.

출처 : 한국청소년개발원(1997). 프로그램개발과 운영, p.177.

요약

청소년활동지도 방법이란 "청소년들의 균형된 성장·발달과 역량개발에 필요한 다양한 체험활동이 조직적이고 체계적으로 전개되는 전 과정에 청소년지도자의 적절한 개입과 작용을 통해 청소년활동이 지향하는 본래의 목적을 달성하기 위한 계획적인 활동"을 의미한다고 할 수 있다.

이러한 청소년활동지도는 청소년활동을 실제 현장에서 전개해 나갈 때, 청소년활동지도의 기본적인 근거로서 청소년대상 집단 또는 청소년활동의 형태와 유형에 관계없이 일반적이고 공통적으로 적용되어야 하는 원리로서 청소년 중심 원리, 동기유발 및 유지 원리, 다양성과 융통성의 원리, 상호학습의 원리, 경험중심 및 활동중심 원리, 전인성의 원리가 있다.

한편 청소년활동은 대상과 소재, 적용방식, 운영형태 등이 매우 다양하고 광범위한 특성에 비추어 볼 때, 청소년활동의 지도방법 역시 매우 다양하고 광범위하여 그 유형을 일반화하여 통일된 유형으로 분류하기에는 어려움이 따른다. 그러나 보편적으로 지도방법은 청소년활동지도 대상의 규모, 청소년활동의 목적과 내용, 청소년활동의 주체, 청소년활동의 운영형태 등에 따라 분류되고 있다.

청소년활동을 보다 효율적으로 수행할 수 있는 지도방법을 선정하기 위해서는 첫째, 청소년활동 과제에 따른 목표가 무엇인지를 파악하고 그 목표가 어떤 활동유형인지, 파악된 활동영역 내에서 실질적으로 이루어져야 할 활동과제와 활동상황 등을 고려하여야 한다. 둘째, 지도대상인 청소년에 대한 보다 적절한 지도방법을 선정하기 위해서는 무엇보다도 먼저 지도대상인 청소년들의 다양한 특성들을 보다 깊이 있고 상세하게 파악하고 이해하여야 한다. 그중에서 지적·정의적·신체적·교육적·사회인구학적 특성 등을 고려하여야 한다. 셋째, 지도하고자 하는 청소년 집단의 크기, 형태, 목적, 성격 등을 고려하여야 한다. 넷째, 활동장소, 시설과 설비, 활동시간, 재정 등 청소년활동이 전개되는 현장의 환경적 요인들이 고려되어야 한다.

청소년활동지도의 과정은 청소년들을 만나기 이전에 어떤 청소년대상을 어떤 목적으로, 목적달성을 위해 어떤 내용과 수단으로 청소년활동을 지도할 것인가에 대한 사전준비로부터 청소년활동지도의 종료까지 일련의 과정을 거친다. 이러한 지도과정은 대체로 사전단계로부터 도입단계, 실행·심화단계, 종결단계의 네 단계를 거치면서 사전단계에서 설정한 목적을 향해 위계적 목표를 설정하고 설정된 목표의 경로를 따라 지도해 나가게 된다.

청소년지도의 과정은 각 단계마다 청소년지도자가 수행해야 할 과업들은 각기 다르게 나타나게 된다. 사전단계는 계획단계로서 장차 펼쳐질 청소년활동을 효과적으로 지도하기 위한 전반에 대한 계획수립과 청소년활동지도에 필요한 제반 사항을 준비하는 단계이다. 도입단계에서는 청소년활동에 대한 동기유발과 지도자와 청소년 그리고 참가자 상호 간 친밀한 분위기를 조성하고 우호적 관계를 형성해야 하며, 심화(발전)단계는 청소년활동의 목표가 실현되는 단계로서 활동과정 자체에 중점을 두어야 하는 단계이다. 종결단계는 청소년활동 전반에 대한 정리를 통한 재인식의 과정과 활동의 실행이 가져온 성과와 의미에 대한 피드백, 평가 등이 이루어지는 단계이다.

연구과제

1. 청소년활동지도의 개념과 청소년활동지도 방법의 개념에 대하여 차이점을 논의한다.
2. 청소년지도의 원리에 대하여 설명한다.
3. 청소년지도방법의 유형에 대하여 설명한다.
4. 청소년활동지도 과제선정 시 고려해야 할 사항에 대하여 논의한다.
5. 청소년활동지도자의 단계마다 청소년지도자가 수행해야 할 과업들에 대하여 논의한다.

CHAPTER 11

청소년시설안전

1. 청소년시설의 안전기준
2. 청소년활동진흥법에서의 시설기준과 안전

CHAPTER 1

청소년시설안전

개 요

청소년시설의 안전성 확보는 청소년활동의 향배를 결정할 정도로 매우 중요하다. 활동에서의 안전성을 확보하지 못할 경우 활동대상자인 청소년의 신체적 위해로 이어질 뿐만 아니라 개인 및 가족 그리고 활동을 담당하는 모든 사람에게 씻을 수 없는 고통으로 이어지기 때문에 청소년활동에서 고려해야 할 안전성의 기준은 항상 조심하고 고민해야 한다. 청소년기본법상의 최소기준이라고 할 수 있는 법적 안전기준을 이해하고 이 외에도 통상적으로 나타날 수 있는 안전성의 특성을 파악해 보도록 함에 있다.

학습목표

1. 청소년활동의 안전에 대한 중요성을 알아보자.
2. 청소년기본법에서 규정하고 있는 안전규칙과 기준을 알아보자.

주요 용어

청소년시설안전/ 시설기준/ 시설설비기준

1. 청소년시설의 안전기준

청소년활동은 활동의 특성상 청소년들이 야외에서 신체활동을 주 목적으로 이루어질 수밖에 없다는 점에서 야외안전의 중요성은 매우 커지게 된다. 자칫 순간의 작은 실수가 개인에게는 평생의 지울 수 없는 상처로 남게 되거나 그 가족에게 미치는 영향은 영원하기 때문에 야외활동의 안전성은 아무리 강조해도 지나치지 않는다. 그럼에도 불구하고 청소년활동은 항상 주변의 위험요소가 활동을 체험하는 대상에게 호시탐탐 영향을 미칠 것으로 보기 때문에 지도자들은 청소년에게 나타날 수 있는 위험의 요소를 미리 예방하고 준비를 철저히 하는 노력이 필요하다.

과거 청소년활동의 진행과정에서 우리에게 엄청난 충격을 안겨주었던 안전사고[1]는 청소년활동의 안전대응 미비가 어떠한 결과를 보여주고 있는지를 잘 알려주는 것으로서 안전에 대한 대응을 철저히 하는 것이 청소년활동의 생명력을 지속시키는 데 매우 중요함을 알 수 있다.

물론 정부에서도 이러한 문제의 심각성을 잘 인지하고 청소년활동진흥법의 세부지침을 통해서 청소년들이 안전하고 신뢰성 있는 활동을 할 수 있도록 안전지침을 제정하고 수행하고 있기는 하나 더 많은 주의가 필요하다.

청소년수련시설협회에서 시행한 안전기반조성사업의 안전실태(2002, 2003) 및 보험(2005~2008) 등의 자료를 통하여 안전사고의 실태를 보면 다음과 같다(김호순, 2008 : 176-180 재인용).

1) 1999년 6월 놀이동산 씨랜드에서 495명의 어린이가 투숙하여 잠을 자던 중 화재가 발생하여 많은 어린이가 피해를 본 사건으로 우리의 기억에도 너무나 생생하다. 사고원인으로 불법 구조변경(가연성 스티로폼, 비내화성 콘테이너 구조)으로 큰 피해를 주었다. 이 외에도 청소년활동을 수행과정에서 크고 작은 인명사고가 매우 많이 발생하고 있는 것이 현실이다. 조금만 더 주의를 기울인다면 이러한 문제가 발생하지 않도록 하는 데 크게 기여할 수 있을 것이다.

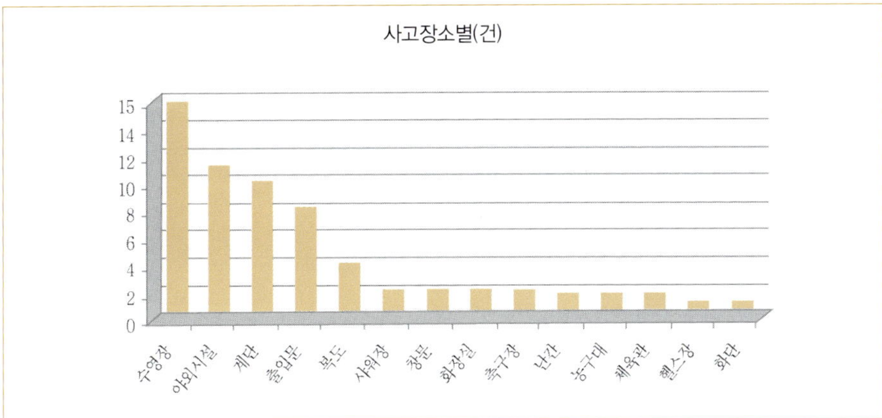

❙그림 11-1❙ 청소년수련시설의 장소별 안전사고 발생현황(2003)

출처 : 김호순(2008).

청소년수련시설에서 발생하는 안전사고의 주 장소는 수영장, 야외시설, 계단, 출입문, 복도 등의 순으로 나타났다.

그리고 보험사고의 경우 대부분 수련시설에서 발생하는 사고형태가 사고심도가 적은 안전사고로 보행로, 계단, 책상, 난간, 문턱, 샤워장, 수영장 등 소규모 단위시설 부분에 집중되어 있음을 알 수 있다. 따라서 조금씩 주의를 기울인다면 이러한 문제원인에 잘 대처할 수 있는 방안이 수립될 수 있음을 알 수 있다.

〈표 11-1〉 **보험사고 분석의 예**

번 호	사고내용	사고원인 분석		
		사고장소	기인물	사고형태
1	수상훈련장 쪽에서 수련원으로 이동하던 중 빗물로 움푹 파인 웅덩이에 발을 헛디뎌 넘어지며 오른쪽 무릎 위 뼈가 골절	보행로	바닥	전도
2	수련활동을 마치고 귀가하던 중 대강당 계단에서 넘어져 다리를 다침	수직이동로	계단	전도
3	수업시간 사이 쉬는 시간에 난간을 잡고 놀던 중 미끄러져 다침	수직이동로	난간	전도

4	수업시간 전 장난을 치다 책상 모서리에 얼굴을 부딪히며 치아를 다침	실내활동장	책상	충돌
5	생활권에서 일어나 화장실을 다녀오던 중 방 문턱에 발이 걸려 넘어지면서 앞 치아가 파절됨	수평이동로	문턱	전도
6	휴식시간에 계단을 내려오던 중 몇 계단을 한번에 뛰어내리다가 다리를 다친 사고	수직이동로	계단	전도
7	여자탈의실 화장실 앞에서 미끄러져 무릎이 바닥에 부딪혀 좌측 슬개골이 골절된 사고	수평이동로	바닥	전도
8	샤워를 마치고 퇴실하던 중 미끄러져 출입문의 하단 부분에 우제4, 5수지가 압궤 손상된 사고	수평이동로	출입문	협착
9	헬스장 내의 선풍기의 방향을 바꾸려다 작동 중이던 선풍기 날개에 손가락(우수중지)이 닿아 손톱이 빠진 사고	헬스장	선풍기	협착
10	수영수업 중 샤워장 안에 있는 사우나에 들어가다 문을 놓쳐 손가락이 문틈에 끼여 손가락 사이가 찢어진 사고	사우나	출입문	협착

출처 : 김호순(2008 : 179).

2. 청소년활동진흥법에서의 시설기준과 안전

청소년활동의 안전기준을 통해서 신뢰가 가능한 활동이 이루어지도록 안전기준을 법적으로 명시하여 제시하도록 하고 있다. 물론 안전기준의 명시에 앞서 청소년시설의 설치를 무작위적으로 난립하게 하는 것이 아니라 수련시설의 허가요건을 제정하여 수련시설의 허가를 받고자 하는 자는 일정 요건을 통해서 특정의 조건을 갖추도록 하고 있다.

우선 청소년수련시설의 설립허가요건을 보면 개인·법인 또는 단체는 특별자치도지사·시장·군수·구청장의 허가를 받아 수련시설을 설치·운영할 수 있다. 허가받은 사항 중 대통령령이 정하는 중요사항을 변경하고자 하는 경우(청소년활동진흥법 제11조 제3항) 청소년활동진흥법 제12조를 통해서 다음과 같이 명시하고 있다.

① 제11조 제3항에 따라 수련시설의 허가를 받으려는 자는 다음 각 호의 요건을 모두 갖추어야 한다.
   1. 제17조·제18조 및 제19조의 규정에 따른 시설기준·안전기준 및 운영기준에 적합할 것
   2. 해당 시설의 설치·운영에 필요한 자금을 조달할 능력이 있을 것
   3. 해당 시설의 설치에 필요한 부동산을 소유하거나 사용할 수 있는 권한이 있을 것
   4. 그 밖에 여성가족부령으로 정하는 기준에 적합할 것
② 특별자치시장·특별자치도지사·시장·군수·구청장은 제11조 제3항에 따라 수련시설을 허가할 때 그 시설이 제1항의 규정에 따른 허가 요건 중 여성가족부령으로 정하는 경미한 사항을 충족하지 못한 경우에는 일정한 기간을 정하여 보완할 것을 조건으로 허가할 수 있다. <전문개정 2014.1.21>

즉, 청소년시설의 안전규정을 위해 지방자치단체장이나 장관의 허가를 획득하도록 함으로써 철저한 관리가 이루어지도록 하고 있다.

동시에 청소년시설의 설치기준에 대해서는 청소년활동진흥법 시행규칙을 통해서 다음과 같이 명시하고 있다.

1) 청소년시설의 설치기준

수련시설의 시설기준

1. 공통기준

가. 일반기준

구 분	기 준
(1) 입지	○ 청소년의 건전한 정서함양에 적합한 장소로서 수련시설은 다음의 입지조건을 갖추어야 한다. – 청소년수련관, 청소년문화의 집, 청소년특화시설 : 일상생활권, 도심지 근교 및 그 밖의 지역 중 수련활동 실시에 적합한 곳으로서 청소년이 이용하기에 편리한 지역이어야 한다. – 청소년수련원, 청소년야영장 : 자연경관이 수려한 지역, 국립·도립·군립공원, 그 밖의 지역 중 자연과 더불어 행하는 수련활동 실시에 적합한 곳으로서 청소년이 이용하기에 편리한 지역이어야 한다. – 유스호스텔 : 명승고적지, 역사유적지 부근 및 그 밖의 지역 중 청소년이 여행활동 시 이용하기에 편리한 지역이어야 한다.
(2) 구조	○ 시설 및 기구·설비 등은 청소년이 이용하기에 편리한 구조로 하여야 하며 장애인을 위한 배려를 하여야 한다. ○ 수용정원에 적합한 면적과 구조로 하여야 한다.

(3) 설치기준	○ 주변 환경을 자연친화적으로 보존·활용하여야 한다. ○ 시설의 종류별로 개별기준에 정한 시설·설비를 설치하되, 그 설치기준은 개별기준에서 정한 경우를 제외하고는 "나. 단위시설·설비기준"에 따른다. ○ 법 제33조 제2항 각 호의 영업을 하기 위한 시설을 설치하는 경우에는 이 기준에서 정한 것 외에 해당 법령에서 정한 기준에 따라야 한다. ○ 폐교시설 등 기존 시설을 활용한 수련시설의 경우에는 「시설물의 안전관리에 관한 특별법」 제6조 제4항에 따른 안전진단전문기관으로 하여금 안전점검을 실시하도록 하고, 안전점검을 실시한 결과 시설물의 재해 및 재난 예방과 안전성 확보 등을 위하여 필요하다고 인정되는 경우에는 같은 법 제7조 제1항에 따른 정밀안전진단을 실시하여야 한다. ○ 청소년수련관, 청소년수련원, 청소년야영장, 청소년특화시설 및 유스호스텔은 전용시설로만 설치하여야 하고, 다른 용도와 복합시설로 설치할 수 없다.
(4) 관리시설	○ 관리실·사무실·안내시설 등 시설물의 관리·운영에 필요한 시설·설비를 수련시설의 종류에 따라 설치하여야 한다.
(5) 기타 시설	○ 수련시설의 종류 및 기능의 범위에서 입지여건·특성·자연환경 등에 따라 해당 수련시설의 개별기준에서 정하지 아니하였더라도 다른 종류의 수련시설의 개별기준에서 정한 시설·설비 등을 설치할 수 있다.
(6) 금지시설	○ 동일 건물 또는 해당 시설 안에 청소년보호법 제2조 제5호의 규정에 의한 청소년유해업소가 있어서는 아니 되며, 설치예정지역으로부터 직선거리 50미터 이내에는 유흥주점 등 청소년이 이용하기에 적합하지 아니한 시설이 있어서는 아니 된다.

나. 단위시설·설비기준

※ 2. 개별기준에 따라 시설·설비를 설치하는 경우에는 개별기준에서 정한 사항을 제외하고는 다음의 기준에 맞아야 한다.

구 분	기 준
(1) 실내집회장	○ 강당·회의실 등으로서 개별기준에서 정한 집회장 수용인원이 150인 이하인 경우에는 150제곱미터, 150인을 초과하는 경우에는 초과하는 1인마다 0.8제곱미터를 더한 면적 이상의 면적이어야 하며, 그 면적의 합계가 800제곱미터를 초과하는 경우에는 800제곱미터로 할 수 있다. ○ 둘 이상의 강의실 사이에 이동식 칸막이를 설치하여 이를 쉽게 강당으로 사용할 수 있는 구조로 한 경우 이를 실내집회장으로 볼 수 있다(개별기준에서 실내집회장을 두도록 정하지 아니한 경우에 한한다).
(2) 야외집회장	○ 무대, 확성설비 등 집회활동에 필요한 기구·설비를 갖추어야 한다. ○ 해당 집회장에 수용할 인원이 150명 이하인 경우에는 200제곱미터, 150명을 초과하는 경우에는 초과하는 1명마다 0.7제곱미터를 더한 면적 이상의 면적이어야 하며, 그 면적의 합계가 2,000제곱미터를 초과하는 경우에는 2,000제곱미터로 할 수 있다. ○ 운동장에 야외집회장으로 이용할 수 있는 기구·설비를 갖춘 경우에는 이를 야외집회장으로 볼 수 있다.

(3) 체육활동장	○ 「체육시설의 설치·이용에 관한 법률」에 따른 체육시설(골프장업·골프연습장업·스키장업·자동차경주장업·무도학원업 및 무도장업용 체육시설을 제외한다) 및 이에 해당하지 아니하지만 청소년의 체육활동에 이용할 수 있는 시설을 말한다. ○ 체육활동장의 설치기준은 「체육시설의 설치·이용에 관한 법률」을 준용하고, 같은 법에서 정하지 아니한 사항은 해당 종목별 경기단체가 정하는 시설관계 공인규정 등을 준용한다(관람석 등은 설치하지 아니할 수 있다).
(4) 수련의 숲	○ 자연림 또는 인공적으로 조성한 수림지대로서 그 안에 야외탁자·장(長)의자·예술조형물·그늘집 등의 조경시설물과 휴게소 등을 설치하여 휴식 및 명상 등을 할 수 있도록 한 것을 말한다. ○ 자연체험장을 수림지대에 설치한 경우로서 그 수림지대에 조경시설물 등을 설치한 경우에는 이를 수련의 숲으로 볼 수 있다.
(5) 특성화 수련활동장	○ 문화적 감성 함양 활동장 : 문화적 감성을 개발하고 정서를 순화하며 문화에 대한 이해를 증진시키고 취미활동 등의 함양을 위한 활동에 필요한 활동장으로서 극장·공연장·음악감상실·전시장 그 밖에 이와 유사한 것을 말한다. ○ 과학 및 정보화능력 함양활동장 : 창조적 능력·탐구심·정보화능력·미래과학능력 등을 함양하기 위한 활동에 필요한 활동장으로서 컴퓨터실, 과학실습·자연관찰·천체관측시설, 요리실습시설, 어류·조수사육장 그 밖에 이와 유사한 것을 말한다. ○ 봉사와 협력정신 함양활동장 : 인간존중의 정신 및 심성을 개발하고 정의감·상부상조정신 등을 배양하기 위한 활동에 필요한 활동장으로서 자원봉사정보 및 활용센터, 자원봉사체험 연계 네트워크 그 밖에 이와 유사한 것을 말한다. ○ 모험심과 개척정신 함양활동장 : 신체의 강건함·용기·인내심·탐험정신·도전의식·진취성 등을 키울 수 있는 활동에 필요한 활동장으로서 탐험시설, 수상·해양·항공훈련시설, 영농시설, 산악자전거장, 개척물설치훈련장, 암벽등반시설 그 밖에 이와 유사한 것을 말한다. ○ 전문적 직업능력 함양 활동장 : 직업 전문성, 현실적응능력 등을 배양하고 직업관 등을 확립하기 위한 활동에 필요한 활동장으로서 취업정보센터, 직업교육용 시설 그 밖에 이와 유사한 것을 말한다. ○ 국제감각 함양 활동장 : 세계문화의 이해와 외국의 교류체험 및 한민족의 정체성 등을 고양하기 위한 활동에 필요한 활동장으로서 국제교류관(국제회의실·접견실·회의실·친선교류실 등), 학습·정보관(청소년교육정보센터 등), 어학실습실 그 밖에 이와 유사한 것을 말한다. ○ 기타 특성화 활동장 : 위에서 규정한 분야 외의 환경의식 함양 등 특성화된 수련활동을 실시할 수 있는 활동장을 말한다.
(6) 자치활동실	○ 동아리활동·분임토의 등에 이용되는 시설로서 의자·탁자 등을 갖추어야 한다.
(7) 강의실	○ 1실당 면적은 50제곱미터 이상이어야 한다. ○ 칠판·교탁·책상·걸상 등과 그 밖에 필요한 기구·설비를 갖추어야 한다. ○ 책상면과 흑판면의 조도가 150룩스 이상이어야 한다.

(8) 생활관(유스호스텔의 숙박실을 포함한다)	○ 숙박실은 숙박정원 1인당 2.4제곱미터 이상이어야 한다. 다만, 중학생 또는 초등학생의 경우에는 생활관 또는 숙박실의 전체 숙박정원의 100분의 10(중학생) 또는 100분의 20(초등학생)을 추가한 인원을 해당 수련시설의 숙박정원으로 할 수 있다. ○ 채광과 통풍이 양호하여야 하며 지하실 등에 설치되어서는 아니 된다. ○ 가족실을 설치하고자 하는 경우에는 둘 이상으로 구획된 침실과 거실, 주방 등을 갖춘 형식으로 할 수 있으며, 거실을 갖춘 경우에는 거실면적 중 100분의 30에 해당하는 면적을 숙박실의 면적으로 본다. ○ 생활관의 형태를 소규모로 분산·설치할 경우에는 청소년지도자용 숙박실을 청소년용 숙박실 근처에 배치하여야 한다. ○ 숙박실이 있는 층마다 공동으로 이용할 수 있는 화장실·샤워장·세면장을 설치하여야 한다(생활관을 소규모로 분산·설치하는 경우에는 가까운 거리마다 설치하여야 한다). 다만, 해당 층의 숙박실 전체에 화장실 등이 설치된 경우에는 설치하지 아니할 수 있다. ○ 공동세탁실을 갖추어야 한다. 다만, 세면장·샤워장 등을 세탁실로도 사용할 수 있는 구조 및 면적으로 한 경우에는 세탁실을 별도로 갖추지 아니할 수 있다. ○ 난방설비를 갖추어야 한다.
(9) 야영지	○ 야영정원 1인당 20제곱미터 이상이어야 한다. ○ 자가취사장·화장실 및 세면장을 갖추어야 한다. 다만, 야영지 주변에 그와 같은 시설이 있는 경우에는 설치하지 아니할 수 있다. ○ 평지 또는 완경사 지역으로서 절벽·급류 등 위험한 장소의 인근에 설치되어서는 아니되며, 홍수의 범람·해일 등 재해의 우려가 없는 지역이어야 한다. ○ 배수가 잘 이루어져야 하며, 자연배수가 되지 아니하는 지반일 경우 배수로 또는 덮은 도랑 등을 설치하여 인공적으로 배수가 이루어지도록 하여야 한다.
(10) 식당	○ 배식을 하는 식당 또는 집단급식소로서 급식인원 1인당 1제곱미터 이상의 면적이어야 하며, 급식인원에 알맞은 조리기구·배식설비·식탁·의자 등의 기구·설비를 갖추어야 한다.
(11) 자가취사장	○ 배기가 잘 되는 구조로 하여야 하며, 화재 등을 예방할 수 있도록 소화장비를 갖추어야 한다. ○ 급수·배수설비, 개수설비, 오물처리설비 등을 갖추어야 한다. ○ 유스호스텔의 경우에는 취사설비(가스레인지 또는 전열취사기구 등과 조리대 및 개수대를 말한다)와 식탁·의자 및 개별취사용구·부식 등을 보관할 수 있는 보관대를 구비하여야 한다. ○ 옥외에 설치하는 경우에는 비바람을 막을 수 있는 구조로 하여야 하며, 이용에 불편이 없도록 가까운 장소에 설치하여야 한다.
(12) 위생시설	○ 화장실은 수세식 또는 이에 준하는 방식으로 설치하여야 하며, 이용이 편리한 위치에 남·여를 구분하여 설치하여야 한다. ○ 취사 및 음용에 공급되는 물은 상수도를 사용하는 경우를 제외하고는 관할 보건소에서 보건위생상 해가 없다고 증명한 것이어야 한다.
(13) 지도자실	○ 청소년지도자들이 수련활동지도 등을 위한 준비실로 사용하는 실내공간으로 의자·탁자 등 필요한 기구·설비를 갖추어야 한다.

(14) 상담실	○ 내부의 장식 · 설비 등은 안락함이 느껴지도록 설치하여야 한다. ○ 응접세트 또는 의자 · 탁자 등을 갖추어야 한다. ○ 다수의 상담이 동시에 가능하도록 설치하는 경우에 있어서는 칸막이 등을 설치하여야 한다.
(15) 양호실	○ 간단한 구급약품의 비치나 상병자에 대한 응급처치 등을 할 수 있도록 약품보관함 · 침대 · 침구 등을 갖추어야 한다. ○ 관리실 · 사무실 등에 병설하여 설치할 수 있다(개별기준에서 특별히 정하지 아니한 경우에 한한다).
(16) 휴게실	○ 이용자들의 휴식을 위한 공간으로 의자 및 탁자를 갖추어야 한다. ○ 공유면적에 의자 및 탁자를 배치하여 휴식장소로 이용할 경우에는 이를 휴게실로 볼 수 있다(개별기준에서 정하지 아니한 경우에 한정한다).
(17) 물품보관시설	○ 물품보관시설을 설치하거나, 물품보관함을 비치하여야 한다.
(18) 방송설비	○ 해당 수련시설 안에서 안내방송 등을 할 수 있는 설비로서 주된 장치는 별도의 방송실에 설치하거나 관리실 등에 병설할 수 있다.

2. 개별기준

가. 청소년수련관

구 분	기 준
(1) 면적	○ 연건축면적이 1,500제곱미터 이상이어야 한다.
(2) 실내집회장	○ 150인 이상을 수용할 수 있어야 한다.
(3) 체육활동장	○ 연면적 150제곱미터 이상의 실내체육시설을 설치하여야 한다.
(4) 자치활동실	○ 2개소 이상 설치하여야 한다.
(5) 특성화수련활동장	○ 2개 이상의 시설을 선택하여 설치하여야 한다.
(6) 상담실	○ 1개소 이상 설치하여야 한다.
(7) 휴게실	○ 1개소 이상 설치하여야 한다.
(8) 위생시설	○ 수용정원에 적합한 화장실, 세면장 등을 설치하여야 한다.
(9) 지도자실	○ 1개소 이상 설치하여야 한다.
(10) 기타 설비	○ 방송설비를 갖추어야 한다.
(11) 수용정원	○ (2)~(5)에 해당하는 시설(실내시설에 한한다)을 일시에 사용할 수 있는 적정 인원을 말한다.

나. 청소년문화의 집

구 분	기 준
(1) 활동시설	○ 1. 공통기준 나목의 (1), (5), (6), (7)에 해당하는 시설 중 2종류 이상을 갖추어야 한다.
(2) 휴게시설	○ 휴게실을 별도로 설치하거나 실내공간 또는 마당을 청소년의 휴식 및 대화장소로 제공할 수 있는 구조로 배치하여야 한다.
(3) 위생시설	○ 수용정원에 적합한 화장실·세면장 등을 설치하여야 한다.
(4) 기타 시설	○ 물품보관시설을 갖추어야 한다.
(5) 수용정원	○ (1)에 해당하는 시설(실내시설에 한한다)을 일시에 사용할 수 있는 적정 인원을 말한다.

다. 청소년수련원

구 분	기 준
(1) 생활관	○ 100인 이상이 숙박할 수 있어야 한다. ○ 숙박실은 4인실 이상 10인실 이하의 규모로 하여야 한다. 다만, 청소년지도자용 숙박실은 2인실로 할 수 있다.
(2) 식당	○ 생활관 숙박정원의 100분의 30 이상의 인원에게 일시에 급식할 수 있어야 한다.
(3) 실내집회장	○ 생활관 숙박정원의 100분의 50 이상을 수용할 수 있어야 한다.
(4) 야외집회장	○ 생활관 숙박정원의 100분의 60 이상을 수용할 수 있어야 한다.
(5) 체육활동장	○ 연면적 100제곱미터 이상의 실내체육시설 또는 연면적 1,500제곱미터 이상의 실외체육시설을 설치하여야 한다.
(6) 수련의 숲	○ 연면적 1,000제곱미터 이상이어야 한다.
(7) 강의실	○ 1실 이상 설치하여야 한다.
(8) 특성화 수련활동장	○ 1개 이상의 시설을 선택하여 설치하여야 한다.
(9) 지도자실	○ 1개소 이상 설치하여야 한다.
(10) 휴게실	○ 1개소 이상 설치하여야 한다.
(11) 비상설비	○ 비상조명설비 또는 기구를 갖추어야 한다. ○ 비상급수설비를 갖추어야 한다.
(12) 기타 시설	○ 방송설비, 양호실, 물품보관시설을 갖추어야 한다.
(13) 숙박정원	○ 생활관에서 일시에 숙박할 수 있는 적정인원을 말한다.

※ 비고 : 폐교시설을 이용하여 설치하는 청소년수련원은 (1)부터 (3)까지 및 (5)에 해당하는 시설에 대하여는 기준규모 이하로 할 수 있으며, (6)에 해당하는 시설의 설치를 생략할 수 있다.

라. 청소년야영장

구 분	기 준
(1) 야영지	○ 100인 이상이 야영할 수 있어야 한다.
(2) 야외집회장	○ 수용정원의 100분의 40 이상을 수용할 수 있어야 한다.
(3) 대피시설	○ 폭우·폭설 등 급작스러운 재해에 대비하여 대피시설을 설치하여야 한다. 다만, 다른 용도의 시설이 있어 이를 대피시설로 사용할 수 있는 경우에는 별도의 대피시설을 설치하지 아니할 수 있다. ○ 대피시설의 구조는 비바람을 막을 수 있는 구조로 하여야 한다.
(4) 체육활동장	○ 연면적 1,000제곱미터 이상의 실외체육시설을 설치하여야 한다.
(5) 비상설비	○ 비상시 야영지에서 대피시설까지 원활하게 이동할 수 있도록 비상조명설비 또는 기구를 갖추어야 한다. ○ 야영지에서 대피시설 또는 관리사무소에 연락할 수 있는 통신수단을 확보하여야 한다.
(6) 야영정원	○ 야영지에서 일시에 야영할 수 있는 적정인원을 말한다.

※ 비고

1. 국가·지방자치단체 또는 공공단체 등이 도시공원·자연공원 또는 관광지 등에 설치하는 청소년야영장으로서 관련법령에 의한 조성계획에 따라 설치하는 경우에는 위 기준에 불구하고 그 계획에 따른다.
2. 생활관을 설치하는 경우에는 숙박정원을 100인 미만으로 하여야 한다.
3. 폐교시설을 이용하여 설치하는 청소년야영장은 (1), (2) 및 (4)에 해당하는 시설에 대하여는 기준규모 이하로 할 수 있다.

마. 청소년특화시설

구 분	기 준
(1) 활동시설	○ 지업체험, 무화예술, 과학정보, 환경 등의 특화된 분야의 활동을 행할 수 있는 전문자료실, 동아리방, 연구실, 체험실 등의 시설을 갖추어야 한다.
(2) 휴게실	○ 1개소 이상 설치하여야 한다.
(3) 지도자실	○ 1개소 이상 설치하여야 한다.
(4) 냉·난방시설	○ 냉·난방설비를 갖추어야 한다.
(5) 비상설비	○ 비상조명설비 또는 기구를 갖추어야 한다. ○ 비상급수설비를 설치하여야 한다.
(6) 기타 시설	○ 방송설비 및 물품보관시설을 갖추어야 한다.
(7) 수용정원	○ 활동시설(실내시설에 한정한다)에서 일시에 수용할 수 있는 적정인원을 말한다.

바. 유스호스텔

구 분	기 준
(1) 숙박실	○ 각각의 숙박실은 10인 이하의 규모로 하되, 2인실 이하의 숙박정원의 합계는 전체 숙박정원의 100분의 40을 초과할 수 없다. ○ 청소년을 동반한 가족 등에게 제공하기 위한 가족실을 둘 수 있다. 이 경우 그 숙박정원의 합계는 전체 숙박정원의 100분의 30을 초과할 수 없다.
(2) 대화·정보실	○ 여행·문화정보 등을 제공하고 만남의 공간으로 활용될 수 있도록 조성한다.
(3) 자가취사장	○ 숙박정원 50인당 1조 이상의 취사설비를 갖추어야 한다. 다만, 그 합계가 5조를 초과하는 경우에는 5조로 할 수 있다.
(4) 휴게실	○ 1개소 이상 설치하여야 한다.
(5) 지도자실	○ 1개소 이상 설치하여야 한다.
(6) 난방시설	○ 난방설비를 갖추어야 한다.
(7) 비상설비	○ 비상조명설비 또는 기구를 갖추어야 한다. ○ 비상급수설비를 설치하여야 한다.
(8) 기타 시설	○ 방송설비 및 물품보관시설을 갖추어야 한다.
(9) 숙박정원	○ 숙박실에서 일시에 숙박할 수 있는 적정인원을 말한다.

2) 청소년시설의 안전기준

청소년수련시설 안전점검표

□ 안전관리체계 및 교육

구 분	번 호	항목별	점검사항		
			적 합	부적합	지적사항
안전관리체계 및 교육	1	운영대표자의 책임 아래 자체점검을 실시하고 있는지(점검결과 기록유지) 여부			
	2	수련시설에 입교 시 수련시설에서 안전사고 예방방법 및 교육기간 동안 지켜야 할 사항 등에 대하여 안전교육을 실시하는지 여부			
	3	분야별 안전관리 책임자 지정·운영 여부			
	4	유사시 신속대응을 위한 비상 구조구난 체제 구축과 계획수립 및 이와 관련한 직원교육의 실시 여부			
	5	시설 이용방법, 이용 시 유의사항 및 비상시의 대피경로 등을 각 실별 이용자들이 잘 볼 수 있는 장소에 게시하고 있는지 여부			

□ 토목부문

구 분	번 호	항목별	점검사항		
			적 합	부적합	지적사항
진입로		수련시설은 비상시 소방차, 구급차 등의 접근이 용이한 진입로를 확보하고 있는가?			
옹벽, 석축 및 담장	1	옹벽, 석축 및 담장 등의 붕괴위험은 없는가?			
	2	옹벽 및 담장 기초 부분에 침하된 부분이 있는가?			
	3	옹벽 부분에 배부름 현상이 있는가?			
사 면	1	사면의 붕괴위험은 없는가?			
	2	사면의 토사유출 우려는 없는가?			
배수로	1	배수로 덮개의 설치상태는 견고한가?			
	2	배수로의 덮개에는 발, 구두 굽(하이힐 등) 등이 빠질 수 있는 틈새가 있는가?			

□ 건축부문

구 분	번 호	항목별	점검사항		
			적 합	부적합	지적사항
구 조	1	모든 건축물의 내·외벽에 균열은 없는가?			
	2	옥상 부분에 돌출된 파라펫(parapet) 및 난간의 설치상태는 견고한가?			
	3	난간의 간격은 적정한가?			
	4	불법으로 증·개축한 시설은 아닌가?			
	5	처마 및 모서리 부분의 균열이나 낙하위험은 없는가?			
	6	천정, 벽체 및 바닥의 누수는 없는가?			
주 출입구	1	주 출입구는 장애인의 출입이 용이한 구조로 설치되어 있는가?			
	2	주 출입구의 중앙 및 양측에 손가락보호대가 설치되어 있는가?			
현관 및 로비	1	각종 안내표시판이 적절하게 게시되어 있는가?			
	2	안내 데스크는 장애인을 고려한 구조로 설치되어 있는가?			
	3	안내 데스크 모서리 등은 충돌 시 부상을 예방·완화할 수 있는 마감재를 사용하고 있는가?			

복 도	1	복도는 통행, 피난 및 방향전환 등을 하기에 적절한 구조로 되어 있는가?			
	2	바닥은 턱, 요철 등으로 인한 높낮이 차이 때문에 통행 중 쉽게 넘어지거나, 미끄러지지 않는가?			
	3	바닥 마감재는 미끄럽지 않고 평탄하게 설치되어 있는가?			
	4	피난유도등, 피난유도표지 등은 사람들이 쉽게 인지할 수 있도록 설치되어 있는가?			
	5	복도에 통행 및 피난을 방해할 수 있는 장애물(의자, 자판기, 공중전화 등) 및 돌출물(못, 철물)이 있지 않은가?			
계 단	1	중정형 계단의 경우 추락방지를 위한 그물망이 설치되어 있는가?			
	2	추락방지용 그물망의 지지상태(철물고정, 철물의 녹슨 정도, 그물의 하중상태)는 양호한가?			
	3	계단에 통행 및 피난에 방해가 될 수 있는 장애물이 있지 않은가?			
	4	각 디딤판의 끝 부분에는 미끄럼을 방지할 수 있는 논슬립(Non-slip)이 설치되어 있는가?			
생활관	1	소방법에 적합하게 완강기 등 피난시설을 준비하고 있는가?			
	2	피난이 용이한 구조로 되어 있는가(창호에 안전바 설치 유무 등)?			
	3	침구류 등의 위생상태는 양호한가?			
	4	각 실내 전반적인 청소상태는 양호한가?			
화장실	1	바닥은 넘어짐이나 미끄럼 등을 방지할 수 있는 재질로 설치되어 있는가?			
	2	화장실에 설치된 전기설비에는 보호덮개가 설치되어 있는가?			
양호실	1	비상구급약은 마련되어 있는가?			
	2	상주인원(양호교사, 간호사 등)에 의한 관리가 이루어지고 있는가?			
	3	상주인원 부재 시 비상연락이 가능한 연락망은 게시되어 있는가?			
엘리베이터 또는 에스컬레이터	1	정기적인 보수점검이 체계적으로 이루어지고 있는가?			
	2	적재중량, 비상 시 연락이 가능한 벨 등 각종 안전장치의 작동상태는 양호한가?			

실내수영장	1	수심표시 등 안전표시판은 적절히 부착되어 있는가?			
	2	풀장에 설치된 각종 난간, 계단 및 사다리 등의 고정상태는 양호한가?			
	3	풀장 내·외부의 바닥은 미끄럼방지를 위한 재질로 설계되어 있는가?			
모험시설 및 옥외구조물	1	모험시설 상호 간 일정한 이격거리를 유지하고 있는가?			
	2	시설 및 구조물의 설치상태나 안전망의 설치상태 등은 양호한가?			
	3	모험시설에 설치된 난간의 높이는 적정한가?			
	4	안전수칙 및 위험경고 표시가 부착되어 있는가?			
	5	활동에 필요한 보호장비를 충분히 확보하고 있는가?			
	6	안전요원, 그 밖의 수련시설 관리자의 적절한 교육 및 관리가 이루어지고 있는가?			
기계, 전기 및 가스	1	전기안전관리자의 책임 아래 전기시설을 적절히 관리하고 있는가?			
	2	보일러를 포함한 냉·난방기기는 관련법규에 따라 검사를 받고 있는가?			
	3	가스시설의 누설 체크는 관련법규에 따라 실시하고 있는가?			
소 방	1	소화기의 위치가 표시되어 있는가?			
	2	소화기의 충전량은 적정한가?			
	3	소화전 수압호스의 연결상태는 양호한가?			
	4	스프링클러 배관 및 밸브는 정상적으로 작동하는가?			
	5	유도등은 정상적으로 작동하는가?			
	6	자동화재탐지설비의 감시기는 정상적으로 작동하는가?			
	7	사용하고 있는 전원이 차단될 경우 비상전원은 정상적으로 작동하는가?			
	8	완강기 및 피난사다리의 설치상태는 양호한가?			
	9	위험물 저장시설에는 외부인이 출입할 수 없도록 통제하고 있는가?			
	10	위험물 저장시설의 차광 및 환기상태는 양호한가?			
	11	화기시설과 가연성 물질 사이에 안전거리를 확보하고 있는가?			

요 약

청소년시설의 안전은 청소년의 활동을 위해하는 가장 큰 문제요소라고 할 수 있다. 청소년의 활동 특성상 주로 야외에서 이루어지는 활동의 경우 안전에 대해 소홀히 할 경우 빚어지는 상해나 문제점을 특성별로 제시하여 보았다. 동시에 청소년관련법에서 우리나라 청소년시설의 설립과 운영에 필수적으로 배치하여야 할 시설안전의 기준요소를 이해하고 이러한 시설의 안전을 통하여 청소년에게 안전한 활동을 제공하기 위한 노력이 무엇인가를 이해하도록 하였다.

연구과제

1. 청소년활동의 안전문제를 일으키는 주요 요소가 무엇인지 알아보자.
2. 청소년시설의 안전기준을 법적인 요소를 통하여 알아보자.
3. 청소년시설에서 가장 많이 발생할 수 있는 상해나 피해요소가 무엇일지를 찾아보자.

CHAPTER 12

외국의 청소년활동 프로그램

CHAPTER 12

외국의 청소년활동 프로그램

개 요

우리의 청소년 현장에서 응용될 수 있는 '선진국형 청소년수련 프로그램' 개발을 위해서는 먼저 선진 외국의 청소년 프로그램 개발·운영현황과 다양한 사례를 알아보는 것이 필요하다. 선진 외국의 청소년 프로그램 현황과 주요 프로그램 사례조사를 통해 한국의 청소년 프로그램 개발과정에 유용한 시사점을 도출해야 한다.

이 장에서는 이미 청소년활동이 국가적인 차원에서뿐만 아니라 지역사회를 중심으로 활발하게 진행되고 있는 미국과 서구 유럽 국가의 대표적인 청소년활동 프로그램의 목적과 특징 및 참여효과 등을 중심으로 살펴보고자 한다.

학습목표

1. 선진국 청소년활동 프로그램의 특징을 이해한다.
2. 선진국 청소년활동 프로그램의 추진체계를 이해한다.
3. 외국 청소년활동 프로그램이 주는 시사점을 이해한다.

주요 용어

청소년활동 프로그램/ 지역사회 중심 청소년활동/ 국제교류 프로그램

1. 미국의 청소년활동 프로그램

1) 개 요

The Younger American Act(YAA : 미국청소년법)는 미국 최초의 청소년정책을 확립하는 법이라 할 수 있다. 이 법은 청소년들이 성인과 성실한 시민으로 충분히 준비하는 데 필요한 유능감과 인성발달을 목적으로 한다. 지역청소년센터, 직업준비 프로그램, 청소년주도 프로그램, 지역사회 서비스 프로그램, 멘토링 프로그램, 문화 프로그램, 스포츠 프로그램 등 다양한 청소년 개발 프로그램에 재정적 지원을 하고 있다.

미국 청소년정책의 방향은 청소년개발(Youth Development)로 모아지고 있는데, 청소년개발은 긍정적인 방향으로 청소년의 능력을 개발하여 청소년이 건강하게 성장하도록 하는 것으로, 청소년들을 사회적 · 도덕적 · 정서적 · 신체적 · 인지적으로 유능하게 도와주는 일련의 진보적인 활동과 경험들을 통해 청소년기와 성인기의 도전에 준비하도록 하는 과정이라 할 수 있다.

2) 주요 프로그램

(1) 4-H 시민성 · 리더십 함양 프로그램 – WOW · CWF

전국 4-H 협의회는 미국의 역사와 정치 · 문화가 움직이는 중요한 자원을 다양하게 가지고 있는 만큼, 체험중심의 민주시민교육 프로그램인 WOW와 CWF를 운영한다.

① 워싱턴탐방 프로그램(WOW : Wonders of Washington)

'워싱턴탐방 프로그램'은 청소년들이 6박 7일 동안 국회의원과 함께 미국의 사당, 미국 최고법정, 국회도서관 등을 탐방하는 등 다양한 야외 교육여행을 체험하는 프로그램이다. 프로그램을 통해 청소년들은 미국의 역사적 · 정치적 · 문화적 유산을 감상하고 연방정부의 주요 시설을 체험하며 미국 시민정신의 원리와 책임감을 발견하게 된다.

WOW 프로그램은 25명 정도의 참가자로 구성된 학교단체, 4-H단체, 그리고 기타 청소년단체들에게 제공하는 프로그램으로, 4-H회원이 아니어도 참여할 수 있다. 2~6일 동안의 다양한 프로그램이 6~12학년의 청소년들에게 제공되는데, 프로그램 진행 시에는 대학생 조력자가 모든 야외활동과 심화 워크숍에 참여하여 도움을 준다. 프로그램 진행기간 동안 참가자들은 4-H협의회센터에 머무르게 된다. WOW의 주요 프로그램은 워싱턴디시의 역사적 장소와 아름다운 풍경을 자동차로 투어하기(야간투어 포함), 미국의 수도와 대법원, 국회도서관 투어, 미국 전쟁용사의 쉼터인 알링턴 국립묘지 탐방, 스미소니언 박물관 관람, 국립항공우주박물관 관람 및 아이맥스 영화 상영, 알렉산드리아 구시가지, 워싱턴대성당, 연방조사국 등 야외체험, 콘서트와 극장관람 등 계절문화활동, 다양한 저녁 선택활동들로 이루어져 있다.

② 워싱턴 시민권 프로그램(CWF : Citizenship Washington Focus)

'워싱턴 시민권 프로그램'은 15~19세 고등학생들이 매년 여름 워싱턴 근처 4-H센터에 머물면서 현장견학, 국회의원과의 만남, 시민참여에 대한 워크숍 등에 참여할 수 있는 리더십 프로그램이라 할 수 있다. 매년 여름 7주 동안, 수천 명의 청소년들이 이 6일간의 프로그램에 참가하기 위해 워싱턴 근교의 4-H협의회센터에 머무른다. 이 프로그램은 청소년들이 자신과 세상의 모든 사람들에게 감사하고 존경심을 갖도록 하며, 보다 훌륭한 시민이자 보다 성공적인 개인이 될 수 있는 자질과 기술을 함양하도록 한다.

(2) YAR(Youth as Resources) Project : 성인-청소년 파트너십을 통한 지역사회 참여 프로젝트

YAR Project는 청소년들에 의해 계획되고 주도된 지역사회 기반 봉사활동 프로젝트들이 사회문제 해결에 새로운 힘과 능력을 불러오고 작은 마을과 주요 도시들에서 필수적인 활동을 펼침으로써 지역사회에 큰 영향을 미치고 있음을 증명하고 있다.

Youth as Resources(YAR) 모델은 1987년 전국범죄예방협의회(NCPC)에서 발전되어 성공적으로 운영되어 오다가, 1995년 들어 Center for Youth as Resources (CYAR)으로 확대되어 YAR 프로그램과 철학을 촉진시키고 있다. YAR는 청소년을 지역사회의 가치 있는 자원으로 인식하고 긍정적인 지역사회 변화를 이끌어 내는 데 성인의 협력자로 참여시키는 프로그램이자 철학이라 할 수 있다. YAR 프로그램은 청소년들을 정책수립과 결정과정에 주요하고도 동등한 활동가로 인식하게 함으로써, 청소년과 성인 간의 협력관계 모형을 만들어 내고 있다.

(3) 니프티(NFTE) 경제마인드 함양 프로그램

경제교육 프로그램을 활발하게 개발・수행하고 있는 전국기업인의식교육재단(NFTE : National Foundation for Teaching Entrepreneurship)은 1987년에 설립되었다. 본부는 뉴욕 시에 위치해 있으며, 지역사무소는 Fairchester, New England, New York, Pittsburgh, Washington D.C, Northern California 등지에 있다. 컬럼비아 대학, 스탠퍼드 대학, 조지타운, 펜실베이니아 대학의 와튼스쿨 등과 학문적 파트너를 맺고 있으며, 그 외 다양한 분야에 협력 파트너를 가지고 있다.

이는 저소득청소년이나 위험에 처한 청소년들에게 소자본창업 기술과 방법을 교육시킴으로써 사업과 경영의 세계를 접할 수 있도록 하는 비영리단체이다.

주요 활동으로는 소자본 창업 및 경영의 기초교육, 수학・읽고 쓰기・비판적 사고능력・직업훈련・팀워크・기획・조직・의사소통・의사결정기술능력 함양, 청소년들의 학업성취・출석률・자아존중감에 긍정적 영향을 미치는 프로그램, 경제적인 측면에서 자기충족감을 형성하는 데 필요한 지식과 기술 함양 등을 위한 프로그램들을 개발하고 실시한다.

(4) 여성청소년 임파워먼트 프로그램

Girls Incorporated는 미국의 여자청소년들이 더 강하고 현명하며 대담해질 수 있게 돕는 청소년 비영리단체로서, 55년 이상의 긴 역사를 가지고, 특히 적절한 환경과 혜택을 받지 못하는 소녀들에게 다양한 교육 프로그램을 제공하고 있다.

다양한 프로그램을 통해 소녀들이 성공적이고 독립적이며 만족스러운 삶을 살아갈 수 있도록 준비시키고 있다. Girls Inc. 프로그램의 지향을 보여주는 소녀권리장전은 여성청소년들이 '남녀 고정관념에 저항할 권리, 독창적이고 열정적으로 자신을 표현할 권리, 위험을 무릅쓰고 자유롭게 노력하며 성공을 자랑스러워 할 권리, 자신의 신체적 조건을 수용하고 인정할 권리, 자신감을 갖고 안전을 누릴 권리, 흥미를 느끼는 직업과 경제적 독립을 준비할 권리'를 갖고 있음을 천명하고 있다.

(5) 민주시민의식 함양 프로그램

권리재단(CRF : Constitutional Rights Foundation)은 미국의 청소년들이 참여적인 시민이 되고, 법규칙, 법적 절차, 그리고 미국의 입법적 자산을 이해할 수 있도록 돕는 비영리·초당파적 단체이다.

1962년에 설립되었으며, 법, 경영, 행정, 교육, 그리고 미디어 등 다양한 분야의 이사회에 의해 운영된다. CRF의 전문직원들은 교사, 교육자, 법률가, 작가, 그리고 청소년 개발 전문가 등으로 구성되며, 자원봉사자들이 CRF의 많은 프로그램과 활동에 중요한 역할을 수행하고 있다.

주요 활동 프로그램으로 먼저 모의재판(Mock Trial)이 있다. 1980년 캘리포니아 주 학생들이 사법시스템에 대해 배울 수 있도록 모의재판 프로그램을 도입하여 36개의 캘리포니아 주 카운티들에 새로운 사례들을 개발·보급하였다. CRF는 로스앤젤레스 카운티와 주 전체 차원의 모의재판 대회를 운영하는데, CRF의 모의재판 프로그램에는 8,500명의 학생과 2,000여 명의 법률가와 교사 자원봉사자들이 참여하고 있다.

(6) 청소년법원

청소년법원은 미국 유타 주 아메리칸 포크 시(American Fork City) 청소년위원회 사업의 하나로 1993년부터 시작되어 성공적으로 운영되면서 미국 전역으로 알려지게 되었으며 청소년위원회가 설치된 많은 자치단체와 지역사회에서 시행하고 있으며 영국, 벨기에, 싱가포르, 호주 등지에서도 이에 관해 연구하여 시행을 검토하고 있다. 지역의 사법기관의 협조를 통해 문제를 저지른 청소년들과 같은 연령의 청소년들로 구성되는 법원을 자율적으로 운영함으로써 청소년비행을 감소시키고 있다는 점에서 성공적인 청소년참여 사례로 볼 수 있다.

3) 시사점

① 명확한 청소년활동 철학과 방향 설정 – 청소년 개발 · 성인과 청소년의 파트너십
② 사회 전반의 풍부한 청소년육성자원, 협력적 네트워크 및 정보망 구축
③ 다양한 활동주제 – 대상별 · 주제별 전문화
④ 전문적 · 과학적인 프로그램 개발 · 보급 시스템
⑤ 다양하고 실용적인 활동자료 개발 · 보급
⑥ 전문지도력 개발 · 훈련 프로그램

2. 영국의 청소년활동 프로그램

1) 개 요

과거–현재–미래의 차원을 세대(generation)를 통해 전수하고 나누는 과정을 '지역'과 연관시키고 있다. 각 세대별로 기억하고 있는 지역의 특성과 기억, 즉 역사는 각각 다르기 때문에 이를 표현할 수 있는 프로그램의 개발과 실천이 중요하다. 이러한 관점에 기반하여 소개되고 있는 프로그램 사례는 '회상실(Reminiscence lounge)'과 '연령교환극장(Age Exchange Theatre)'이다.

2) 주요 프로그램

(1) 살아 움직이는 과거 : 회상실

이 프로그램은 워링톤 시의 지역사회 내에서 Warrington Youth Action의 여자 청소년 그룹과 알츠하이머성 치매를 앓고 있는 윈익(Winwick) 종합병원의 노인 25명(60~85세)에 대한 치료와 결합된 프로그램이다. 'Warrington Youth Action'은 1996년에 설립된 것으로, 구내의 고등학교 및 대학의 청소년들과 함께하는 지역사회 프로젝트이다. 지금까지 왕따, 알코올, 마약문제 등의 문제를 워링톤교회와 함께 펼쳐갔고, 사회적으로 열악한 환경에 놓인 이들을 위한 후원활동도 전개되었다.

(2) 인종, 지역사회, 사회통합 : 연령교환극장

지역사회의 과거와 유산에 대한 기억은 배제된 집단들에게는 다른 의미를 가진다. 예컨대 여자, 흑인, 아시아인들은 그들만의 목소리와 정체성을 재발견할 좋은 소재가 된다. 이러한 재발굴 작업은 흥미진진한 작업임과 동시에 해방적인 의미를 지닌다. 따라서 이러한 작업은 진부한 교육방법과 주제로 사고하는 주류집단들에게는 새로운 상상력을 제공할 기회이자, 동시에 주류에서 배제된 집단들에게 적용 가능하다. 예컨대 청소년 범죄자들은 자신의 지역사회 내의 범죄율, 장애인, 홈리스 등의 과거를 알게 될 수도 있다.

(3) 세대차 극복하기 – 다리 만들기(Building Bridges)

위에 제시된 프로그램 외에도 다양한 주제별로 연령교환 프로젝트가 가능한데, 음악(듣기, 만들기, 춤추기 등), 노동과 직업의 세계, 스포츠와 레크리에이션, 섹스와 인간관계, 약물과 알코올 등도 가능한 주제들이라고 할 수 있다. 그중에서 하나를 소개해 본다면, '할로윈데이(Halloween Day)'의 세대가 함께 아이템을 만드는 일로서, 일명 '다리 만들기 프로젝트(Building Bridges)'이다. 영국의 배로(Barrow), 컴브리아(Cumbria) 지역 등에서는 아직도 10월 말 '할로윈데이'의 짓궂은 아이들의 장난과 불꽃놀이에 놀라는 노인들이 많다.

지역의 예술가들과 필름메이커들은 청소년들과 노인들과 함께 대본과 드라마를 만들었다. 뮤지션들은 이 그룹과 함께 영화음악을 작곡하고, 2001년 10월 '할로윈데이' 기간 동안에 상영했다. 이 프로젝트는 학교 밖의 프로젝트로서, 모든 이들이 기본적으로 '자발적인 참여'라는 이름하에 참여한 것이다. 그 결과 새로운 기술들, 이해, 관계들이 만들어지고 더 많은 즐거움이 생기게 되었다. 프로젝트는 펀드 조성을 통해 교육적인 측면은 5세션 계획을 통해 비디오로 제작되었다. 이 비디오는 다시 CD롬으로 제작되어 노인과 청소년들의 또 다른 만남으로 쓰이기도 하였다.

(4) 청소년의 소리(Youth Voice)

청소년의 소리(Youth Voice)는 1998년 9월 1일에서 2002년 4월 1일까지 레스터(Leicester) 주에서 행해진 프로그램이다. Youth Voice 프로그램 성과를 바탕으로 영국문화원(the British Council)을 통해 국제적인 친선을 꾀하기도 했다. "청소년에게 그들의 힘을 갖도록(Encouraging young people to empower themselves)"이라는 슬로건이 특징인 Youth Voice 프로젝트는 커뮤니티 내의 긍정적인 활동의 결과, 2001년 남아프리카에서 열린 인종주의에 반대하는 UN세계회의에 참석하기도 했다.

(5) 유스컴 프로젝트(Youthcom)

Youthcom은 Youthcom Youthline, Youthcom Radio, Youthcom Webspace 등 세 가지 분야로 구성되어 있는데, 모두 11~20세 이상의 청소년자원봉사자들이 참여하고 있다.

첫째, 'Youthcom Youthline'은 무료 비공개 전화정보, 자료, 후원 서비스로서, 11~20세 이상의 청소년들을 대상으로 16세 이상의 청소년들이 직접 운영해 주(州) 전역에 서비스를 제공하고 있다. Youthline팀 구성원들은 인증된 훈련과정을 통해 어떤 주제, 어떤 영역이든지, 가정의 일이든 그 밖의 일이든 간에 전화에 대처할 수 있도록 훈련했다.

둘째, 'Youthcom Radio'는 DJ, 출연자, 조사자, 그리고 테크니션 등 훈련과정에 대한 방송 등에 직접 참여할 기회를 제공했다. 라디오는 음악뿐만 아니라 청소년들이 관심을 갖는 뉴스, 논평, 그리고 인터뷰 등에 대해서도 청소년 자신의 목소리를 찾고 그것을 다시 다른 청소년들에게 들려줄 수 있는 기회를 제공했다.

셋째, 'Youthcom Webspace'는 새로운 청소년 포털 사이트로서, 인터넷을 이용해 커뮤니티를 만들어, 청소년들이 시민의식을 함양하고, 웹컨텐츠를 구성하며 생각들을 나눌 수 있도록 하는 공간이다. 이렇게 총 세 가지 영역의 훈련이 20시간 정도 행해지게 되어 커뮤니케이션과 그룹활동기술 및 역할에 대한 훈련의 장이 되었다. 청소년들은 다른 청소년들의 훈련 및 충원 등 사업의 모든 측면에 참여하고 내용을 공유했다.

Youthcom의 가장 큰 특징은 각기 다른 테크놀로지의 결합이었는데, 웹사이트, 프로모션, 회의, 세미나, 평가, 보고서 등을 통해서 이러한 전 과정이 이루어졌다. 하부구조의 모든 측면은 최근 3년 넘게 고안된 것들로서 파트너기관들에게도 영향을 미쳤다. '가상청소년서비스'는 현재의 전통적인 형태의 사업을 보충하는 데에 기여했고, 이런 점은 청소년들이 참여하는 전 과정을 통해서 청소년사업에 테크놀로지의 도구가 사용되었다는 데에 의의가 있을 것이다. Youthcom은 단순히 청소년사업 하나를 개발한 것뿐만 아니라, 사업을 실행하는 과정에서 청소년사업에 있어 상당한 철학적 변화를 가져왔다는 성과를 갖고 있기도 하다.

3) 시사점

① 지역사회에 기초한 프로그램 구성
② 문화예술과 일상성의 결합
③ 다양한 사회통합 프로그램
④ 다양한 프로그램 기법
⑤ 청소년의 주도적 · 자발적 참여

3. 프랑스의 청소년활동 프로그램

1) 주요 프로그램

(1) 바캉스 센터와 여가센터의 활동

바캉스 센터는 방학기간과 여가시간에 12명 이상의 17세 이하 미성년자를 연속 5일 이상 수용하는 시설을 말하며, 여가센터는 학교공부시간 외에 8인 이상 300인 미만의 17세 이하 청소년을 대상으로 연 15일 이상 청소년 프로그램을 운영하는 곳을 말한다. 여가센터는 학기 중에는 수요일(프랑스에서는 토요일 대신 수요일에 노는 학교가 많다)과 방과 후 시간에 열리며 방학기간에는 월요일에서 금요일까지 주중과 경우에 따라 주말에 열린다.

(2) 프랑스 – 독일 청소년교류

프랑스－독일 청소년교류는 프랑스－일 청소년사무소(OFAJ : Office Franco – Allemand pour la Jeunesse)에서 담당하며, 매년 약 14만 명의 청소년들이 7,000여 개의 문화, 스포츠, 예술, 직업 프로그램에 참여하고 있다. 주요 프로그램은 각급 학교별(유치원, 초등학교, 중학교, 고등학교별)로 학급단위 혹은 개인별로 상대방 국가를 방문하여 그곳 학생들과 1~2주일을 함께 공부하고 즐기는 것으로, 숙박도 서로 제공하여 각각의 가정에서 이루어지는 일상생활에 참여할 수 있다. 프로그램의 참여대상은 5세부터 30세까지의 청소년과 청소년 지도자들이다.

2) 시사점

① 사회참여와 고용 및 취업 관련 활동 증가
② 청소년이 스스로 기획・시행하는 프로그램 형식
③ 실제적인 활동목표－문제해결 노력과 정책과정 참여
④ 범사회적 지원체제와 파급효과가 큰 대형 프로젝트

4. 독일의 청소년활동 프로그램

1) 주요 프로그램

(1) 청소년박람회(YOUgendmesse)

독일의 엣센 시에서는 2003년 5월 29일~6월 1일 여덟 번째 청소년박람회를 개최하였다. 이 프로그램에 참여했던 청년들의 숫자는 금년에 신기록을 기록했는데, 총 삼십 만이 넘는 청소년(약 309,000명)이 참가했던 것으로 보고되고 있다.

베를린 시에서 2003년 10월 24일~10월 26일에 다섯 번째로 개최된 "YOU gendmesse Berlin 2003"은 "연방도시에서 함께 참여하고, 접해보고, 시도해 보자(Mitmachen, Anfassen und Ausprobieren bei der Bundeshauptstadt)"라는 주제로 많은 청소년들의 관심과 흥미를 유도한 것으로 알려졌다.

(2) 청소년 기자 · 방송작가 대회(Jungjournalisten Wettbewerb)

이 프로그램의 원활한 진행을 위하여 여러 방송매체와 청소년 잡지사 및 앞서 소개한 청소년박람회 "YOU"가 협력하고 있다. 이 프로그램을 통하여 청소년 신문기자 및 방송작가가 발굴될 뿐만 아니라 학교신문이나 지역신문에 대한 사회적 관심도 고조된다. 참가자들 대부분이 학교나 지역신문에서 일정한 경험을 쌓은 경우가 많은데, 이 프로그램에서 선발된 청소년들이 일한 신문들은 나름대로 관심의 대상이 되는 것이다.

이 프로그램은 인터넷을 활용하여 보다 많은 청소년들이 참가하도록 하고 있다. 청소년들은 www.duden-open.de라는 인터넷 사이트를 통해 등록을 하며 일반상식 및 독창적인 문장력 테스트를 거치게 된다. 이러한 테스트를 통과한 청소년들은 다시 신문사, 잡지사 및 방송매체 등이 주관하는 교육행사(Education Fair)에서 최종적인 평가를 받게 된다.

(3) 해외 직업훈련 프로그램

CDG의 노력으로 독일 청소년들은 미국에서 다양한 직업훈련을 받게 되었으며 1968년에는 뉴욕에서 Carl Duisberg Society(CDS)라는 비영리단체가 설립되어 이러한 해외직업훈련 프로그램을 보다 본격적이고 체계적으로 지원하게 되었다. CDG와 CDS는 청소년들이 국제적인 직업경험을 쌓는 프로그램을 운영하여, 개개인의 시야를 넓히고 실질적인 지식과 경험을 체계화할 수 있도록 도움을 주고 있다.

2) 시사점

① 프로그램의 연속성
② 정부 및 지방자치단체의 적극적 지원
③ 프로그램의 교육적 효과
④ 이색적인 프로그램 구성
⑤ 프로그램의 대상 확대

5. 호주의 청소년활동 프로그램

1) 전국 청소년 라운드테이블(National Youth Roundtable)

선정된 청소년들은 자발적으로 5~6개의 팀을 구성하여 호주 사회가 안고 있는 제반 문제점이나 정부정책 중 반영하기를 원하는 주제를 선택한다. 일단 그 해에 다룰 주제와 그 주제를 연구할 팀이 확정되면, 활발한 토론과 연구를 거쳐 보고서를 작성한다. 이 보고서를 작성하는 과정에서 세미나와 워크숍을 개최하며 정부데이터를 열람하고 정부, 의회, 각종 NGO 등의 관계 전문가와 지역사회의 주요 인사들을 면담한다. 1년의 기간을 거쳐 최종보고서가 완성되면 정부관계자와 각종 사회단체의 전문가들이 참석하는 가운데 최종발표회를 개최한다. 발표회의 결과는 책으로 출판되며 그 결과 중 적절한 것은 정부정책에 반영된다.

2) 시사점

① 사회성 개발
② 참여의식 제고
③ 피드백(feedback) 과정의 강화
④ 광범위한 경험의 습득
⑤ 개발효과의 지속

6. 결론 및 시사점

외국의 청소년수련 프로그램을 검토해 본 결과 드러난 주요 시사점을 종합 정리하면 다음과 같다.

1) 기본 전제로서 프로그램 운영여건과 운영방식의 선진화

향후 '선진국형 청소년수련 프로그램 개발' 계획을 수립·시행할 때 중요하게 고려해야 할 점은, 단순히 새로운 소재나 주제를 확장하는 것보다는 프로그램이 보다 선진화된 여건과 운영방식을 통해 개발·시행될 수 있도록 제반 여건을 함께 고려해야 한다는 점이다.

2) 국제적 수준의 프로그램 주제 : 청소년 참여 · 고용 · 글로벌리더십

국내 청소년 프로그램이 미흡한 부분, 예를 들어 청소년 참여, 고용, 여성청소년, 세대관계 등의 프로그램 영역에 있어 외국의 프로그램은 매우 적극적인 대응을 하고 있는 것을 볼 수 있다. 모든 프로그램의 기저에는 '청소년 참여'의 가치가 자리하고 있으며, 청소년의 직업세계로의 이행이 전 세계적인 관심사인 만큼 청소년 고용과 취업, 직업능력 함양 프로그램은 청소년 프로그램의 주요 영역을 차지하고 있다. 세계화의 촉진과 가치의 다변화, 노령화 사회 진입, 지구촌사회의 무력갈등 현상 등에 따라 사회통합과 다문화 이해의 중요성이 증가하고 이를 위한 사회통합(인종, 세대, 장애인 등)과 갈등예방 프로그램이 중요한 영역으로 제시되고 있다. 국제기구에서 적극 권고하고 있는 청소년의 국제회의 참여와 청소년의 국제적 리더십 함양 프로그램 분야에서도 외국의 경우 매우 활발한 양상을 띠고 있다.

3) 청소년의 주도적 · 자발적 참여와 스스로 기획 · 실행하는 프로젝트형 프로그램

청소년들의 현실문제 해결과 미래 진로개발과 밀접하게 연관이 있는 다양한 활동들이 주축을 이루고 있다. 구체적으로 소자본 창업 및 경영기초교육, 비판적 사고능력, 기초 직업훈련, 팀워크, 의사소통 및 의사결정기술 능력 함양 등이다.

이러한 프로그램을 운영하는 전 과정에 지역사회와 성인들은 청소년을 중요한 자원으로 인식함과 동시에 프로그램 운영의 핵심동력으로 활동하게 지원한다. 또한 청소년들을 주요 정책수립과정에 동등한 파트너로 참여시킴으로써 청소년과 성인 간의 협력관계 모형을 만들어 내고 있다.

4) 범사회적 지원체제를 가지며 파급효과가 큰 대형 프로젝트

외국의 프로그램의 경우 범사회적 지원체제를 가진 활동 프로그램이 늘어나고 있다는 점을 들 수 있다. 프랑스의 '청소년참여 프로젝트'와 '도전 청소년 프로그램'의 경우, 지역사회, 청소년 관련 기관, 각종 사회단체, 기업체, 매스미디어 등이 광범위하게 참여함으로써 프로그램의 사회적 파급효과를 극대화하고 있다. 영국의 '청소년사업주간'의 경우도 연방정부기관과 각 지역의 청소년서비스들을 연계하는 일주일간의 프로그램은 전 사회적으로 프로그램 영향력을 확대시키게 된다. 독일의 '청소년박람회' 또한 청소년의 진로와 취업, 정치인 참여, 그리고 스포츠, 음악, 패션 등 청소년의 흥미를 끌어낼 수 있는 내용을 포괄하는 매우 광범위한 프로그램이다.

5) 지역사회 중심의 다양한 인적 · 물적 자원 기반체제 구축과 성인-청소년 파트너십

주요 외국의 청소년 프로그램 사례들은 청소년을 대상으로 지역사회의 다양한 물적 · 인적 자원의 유기적인 연계와 지원이 가능하며 때에 따라서는 지역 청소년에 대한 자원의 집중도 용이하다는 점들을 공통적으로 보여주고 있다. 또한 지역사회를 중심으로 성인과 청소년이 협력적 파트너십을 이루어 다양한 활동을 시도하고 있다. 청소년이 지역사회 발전의 중요한 자원이자 성인과 동등한 동반자로 인식되고 있는 것이다.

또한 사회 전반적인 청소년육성자원이 매우 풍부하고 자원 간의 네트워크가 잘 구축되어 있다. 특히 청소년 프로그램 개발 · 시행에 필요한 자원과 정보를 쉽게 접할 수 있는 종합정보망이 구축되어 있어 청소년 프로그램 관련 정보 접근이 용이하다.

6) 대상별 · 주제별 전문화, 전문적 · 과학적 프로그램 개발 · 보급 시스템, 연령별 · 수준별 단계별 프로그램

외국의 청소년 프로그램의 경우 대상별 · 주제별로 전문적인 노하우를 축적하여 해당 분야에서 우수한 성과를 쌓아가고 있다. 예를 들어, 여성청소년, 근로청소년, 비행청소년, 저소득청소년, 장애청소년, 부적응청소년 등을 대상으로 전문적인 프로그램을 개발 · 시행하고 있으며, 프로그램 주제 면에 있어서도, 경제교육 분야, 문제행동 예방 분야, 레저스포츠 분야, 교류 프로그램 분야 등 주제별로 특성화 · 전문화되어 있다. 특히 프로그램 개발과정에서 욕구파악과 전문 연구인력과의 공동 개발, 파일럿 프로그램 실시와 피드백을 통한 프로그램 수정 · 보완, 평가 전문기관의 검증작업 등 과학적인 개발과정을 거치고 있다.

또한 청소년 연령과 수준 등 대상 특성에 따라 수준별 · 단계별 프로그램을 개발 · 시행함으로써 프로그램 효과를 극대화시키고 있다.

7) 전문화된 야외모험체험 프로그램, 전문시설 · 장비 연계 프로그램

외국의 경우 야외모험체험 프로그램이 매우 다양하게 실시되고 있으며, 특히 다양한 자연환경을 활용하여 산, 평원, 늪, 호수, 바다 등에서 청소년들의 흥미를 이끌어 내고 잠재력을 향상시킬 수 있는 프로그램들을 전문적으로 실시한다. 세계적인 야외활동 프로그램 운영단체인 Outward Bound의 경우, 기간에 있어서도 1주일에서 한 달, 그리고 한 달 이상의 장기 프로그램 등이 다양하게 준비되어 있으며, 활동영역별 전문지도자 배치와 안전 전문지도자 양성 · 배치, 소수정예의 인원, 여성 · 청소년 · 가족 · 사회부적응자 등 대상별 전문 프로그램 등의 면에서 매우 전문화된 야외 프로그램을 운영한다.

호주나 프랑스의 사례에서도 나타나듯이, 외국의 청소년들은 원한다면 어느 때나 백패킹, 카누투어, 개썰매, 산악자전거, 등산, 라펠링, 암벽등반, 항해, 바다카약, 스키, 스노우보드, 급류 타기, 트레킹, 낚시, 승마, 글라이딩, 패러글라이딩, 수상 스키, 서바이벌 게임, 동굴탐사, 범선항해 등 야외활동을 즐길 수 있도록 다양한 프로그램이 준비되어 있다. 이러한 프로그램들은 청소년의 특성과 신체적 준비도에 맞게 전문화되어 있고, 양성된 전문 지도인력에 의해 운영되며 고비용 전문시설 · 장비가 충분히 마련되어 프로그램의 질을 높이고 있다. 또한 전문화된 야외 프로그램뿐만 아니라 일상적인 스포츠 활동에 대한 적극적인 지원으로 청소년들의 체력증진, 사회성과 팀워크, 자아존중감과 자신감 향상 효과뿐만 아니라 건강한 여가활동을 통한 비행예방 효과까지 이루어 내고 있다.

8) 전문지도력 개발과 실용적인 활동자료 개발 · 보급

외국의 청소년 프로그램의 질을 담보해 주는 중요한 요인 중의 하나는 바로 전문지도인력이다. 프로그램 개발과 함께 해당 분야의 전문 지도력 양성 프로그램이 함께 운영되며, 정기적인 지도력 훈련이 이루어진다. 또한 프로그램 매뉴얼과 워크북에서부터 활동에 필요한 도구세트, 비디오, CD Rom, 포스터, 엽서, 웹기반 온라인 프로그램, 다양한 CI제품 등을 개발하여 프로그램 효과를 극대화하고 있다.

요 약

선진 외국의 경우 다양한 문화공간과 프로그램을 통해 청소년의 체험활동과 전인적 성장을 지원하고 있다. 또한 청소년정책의 포괄성으로 여가문화활동뿐만 아니라 참여, 인권, 보건, 교육, 고용, 빈곤, 환경, 일탈, 정보화, 평화문화, 교류, 여성청소년 등 다양한 분야의 청소년 프로그램이 이루어지고 있다. 더욱이 청소년들의 현실적인 요구를 반영하고 다양한 자율 · 참여적 프로그램을 통해 청소년들이 정체성과 시민의식을 기를 수 있는 기회를 제공하고 있다.

한편 대상별 · 주제별로 특성화된 프로그램을 개발하여 운영하고 있으며, 그에 따라 참가자들의 역량개발과 사회통합이라는 성과가 이어지고 있다. 예를 들어, 여성청소년, 근로청소년, 비행청소년, 저소득청소년, 장애청소년, 부적응청소년 등을 대상으로 전문적인 프로그램을 개발 · 시행하고 있으며, 프로그램 주제 면에 있어서도, 경제교육 분야, 문제행동 예방 분야, 레저스포츠 분야, 교류 프로그램 분야 등 주제별로 특성화 · 전문화되어 있다.

연구과제

1. 선진국 청소년활동 프로그램의 특징을 설명해 보자.
2. 본인이 관심 있는 국가의 청소년활동 프로그램의 장단점을 발표해 보자.
3. 외국 청소년활동 프로그램이 우리에게 주는 긍정적인 측면을 토론해 보자.

CHAPTER 13

청소년활동의 현황과 발전과제

1. 청소년활동의 한계와 문제점
2. 청소년활동의 발전과제
3. 청소년활동의 개념 명료화
4. 청소년활동의 특성화와 다양화 전개

CHAPTER 13

청소년활동의 현황과 발전과제

개 요

청소년활동이 제도권으로 들어온 지 약 20여 년의 역사를 가지고 있는데 이제는 그동안의 청소년활동에 대한 문제점을 극복하고 보다 체계적이고 과학적인 청소년활동으로 발전할 수 있도록 하는 과제를 논의해 보아야 한다. 그동안의 청소년활동에 대한 한계와 문제점이 무엇인지를 파악하여 청소년활동이 교육, 문화, 체육 등 여러 부처와 정책적 연계가 포괄적으로 이루어지도록 하는 방안을 연구하고 검토함으로써 향후 청소년활동의 지속적 발전을 도모하는 데 노력해야 한다.

학습목표

1. 청소년활동의 제도적 한계와 문제점이 무엇인지를 알아본다.
2. 청소년활동에서 정책적 지원과 문제점이 무엇이었는지를 알아본다.
3. 청소년활동의 미래지향적 발전과제를 논의해 본다.

주요 용어

청소년활동 과제/ 청소년활동 정책

1. 청소년활동의 한계와 문제점

지난 십여 년간 청소년활동을 전개해 오면서 많은 어려움에 부딪치고 동시에 수용자인 청소년들에게서 유용하게 받아들이지 못한 부분은 발달 특성에 따른 교급별 차이를 수렴하지 못하고 대상에 차별화가 이루어지지 않은 유사한 프로그램의 동질적 전개가 맹목적으로 이루어져 왔기 때문에 결과적으로는 프로그램에 대한 부정적 인식이 컸다는 점이다.

그럼에도 불구하고 청소년활동이 제도권으로 진입한 지 약 20여 년의 시간이 흐른 현 시점에서 자연권에서 이행되는 활동의 근본적인 지향점이 무엇인지에 대한 합리적 기준이나 가치가 준행되어야 할 필요가 있다고 본다.

우리의 청소년지도자들이 자연권 현장에서 청소년들에게 여러 가지 체험의 기회를 극대화하면서 자신이 갖고 있는 재능과 역량을 전달하려는 목적이 무엇인가에 대한 정확한 개념의 정의가 내려져야 할 때가 되었다고 본다.

사실 청소년활동을 전달하는 지도자의 열정이나 애정은 그 어느 집단에 비해 높은 수준임에도 불구하고 본질적인 의미의 전달이 이루어지지 않아서 수요자인 대상들의 학습에 대한 가치를 제대로 이해하지 못하는 현상이 꾸준히 이어져 온 것이다.

그것은 청소년활동이 자체적으로 학습현장에서의 도움이 되는지에 대한 규정이나 가치를 명확히 하지 못하였다는 비판을 수용해야 하며 동시에 그러한 비판에서 적극적이고 체계적인 대안을 제시하여 그 실용성을 명료화하게 보여주는 노력이 현실적으로 수용되지 못하였다는 반성에서 나타나야 한다.

그래서 부족하나마 청소년활동에 대한 전문성을 보장하기 위한 노력의 일환으로 청소년에 대한 본질적 의미의 접근을 해주어야 한다는 점을 조금씩 표현하고 있다는 점에서 새로운 시도로 보인다.

하지만 청소년활동이 그동안 청소년활동현장의 수요자 중심의 활동 제공에 대한 노력은 주로 안전성에 초점을 둔 활동의 제공에 노력함으로써 본질적으로 청소년 개개인에게 어떠한 가치와 효과가 증진되는지에 대한 실질적 가치를 제공해 주고 있지 못한 실정이다.

이러한 문제점의 요인은 청소년활동의 범위영역이 너무 포괄적이기도 하지만 주로 프로그램 중심으로 전개되면서 활동의 실질적 가치를 보편적으로 인식시키는 데 실패하였다고 보인다.

청소년활동은 가장 중요한 요소가 수요자 중심이어야 하나 대부분 공급자 중심으로 전개되고 있는 가장 큰 이유는 청소년활동의 범위와 영역의 가치가 수요자인 청소년에게 어떠한 가치로 자리 잡고 있는가가 명료하지 않기 때문에 벌어지고 있는 현상이다.

청소년활동이 수요자 중심이 되지 못한 이유는 청소년활동의 역사적 사건과 배경을 고려할 때 시급하게 추진한 정책과제의 문제점에도 기인하지만 청소년활동현장 스스로도 이러한 문제점을 극복하고 과학화를 이루며 체계화에 적극 수반하려는 자세가 미흡했기 때문으로 보인다.

지난 시절의 청소년활동의 문제점이 오늘날까지 이어져 내려오는 이유는 여러 가지가 있겠지만 청소년활동의 공공성을 확보하지 못한 원인에 대해서는 <표 13-1>과 같이 제시해 보았다.

〈표 13-1〉 **청소년활동정책의 오류와 현실적 문제점**

대 상	문제점 진단	원 인
청소년	• 청소년활동의 필요성에 대한 인식 부족 • 입시중심의 여기소진현상 • 청소년 스스로 활용 미흡 • 단순한 여가와 노는 행위인식 • 활동체험과 청소년의 성장, 지원요소의 이해 부족 • 청소년활동과 청소년의 개인 내적 문제요인 연계 부족	• 여가중심의 정책으로 활동의 효과에 대한 이해 부족 • 유사체험의 반복(초-고)으로 신선감 부족 • 활동은 자신에게 노움이 안 된다는 생각 • 청소년활동의 체계화 부재로 의미 상실 • 청소년의 고민요소에 맞는 활동연계가 부족
학부모, 교사	• 학습의 장애요인 • 청소년의 문제행위 개선과 무관 • 삶의 질 개선의 지원의미 부재 • 수련과 극기훈련의 제한된 의미로 이해	• 청소년활동이 청소년의 발달에 도움이 된다는 의식 결여(청소년활동의 실체에 대한 설명을 모름) • 과거 극기훈련 중심의 수련활동 각인

학부모, 교사	• 학업의 탈피라는 수단 인식 • 교육과 활동의 분리적 개념 • 교육의 보조적 수단 • 교육과 활동의 연계 실패 • 입시중심에서 틈새시장 개발 미흡 • 청소년활동의 안전사고에 대한 불안감	• 청소년의 개별적 발달에 도움이 되는 의미 파악 미흡 • 활동의 본질적 이해가 불가(왜 활동을 해야 하는지에 대한 이해 부족) • 활동을 교육에 접목시키려는 정형화 시도 부재 • 문제청소년의 개선에 도움이 된다는 점을 인식하지 못함 • 활동은 학업에 지장이 되는 것으로 여김
청소년지도사	• 청소년이 아닌 지도자의 업무 • 생활의 수단으로 인식 • 청소년의 삶의 개선에 대한 의지결여 • 청소년활동의 개념 미흡 • 시설에 맞춘 활동 • 시설과 청소년, 학부모교사의 가교역할 미흡	• 청소년활동의 개념 미정립으로 청소년지도사의 전문성에 대한 논란 • 청소년지도사 스스로도 청소년활동의 개념 몰이해
청소년시설	• 청소년수련시설 운영에 대한 중앙과 지방정부 간 정책혼선 • 수련시설운영의 방향과 목표 미정립 • 수련활동의 개념 미정립 • 수련시설의 대여, 대규모로 수익성 유지에 급급 • 시설난립과 운영자의 단견적 생각	• 대규모시설 설립 후 청소년활동전개의 모순 • 청소년시설에 대한 지도자확보 미비로 청소년활동의 부정적 이미지 확산 • 시설이 활동을 앞서가게 만들어 버린 정책의 모순
청소년단체	• 이벤트형 프로그램에 치중 • 공모사업 중심의 단일활동 • 단체특성화에 대한 집약적 도전감 부재 • 청소년활동의 존재 부정 • 청소년단체 간의 가치실종과 시설중심의 안이한 정책추진	• 청소년단체의 조직 열악 • 청소년단체의 역할과 기능의 차별화 미흡 • 청소년활동의 몰이해로 조직목표 혼란
정 책	• 땜질식 정책 • 활동정책이 대상별로 전개되어 혼선유발 • 청소년활동의 비전과 미션구성 실체 • 활동과 정책의 관계정립 모호(프로그램 공모 등의 방향 혼선) • 미래지향적이 아닌 당대의 정책과제만 제시	• 활동정책의 어젠다 미흡 • 정책대상의 명료성 부족과 대상의 변화 • 청소년, 교사, 학부모에게 어필하지 못하는 청소년활동정책 • 3~5년을 못 가는 활동정책 • 기구중심과 사람중심의 정책으로 정책불신 • 청소년활동을 추진하는 비전과 과제의 미비

그럼에도 불구하고 그동안의 청소년활동에 대한 개념이나 분류의 명시적 의의는 개인의 발달 특성에 대한 관심과 그들의 욕구를 충실히 이행하는 접근이 되지 못하고 개별활동의 효과성을 주로 정책적으로 평가함으로써 결국 청소년수련활동은 정책의 효율성을 위한 의미로 해석된 경향이 컸다.

특히 출발점 과정에서의 청소년정책은 ❙그림 13-1❙에서와 같이 주로 초기에는 시설중심의 집체형, 대형화된 수련시설정책은 많은 문제를 노정하여 생활권수련시설로 전환되면서 어느 정도 변화를 수반하였으나 초기에 각인된 수련활동의 극기훈련화는 청소년활동의 교육적 효과를 담보하기 어려운 상태로 이어지고 있다고 보인다.

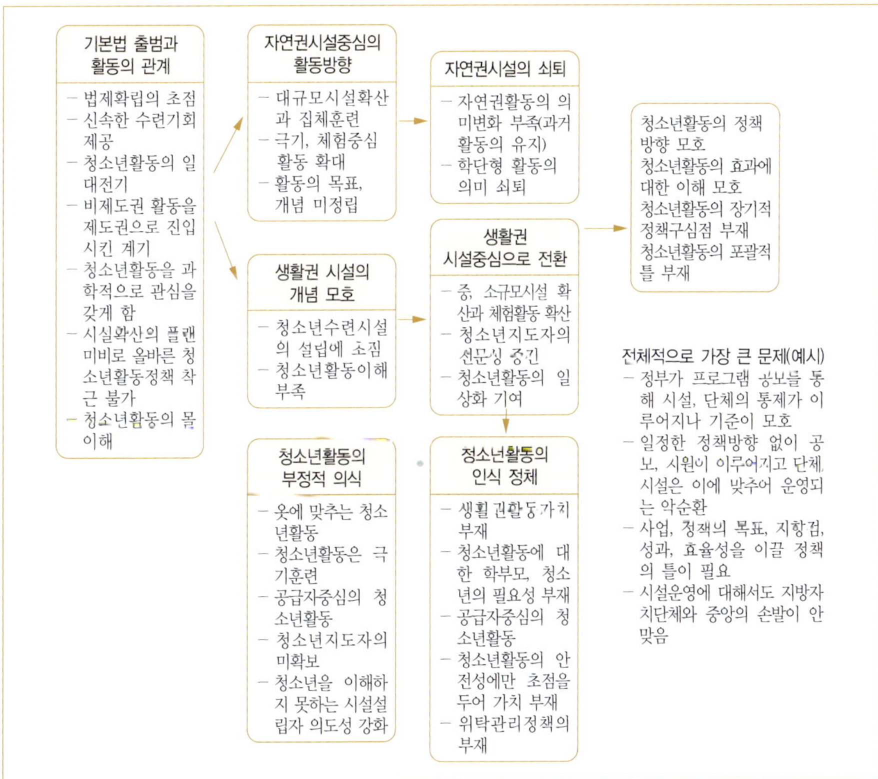

❙그림 13-1❙ 출발점 정책에서의 청소년활동의 오류

하지만 이제는 청소년활동은 이러한 정책지표에 의한 평가를 효과성으로 판단하는 것이 아니라 앞서서 청소년에게 역량을 구체적으로 달성하는 것으로 이해되어야 한다. 곧 청소년활동과 역량지표의 관계성을 재규정해 볼 때 궁극적으로 청소년활동이 지향해야 할 방향을 명확하게 해주는 의미로도 자리 잡고 있음을 알 수 있다.

더욱이 현재 우리가 전개하고 있는 청소년활동의 유형은 그 형태가 너무 다양하고 목적도 구분할 수 없을 정도로 목적을 달리하는 경우가 많다. 청소년활동의 특성상 이러한 차이와 분류는 당연한 귀결이기는 하지만 활동방식의 다양성은 얼마든지 나타나더라도 그러한 활동을 해야 할 때의 목표는 나름대로 제시되어야 한다. 그렇다면 청소년활동의 지향점을 무엇으로 보아야 할 것인가의 개념을 재정립해야 하며 그러한 의미를 청소년활동의 역량요소로 대별해 볼 수 있다.

현 사회가 청소년들의 역량을 필요로 하고 그러한 역량의 개발을 위해 교육의 방향을 추진하고 있다는 점에서 청소년활동의 방향은 청소년 개개인에게 필요한 역량을 어떻게 추진해야 하는지를 보여주어야 한다.

지금까지의 청소년활동의 개념을 정리해 보면 누구에게 무엇을 위해 참여하는지를 설명하기가 쉽지 않았다. 교육의 문제점이 있다고 비판하면서도 청소년활동 역시 지도자의 의도와 목적을 달성하는 데 주안점을 두다 보니 결국 수용자인 청소년들의 경우 체험 이외의 가치를 자발적으로 획득하기가 쉽지 않았다.

저마다 청소년활동의 추구하는 목표가 다르고 청소년에게 제공하고자 하는 의미가 다르기 때문에 청소년활동을 통해서 어떠한 의미를 부여받았고 어떠한 효용성을 얻었는지를 알고 참여한 경우나 그러한 의미를 전달해 주는 지도자가 거의 없었다. 이러한 점은 청소년활동이 무엇을 해야 하는가 그리고 청소년 입장에서 그들의 변화를 어떻게 이끌어 내야 할 것인가를 명료화하게 제기해 주지 못함과 같았다.

결국 이러한 문제점은 청소년계 일각에서 꾸준히 제기되었던 청소년수련활동최소시간이수제, 청소년수련활동인증제와 같은 측면에서 구체적이고 가시적인 청소년활동의 방향을 설정하기가 매우 어려웠던 측면을 자인하게 만들었던 것이다.

2. 청소년활동의 발전과제

1) 지역사회와 연계된 청소년시설역량 강화

청소년활동은 그 태동부터 지역사회를 중심으로 활동하였고 제반 활동 프로그램을 전개하였기 때문에 새삼 지역사회 중심으로 전환하여야 한다는 것은 얼핏 이해가 되지 않는 개념이기도 하다. 오히려 지역사회와 함께 각종 활동과 체험이 중시되어야 할 청소년활동이 학교공간에 기능적으로 제한되었음을 의미한다.

청소년의 역사와 발전과정이 국가와 지역사회를 결집하여 지역사회네트워크를 형성하고 발전하였기 때문에 오히려 청소년활동은 학교보다는 지역에 강력한 뿌리를 내리고 형성하여 왔고 그 근거가 이루어져 왔다고 보여진다.

따라서 이제는 규모 면에서의 기능과 역할에 걸맞은 학교와 지역사회의 상호연계적 기능을 보완하여 청소년의 단체활동 참여를 통한 다양한 역량세고에 노움을 주는 활동으로 변모되어야 한다.

지역사회 중심으로서의 청소년활동을 한다는 것은 청소년활동이 지금까지 기능을 담당해 온 청소년 개개인의 내적 역량 강화라는 측면에서의 기능도 물론 중요하지만 여가에 첨부되어서 현대사회에서 요구하고 있는 것은 기성세대와의 원만한 관계를 어떻게 조율해야 하는 과제가 첨부된 것을 들 수 있다.

학교는 과거와는 달리 교육환경에서도 주5일 수업제와 같은 형태로 변화되면서 주5일 수업제란 단순히 수업일수가 6일에서 5일로 줄어드는 것을 의미하는 것이 아니라 학교가 맡고 있던 교육의 일부를 가정과 사회가 함께 분담한다는 의미를 강조하고 있다. 교육=학교라는 관계에서 교육=가정·학교·지역사회라는 등식으로 전환되어야 함을 의미하며 이를 위해서 가자가 역할

분담을 서로 확인하고 책임 있게 대응해 나갈 수 있는 시스템을 확립하는 계기를 마련해야 한다는 것이다.

물론 청소년활동을 지역적 기반으로 강화하는 데는 자율적이고 자생적 조직으로 자리매김을 하는 것이 중요하므로 청소년활동이 ❙그림 13-2❙에서처럼 주로 학교를 중심으로 이루어지는 형태의 1차적 관계로 자리매김을 하였었다면 앞으로는 지역사회를 중심으로 하는 관계가 새로이 정립되어야 할 필요성이 어느 때보다 커지는 것이다.

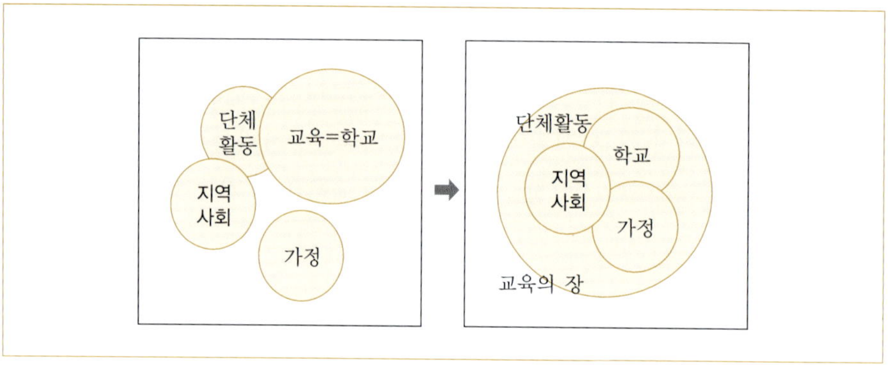

❙그림 13-2❙ 분리된 교육의 장에서 통합된 교육의 장 필요

학생이 생활하는 공간인 학교와 지역사회가 분리된 상태에서 기능을 수행하다 보니 지역사회에서 갖게 되는 많은 문제를 제어해 주는 완충장치로서의 기능을 효과적으로 수행하고 있지 못하는 사례가 너무 많아지고 있다. 특히 지역사회의 환경적 요소가 과거에 비해 더욱 악화되면서 많은 시간을 보내는 학교에서의 생활뿐만 아니라 지역 간의 공동체적 연계가 이루어져야 한다는 상호 간의 공감은 매우 중요하게 된다.

7차 교육과정에서 강조한 체험학습과 자기주도적 학습기회의 제공이 바로 특별활동의 확대라는 수업시수의 확보와 함께 적극적 참여기회를 맞이하여 청소년들에게 다양한 활동체험을 제공하는 수단적 기회로 작용하였다.

그렇지만 청소년활동이 학교를 중심으로 이루어져 온 과정에서 학교와 청소년회원을 중심으로 이루어지는 1차적 관계형성이 주요 목적이었으나 이러한 활동에 커다란 변화가 요청되고 있다.

그렇기 때문에 청소년활동도 구성원들이 서로 다른 다양한 네트워크로 구성되고 연결되면서 상호 간의 지식을 공유하고 교환하는 역할을 해주어야 한다.

따라서 폐쇄적이고 단선적인 활동지향성만으로서는 앞서가는 활동지향의 새로운 모델을 만들기 어렵다는 점을 인식하고 【그림 13-3】과 같이 강점으로서의 네트워크 기능을 가진 조직으로 변모하도록 노력해야 한다.

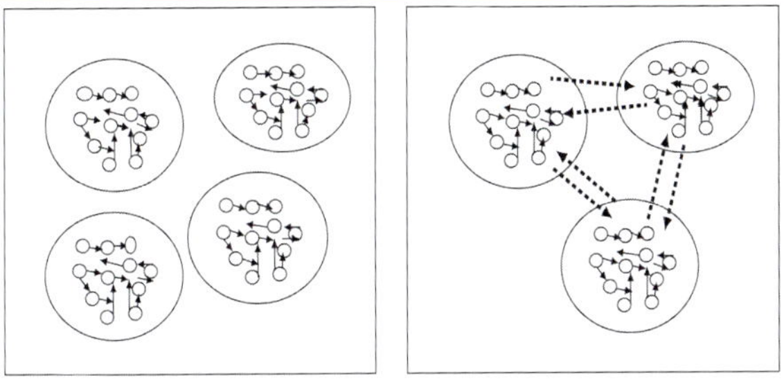

- 장점
  - 구성원들 간의 상호작용이 활발
  - 감정적으로 매우 친밀한 관계 유지
  - 구성원 간의 단결력, 협동력이 매우 강함
- 단점
  - 조직 전체의 지식공유 저해
  - 외부구성원들 간의 교류 단절
  - 새로운 정보획득이 어려움
  - 부서 이기주의로 빠질 위험 존재

- 장점
  - 외부의 다양한 곳과의 상호작용 활발
  - 폭넓은 지식의 확보 가능
  - 조직 전체적으로 지식공유 가능
- 단점
  - 비체계적 운영 가능성
  - 자원분배 및 활용의 중복 가능성

【그림 13-3】 네트워크 구조의 효과와 장단점

청소년활동이 네트워크 구조를 갖는다는 것은 소비자로서의 청소년뿐만 아니라 부모나 교사 및 지역사회 모든 자원들을 청소년활동의 주체자로 활용하여야 한다는 의미와도 같다. 따라서 네트워크를 통해서 청소년활동에서 바람직하게 변모해야 할 과제나 내용들을 끊임없이 논의하고 상호 간의 역할모델을 나누고 공유함으로써 선도적 역할을 하는 학교의 모델을 수용하고 받아들이는 노력을 해야 한다. 이러한 모습은 곧 청소년활동에 대한 외부요소의 비교를 통한 우선순위 설정이 쉬워지게 되고 선택적 지원이나 협력을 이끌 수 있다는 점에서 매우 중요하다.

지역사회연계를 위해 필요한 자원이나 요인을 끊임없이 찾아내는 방안이 중요하다. 앞으로의 청소년활동은 ❙그림 13-4❙와 같이 특정 대상으로서의 영역이 아닌 포괄적이고 광역화된 청소년활동의 범주를 이해하고 주5일제 시대 학교와 지역사회 주민 및 학부모의 관심사를 충족시키며 사회변화와 여건의 대응에 능동적으로 적용할 수 있는 방안으로서 기능을 강화하기 위해서는 다음과 같은 부분에 관심을 기울여야 한다.

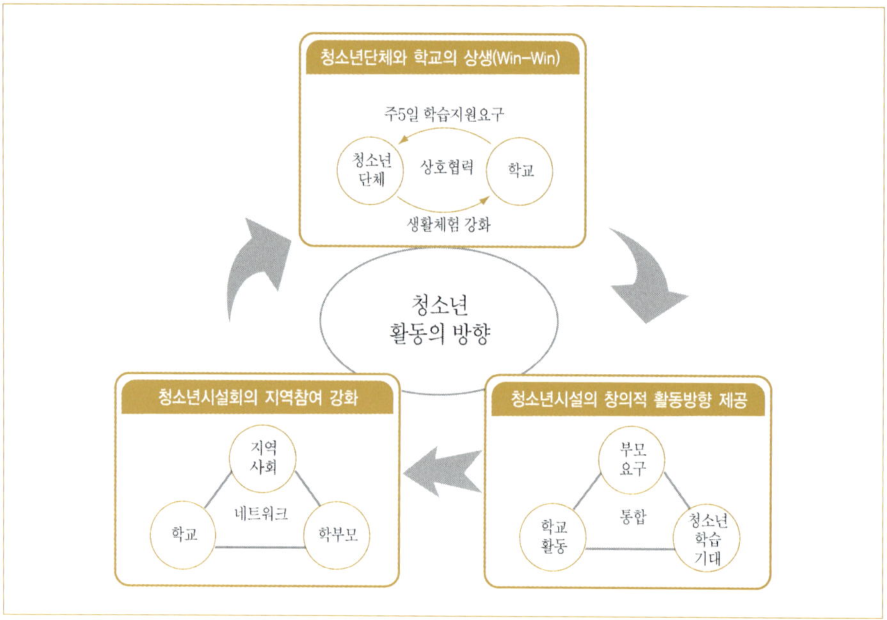

❙그림 13-4❙ **청소년활동의 지역사회연계를 위한 자원활용방안**

교사는 주5일제 시대 학교연계를 강화하는 교육내용을 구상하고 학생의 활동을 통한 관계유지와 상호 이해의 틀을 마련할 수 있는 학교에서의 생활이나 공간 그리고 다른 교사와의 관계파악을 위한 방안에 관심을 가져야 한다. 학생에게 노작적 체험을 수단으로 활용하고 학생과 교사 간의 인간적 관계 형성을 통해 신뢰하고 믿을 수 있는 활동의 장으로 만들어 주게 될 때 청소년활동의 의미를 재인식하게 될 것이다.

청소년활동은 지역사회의 문제나 청소년문제를 해결하는 선도적 방향 제시를 위해 적극 노력해야 한다. 청소년활동은 그동안 주로 특정 문제나 프로그램만을 중심으로 활동 프로그램을 전개해 왔는데, 이러한 관점을 확대하여 지역참여역량을 강화하는 측면으로 활동역량을 확장하는 노력이 필요할 것으로 보인다.

청소년활동이 학부모의 요구에 부응하는 창의적 활동 프로그램의 전개를 위한 역량이 강화되어야 한다. 사실 청소년 문제의 대부분은 청소년 자체적 문제로 그치는 것이 아니라 가족의 갈등이나 부모와의 내적 융합이 제대로 이루어지지 못한 경우가 많다. 따라서 청소년들의 발달과 잠재적 역량의 강화에는 부모와의 유기적 협력을 이끌어 내는 새로운 프로그램의 지속적 발굴과 이를 통한 자녀와 부모 간의 하나 될 수 있는 생활지도 및 상담 등에도 많은 역량을 집중하여야 한다.

지역사회 중심의 활동을 전개하기 위해서는 지역사회에 산재하는 시설과 기관 간의 연계를 원활하게 하여 회원중심에서 시설운용을 통한 지역청소년활동을 전개하도록 해야 한다. 동시에 청소년시설에서 거시적 관점에서 교사의 지원교육, 청소년활동을 하나로 묶어주는 시대적 흐름을 읽는 지원 프로그램을 제공해 주도록 해야 한다.

3. 청소년활동의 개념 명료화

청소년이라는 대상에게 어떠한 변화를 이끌어 낼 것인가를 정하지도 못한 채 그저 효과가 있으니 참여하도록 유도하자는 것은 거의 억지나 다름없었던 것이다.

그러나 이제는 청소년활동의 방향을 그러한 개괄적 측면에서 벗어나 청소년의 잠재되어 있는 능력과 사회적으로 필요한 개인의 역량을 개발하는 데 초점을 둔 활동으로 전환시켜야 한다.

기업에서는 이미 필요한 인재의 적재적소의 배치에 필요한 것을 역량이라고 규정하지만 청소년기의 역량은 앞으로 자신의 삶을 이끌어 가는 데 필요한 필요조건을 청소년기에 습득하는 것이라고 하며 **|그림 13-5|**와 같은 관계로 설명해 볼 수 있다.

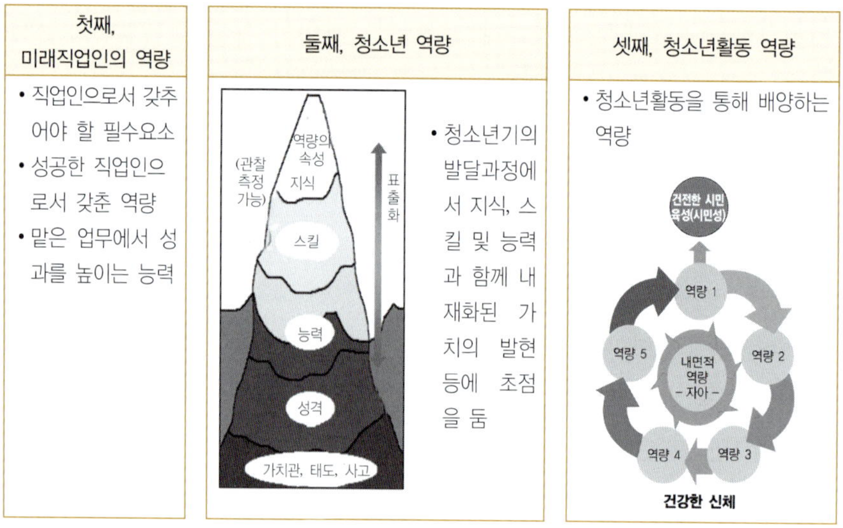

|그림 13-5| 기업에서의 역량과 청소년, 청소년활동의 역량규정

그래서 학업도 이수하고 각종 체험을 하며 때론 부적응과 적응 사이를 오가는 행동도 서슴지 않는 것이다. 따라서 청소년기에 청소년들에게 필요한 활동의 가치를 그들의 시기에 적어도 반드시 발현하고 갖추어야 할 최소한의 조건으로 규정하고 이를 계발하여 습득하는 형태로 청소년활동이 연계되어야 한다.

이러한 청소년정책의 가장 큰 문제점은 청소년 중심의 활동이 되지 못한다는 점과 청소년에게 활동이 전개되면서 어떠한 효과성을 개개인에게 주고 있다는 공공성을 확보하고 있지 못하다는 점을 들 수 있다.

이에 따라 청소년활동이 수요자인 청소년과 학부모, 교사 그리고 지도자 모두에게 호평받는 활동이 되기 위해서는 활동의 전개목적에 대한 명료한 이해와 필요성 그리고 활동의 효과 등이 서로 밀접하게 연계되었을 때 더욱 빛을 발하게 된다.

청소년활동이 역량중심으로 구성되면 청소년이 청소년기에 반드시 갖추어야 할 기본 역량을 국가가 공공적 관점에서 최소한의 서비스를 제공해 줄 수 있는 요소가 되며 이러한 역량요소를 갖춤으로써 취약 및 위험 요인에서 탈출할 수 있는 예방적 요소와 능력을 갖출 수 있는 청소년이 되어 청소년의 사회적응능력을 증진시켜 국가인재 양성에 중요한 기틀로 자리 잡을 수 있을 것이다.

동시에 **|그림 13-6|**에서와 같이 부모 역시 청소년활동이 자녀의 기본적 역량요소에 도움이 되는 활동을 찾게 됨으로써 청소년에게 맞춤형 활동이 가능해질 뿐만 아니라 학교에서도 문제행동의 원인을 미리 찾아 활동을 통해 자신의 내적 역량을 확대하는 방안을 제시해 줌으로써 교육의 효과를 높이는 데 크게 기여할 수 있다고 할 수 있다.

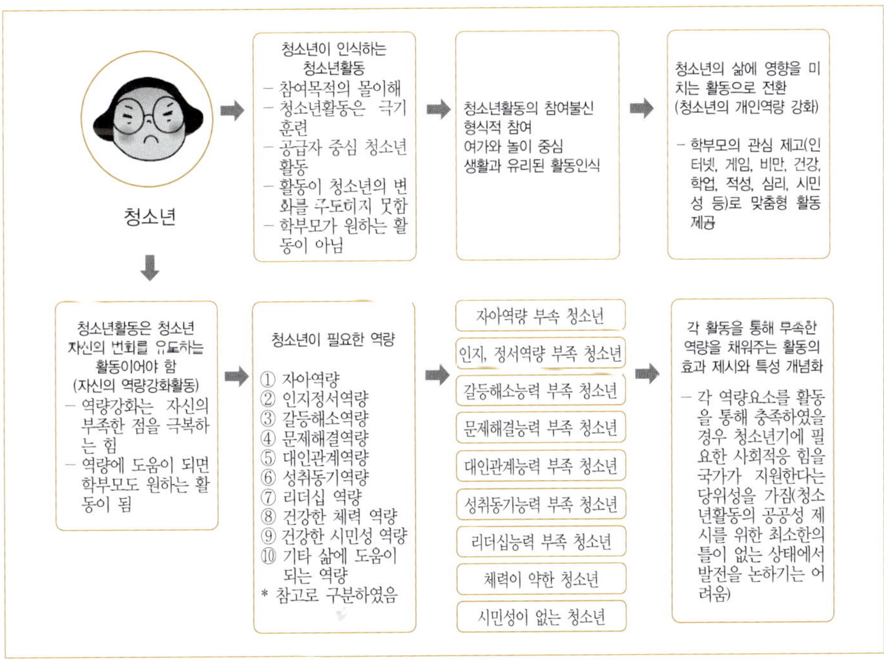

|그림 13-6| 역량구성에 따른 수요자의 활동에 대한 효과

청소년활동이 역량중심으로 재편될 경우 하위요소와 역량요소에 따라서 본다면 청소년활동에 참여하는 이유에 대해 청소년 스스로 자신의 문제요인을 극복해 나가는 데 주안점을 둠으로써 실생활에 도움이 되는 청소년활동으로 개념을 정리해 볼 수 있다. 동시에 앞으로 필요한 청소년활동의 영역을 유형별로 체계화하여 그 활동을 자신이 선택하고 자신의 부족한 부분을 채워나갈 수 있는 내용으로 설정해 나갈 수 있게 된다. 그렇다면 입학사정관제에서 말하는 잠재역량을 갖춘 유용한 인재를 선발하는 데 도움이 된다.

즉, 지금의 청소년활동을 나름대로 규정하고 판정하여 역량의 하위영역으로 포함시키고 활동기관에서 프로그램별로 강점을 보이고 있는 내용을 청소년에게 제공하면서 어떠한 역량을 강화시킨다는 점을 이해시키는 형태로 분류하는 작업도 시급하다.

4. 청소년활동의 특성화와 다양화 전개

과거 청소년활동의 발달 특성별 기준을 명시하지 못함으로써 청소년활동의 다양성을 제한하였던 점을 반성하고 가급적 청소년기의 특성을 어느 정도 이해하고 그러한 기대치에 맞추어서 프로그램의 선정과 개발 그리고 평가가 이루어짐으로써 보다 질적으로 향상된 가치를 얻을 수 있도록 해야 한다. 즉, 청소년 중심의 프로그램과 청소년의 특성을 잘 이해함으로써 그들 중심의 프로그램이 될 수 있음을 설명함과 같다.

통상적으로 청소년의 발달 특성은 시기적으로 서로 상충되기도 한다. 그렇기 때문에 청소년기의 성장을 통해서 이들의 발달시기에 반드시 선행되어야 하는 것은 ❙그림 13-7❙에서와 같이 청소년의 특성을 이해하고 이러한 기준에 의거하여 청소년의 프로그램을 접목하는 노력이 제시되어야 한다.

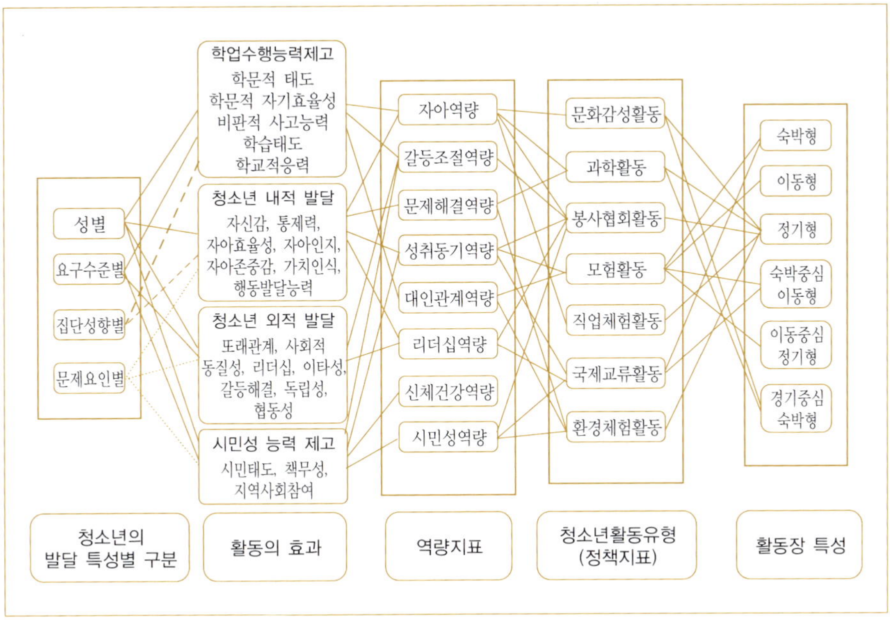

| 그림 13-7 | 청소년의 발달 특성과 역량개발을 위한 프로그램의 연계지향점

출처 : 권일남 외(2008).

오늘날 자녀교육이나 자녀를 위해 올인하는 우리나라의 학부모들을 볼 때 인증제가 입시나 다른 요소에 조금이라도 도움이 된다면 그에 따른 폐해는 분명히 상상을 초월할 정도라는 점에서 다른 방법으로 청소년활동의 신뢰성을 제고하고 장기적으로 활동의 효율성을 강화하는 노력은 매우 중요하다. 즉, 청소년활동이 실수요자인 청소년과 교사 그리고 학부모에게 어떠한 의미의 가치나 효과가 존재할 것인가에 대한 구체적인 지향점을 전달하는 시도가 매우 중요한 과제라고 본다.

오히려 학부모나 교사, 청소년 스스로가 청소년활동이 의미 있는 활동이며 삶의 목적을 정립하고 사회적응을 심화시키는 중요한 활동이라는 점이 종단연구 등을 통해 입증되고 이러한 결과를 대학이나 기업, 국민 모두가 인식하게 된다면 청소년활동에 굳이 다른 요인을 접목하지 않더라도 자연스럽게 참여하게 될 것이다.

오늘날 청소년의 특성을 보면 발달이나 개인적 요구의 다양화로 인해 자녀와 부모 간의 갈등이 상존하고 있고 많은 문제를 가지고 있기에 부모 입장에서 이러한 다양한 문제를 청소년활동을 통해 어느 정도 해소할 수 있으며 생활의 가치를 발견해 낼 수 있을 것인가의 방향성을 정립해 주는 시도가 매우 중요하다.

요 약

우리나라 청소년활동의 발전과 역사적 변화의 노력에도 불구하고 아직도 청소년활동의 발전을 모색해야 할 과제는 산적해 있다고 보인다. 특히 청소년활동은 교육적 요소가 크고 청소년에게 발전과 변화의 가치를 부여하고 있음에도 불구하고 학교현장에서의 몰이해와 무지로 인하여 본질적 가치를 획득하는 데 많은 어려움을 겪고 있는 것이 사실이다. 특히 오늘날 우리의 청소년활동이 제도적으로 굳건하게 안착되지 못한 원인을 청소년에서부터 정책입안자까지 다양하게 분석해 보았으며 동시에 문제에 대한 나름의 해법을 제시하여 보았다. 앞으로 청소년활동이 교육의 영역에서 올바른 기능을 발휘하고 청소년과 학부모에게 의미 있는 활동으로 자리 잡기 위하여서는 지역사회와 학교 간의 유기적 연계와 연결망을 구성하고 동시에 활동 역시 체계적으로 서비스를 제공하는 노력을 기울여야 할 것으로 보인다. 청소년활동이 청소년의 어떠한 역량을 증진하며 그러한 역량을 개발하고자 하는 데 필수적으로 참여해야 할 기초적 학습요건을 보완하고 보다 과학적으로 제공해 주는 노력을 해줄 때 청소년활동의 발전과 변화를 모색해 볼 수 있다.

연구과제

1. 청소년활동의 문제점이 무엇인가 알아보자.
2. 청소년활동과 역량의 관계를 알아보자.
3. 청소년활동이 과학적이고 체계화되지 못한 점과 이로 인한 문제점이 무엇인지 알아보자.

참·고·문·헌

강병연(2005). 청소년수련시설활성화결정요인연구. 원광대학교 대학원 박사학위논문.

______(2006). 청소년육성제도론. 경기 : 양서원.

고향자(1992). 한국 대학생의 의사결정유형과 진로결정수준의 분석 및 진로결정 상담의 효과. 숙명여자대학교 대학원 박사학위논문.

구태익(2003). 한국의 청소년활동과 청소년시설의 변천. 한국청소년시설환경학회 국제심포지엄 자료집. 서울 : 한국청소년시설환경학회.

구창모 외(1992). 바들산 체험활동. 청소년개발원, 13-15.

권일남(1998). 청소년지도의 학문적 방향정립 가능성에 대한 연구. 한국청소년연구, 28.

권일남 외(2006). 청소년수련활동인증제 효과분석 및 인증기준 개선방안 연구. 서울 : 국가청소년위원회. 한국청소년활동진흥센터.

________(2007). 인증수련활동 참여청소년 만족도 조사 및 효과성 측정방안 연구. 서울 : 국가청소년위원회. 한국청소년진흥센터.

________(2007). 청소년활동지도론. 서울 : 학지사.

________(2008). 청소년활동지도론. 서울 : 학지사.

권일남 · 김진호 · 정철상(2003). 청소년활동지도론. 서울 : 학지사.

김건철(1999). 청소년 야외 등산 수련활동의 산행체험 : Schutz의 현상학적 사회학 접근. 한국체육대학교 대학원 박사학위논문.

김경희(1998). 비행청소년의 사회적 문제해결능력과 사회적 지지와의 관계. 가톨릭대학교 대학원 석사학위논문.

______(2007). 아동과 청소년의 이상심리학. 서울 : 박영사.

김교헌(2004). 한국 청소년의 우울과 자살. 한국심리학회지 사회문제. 한국심리학회.

김기헌(2008). 청소년 생애핵심역량 개발 및 추진방안연구 Ⅰ. 서울 : 한국청소년정책연구원.

김나영(2004). 지역사회참여활동의 정치교육효과 지각에 관한 연구. 서울대학교 대학원 석사학위논문.

김동노(2000). 새로운 문화읽기와 부르디외 읽기. 홍성민 편. 문화와 아비투스. 나남출판사, 495.

김만중(2006). 민주시민교육의 관점에서 본 초등학생의 민주시민의식 연구. 경인교육대학교 대학원 석사학위논문.

김순희 · 박영호(2009). 청소년의 대인불안과 자기몰입 및 자기개념 간에 자기제시책략의 역할. 교육이론과 실천. 경남대학교 교육문제연구소.

김신일(1990). 청소년건전육성을 위한 지도자의 역할. 힘차고 유능한 청소년. 서울 : 체육청소년부.

김애리나(1980). 자기존중감에 대한 일치성. 고려대학교 대학원 석사학위논문.

김영미 · 오경자(1996). 대학생활 부적응 집단의 사회적 문제해결 능력. 한국심리학회, 95. 연차대회 학술발표논문집.

김영철(2005). 청소년활동 프로그램이 청소년의 사회적응력 향상에 미치는 관련요인과 영향력 분석. 명지대학교 대학원 박사학위논문.

김영지 외(2003). 선진국형 청소년수련 프로그램 개발 기초연구. 문화관광부 · 한국청소년개발원.

김용신(2000). (경험과 구성) 사회과 현장학습론. 서울 : 문음사.

김웅진 외(1993). 정치학조사방법. 서울 : 명지사.

김인숙(2009). 청소년수련활동 참여 정도가 리더십과 사회성에 미치는 영향. 동아대학교 대학원 석사학위논문.

김정대(2001). 청소년참여를 통한 리더십 생활기술 프로그램 개발. 동국대학교 대학원 박사학위논문.

김정주(1999). 청소년지도자의 조직몰입과 관련변인. 서울대학교 대학원 박사학위논문.

김지영(2003). 학습지원전략으로서 비계설정을 활용한 수업설계방안. 경북대 교육대학원 석사학위논문, 30-44.

김진호 외(2008). 청소년활동론. 서울 : 한국방송통신대학교출판부.

________(2009). 청소년활동론. 서울 : 한국방송통신대학교출판부.

김진화(2001). 평생교육 프로그램개발론. 경기 : 교육과학사.

______(2005). 사회교육 프로그램개발의 이론과 실제. 경기 : 교육과학사.

______(1999). 청소년지도자의 전문성과 자격검정제도에 관한 연구. 명지대학교 대학원 박사학위논문.

김진화 외(2002). 4-H청소년 리더십 개발. 농촌진흥청 · 한국4-H본부.

김진희(2007). 한국노인복지 전달체계의 운영기준과 효과성에 관한 연구 : 서비스 담당자 및 수혜자 인식을 중심으로. 한국외국어대학교 대학원 박사학위논문.

김창현(2008). 청소년수련활동 중 안전사고 예방에 관한 연구. 청소년복지연구, 10(3), 75-99.

김충환(1997). 심성교육 프로그램이 자기의 자아존중감과 교우관계에 미치는 영향. 전남대학교 교육대학원 석사학위논문.

김태현 · 이인영 · 이은숙(2006). 원예치료를 적용한 재가노인 역량강화 프로그램의 효과성 연구. 한국식물 · 인간 · 환경학회지, 9, 4, 42-52.

김현택 외(1996). 심리학 : 인간의 이해. 서울 : 학지사.

김혜련(2002). 10대 미혼모를 대상으로 한 진로교육 프로그램의 효과성에 관한 연구. 이화여자대학교 대학원 석사학위논문.

김혜숙 · 이상헌(1999). 실기교육방법론. 경기 : 교육과학사.

김호순(2003). 청소년수련활동개념의 재정립 및 활성화방안. 한국청소년시설환경학회 추계학술대회자료집. 서울 : 한국청소년시설환경학회.

______(2008). 공간 및 안전관리와 인증기준. 2008년 청소년수련활동인증제 제2기 인증심사원 직

무연수교재. 서울 : 보건복지가족부. 한국청소년진흥센터.

______(2003). 청소년수련활동개념의 재정립 및 활성화방안. 한국청소년시설환경학회 추계학술대회자료집. 한국청소년시설환경학회.

김호순 외(2005). 청소년수련시설 안전등급 · 안전기준 및 제도개선 연구요약보고서. 서울 : 국가청소년위원회 · 한국청소년수련시설협회.

김희수(2003). 신교육심리학. 서울 : 한올출판사.

나복희(2009). 초등학생을 위한 교우관계 향상 프로그램 효과 분석. 광주교육대학교 교육대학원 석사학위논문.

나은영(1994). 태도 및 태도변화 연구의 최근 동향. 한국심리학회지.

노혜숙(1986). 일부 여자 중학생의 자아개념 및 스트레스와 적응행동에 관한 연구. 서울대학교 대학원 석사학위논문.

두산 세계대백과사전. http://www.Encyber&Encyber.com

로버트 루트번스타인 · 미셸 루트번스타인 저, 박종성 역(2009). 생각의 탄생. 서울 : 에코의 서재, 108.

류명희(2004). 부모의 의사결정유형과 자녀의 의사결정유형 간의 상관연구. 한국기술교육대학교 대학원 석사학위논문.

류진아(2007). 위기청소년의 문제상황에 대한 사례연구(질적 연구). 한국놀이치료학회지.

문경숙(2008). 청소년의 학업스트레스와 정신건강 : 자기개념의 매개효과. 한국심리학회 연차학술발표대회 논문집.

문미라(2002). 비판적 사고력 훈련이 중학생의 비판적 사고력 및 학업성취도에 미치는 효과. 부경대학교 대학원 석사학위논문.

문선모 · 이형득(1980). 인간관계 훈련 집단상담의 효과에 관한 일연구. 경상대학교 논문집, 인문사회, 19

문화체육부(1991). 한국청소년기본계획. 서울 : 문화체육부.

__________(1996). 청소년백서. 서울 : 문화체육부.

민영송(2003). 침만남 집단상담이 초등학교 아동의 교우관계 및 성격에 미치는 효과. 진주교육대학교 교육대학원 석사학위논문.

박명윤 외(1992). 청소년수련거리 실태조사 및 개발방향연구. 한국청소년연구, 8. 한국청소년연구원.

박성우(2004). 자기결정 프로그램의 적용이 경도정신지체학생의 자기결정력과 문제해결능력에 미치는 효과. 단국대학교 대학원 박사학위논문.

박성익 · 임정훈 공역(1996). 교수설계의 이론과 모형. 경기 : 교육과학사.

박순주(2008). 초등학생의 컴퓨터 게임중독 정도에 따른 공격성과 교우관계의 차이. 전남대학교 교육대학원 석사학위논문.

박연홍(1999). 전국청소년수련시설운영자 · 지도자 워크숍 2. 서울 : 문화관광부.

박지현(2008). 청소년의 신체이미지가 정신건강에 미치는 영향 : 자존감을 매개로. 한국아동학회 학술대회.
배규환 외(2007). 청소년학개론. 경기 : 교육과학사.
배영직(2004). 청소년지도자 리더십유형 분석연구 : 서울지역 청소년단체 지도교사를 중심으로. 청소년복지연구, 6(2). 한국청소년복지학회.
백윤미 · 유미숙(2006). 부모-자녀 촉진적 의사소통이 청소년의 또래 갈등해결전략에 미치는 영향. 한국놀이치료학회지(놀이치료연구). 한국놀이치료학회.
변지형(2002). 사회적 지지의 효과-청소년의 학교적응, 공감 및 가치관을 중심으로-. 한양대학교 대학원 석사학위논문.
보건복지가족부(2008). 청소년백서. 서울 : 보건복지가족부.
______________(2008). 청소년법령집. 서울 : 보건복지가족부.
______________(2009). 국립청소년수련원 중 · 장기 발전방안. 서울 : 보건복지가족부.
______________(2009). 아동 · 청소년백서. 서울 : 보건복지가족부.
보건복지가족부 · 한국청소년진흥센터 · 청소년수련활동인증위원회(2008). 2008청소년수련활동인증제 운영백서.
서은희(2006). 학업적 지연행동 극복 프로그램 개발 및 효과 연구. 연세대학교 대학원 박사학위논문.
서혜석(2004). 손자녀 양육 조부모의 의사소통 향상을 위한 부모교육 프로그램 효과성 연구. 한국사회복지학회.
성신명(2000). 청소년을 위한 성교육 프로그램의 효과성 연구. 연세대학교 대학원 석사학위논문.
손기철 외(2003). 원예치료. 서울 : 중앙생활사.
손선경 · 채준호(2009). 청소년의 불안, 자의식 및 방어기제에 따른 심상능력. 한국심리학회지 상담 및 심리치료.
송미경(2003). 초등학생의 안전사고 예방을 위한 웹기반수업 프로그램 개발 및 효과분석. 부산대학교 대학원 박사학위논문.
송병국(2007). 청소년프로그램 개발 및 평가. 한국청소년정책연구원 편. 청소년학개론. 경기 : 교육과학사.
신우엽(1980). 성취동기 및 시험불안과 성패의 원인 지각 간의 관계분석. 서울대학교 대학원 석사학위논문.
신재한(2006). Vygotsky의 언어 및 사고발달이론에 따른 비계설정수업설계방안. 초등교육연구, 19, 2.
신준섭 · 이영분(2004). 청소년대상 성범죄자 신상공개제도의 효과성 분석. 한국아동복지학, 18.
신혜영(2006). 서울지역 초등학생의 세계시민의식 실태분석 - 가치와 태도를 중심으로 -. 서울교육대학교 대학원 석사학위논문.
안동만(1999). 청소년 수련시설의 환경교육적 활용방안에 관한 연구. 서울대학교 대학원 석사학위논문.
양옥경 · 김연수 · 권자영(2006). 탄력적 부모되기 프로그램의 효과성 연구. 한국사회복지학.

양지은(2006). 그룹 음악심리치료 프로그램이 장애아동 어머니의 양육스트레스와 자기효능감에 미치는 영향 – 초등학교 특수학습 학부모를 중심으로 –. 이화여자대학교 대학원 석사학위논문.

엄완용(2007). 청소년 리더십 생활기술 향상을 위한 프로그램 개발 연구. 명지대학교 대학원 박사학위논문.

오지윤(1999). 역량에 대한 자기지각이 높은 아동과 낮은 아동들의 일상적 스트레스 및 스트레스 대처방식에 대한 비교. 이화여자대학교 교육대학원 석사학위논문.

오해섭(2002). 교육학개론. 서울 : 학지사.

오해섭 외(2008). 청소년글로벌역량지표 개발 및 활용방안 연구. 한국청소년정책연구원.

________(2009). 청소년수련활동인증제도 중장기발전방안 연구. 한국청소년정책연구원.

오치선(1999). 청소년학총론. 경기 : 양서원.

원종문(2000). 현장 체험학습을 통한 문제해결력 신장방안. 교육연구.

원호택 · 이민규(1987). 고등학교 재학생들의 스트레스. 한국심리학회지 임상, 6, 1. 한국심리학회.

유수현(1989). 청소년유해환경과 지도대책. 오늘의 청소년, 청협, 13(4).

유현숙(2003). 국가수준의 생애능력 표준 설정 및 학습제체 질 관리 방안 연구(III). 한국교육개발원.

윤만수 · 강진홍(2001). 스포츠활동 참가가 중고등학생의 자아개념에 미치는 영향. 한국스포츠학회지, 14(1).

윤미경(2007). 고등학생의 민주시민의식에 관한 연구 : 수원시 인문계 고등학교를 중심으로. 아주대학교 교육대학원 석사학위논문.

윤철경 외(2002). 제2차 특성화수련거리개발기초연구. 서울 : 한국청소년개발원.

________(2006). 위기청소년 지역사회 안전망 실태와 발전방안. 서울 : 한국청소년개발원.

이경은 · 강철희(2007). 아동을 대상으로 한 나눔교육 프로그램의 효과에 관한 연구; 아동의 친사회적 행동 변화 분석. 한국비영리연구, 6, 1, 77-109.

이경주 · 신효식 · 김효심(1998). 청소년이 지각한 사회적 지지, 일상적 스트레스와 부적응 관계 분석을 위한 연구. 한국가정관리학회지, 16, 4, 29-39.

이광호 외(1999). 학교특별활동과 지역사회 수련활동의 연계방안에 관한 연구. 한국청소년개발원.

이교봉(2008). 청소년의 역량개발을 위한 청소년활동 프로그램의 발전방안에 관한 연구. 명지대학교 대학원 박사학위논문.

이명자 · 박예정(2006). 열등감 감소 프로그램의 효과에 대한 메타분석. 중등교육연구, 54, 1, 145-165.

이무근 외(2001). 실기교육방법론. 경기 : 교육과학사.

이성진 · 장휘숙(1996). 청년심리학. 서울 : 장승출판사.

이석재(2006). 18가지 리더십 핵심역량을 개발하라. 서울 : 김앤김북스.

이선미(2006). 스트레스, 자기효능감, 스트레스 대처전략 및 사회적 지지와 간질환자의 삶의 질 간의 관계. 중앙대학교 대학원 석사학위논문.

이소영(2007). 아동의 사회적 지지·자아탄력성과 스트레스의 관계. 경인교육대학교 대학원 석사학위논문.

이승룡(1993). 청소년 자아정체감과 적응력에 대한 연구. 전주우석대학교 교육대학원 석사학위논문.

이용재 외(2006). 청소년수련시설 안전지원사업 평가연구. 서울 : 국가청소년위원회. 한국청소년수련시설협회.

이유섭(2007). 정신건강과 정신분석. 서울 : 무지개사.

이익섭·김근식(1999). 청소년 비행화 과정 개입 프로그램 개발에 관한 연구 : 비행화 예방 집단활동 프로그램의 효과성 분석. 한국사회복지학회, 37, 381-405.

이정모 외(2001). 인지심리학. 서울 : 학지사.

이정숙(2005). 가정폭력 행위자 프로그램이 재폭력 방지에 미치는 영향에 관한 효과성 연구 : 인지행동/ 여성주의 모델을 중심으로. 장로회신학대학교 목회전문대학원 석사학위논문.

이정우(1986). 저소득층 취업주부가정의 의사결정에 관한 연구. 대한가정관리학회지, 24, 4.

이종분(2006). 고등학생의 스트레스, 우울, 불안이 음악활동 참여와 만족도에 미치는 영향. 중앙대학교 대학원 석사학위논문.

이현림·김영숙(2006). 인간발달과 교육. 경기 : 교육과학사.

이해주 외(2009). 평생교육 프로그램 개발. 서울 : 한국방송통신대학출판부.

일본마케팅시스템(1994). 신제품 히트상품 개발전략과 마케팅실무지침서. 서울 : 한국능률협회.

임지연(1998). 청소년수련시설의 지역중심 운영방안연구. 청소년학연구, 9, 2. 서울 : 한국청소년개발원.

임호순·이군희·정유경(2001). ISO 9000, 14000 인증 획득의 동기 및 파급효과에 대한 실증적 연구. 한국학술진흥재단.

임희정(2006). 중학생의 여가활동수준이 사회성 발달에 미치는 영향. 국민대학교 대학원 석사학위논문.

장근영·김기헌(2006). 청소년활동참가실태조사연구. 한국청소년개발원 연구보고 06-R41. 한국청소년개발원.

전명기 외(1998). 청소년수련시설 특성화방안 연구. 한국청소년개발원.

정광숙(1996). 청소년 자원봉사활동과 시민성 발달에 관한 연구. 경기대학교 교육대학원 석사학위논문.

정명자(2007). 학교운영주체의 의사결정 참여와 갈등에 관한 연구. 전북대학교 대학원 박사학위논문.

정석환(2008). Vygotsky의 언어발달과 아동교육. 아동교육, 17, 4. 아동교육학회.

정옥분(2004). 청년발달의 이해. 서울 : 학지사.

정유미(2004). 해결중심 집단상담 프로그램이 대학생의 사회적 문제해결능력과 스트레스 대처능력에 미치는 영향. 한국교원대학교 대학원 석사학위논문.
정윤향(2006). 자기표현훈련 프로그램이 정신지체아의 자아존중감 및 대인관계 향상에 미치는 효과. 경북대학교 대학원 석사학위논문.
정지웅 · 김지자(2001). 자기주도학습의 길잡이. 경기 : 교육과학사.
정철상(2002). 청소년수련활동의 만족도에 관한 연구 : 부산 · 경남지역을 중심으로. 명지대학교 대학원 박사학위논문.
정효진(2009). 한국 청소년정책담당 중앙행정기관의 역사적 변천과정에 관한 연구. 명지대학교 대학원 박사학위논문.
조미영(2009). 청소년활동의 경험학습 모형에 따른 경로분석. 명지대학교 대학원 박사학위논문.
조복희 외(1989). 인간발달론. 서울 : 교문사.
조윤정(2001). 정신지체학교의 지역사회자원 활용실태 및 개선방안 : 대전 · 충남지역의 자원봉사자 활용과 현장학습을 중심으로. 공주대학교 특수대학원 석사학위논문.
조영승(1998). 새청소년기본법에 따른 청소년육성법론. 경기 : 교육과학사.
진밀러 · 윤혜미(1995). 사회적 행동과 인간환경. 한울 아카데미.
청소년기본법(2016).
청소년기본법 시행령(일부개정 2015.5.1, 대통령령 제26223호).
청소년활동진흥법(2016).
청소년활동진흥법 시행령(2016).
청소년활동진흥센터 운영규정(2006).
체육청소년부(1991). 청소년백서.
최윤진(1993). 청소년지도자 연수과정 개발연구. 서울 : 한국청소년개발원.
최정훈 외(1997). 인간행동의 이해. 서울 : 법문사.
칙센트 미하이 저, 최인수 역(2005). 몰입, FLOW-미치도록 행복한 나를 만난다. 서울 : 한울림.
한국산업안전공단(1997). 안전 · 보건교육체계화 및 학교안전관리지침. 서울 : 한국산업안전공단.
한국청소년개발원(1994). 집단지도론. 서울 : 삼진기획.
_______________(1994). 프로그램개발과 운영. 서울 : 삼진기획.
_______________(1997). 프로그램의 개발과 운영. 서울 : 인간과 복지.
_______________(2003). 청소년수련활동론. 경기 : 교육과학사.
_______________(2004). 청소년상담론. 경기 : 교육과학사.
_______________(2005). 청소년 프로그램개발 및 평가론. 경기 : 교육과학사.
_______________(2006). 청소년지도방법론. 경기 : 교육과학사.
_______________(2009). 청소년 프로그램개발 및 평가론. 경기 : 교육과학사.
한규석(1995). 사회심리학의 이해. 서울 : 학지사.
한상철 외(2001). 청소년지도론. 서울 : 학지사.
_________(2004). 청소년학 : 청소년이해와 지도. 서울 : 학지사.

한준상(1992). 청소년유해환경과 청소년정책. 한국의 청소년과 교육환경. 서울 : 대한YMCA연맹 · 대한YWCA연합회.

함병수(1996). 청소년지도자의 역할과 자세. 문화체육부 '96청소년육성정책지역공청회자료집. 서울 : 문화체육부.

홍성주(1990). 청소년기 단체활동경험이 자아정체감 발달에 미치는 영향. 한남대학교 대학원 석사학위논문.

홍준표(1995). 행동수정의 원리. 경기 : 교육과학사.

Abbott, C.(1987). Does outdoor education really work? Perks, research and reality. Proceedings of the 5th National Outdoor Education Conference, Woodman Point, Western Australia, Jan 11-15, 38-45.

ACA(2004). Youth Development Outcomes of the Camp Experience.

Adkins, C., & Simons, B.(2002). Outdoor, experiential & environmential education : Converging or diverging approaches?. *ERIC Digest*, EDO-RC-02-1.

Allport, F.(1935). Attitudes. In C. Murchison(Eds.), *A handbook of social psychology*. MA : Clark University Press.

American Psychiatric Association(1994). *The Diagnostic and Statistical Manual of Mental Disorder-IV*. American Psychiatric Press.

Andrea, G.(2005). *Optimal Experience in Ambient Intelligence*. IOS press, 35-43.

Anderson, C. H.(1976). *The Sociology of Survival, Social Problems of Growth*. Homewood, Ⅲ.: Dorsey Press.

Antonovsky, A.(1987). *Unraveling the mystery of health : How people manage stress and stay well.* San Francisco, CA : Jossey-Bass.

Arkes, H. R.(1982)(Ed.). *Psychological theories of motivation*. Monterey, CA : Brooks Cole.

Athey, T. R., & Orth, M. S.(1999). Emerging competency methods for the future. *Human Resource Management*, *38*(3), 215-226.

Baker, D. P., & Salas, E.(1992). Principles for measuring teamwork skills. *Human Factors*, *34*, 469-475.

Bandoroff, S., & Scherer, D. G.(1994). Wilderness Family therapy : An innovative treatment approach for problem youth. *Journal of Child and Family Studies*, *3*(2), 175-191.

Bandura, A.(1997). *Self-efficacy : The exercise of control*. New York : W. H. Freeman.

Barret, J., & Greenaway, R.(1995). *Why adventure? The role and value of outdoor adventure in young people's personal and social development*. Coventry, England : Foundation for Outdoor Adventure.

Bartley, N. L., & Williams, D. R.(1988). Gender issues in outdoor adventure programming : An outdoor leadership model exploring gender, personality, soft skills training and leadership style of outdoor leaders. *The Bradford Papers Annual*, *3*, 1-9. Bloomington, IN : Indiana University.

Beard, C., & Wilson, J. P.(2002). *The power of experiential learning : A handbook for trainers and educators*. London : Kogan Page.

Beck, A. T., Steer, R. A., & Garbin, M. G.(1988). Psychometric properties of the Beck Depression Inventory : Twenty-five years of evaluation. *Clinical Psychology Review*, *8*, 77-100.

Beebe, S. A., Beebe, S. J., & Redmond, M.(2002). *Interpersonal Communication : Relating to Others*. Boston : Allyn and bacon.

Ben-Porath, Y. S.(1990). Cross-cultural assessment of personality : The case for replicatory factor analysis. In J. N. Butcher, Spielberger, C. D.(Ed.), *Advances in Personlity Assessment*, *8*, 27-85.

Bennes, W., & Nanus, B.(1980). *Leaders : The Strategies for Taking Charge.* New York : Harper Collins.

Blau, G.(1993). Testing the relationship of locus of control to different performance dimensions. *Journal of Occupational and Organizational Psychology*, *66*, 125-138.

Bloom, B. S.(1964). *Stability and Change in Human Characteristics.* New York : John Wily and Sons. Inc.

Bollen, K. A.(1989). *Structural equations with latent variables*. New York : Wiley.

Bookchin, M.(1988). Social ecology versus deep ecology. *Socialist Review, vol. 19*(3).

__________(1980). *Toward and Ecological Society*. Black Rose.

Boss, J. A.(2000). *Outdoor education and the development of civic responsibility*. Charleston, WV : ERIC Clearinghouse on Rural Education and Small Schools. ED385425.

Boyd, B. L.(1991). *Analysis of 4-H participation and leadership life skill development in Texas 4-H club members*. doctoral dissertation(Ph. D), Texas A & M University.

Bradbery, P.(2007). Learning, Education and Training : Is that a Tautology or an Oxymoron?. *The International Journal of Diversity in Organization, Communities and Nation*, *72*.

Brookover, W., Beady, C., Flood, P., Schweitzer, J., & Wisenbaker, J.(1979). *School social systems and student achievement : Schools can make a difference*. New York, NY : Praeger.

Browne, J.(1992). Coed or not coed? That is the question. *The Australian College of Health, Physical Education and Recreation National Journal, Winter*, 20-23.

Burkhardt, M. et al.(2005). *Youth development outcomes of the camp experience*. American Camp Association.

Burns, J. M.(1978). *Leadership*. New York : Harper & Row.

Burton, L. M.(1981). A critical analysis and review of the research on Outward Bound and related programs. *Dissertation Abstracts International*, *42*, 1581B.

California 4-H Youth Development(2000). *California 4-H Policy Handbook*, [On-line] Available : http://fourh.ucdavis.edu/4hresource/handbook Books.

Cameron, Kim S.(1983) Strategic responses to conditions of decline : Higher education and the private sector. *Journal of Higher Education*, *54*, 359-380.

Cason, D., & Gillis, H. L.(1994). A meta-analysis of outdoor adventure programming with adolescents. *Journal of Experiential Education*, *17*, 40-47.

Catalano, R. F., Berglund, M. L., Ryan, J. A. M., Lonczak, H. S., & Hawkins, J. D.(2002). Positive Youth Development in the United States : Research Findings on Evaluations of Positive Youth Development Programs. *Prevention & Treatment*, *5*, Article 15. Retrieved July 18, 2002, http://www.journals.apa.org/prevention/ volume5/pre0050015a.html.

Cattell, R. B., Eber, H. W., & Tatsuoka, M. M.(1970). *Handbook for the Sixteen Personality Factor Questionnaire*. Champaign, IL : Institute for Personality and Ability Testing.

Chickering, A.(1976). Developmental change as a major outcome. In M. Keeton(Ed.), *Experiential learning*. San Francisco, CA : Jossey Bass.

Churchill, G. A.(1979). A paradigm for developing better measures of marketing constructs. *Journal of Marketing Research*, *16*, 64-73.

Cohen, J.(1977). *Statistical power analysis for behavioral sciences*(Rev. ed.). New York : Academic Press.

Collingwood, T. R.(1972). *Survival camping : A therapeutic mode for rehabilitating problem youths*. (Technical report). Little Rock, Arkansas, Arkansas Rehabilitation and Research Training Center.

Collins, L. M., & Horn, J. L.(1991). *Best methods for the analysis of change : Recent advances, unanswered questions, future directions*. Washington, DC : American Psychological Association.

Conrad, D., & Hedin, D.(1981). National assessment of experiential education : Summary and implications. *Journal of Experiential Education*, *Fall*, 6-20.

Cooper & Fazio(1984). A new look at dissonance theory. In L. Berkwitz, *Advances in expermental social psychology*. *17*, New York : Academic Press.

Cooperative Extension Service(1995). *Designing Youth Leadership Training Program*. Manhattan : Kansas State University.

Coopersmith, S.(1984). *Coopersmith self-esteem inventories*. Palo Alto, CA : Consulting Psychologists Press.

Crane, D., Hattie, J. & Houghton, D.(1997). Goal setting and the adventure experience. *Australian Journal of Psychology*, *49*, 5-13.

Crompton, J. L., & Sellar, C.(1981). Do outdoor education experiences contribute to positive development in the affective domain?. *Journal of Environmental Education*, *12*(4), 21-29.

Csikszentimihalyi, M.(1990). *The Psychology of optimal experience*. New York : Harper & Row.

________________(1990). *Flow : The psychology of optimal experience*. New York : HarperCollins.

Dane, Francis, C.(1990). *Research Method*. CA : Brooks/Cole Publishing Co.

DeBenedette, V.(1998). Getting fit for life : Can exercise reduce stress?. *The Physician and Sportsmedicine*, *16*, 185-186, 191-196, 200.

Delbecq, A. L., Van de Ven, A. H., & Gustafson, D. H.(1975). *Group techniques for program planning : A guide to nominal group and delphi processese*. Glenview, IL : Scott, Foresman & Company.

Demon, W.(1984). Self-understanding and Moral Development from Childhood to Adolescence. In W. M. Kurtines, & J. L. Gewirth, Morality(eds.), *Moral Behavior and Moral Development*. John Wiley & Sons, Inc.

Devlin, P. J., Corbett, R.A. & Peebles, C. J.(Eds.)(1995). *Outdoor recreation in New Zealand : A review and synthesis of the research literature(Vol. 1)*. Wellington, New Zealand : Department of Conservation.

Downton, J. V.(1973). *Rebel Leadership : Commitment and Charisma in the Revolutionary Process*. New York : Free Press.

Driver, B. L.(1983). *Master list of items for Recreation Experience Preference scales and domains*. Unpublished document. USDA Forest Service. Fort Collins. CO : Rocky Mountain Forest and Range Experiment Station.

Edwards, W. J.(1996). A measurement of delinquency differences between a delinquent and non-delinquent sample : What are the implication? *Adolescence*, *31*(12), 973-989.

Ewert, A.(1982a). A study of the effects of participation of an Outward Bound short course upon the reported self-concepts of selected participants[Abstract]. *Dissertation Abstracts International*, *43*(9), 3111.

________(1982b). Outdoor adventure and self-concept : A research analysis. Unpublished manuscript, University of Oregon, OR.

Ewert, A., & Heywood, J.(1991). Group development in the natural environment : Expectations, outcomes, and techniques. *Environment and Behaviour*, *23*, 592-615.

Fiedler, F. E.(1967). *A Theory of Leadership Effectiveness*. New York : McGraw-Hill.

Finkenberg, M. E., Shows, D., & DiNucci, J. M.(1994). Participation in adventure-based activities and self-concepts of college men and women [CD-ROM]. *Perceptual and Motor Skills*, *78*, 1119-1122. Abstract from : SilverPlatter File : PsychLIT Item : 82-05379.

Fitts, W. H.(1965). *Manual for Tennessee Self Concept Scale*. Los Angeles : Western Psychological Services.

Friese, G., Pittman, J., & Hendee, J.(1995). *Studies of the use of wilderness for personal growth, therapy, education and leadership development : An annotation and evaluation*. Moscow, ID : University of Idaho Wilderness Research Center.

Fry, S. K., & Heubeck, B.(1998). The effect of personality and situational variables on mood states during Outward Bound Wilderness courses : An exploration. *Personality and Individual Differences, 25*, 649-659.

Gibbs, J., & Giever, D.(1995). Self-control and its manifestations among university students : An empirical test of Gottfredson and Hirschi's General Theory. *Justice Quarterly*, *12*(2), 231-255.

Gibson, C., & Wright, J.(2001). Low Self-control and Coworker Delinquency. *Journal of Criminal Justice*, *29*(6), 483-492.

Gibson, J.(2000). Fred outdoors : An initial report into the experiences of outdoor activities for an adult who is congenitally deafblind. *Journal of Adventure Education and Outdoor Learning, 1*, 45-54.

Gillis, H. L.(1992). Therapeutic uses of adventure-challenge-outdoor-wilderness : Theory and research. Paper presented to the Coalition for Education in the Outdoors Symposium. Bradford Woods, Indiana University, Martinsville, IN.

Godbold, L., & Pfau, M(2000). Conferring resistance to peer pressure among adolescents. *Communication Research, 27,* 411-437.

Godfrey, R.(1980). *Outward Bound : Schools of the possible*. Garden City, NY : Anchor Press/ Doubleday.

__________(1974). A review of research and evaluation literature on Outward Bound and related educational programs. Conference on Experiential Education, Eastes Park, CO.

Goldstein, R.(1989). Power and sample size via MS/PC-DOS computers. *American Statistician, 43*, 253-260.

Good, T., & Brophy, J.(1986). School effects. In Wittrock, M. C.(ed.). *Handbook of Research Teaching*(3rd ed.). New York : Macmillian.

Gouvernet, P. J.(1988). *Motivation and Self-regulation*. Unpublished Masters of Arts Honours thesis. University of Sydney : Sydney, Australia.

Gray, T. L., & Patterson, J. W.(1995, November). Differential gender outcomes for adolescent participants following an extended sojourn to the Australian bush. Paper presented to the 23rd Annual International Association for Experiential Education Conference, Lake Geneva, WI.

Hammerman, D.(1994). *Teaching in the Classroom*. Danville.IL : Interstate Publishers.

Harter, S.(1983). Developmental Perspectives on self-esteem. In P. H. Mussen(Eds.), *Handbook of child psychology*(*Vol. 4*, 275-385). New York : John Wiley & Sons.

Hattie, J. A.(1987). Identifying the salient facets of a model of student learning : A synthesis of meta-analyses. *International Journal of Educational Research, 11*, 187-212.

__________(1992). *Self-concept*. NJ : Lawrence Erlbaum.

__________(1993). Self-esteem and achievement. *Keynote address at the National Conference for Primary Principals,* Perth, Western Australia, 27-30 September.

Hay, C.(2001). Parenting, self-control, and delinquency : A test of self-control theory, *Criminology, 39*, 707-736.

Hjelle. L. A., & D. J. Ziegler(1981). *Personality Theories.* McGrao-Hill International Book Company.

Hoffman, D. L., & Novak, T. P.(1996). Marketing in hypermedia computer-mediated environments : conceptual foundations. *Journal of Marketing, 60*, 50-68.

Hopkins, D.(1982). Changes in self-concept as the result of adventure training. *CAHPER Journal*, July-August, 9-12.

House, R. J., & Mitchell, T. R.(1974). Path-Goal Theory of Leadership. *Contemporary Business*.

Hovelynck, J.(2001). Beyond Didactics : A reconnaissance of experiential learning. Australian *Journal of Outdoor Education,* 6(1), 4-13.

Hudson, W. W., & Nurius, P. S.(1994). *Controversial Issues : In Social Work Research*. Allyn and Bacon.

Hughes, R. L., Ginnett, R. C., & Curphy, G. J.(1993). *Leadership : Enhancing the Lessons of Experience*. Illinosis : Richard D. Irwin.

Iida, M.(1975). Adventure-oriented programs－A review of research. In B. van der Smissen(Ed.), *Proceedings from the national research workshop*, Pennsylvania State University, December 3－6. Penn State HPER Series No. 11.

Ingram, P. D.(1999). Attitudes of Extension Professionals Toward Diversity Education in 4-H Programs. *Jornal of Extention, 37*(1), [On-line] Available : http://www.joe.org/joe/1999feb-ruary/a3.html

Iowa State 4-H Youth Development Center(1999). Development Youth Curriculum Using the Targeting Life Skills Model. [On-line] Available : http://www.joe.org/joe/1998june/rbl.html

Jacobson, S. E.(1992). Family Strength : Effect of Participation in an Experiential/ Adventure-Based Program for Clinically Presenting Families. Unpublished M.S.S.W. The University of Texas at Arlington.

Jerusalem, M., & Schwarzer, R.(1992). Self-efficacy as a resource factor in stress appraisal processes. In R. Schwarzer(Ed.), *Self-efficacy : Thought control of action*(195-213). Washington, DC : Hemisphere.

Joyce, P. R., Oakley-Browne, M A., Wells, J. E., Bushnell, J. A., Hornblow, A. R.(1990). Birth cohort trends in major depression : Increasing rates and earlier onset in New Zealand. *Journal of Affective Disorders, 18*, 83-89.

Katz, L.(1993). *Distinction between Self-esteem and Narcissism : Implications for Practice*. Champaign, IL : Educational Resources Information Center.

Kelly, F. J., & Baer, D. J.(1971). Physical challenge as a treatment for delinquency. *Crime and Delinquency, 17,* 147-445.

Kiewa, J.(1994). Self-control : The key to adventure? Towards a model of the adventure experience. In E. Cole, E. Erdman, & E. D. Rothblum(Eds.), *Wilderness therapy for women : The power of adventure*(29-41). Binghamton, NY : The Haworth Press.

Kimball, R., & Bacon, S.(1993). The wilderness challenge model. In Gass, M.(Ed), *Adventure therapy*. Dubuque : Kendall/Hunt.

Klerman G. L., & Weissman, M. M.(1989). Increasing rates of depression. *Journal of the American Medical Association*, *261*, 2229-2235.

Kluger, A., & DeNisi, A.(1996). Effects of feedback intervention on performance : A historical review, a meta-analysis, and preliminary feedback intervention theory. *Psychological Bulletin*, *119*, 254-284.

Kobasa, S. C.(1979). Stressful life events, personality, and health : An inquiry into hardiness. *Journal of Personality and Social Psychology*, *37*, 1-11.

Koepke, S. M.(1973). The effects of Outward Bound participation upon anxiety and self-concept [CD-ROM]. Unpublished master's thesis, Pennsylvania State University, PA. Abstract from : SilverPlatter File : ERIC Item : ED129516.

Kolb, D.(1984). *Experiential learning : Experience as the source of learning and development*. Englewood Cliffs, NJ : Prentice-Hall.

Konle, M. C.(1976). The effect of a short-term reading study program involving some camp-style living on reading achievement, self-concept and attitudes toward reading. Doctoral dissertation. Marquette University.

Kotler, P., & A. R. Andreasen(1991). *Strategic Marketing for nonprofit organizations.* Englewood Cliffs, NJ : Prentice Hall.

Kriger, W.(1970). The effect of an organized camping experience on self-concept change in relation to three variables : age, sex and observable behavior change. Doctoral dissertation. University of New Mexico,

Lazarus, R. S., & Folkman, S.(1984). *Stress, appraisal, and coping*. NY : Springer.

Lewin, K.(1942). *Field theory and learning, Yearbook of the National Society for the Study of Education*.

Lipsey, M. W., & Wilson, D. B.(1993). The efficacy of psychological, educational, and behavioral treatment. *American Psychologist*, *48*, 1181-1201.

Logue, A. W.(1995). *Self-control*. New York : Prentice, Hall.

Long, H. B.(1987). *New Perspectives on the Education of Adults in the United States*. New York :

Nichols Publishing Company.

Luckner, J. L., & Nadler, R. S.(1997). *Processing the experience : Strategies to enhance and generalize learning*. Dubuque, IA : Kendall/Hunt.

Marcia, J. E.(1991). Identity and self development. In R. M. Lemer, A. C. Peterson, & J. Brooks-Gunn(Eds), *Encyclopedia of Adolescence*, *1*, 529-533. New York : Garland.

Marks, R. J.(1971). A Comparison of the Effectiveness of Group Camping Experiences on Change of Self-Concept for Campers with Professional and Non-Professional Group Leaders. Doctoral dissertation. West Virginia University.

Marsh, H. W., & Richards, G. E.(1985). The Multidimensionality of the Rotter I-E Scale : An Application of Confirmatory Factor Analysis. *Multivariate Behavioural Research*, *22*, 39-69.

________________(1988a). Tennessee Self Concept Scale : Reliability, Internal Structure and Construct Validity. *Journal of Personal And Social Psychology*, *55*, 612-624.

Marsh, H. W.(1987). The hierarchical structure of self-concept and the application of hierarchical confirmatory factor analysis. *Journal of Educational Measurement*, *24*, 17-19.

Marsh, H. W., & Richards, G. E.(1989). A test of bipolar and androgyny perspectives of masculinity and femininity : The effect of participation in an Outward Bound program. *Journal of Personality*, *57*, 115-138.

Marsh, H. W., Balla, J. R., & McDonald, R. P.(1988). Goodness-of-fit indices in confirmatory factor analysis : The effect of sample size. *Psychological Bulletin*, *102*, 391-410.

Marsh, H. W., Richards, G. E., & Barnes, J.(1986a). Multidimensional self-concepts : The effect of participation in an Outward Bound program. *Journal of Personality and Social Psychology*, *50*, 195-204.

McAvoy, L. H., Mitten, D. S., Stringer, A. L., Steckart, J. P., & Sproles, K.(1996). Group development model and group dynamics in outdoor education. *In Coalition for Education in the Outdoors Research Symposium Proceedings*(3rd, Bradford Wood, Indiana, January 12-14, 51-62).

McClelland, D. C.(1973). Testing for competence rather than for "intelligence". *American Psychologist*, *28*(1), 1-14.

________________(1985). How motives, skills, and values determine what people do. *American Psychologist*, *40*, 812-825.

McDonald, T.(1996). The effects of Outward Bound on self-esteem and sex-role characteristics in Year 10 students. Unpublished masters thesis, University of Canberra, Canberra, Australia.

McGuire, W. J.(1962). Persistence of the resistance to persuasion induced by various types of prior belief defenses. *Journal of Abnormal and Social Psychology*, *64*, 241-248.

____________(1964). Inducing resistance to persuasion : Some contemporary approaches. In L.

Berkowitz(Ed.), *Advances in experimental social psychology(vol. 1*, 191-229). New York : Academic Press.

McGuire, W. J., & Papageorgis, D.(1962). Effectiveness of forewarning in developing resistance to persuasion. *Public Opinion Quarterly*, *26*, 24-34.

McKenzie, M.(2003). Beyond The Outward Bound Process : Rethinking Student Learning. *The Journal of Experiential Education*, *26*, 1.

Mihaly Csikszentmihalyi(1991). *Flow : The Psychology of Optimal Experience*. New York : Harper & Row.

Mirabile, R. J.(1997). Everything you wanted to know about competency modeling. *Training and Development*, *51*(8), 73-77.

Mitchell, H., & Mitchell, J. M.(1989). A study of self-concept over a two year period : Possible effects of an intervening Outward Bound course. *Final report : Impacts of the course*. Nelson, New Zealand : Mitchell Research.

Mortimore, et al.(1988). *The junior school project : technical appendics*. London : ILEA, Research and Statistis Branc.

Morris, J. C.(1996). Self-perceived youth leadership life skills development among Iowa 4-H members. doctoral dissertation(Ph. D). Iwoa State University.

Mruk, C.(1995). *Self-esteem : Research, theory, and practice*. New York : Springer Publishing Company, Inc.

Mumford, M. D.(1986). Leadership in the organizational context : A conceptual approach and its applications. *Journal of Applied Social Psychology*, *16*, 508-531.

Murry, J. M. Jr., & Hammons, J. O.(1995). Delphi : A versatile methodology for conducting qualitative research. *Review of Higher Education*, *18*, 423-436.

National Center for Education Statistics(NCES)(2002). Defining and assessing learning : Exploring competency-based initiatives(NCES 2002-159).

Neill, J. T., & Flory, M.(2000). A pilot study of the short-term and long-term effects of The Women's Wilderness Institute "Girlz in the Wood" courses on adolescents' personal effectiveness and self-esteem. Unpublished manuscript available from authors.

Neill, J. T., & Richards, G. E.(1994). A research evaluation of the developmental outcomes of Sail Training Ship Leeuwin ten day sail training voyages during 1993. Canberra, Australia : Australian Outward Bound Foundation.

Neill, J. T., Marsh, H. W., & Richards, G. E.(1997). *Development and psychometrics of the life effectiveness questionnaire*. Sydney : University of Western Sydney.

Neill, J. T., Richards, G. E., & Badenoch, A.(1997). *A research evaluation of short-term camps for youth at risk*. Canberra, ACT, Australia : National Outdoor Education & Leadership Services.

Neill, J. T.(1997a). Gender : How does it effect the outdoor education experience?. In Catalysts for Change : 10th National Outdoor Education Conference Proceedings Jan 20-24, 183-192; Collaroy Beach, Sydney, Australia : The Outdoor Professionals.

__________(2002). Outdoor education, ethics, and moral development. *Outdoor Education Research & Evaluation Center.*

Nettleton, B.(1997). Gender : How does it effect the outdoor education experience?. A paper presented to the 10th National Outdoor Education Conference. Sydney. Australia.

__________(1999). The metronomic society and the natural environment. *Australian Journal of Outdoor Education.*

__________(1999). Personal Development Outcomes of Outdoor Education Programs. Poster presented to the 11th Austrailian Human Development Conference. Sydney. Australia. July 8-10.

__________(2001). *The life effectiveness Questionnaire : Development and Psychometrics.* Sydney. University of Sydney.

__________(2004). Enhancing personal effectiveness : The impacts of outdoor education programs. Doctoral thesis. University of Western Sydney. NSW. Australia.

Nicholls, J. G.(Ed.)(1984). *Advances in motivation and achievement Vol. 3 : The development of achievement motivation.* Greenwich, CT : JAI.

Nye, R. P.(1975). The influence of an Outward Bound programme on the self-concept of adolescent boys. Unpublished doctoral dissertation, Temple University.

Outward Bound Trust(1995). A picture of Outward Bound International through charts 1991, 1992, 1993 & 1994. *Outward Bound International Newsletter, December*, 35.

Owens, L.(1984). A longitudinal study of the impact of Outward Bound training on selected personality variables. *Proceedings of the Australian Association for Research in Education National Conference*, *2*, 582-595.

Parasuraman, A., Zeithaml, V.A., & Berry, L. L.(1988). Servqual : a multiple-item scale for measuring consumer perceptions of service quality. *Journal of Retailing*, *64*, 12-40.

Parkhurst, M. J.(1983). A study of the perceived influence of a Minnesota Outward Bound course on the lives of selected women graduates(Doctoral dissertation, University of Oregon). *Dissertation Abstracts International*, *44*, 3491A.

Parry, S. B.(1996). The quest for competencies : Competency studies can help you make HR decision, but the results are only as good as the study. *Training*, *33*(7), 48-56.

Paxton, T., & McAvoy, L.(1998). Self-efficacy and adventure programs : Transferring outcomes to everyday life. *In 4th Coalition for Education in the Outdoors Research Symposium Proceedings*, Bradford Woods, IN, January 9-11.

Pelechano, V., de Miguel, A., & Penate, W.(1991). Interpersonal skills as personality variables in the aged : Assessment and relationship with other personality dimensions across life-span. [CD-ROM]. *Analisisy Modificacion de Conducta*, *17*, 383-391. Abstract from : SilverPlatter File : PsycLIT Item : 79-22016.

Perkins, D., & Miller, T.(1994). *Presenting Key Concepts on Youth Development*. www.cyfernet.org/youthdev/perkins.html

Peter, S. Cookson(1998). *Program Planning for the Tranning and Continuing Education of Adults : North American Perspectives*. Krieger Publishing Company.

Peterson, R. S.(1991). *Youth Leadership Curriculum*. St. Paul : University of Minnesota Extension Service.

Pfau, M., & Van Bockern, S.(1994). The persistance of inoculationin conferring resistance to smoking initiation among adolescents. *Human Communication Research*, *20*, 413-430.

Pfau, M., Van Bockern, S., & Kang, J. G.(1992). Use of inoculation to promote resistance to smoking initiation among adolescents. *Communication Monographs*, *59*, 213-230.

Philliber Research Associates & American Camp Association(2005). *Directions : Youth development outcomes of the camp experience*. Martinsville, IN : American Camp Association.

Phipps, M. L., & Claxton, D. B.(1997). An investigation into instructor effectiveness. *Journal of Experiential Education*, *20*(1), 40-46.

Platt, J., & Spivack, G.(1974). Means of Solving Real-Life Problems : Psychiatric patients Versus Controls and Cross-Cultural Comparisons of Normal Females. *Journal of Community Psychology*, *2*, 34-42.

Priest, S.(1998). Outdoor leadership training in higher education. *Journal of Experiential Education*, *11*(1), 42-47.

Priest, S., & Gass, M.(1997). *Effective leadership in adventure programming*. Champaign, IL : Human Kinetics.

Randall, G.(2002). *Self-esteem : What you probably don't know, but need to*. www.visionrealization.com

Reddrop, S.(1997). *Outdoor programs for young offenders in detention : An Overview*. Hobart, Australia : National Clearing House for Youth Studies.

Richards, G. E.(1997). *Some educational implications and contributions of Outward Bound*. Sydney : Australian Outward Bound Foundation.

Richards, G. E., & Richards, M. F.(1981). *Outward Bound Bridging Course 1981*. Canberra, Australia : National Outdoor Education and Leadership Services.

Richards, G. E., Barrett, J. D., Neill, J. T., & Seidel, J.(1992). *A research evaluation of the developmental outcomes of Young Endeavour's ten day sail training voyages*. Canberra, Australia : Australian Outward Bound Foundation.

Richards, G. E., Ellis, L. A., & Neill, J. T.(2002). The ROPELOC : Review of Personal Effectioness and Locus of Control : A comprehensive instrument for reviewing life effectiveness. Paper presented at Self-Concept Research : Driving International Research Agendas, 6-8 August, Sydney.

Richards, G. E., Neill, J. T., & Butters, C.(1997). *Summary statistical report of attendees at the 10th National Outdoor Education Conference.*, Colloroy, NSW, Australia, January, 1997. Canberra, ACT, Australia : National Outdoor Education & Leadership Services.

Ritzer, G.(2004). *Sociology Theory*. McGraw-Hill.

Rogenberg, M.(1965). *Society and the adolescent self-image*. Princeton, NJ : Princeton University Press.

Rogers, C.(1961). *On becoming a person*. Boston : Houghton Mifflin.

Roland C. C., T. K. Michael, & D. J. Lentini(1997). Experiential Challenge Program Development in the Mental Health Setting. *Journal of Experiential Learning*, *19*(2).

Rosenbaum, M.(Ed.)(1990). *Learned resourcefulness : On coping skills, self-control and adaptive behavior*. New York : Springer.

Rosenthal, R.(1994). Parametric Measures of Effect Size. In H. Cooper, & L. V. Hedges(Eds.), *The Handbook of Research Synthesis*(231-243). New York, NY : Russell Sage Foundation.

Sauders, R. L., Phillips, R. C., & Johnson, H. J.(1965). *A Theory of Educational Leadership*. Ohio : Charles E. Merrill Book.

Scheer, S. D., & Lafontaine, K. R.(1999). Stakeholder Satisfaction with a 4-H Extension Program for Five- to Eight-Year-Old Children. *Jornal of Extention*, 37 : 5, [On-line] Available : http://www.joe.org/joe/1999october/rb2.html

Scheerens, J.(2000). Improving school effectiveness. Paris : UNESCO IIEP. *Fundamentals of Educational Planning Series, No. 68.*

Scherl, L. A.(1986, May). Self in wilderness : Is personal control a viable notion for understanding individual-wilderness interaction. Paper presented at the 15th Annual Meeting of the Australian Social Psychologists. Magnet Island, Queensland.

Schön, D. A.(1983). *The reflective practitioner : How professionals think in action*. New York : Basic Books.

Seligman, M.(1994). *What you can change & what you can't*. New York : Knopf.

Seligman, M. E. P.(1975). *Helplessness : On depression, development, and death*. San Francisco : Freeman

________________(1992). *Learned optimism*. Sydney : Random House.

________________(1995). The effectiveness of psychotherapy : The Consumer Reports study. *American Psychologist*, *50*, 965-974 Available World Wide Web : http://www.apa.org/journals/seligman.html

Shaffer, H. J.(1999). Onthe nature and meaning of addiction. *Natural Forum*, *4*, 9-14.

Shore, A.(1977). *Outward Bound : A reference volume*. Greenwich, CT : Topp Litho.

Stogdill, R. M.(1974). *Handbook of Leadership*. New York : Free Press.

Spencer, L., & Spencer, S.(1993). *Competence at work : Models for superior performance*. New York : John Wiley & Sons, Inc.

Stanton, A. L., Danoff-Burg, S., Cameron, C. L., & Ellis, A. P.(1994). Coping through emotional approach : Problems of conceptualization and confounding. *Journal of Personality and Social Psychology*, *66*, 350-362.

Sugarman, D.(1999). *Reflective Learning : Theory and Practice*. Dubuque, IO : Kendall/Hunt

Suler, J.(1996). *Computer and cyberspace addiction*.

Szabo, E., & Pfau, M.(1999). Reactance as a response to antismoking messages. Paper submitted to Annual Meeting of National Communication Association, San Diego, CA.

Taylor, S. E.(1989). *Positive illusions : Creative self-deception and the healthy mind*. Basic Books.

Thomas, S. E.(1985). The effect of course length on self-concept changes in participants of the Minnesota Outward Bound School Junior Program. Unpublished doctoral dissertation, State University of New York, Buffalo, NY.

Trusty, J., Thompson, B., & Petrocelli, J. V.(2004). Practical Guide for Reporting Effect Size in Quantitative Research in the Journal of Counseling and Development. *Journal of Counseling and Development*, *82*, 107-110.

Ulrich, J. S.(1992). The Effects of Alternative School Students' Participation in a Ropes Course Experience. Doctoral dissertation : The University of Texas at Arlington.

Van Linden, J. A., & Fertman, C. I.(1998). *Youth Leadership : A Guide to Understanding Leadership Development in Adolescents*, San Francisco : Jossey-Bass Publishers.

Wallach, M., & Wallach, L.(1985). *Altruism and the Self : How Psychology Sanctions the Cult of the Self*. Current(July/August), 13-20.

Walker, J.(1988). *Youth Development Education : Supports and Opportunities for young people*. Center for 4-H Youth Development. University of Minnesota.

Walsh, V., & Golins, G. L.(1976). *The exploration of the Outward Bound process*. Denver, CO : Colorado Outward Bound School.

Warner, A.(1984). How to creatively evaluate programs. *Journal of Experiential Education*, 7(2), 38-43.

Weisz, J. R., Rothbaum, F. M., & F. M., & Balckbum, T. C.(1984). Standing out and standing i n : The psychology of control in America and Japan. *American Psychologist*, *39*, 955-969.

Wentling, T. L.(1992). *Planning for Effective Training : A Guide to Curriculum Development*. Food and Agriculture Organization of the United Nations.

Wetmore, R. C.(1972). The influence of Outward Bound School experience on the self-concept of adolescent boys. Unpublished doctoral dissertation, Boston University.

White, R.(1959). Motivation reconsidered : The concept of competence. *Psychological Review*, *66*, 279-333.

Williams, P. G., Wiebe, D., & Smith, T. W.(1992). Coping processes as mediators of the relationship between hardiness and health. *Journal of Behavioral Medicine*, *15*, 237-255.

Willis, E.(1995). Why this review?. In J. Barret & R. Greenaway(eds.), Why adventure? *The role and value of outdoor adventure in young people's personal and social development*(1-2). Coventry, England : Foundation for Outdoor Adventure.

Wills. L., & Marwell, G.(1976). Self-esteem : It's conceptualization and measurement. *Sage Library of Social Research*, *20*, 5-76.

Wylie, R. C.(1989). *Measures of self-concept*. Lincoln, NE : University of Nebraska Press.

찾아보기

인 명

내 용

저/자/약/력

■ **권일남**

서울대학교 학사, 석사, 박사(교육학)
미네소타대학교 교환교수
국무조정실 정책평가위원
청소년특별회의, 경기차세대위원회 추진단장
현 여성가족부 청소년정책위원
　명지대학교 청소년지도학과 교수

■ **오해섭**

서울대학교 교육학 박사
미국미네소타주립대학 박사 후 연수
현 한국청소년정책연구원 선임연구위원
　순천향대학교 청소년교육상담학과 겸임교수

■ **이교봉**

명지대학교 석사, 박사(교육학)
국립중앙 · 국립평창청소년수련원 활동운영부장
한국청소년활동진흥원 청소년지도자연수센터장
한국청소년활동진흥원 청소년활동안전센터장
전 한국청소년활동진흥원 활동진흥본부장
　국립중앙청소년 수련원 원장
현 세계도덕재무장 한국본부 사무총장

청소년활동론[제2판]

|공저자| 권일남 · 오해섭 · 이교봉

|1판 1쇄 발행| 2010년 3월 17일
|1판 5쇄 발행| 2014년 9월 5일
|2판 1쇄 발행| 2016년 8월 20일
|2판 2쇄 발행| 2018년 3월 10일
|2판 3쇄 발행| 2020년 2월 14일
|2판 4쇄 발행| 2021년 7월 15일
|2판 5쇄 발행| 2023년 1월 30일

|발행인| 김동훈
|발행처| 공동체

|주소| 경기도 고양시 일산동구 호수로 358-39
동문타워 I 905호(백석동)
|전화| 031) 814-3000(대표)
|팩스| 031) 814-3100
|홈페이지| http://www.compub.co.kr
|전자우편| compub@naver.com
|출판등록| 2005년 10월 6일
|등록번호| 제396-2005-36호

|ISBN| 978-89-6352-961-5
정가 19,000원